21 世纪采购与供应规划系列教材

采购与供应案例

陈达强　蒋长兵　编著

中国物资出版社

图书在版编目（CIP）数据

采购与供应案例/陈达强，蒋长兵编著 . —北京：中国物资出版社，2009.3
（2017.7 重印）（21 世纪采购与供应规划系列教材）
ISBN 978 - 7 - 5047 - 3020 - 6

Ⅰ. 采… Ⅱ. ①陈…②蒋… Ⅲ. ①采购—物资管理—案例—分析—教材
②物资供应—物资管理—案例—分析—教材 Ⅳ. F252

中国版本图书馆 CIP 数据核字（2008）第 212366 号

策划编辑 钱 瑛 宋 宇
责任编辑 宋 宇
责任印制 方朋远
责任校对 孙会香 杨小静

中国物资出版社出版发行

网址：http：//www.clph.cn

社址：北京市西城区月坛北街 25 号
电话：（010）68589540 邮编：100834
全国新华书店经销
中国农业出版社印刷厂印刷

开本：787mm×1092mm 1/16 印张：19.75 字数：468 千字
2009 年 3 月第 1 版 2017 年 7 月第 2 次印刷
书号：ISBN 978 - 7 - 5047 - 3020 - 6/F·1182
印数：4001—5000 册

定价：32.00 元
（图书出现印装质量问题，本社负责调换）

内容提要

　　本书全面概括了采购与供应管理的理论体系，通过国内外各行业典型企业的采购与供应管理案例，深入诠释了采购与供应管理上的最新实践和理论创新。本书共分 10 部分，主要内容为引言、采购战略、采购计划与预算、供应商选择与管理、采购价格与采购成本、采购招投标、采购供应谈判、国际采购、政府采购、电子采购。本书内容通过介绍案例概要、教学目的、具体案例资料，并结合案例分析指南展开，以实现通过案例分析学习、应用各种采购的基本方法和采购管理知识的目的。

　　本书案例分析方法思路清晰、体系完善，相关案例选材丰富、内容介绍全面深入，适合作为高等院校 MBA、采购、物流、营销等相关专业的教材或参考书，同时可作为相关专业各类成人教育、职业培训的辅导教材，也可供广大采购业务从业人员及采购理论研究者、政府采购决策与管理者作为参考。

前　言

　　所谓"采购与供应案例"，是针对现实经济生活中采购与供应管理业务过程和实际环境的全面描述，是对采购与供应管理人员和相关从业人员所面临的问题或处境的描述。由于在实际工作中，企业所面临的环境处在不断变化之中，而且影响的因素也特别多，同时各行各业的业务特点也不相同，因此，采购与供应案例的情况千差万别，其类型也极其繁多。

　　学习采购与供应管理理论方面知识的目的在于掌握和灵活运用该领域的知识。案例分析与教学就是通过对个案的研究和讨论的方式了解管理的实际情况，从而达到提高决策技巧的目的，即实现"借助他人经验，成就自身基业"这种质变的飞跃。

　　采购与供应管理是一门理论性和实践性非常强的课程，目前，关于采购与供应管理的书籍中主要讲述采购与供应管理理论的比较多，急需能为采购与供应管理实践提供操作性强的案例素材。本案例集选取国内外在采购与供应管理理论和实践上具有代表性和典型意义的企业案例40余个，涉及零售、电子、家电、物流、烟草、钢铁、汽车、通信、化工、食品、房地产、政府等多个行业和领域。全书以较为完整的采购与供应管理理论体系，展示了现阶段采购与供应管理实践的前沿。全书共分10部分，包括引言及采购战略、采购计划与预算、供应商选择与管理、采购价格与采购成本、采购招投标、采购供应谈判、国际采购、政府采购、电子采购等采购与供应管理方面的案例。

　　在本书中，每一章首先简单地阐述采购与供应管理理论，其次用案例来讲述该理论的实践应用。为了有利于采购与供应管理案例的实践教学，在每章节中按以下内容进行了设计，丰富和优化了本书的体系结构。

- 导论——介绍采购与供应管理中与本章节案例分析相关的理论；
- 案例概要——简要介绍各案例的核心内容；
- 教学目的——明确各案例实践教学的主要目的；
- 案例——详细提供各案例主体内容；

● 案例分析指南——为案例实践教学与案例分析提供参考；

● 思考题——为深入剖析案例提供思路；

● 附件——提供各案例相关资料、类似案例及报道等方面的辅助信息。

全书系统地构建了采购与供应管理的理论和案例框架，相信它会对中国采购与供应管理的理论和案例教学起到一定的帮助作用，对国内采购与供应管理案例教学的深化、现代物流与采购人才的培养起到非常积极的促进作用，特别是针对当前对采购与供应管理热衷于宣传、缺乏案例实践的状况，更具有指导意义。

本书在成书过程中，得到了浙江工商大学信息学院院长凌云教授、陈子侠教授和傅培华教授的热情指导，浙江工商大学信息学院物流管理和工程系的老师在案例资料收集、素材整理上给予了大力支持和协助，在此对他们表示衷心感谢。

由于作者水平有限，成稿时间仓促，书中表述难免出现疏忽和谬误，敬请各位专家、读者提出批评意见，并及时反馈给作者，以便逐步完善（联系邮箱 chendaqiang@ mail. zjgsu. edu. cn）。

本书在编写过程中，参考或引用了许多专家学者的资料，作者已尽可能在参考文献中列出，谨对他们表示衷心感谢。

编　者

2008 年 11 月于浙江工商大学

目　录

引　言

第一节　采购管理与案例教学

一、采购与供应管理

作为企业的一项重要业务活动，采购的成本控制和效率改善意义重大，因为在大多数企业，产品和服务的采购是最大的支出，占企业总收入的一半，如图 0-1 所示。加强采购与供应管理，降低采购成本是企业价值链中的重要一环，对企业提升核心竞争力具有十分重要的意义。然而，时至今日，很多中国企业的采购流程依然是零散的、本能反应式的，缺乏系统性和整体性，因而很难在企业整个流程中发挥出应有的效率。面对国际强手的竞争，中国企业在采购流程的效率方面明显处于劣势地位，因而大大降低了中国企业在国际竞争环境中的竞争力。建立高效率、低成本的采购网络，成为中国企业不得不认真思考的核心管理问题。

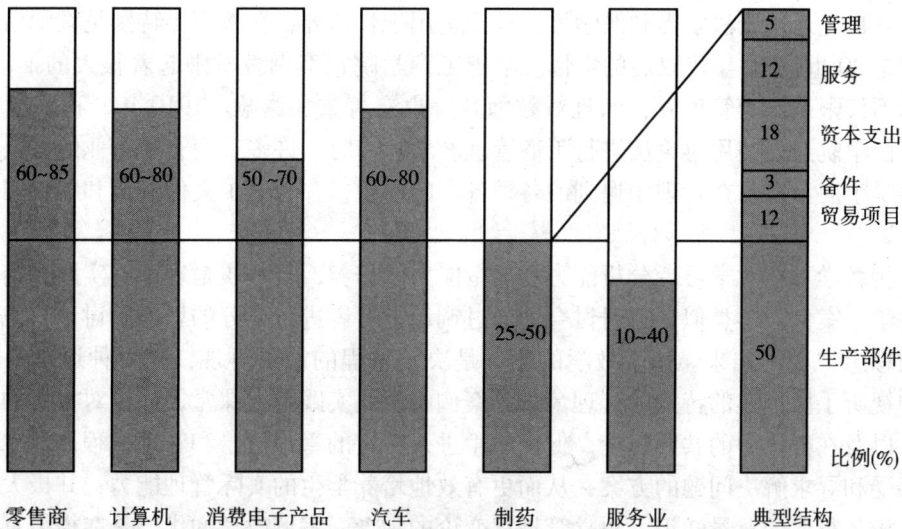

图 0-1　典型企业采购原材料和服务成本与商品销售成本示意

在这种形势面前，多数大企业都希望通过制定合理的采购战略来指导企业采购管理，开发利用电子采购技术来提高采购效率，构建供应商管理系统项目，甚至是供应商战略联盟，以此降低采购成本，提高企业核心竞争力，继而寻求企业生存发展之道。采购经理和采购人员在这一思想付诸实施过程中的地位是不言而喻的，企业主管希望采购经理和采购人员能在以下几个方面有所作为：

- 分析影响采购周期的主要因素，提出缩短采购周期的方案建议；
- 优化采购核心流程，实现流程效率的提高和流程成本的降低；
- 完善采购的内部控制制度；
- 提出采购在产品事业部制下分工和协调的建议方案；
- 制定分供方的量化评价指标体系；
- 与核心供应商建立战略联盟的可行性分析和相关建议。

这些方面也是当前需要企业、政府及相关研究机构进行深入研究和探讨的领域。因此，学习和借鉴国内外企业成功案例，就成为我国企业、政府及相关研究机构进行深入研究和探讨的领域。中国企业需要通过加强采购管理以适应全球资源配置的方式，同时，更应该在广泛参与国际市场竞争中建立起全球化的生产网络和采购网络，真正提高在国际市场上的竞争能力。

二、案例教学

所谓案例教学，就是在教师的指导下，根据教学目的要求，组织学生对案例的调查、阅读、思考、分析、讨论和交流等活动，教给他们分析问题和解决问题的方法或道理，进而提高分析问题和解决问题的能力，加深学生对基本原理和概念的理解的一种特定的教学方法。它最先运用于法学界和医学界，其后运用于管理界，在教育界特别是教师培训中得到运用是 20 世纪 70 年代以后的事情。哈佛工商学院在案例教学中起着很大的推动作用，其影响不仅限于工商管理界，而且对教师教育也有着重大影响。1910 年，科普兰博士在哈佛工商学院最先使用讨论法进行工商管理教学。当时，许多工商管理行业的人员走进课堂，向学生展示自己在管理中遇到的各种各样的问题，并写出了案例分析和解决问题的诸多方法。

案例教学重在对学习者分析能力和决策能力的培养，其本质是理论与实践相结合的互动式教学。案例教学类似专家研讨会，通过调动学习者进行充分的思考和讨论，把大家头脑中的思想"榨"出来。用于教学的案例是决策过程的情景再现，是一种运用语言形式或各种视听手段描述的特定的管理情景，案例将企业实践带入课堂，通过对案例的学习与分析，以及在群体中的共同讨论，促使学生进入特定的管理情景和管理过程，建立真实的管理感受和寻求解决问题的方案，从而更有效地培养学生的实际管理能力，并极大地丰富学生关于各行业的背景知识，树立管理权变论的理念。案例教学的优点是在模拟真实情景的情况下，帮助激发学生的主动行为，让学生从被动的吸收知识者的角色中摆脱出来。通过案例教学，帮助学生学会独立思考，提高分析和解决问题的能力、处理人际关系的能力以及学习能力，从而理解现实并能作出判断。

案例教学的特点可以概括为三句话：不重对错，重在分析与决策能力；不重经验，重在知识框架的应用；不重传授，重在教师与学生的互动。在案例教学中，教师不是咨询师，不是要告诉学生怎么做，而是要训练学生分析问题的思路和解决问题的能力，培养学生理论联系实际的能力。

为提高案例教学的效果，首先，学生必须具有一定的基础知识。这里的基础知识，一是指理论知识，即对某学科的基本概念、基本方法、基本理论框架有一定程度的掌握。二是指实践经验。如果缺少这些条件，案例教学仍然可能流于形式，变成教师自己推举案例，教师自己对案例进行分析，教师自己得出结论，使本来别有意义的案例教学成为普通教学的一种形式（尽管这仍不失为一种好的教学形式）。其次，要有主动学习的态度和学习积极性，学生要充分利用自己已有的知识优势，发挥自己的积极性来主动学习，甚至解决学习中遇到的困难。应主动围绕案例与其他同学相互讨论、交流，陈述与辩护自己的观点，评论、发展、支持、批判他人的观点，点醒、启发别人等。

第二节　案例分析方法与基本步骤

案例分析具有很强的实践性和可讨论性。案例本身只是对企业的某些情况做一番描述，有详有略，有的有数据，有的还插入与主题不相关的话，有时是纯客观描述，但案例本身有中心议题。深入思考分析，能发现各种各样的问题，有时表面平铺直叙，却隐含着各种问题。因此，要勤于思索，发现问题所在，找出问题产生的原因，提出问题解决的方案。

一、分析案例的基本视角

1. 当事者的视角

分析案例的第一个要点是进入角色，切忌站在局外，从旁观者的角度，只是当一名普通的观众"纯客观"地、学究式地去分析与评论。必须"扮演"案例中的主要角色，设身处地去体验、观察与思考，这样才能忧其所忧，急其所急，与主角共命运；这样才有真实感、压力感、紧迫感。

2. 总经理视角

这通常是对综合性案例而言。

二、分析案例的基本技巧

1. 要有个人的见解

要防止单纯复述或罗列案例提供的事实，要用所学过的管理理论和知识，发现经营管理已经出现的或潜在的问题，并对这些问题加以逻辑排列，从中抓住主要矛盾。

2. 文字表达要开门见山

在案例分析中，为使论点突出，可以使用小标题，在各段落的开始，应突出该段的主题句子，紧接着可用陈述句支持主题句，这样分析，思路清晰、逻辑性强，以便于他人理解和接受。

3. 提出的建议要有特色

提出的建议要符合具体情况，有明确的针对性，防止出现空泛的口号和模棱两可的观点及含混不清的语句。应当注意的是，管理的实际问题，可能有多种解决办法，不会是唯一答案，关键是对问题的分析要符合逻辑，对所提出的观点和建议方案要有充分的信息支持和必要的论证，并进行合理的比较。

4. 要重视方案实施的步骤和可操作性

在分析案例时，对提出的解决问题方案常能摆出很多优点，有时却难以操作，这样就失去了实际意义，也缺乏说服力。因此，需要对实现目标所需要的条件加以说明。

5. 对假设或虚拟的条件要作必要的说明

案例中所给的信息，有时是不完全的，而你在案例中扮演高层管理者进行决策，要以属下为你提供比较理想的决策条件为前提，因此，需要作一些必要的假设。

三、案例分析的一般方法

所谓一般方法，就是分析的主要着眼点着重考察和探索的方法，或者说是分析时的思考路线。方法可根据不同情况选用，不过常常被综合运用的主要有以下几种。

1. 系统法

这种方法就是将所分析的组织，看成是处于不断地把各种投入转化成产出过程中的系统，了解该组织系统的各个组成部分和它们在转化过程中的相互关系，就能更深刻地理解有关的行动并能更清楚地找出问题和发现机会。有时，用图表法来说明整个系统很有用。方框图有助于了解系统的整个过程以及案例中各种人物在系统中所处的地位与相互关系，各种流程图与"能力分析"是系统法中常用的形式。投入—产出转化过程一般可分为若干基本类型，如连续流程型、大规模生产型、批量生产型和项目生产型等。生产流程的类型、特点与组织中各种职能密切相关。

2. 行为法

这种方法着眼于组织中各种人员的行为与人际关系，注重人的行为是因为组织本身的存在，它的"思考"与"行为"都离不开具体的人，都要由其成员的行为来体现；把投入变为产出，也是通过人来实现的。人的感知、认知、信息、态度、个性等各种心理因素，人在群体中的表现，人与人之间的交往、沟通、冲突与协调，组织中的人与外界环境的关系，他们的价值观、行为规范与社交结构，有关的组织因素与技术因素，都是行为法所关注的。行为法较易于同系统法结合起来运用。

3. 决策法

这种方法不仅限于决策树，还常使用一种规范化、程序化的模型或工具，来评价并确定各种备选方案。有了备选方案，还要看各种方案的关系，决策依据的原则，还应注意在某一方案实现之前，可能会发生什么事件以及该事件出现的几率。

四、常见的案例分析步骤

一般来说，常见的案例分析方法包括六个步骤：

1. 阅读案例

拿到一篇案例，读者需要进行反复阅读，才能对案例中的相关信息了然于胸。在阅读的过程中，最好对案例中的背景、主要事实及意见、面临的难题、利弊条件及重要论点等内容一一记录，以方便下一个步骤的进行。就一般的案例教学而言，需要注意以下几点：

（1）如果案例有要求，那么，第一步就是阅读要求。这些要求无论在案例中，还是在补充材料中，都将为结论提供参考条件。如果没有要求，则需要读者从原有的案例材料中以及在问题的识别过程中确认要求。

（2）在阅读案例的过程中，读者应当识别自己的角色、决策（报告、建议）的使用者，同时确立组织的目标和成功的主要因素。

① 角色。由于在寻找解决问题的方法时考虑的重点不同，因而，确定角色是十分重要的。例如，在银行贷款决策中，学生扮演银行家的角色和学生作为个人向银行提出融资建议所处的立场就是不同的。

② 决策的使用者。使用者决定着解决问题的方案的基调。例如，一份资本预算项目的报告若要呈交给公司的总经理，其技术指标的含量就应比呈交给直接管理者低。使用者可以是一个人，也可以是若干人组成的小组，如董事会。同时，应对所有成员间的关系进行描述，哪怕是十分简要的描述。

③ 组织的目标和成功的主要因素。对于恰如其分地发现问题、分析问题以及做出决策来说，组织的目标和成功的主要因素是至关重要的。在案例中，这些项目，特别是成功的主要因素可能反映得并不清晰。这时，学生就必须了解：在一定的环境下，组织需要怎样做才能实现有效的经营？

一般来讲，评价案例阅读的成效在于能否在仔细地阅读案例之后，确定可用于案例分析的提纲，并根据所提供的案例材料对目标组织及其处境进行初步衡量。

2. 识别与概括问题

如果案例给出了特定的要求，那么，它往往是针对主要问题而言的，尽管事实可能并非如此。问题的识别是案例分析中最困难的一个方面。在许多情况下，最初发现的主要问题事实证明却并不重要，它只不过显示了主要问题的征兆。例如，在一家公司确定一个价格进行投标时，通过对产品成本构成的考察，读者必须认识到，真正的问题在于成本控制不足。

（1）分析案例时，重视所给的提示，这可以作为思考问题的切入点；但不要局限于提示：应打开思路，独立思考，拟定自己分析的思路，最好的做法是在对案例粗读之后、精读之前，先向自己发问几个基本问题，并反复思索这样几个问题：

① 你认为案例中的关键问题或主要矛盾是什么？

② 这是一个什么类型的案例？该案例与你所掌握的理论或实践经验中哪些内容有关？分析这个案例欲达到什么目的或对自己有什么启示？

③ 除了案例的提示外，该案例是否还有一些隐含的重要问题？

对上述三个问题应联系起来考虑，不要孤立地只想其中的某一个问题。在思考问题的过程中不断地试图回答它们，直到弄清案例的目的和关键问题。抓住要点，就能纲举目张。

（2）识别主要问题与其他问题。大多数案例的问题并不止一个，因而，就需要对这些问题进行排序，从而可以在有限的时间内将大部分精力花在主要问题上面。在对问题进行排序时应考虑的因素如下：

① 需要做出什么样的决策？应将这些决策与组织目标以及成功的主要因素结合起来。

② 什么时候需要决策？明天？下个月？时间往往能够决定问题的关键性程度。

③ 使用者的要求是什么？需要什么？当存在不止一个问题的时候，这些问题往往是相互联系的。只要解决其中一个问题，另一个问题也就随之被识别出来。问题识别的关键在于确定需要做出的决策并对已被识别的问题按重要性进行排序，而后，才能开始进行恰如其分的分析。

本书中相当部分的案例可运用绩效评估矩阵（见图 0-2）和相对绩效评估矩阵（见图 0-3）来辅助识别主要问题与其他问题。使用绩效评估矩阵时需要对考核对象的重要性和表现（如供应商供货满意度等）给出分值，在绩效评估矩阵图中很重要但表现不好的对象就是要优先解决的问题。

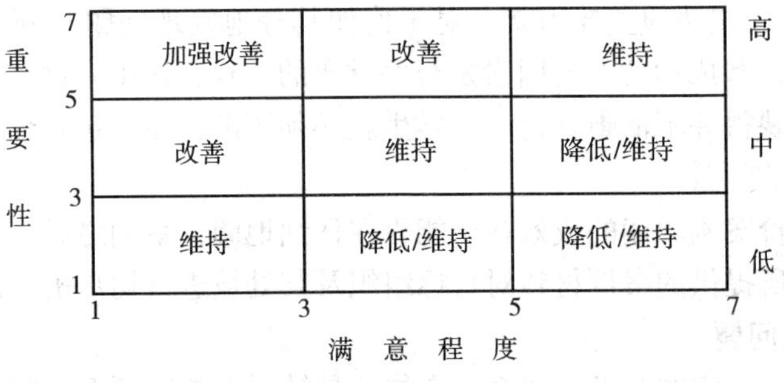

图 0-2 绩效评估矩阵

在相对绩效评估矩阵中，一般把需要考核的对象与可选方案（对象，甚至竞争对手）进行比较，矩阵中重要性分值很高但与竞争对手差距最大的考核对象就是需要案例分析优先解决的问题。

（3）概括问题。找出问题的症结所在、对需要解决的问题进行概括，即对问题的概括应指出关键之处何在？解决的主要障碍是什么？这一环节至关重要且具有一定的难度，

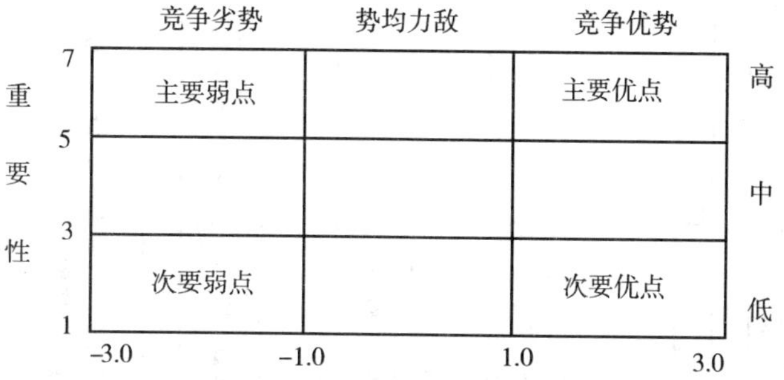

图 0 - 3　相对绩效评估矩阵

它需要读者在详细理解问题的基础上，做出一些合理的假设。要能够透过现象看本质，如采购管理中采购成本上升只是表面现象，是采购计划、供应商选择、采购流程中哪个环节出了问题？造成这种现象的内在原因究竟是什么？在这里可采用各种灵活的方法对问题进行概括，如涉及采购流程的案例，可根据案例资料描绘其流程图（如图 0 - 4 所示），便于问题描述。

3. 分析案例

对案例中的主要角色所面临的问题、活动或困难进行分析是不可缺少的一个环节。在这个过程中至关重要的是收集全部已知事实，并且要对每一事实认真评价、仔细区别、筛选分类。必须要注意的是，不能仅依靠案例中所给的数据或事实来进行简单的分析，因为这些数据及事实有一些是表面现象，必须去伪存真才能保证分析的正确性。也不能让案例中人物的观点来左右自己的思路，因为个人的主张往往过于偏狭，缺乏全局观念。

分析可以是定量的，也可以是定性的。在确定了问题以及特定的环境之后，我们就可以进行适当的分析，但首先，我们需要确定分析的种类——定量或定性。

（1）选择

一般的管理案例至少有两种选择：一种是在做与不做的决策中进行选择，另一种为其他选择，例如，在投标方所提交的所有资料中，对各种各样的技术指标进行分析。同时，在一切可能的选择中我们只能考虑合理的选择。

（2）定量分析

大多数管理案例需要进行定量分析。首先，我们要对主要问题进行分析，这些问题将决定定量分析时所使用的方法。特定种类的决策需要特定种类的分析方法。例如，在企业根据剩余（生产）能力确定指标地位的情况下需要进行贡献分析，而在制定购买决策时则需进行相关成本的分析等。其次，在识别问题时，应当将这些方法记录下来。

（3）定性分析

在定性分析中应当包括：对可供选择的方案进行的正反两方面的考虑、对定量分析的阐述以及对假设条件的说明。必要时，我们还应建立假设条件，但这些假设不应与案例事

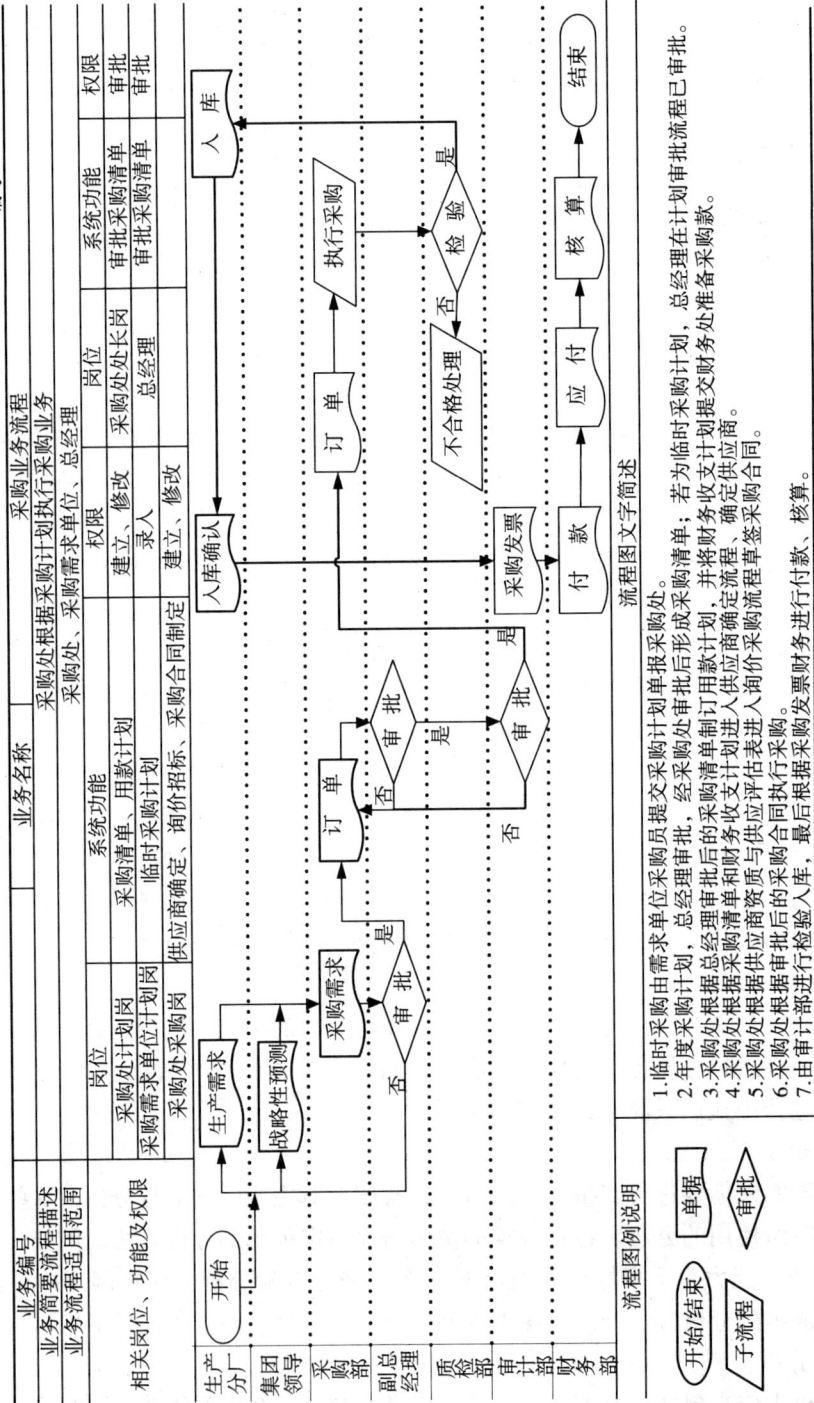

图0-4 H有限公司采购业务流程图

实相矛盾，它们应建立在案例所提供的信息、专业判断或常识的基础之上。

4. 提出多种决策方案

对于问题的解决，一般可以提出多种方案以供选择。可供选择的方案越多，企业选择的余地也就越大。案例分析人员要学会集思广益，从不同的人、不同的意见中得到启发，来帮助自己进行判断和决策。事实上，我们必须根据以前分析的结果确立具体的行动方案，这些方案必须具有可操作性，同时，还应给出具体实施方案的方法，其中，尤其要考虑成本与效益因素。同样，这些方案还应与组织目标联系起来并有助于主要成功因素的形成。对每一个问题都应给出相应的决策或建议。以采购领域分析中常使用的供应象限图（见图0-5）分析结果为例，该方法主要是根据采购物资获取的风险性和物资对企业利润的贡献来划分采购对象，但就案例分析而言应对每一种供应物资配以相应的供应和采购决策或建议。

图 0 - 5 供应象限图

5. 提出决策标准

提出多个可供选择的方案后，为了确定最终方案，有必要对选择方案时依据的标准进行明确的规定。例如，企业在制定产品的价格时，有时是为了获取高额利润；有时是为了进行市场渗透，扩大市场占有率；有时是为了提高企业在市场上的知名度。究竟怎样定价，应视企业的发展目标而定。而这一发展目标，就是在进行决策方案选择时所必须参照的标准。

6. 做出决策并提出建议

为了找出所有可行方案中解决现有问题的最佳方案，就要把各个方案放在一起进行优劣对比，在经过反复衡量和比较后进行确定，阐述其理由，同时指出被淘汰方案的缺陷所在。最后，对方案的计划实施提出建议。

五、案例分析方法小结

案例分析方法包括以下几个步骤：

（1）阅读案例要求。

（2）仔细阅读案例并写出提纲。

（3）在阅读及阐述案例资料的过程中识别问题。

（4）对适当的选择方案进行定量及定性分析，并建立必需的假设条件。

（5）对所有问题根据相关评价标准做出具体的决策。

第三节　案例分析报告撰写

采购案例分析的最后成果是撰写案例报告，并且决定必要的行动方案。撰写分析报告并不需要具备专业的文学素养，完整的案例分析报告必须是一份具有吸引力（Attractive）并且易懂的报告。一般来说，一份吸引人的案例分析报告必须具备以下几个特点：

- 叙述简明扼要（Concise），并且专注在必要事项的报道与陈述上；
- 内容具体客观（Objective），并且有事实根据（Facts）；
- 陈述精确（Precise），不会产生模棱两可的解读；
- 提供具体可执行（Operational）的建议与结论。

一、内容方面（Contents）

简短的前言介绍（最多不要超过一页），包括案例的主要问题、主要措施和建议方案预期受益等。另外需注意的是，为了让读者可以很快地判断资料与结果的可信度，所有资料都要清楚地注明其来源，在语言描述上应强调言简意赅。

在摘要报告方面，以最多不超过两页为原则，以供应商选择类案例为例，一般内容须包括：

- 一个全面性的供应市场的看法与观点；
- 供应市场的 SWOT 分析；
- 根据"综合准则分析表"（Multi - Criteria Analysis）的分析所选择的简短供应商名单；
- 研究的主要结果；
- 被确认出供应商的数量；
- 选择供应商的准则；
- 供应商的基本资料；
- 用表格的方式来比较显示供应商所处的不同技术层次（供应商 Know - How 的差异）；
- 提出的建议以及行动方案（Action Plans）；
- 附录。

①调查问卷；

②访谈及咨询过的供应商名单；

③供应商拜访参观报告；

④任何值得参考的资料。

二、一份易懂的报告

要了解是谁要求这份报告，这份报告是准备给谁看的，看这份报告的人想要从报告中知道些什么样的信息，这有助于掌握撰写的重点方向与表达方式。

要站在阅读者（Reader）的角度与立场来撰写内容，尝试着问自己："如果我是看这份报告的人，我是否能了解这些内容？我是否能得到所要的答案？我有没有对内容感觉到不安与不妥？"

信息以重点摘要的方式呈现，有助于每项信息能立即被传达。

在报告中如有提及数位与金额的部分，避免以叙述的方式呈现；可尽量利用表格与图表，以达到一目了然的比较效果。

除非是约定俗成的通用说法，专有名词与英语名词的缩写最好能附带原文全名或解释，以方便阅读。

句子要简短（Short），语意要精确（Precise），避免冗长的叙述与说明使读者无法容易地抓到重点。

文意与措辞要注意是否流畅通顺，前后文之间是否有关联性，叙述有没有矛盾。

每项信息都要尽量以正面及肯定的方式（Positive）表达，而不要以负面、具有攻击性的方式陈述。

报告的外观尽量保持清爽简单，避免过分花哨的版面设计，不要运用超过三种以上的字型与字号。

报告完成后，不要急着交出去完稿，最好先搁置一两天后，再回头重新审核阅读一遍，作最后的修订。这样比较能以更客观的角度观察到在撰写期间所无法看到的问题。

三、结论（Summary）

结论的内容可以用来追踪信息的来源，并可让资料达到最有效的运用。

供应市场调查报告应该放在公司内部容易取得的地方，如公司内部网络资料库，包括以下的内容：

- 供应市场调查的目的与背景说明；
- 顾客（内部使用单位提出要求者）的联络电话与地址；
- 执行此供应市场调查人的联络电话与地址；
- 本次调查的日期；
- 供应市场调查所涵盖的技术范围；
- 相关的商品以及商品经理人（Commodity Manager）的姓名；
- 本次调查所涵盖的地理区域；
- 调查的结果、实际的行动方案以及所选择的供应商名单；
- 调查结果存放的地点。

四、建议案例报告格式

1. 前言
包括案例的主要问题、主要措施和建议方案预期收益。这一部分内容强调言简意赅。

2. 现状描述/正文
主要是对现状进行描述。若涉及单一物流功能运作，可根据具体案例背景撰写。

3. 要点分析
对案例表现出来的问题进行分析。

4. 结论
明确产生问题的原因。

5. 建议
提出改进方案。

第一章　采购战略

导　论

一、采购战略的意义

企业生存的目的是利益最大化，条件是收入必须多于运营成本，从而实现长期增长和收益增加。平衡这个等式有两种基本方法：增加收入或降低成本。增加收入意味着要么提高价格要么保持价格稳定而增加销量。同时，成本必须保持相对稳定或者必须保持其增长幅度小于收入的增长幅度。然而，在过去的几年中这种选择变得越来越难以实现。降低成本已经成为一个能够带来丰厚利润回报的领域。面对全球竞争，各公司正在不断寻找在维持自身利润和维持股东回报的情况下，降低成本并将所节省的成本部分地转移给客户的方法。

随着技术、设备等领域成本降低空间的大幅度减小，以往被忽略的采购部门对成本降低带来的作用越来越明显。对大多数管理者而言，降低物料和服务成本已经成为十分具有吸引力的方法，越来越多的管理者希望通过采购管理来提高公司的赢利水平。在某种程度上，采购已经成为能够明显改善资产回报率的最后一种方式。然而，许多美国公司并没有很好地履行战略性采购计划的任务。结果往往是局限于部门性战略计划，这种计划与公司战略计划有着微乎其微的联系或者根本没有联系。

同时在当前企业供应链一体化管理的推动下，采购的观念必须上升到战略的角度，与企业的战略管理相结合，用供应链管理的思想重新审视采购。而在供应链协同运作管理中，现代采购战略相对于传统采购战略，其意义也是显而易见的。

企业的管理者如果不能意识到采购战略的重要性，很容易在成本和利润的魔咒中迷失自己的方向，陷入降价、裁员、再降价、再裁员的恶性循环。IBM 从企业价值链的各个环节着眼，对采购的战略规划和管理提出了思考，这些建议虽然不能从根本上扭转公司的赢利状况，但是至少会显著降低企业管理者在利润方面的压力，帮助企业管理者从更高的层面把总体拥有成本（TCO）控制在一个相当合理的水平，从一个可能被忽视的环节发现更多实现赢利的机会。

二、采购战略的影响因素

采购的主要活动包括：为组织运作提供所需的不间断的原材料、信息和服务；将存货投资和损失降到最低程度；供应商的选择与评估；保持并开发有竞争力的供应商；与组织内部其他部门协调以取得准确及时的相关信息等。

在这些活动之中，核心的活动之一就是供应商的选择与评估。因为在进行采购决策时必须从众多供应商中选择最佳的供应商。这一活动通常包括以下12个步骤：识别需求、建立说明书、研究备选方案、建立联系、设立采购和使用标准、评估备选采购活动、确定可获得的预算、评估备选方案、与供应商协商、货物交付、使用和采购后评估。

一般来说，影响采购战略选择与制定的因素主要包括：

● 该企业在其供应链中的地位，例如，企业是供应原材料、部件还是成品？在供应和终端市场中有多少竞争者；

● 公司的供应市场中有效原材料来源地的数量；

● 在供应和终端市场中的技术发展速度；

● 供应或终端市场的变动性；

● 政府对市场的干预程度（如国防市场）；

● 采购公司管理战略的能力（如本领域从业人员的素质和人数，以及他们在业务中的影响）。

而从企业管理角度来看，企业成功制定和实施采购战略有以下四个关键要素：

1. 产品

"产品"要素是指企业要决定对哪些物品进行战略采购管理。在产品要素中，首先要明确需要采购哪些产品。对于技术含量低、市场成熟的产品可选择外购；对于涉及核心技术的产品，应尽量选择自制。其次要决定对采购的哪些产品实施战略管理。企业可按照供应市场的风险程度和产品的成本价值比重对所采购的产品进行分类，对于高风险、高成本的产品和服务进行战略管理，因为这些产品既需要花费巨额成本，又具有很高的风险性，若管理不当就会给企业带来重大损失。

2. 成本

"成本"要素是指企业在采购产品时应以成本作为评判指标。传统的采购以价格作为主要的业绩评判指标，但在战略采购中，更应关注采购成本。采购成本可分为两类：直接成本和间接成本。直接成本是指在采购产品时的直接支出，如支付采购产品的价格、储存费用等；间接成本是指在采购过程中的间接支出，如支出的管理费用、业务费用、花费的时间等。对于直接成本，可通过引入竞争、采用经济订货批量等方式来降低；对于间接成本，可通过优化采购流程、实施电子采购、减少人力消耗等方式来控制。

3. 关系

"关系"要素是指企业要决定同供应商建立何种关系以及怎样建立这种关系。对于实施战略采购的物品，企业应该同供应商建立深层次的战略伙伴关系。在初期合作阶段，双方建立信息平台和沟通机制，采购方将采购数量及交货时间等报表提交给供应商，共同分析这些数据，培养合作的默契感和信任程度。时机成熟后，再过渡到较高层次的稳定的战略伙伴关系：采购方企业将自身的活动与供应商集成起来，将供应商作为自己的制造部门来控制，或者建立联合小组共同参与产品开发设计，双方相互促进，共享利益和分担风险，达到双赢的目的。

4. 适用

"适用"战略要素是指采购的物料、产品或服务能够达到企业所需要的既定功能和用途。如果所采购的产品得不到有效利用，那么产品、成本、关系要素有再好的组合都是毫无意义的。选择"适用"而不是质量作为采购的战略要素，是因为只有满足企业需要的产品和服务才是最好的，而并非质量越高越好。采购的产品若不能达到企业所需的质量要求，当然会影响到企业的正常运行，甚至会影响到整条供应链的表现；但如果采购产品的质量远远超过了实际需要，又会造成浪费，导致企业经济效率的低下。

此外，采购经理在进行采购决策的时候，可能还会考虑到以下的要素：

- 采购周期及其变动性；
- 按时交货及可得存货的百分比；
- 订货的便捷性及加急订单的满足能力；
- 产品的可靠性及操作＋维修的便捷性；
- 是否符合相关的技术规范；
- 产品价格的竞争性；
- 供应商的信誉；
- 售后服务。

三、采购战略的制定（见图1－1）

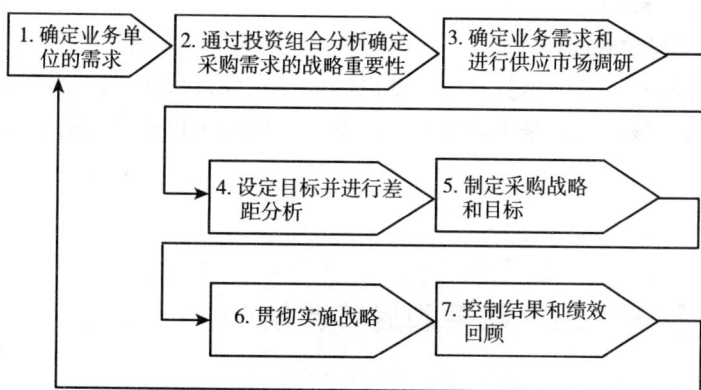

图1－1 采购战略的制定

1. 确定业务单位的需求

采购部门一旦确定了必须实现的一组广泛的目标，将会在商品/服务/产品层次上出现另一组更加详细的战略。采购战略应该首先从商品/产品层面开始有效地展开。

2．确定采购需求的战略重要性（投资组合分析）

制定采购战略的第二步，就是要充分理解与业务单位目标相关的采购需求，负责制定战略的人员必须对商品的历史状况进行跟踪，并使之与整体业务的目标相匹配。目的就是要发现业务单位在过去处理此种商品的过程中存在的问题，以及识别未来潜在的问题和机会（诸如技术、成本和质量改善等）。

3．确定业务需求和进行供应市场调研

制定采购战略的第三个主要步骤就是要进行彻底的商品调查研究。这一步骤经常被忽略或者是很快完成，但是它对于理解供给与需求至关重要。业务单位必须对采购某种物品所要发生的花费准确地预测。虽然所花成本总额可能很清楚，但重要的是要知道此项花费发生在何处？是哪家供应商的？这可能是揭示性分析，它常常发现不同的业务单位为同一种产品所支付的成本不同。

4．设定目标并进行差距分析

目标可能是数量型的和"软性的"。它应根据外部竞争对手目前的状况设定，并包括外部供应商业绩的评价以及内部集成问题。不管目标值如何设定，它们都必须基于竞争性分析，根据与市场领先企业的比较和对未来市场发展变化趋势做出决定。

5．制定采购战略和目标

采购战略应考虑研究中的相关标准，其中包括最佳供应商的相对标准、业务单位需求方案可能产生的"风险"、其他不同选择所带来的"机会成本"。

6．贯彻实施战略

战略的贯彻实施要求有对公司的控股权以及时间和任务的相关文件。相关各方应该了解采购战略可能带来的任何变化。

7．控制结果和绩效回顾

战略制定过程的最后一步就是要保证战略能够实现其预期目标。进行定期回顾以便决定战略是否成功，核心战略是否需要加以改变。绩效回顾包括从关键供应商那里得到反馈和帮助。

【案例1-1】沃尔玛全球采购战略调整

【案例概要】

在2007年岁末，中国新劳动法正式实施前夕，一场关于规避新法而突击裁员的风波将位居《财富》全美500强排行榜首位的世界巨头沃尔玛也卷入其中。沃尔玛全球采购系统的100余名中国员工忽然被"炒了鱿鱼"。不少人指出沃尔玛此举是为了规避新劳动法，也有报道在深入调查之后，指出沃尔玛采购系统在中国大裁员的背后有着更深层次的原因——从事采购的中国员工被大量裁员是沃尔玛进行全球战略调整的一部分。

由于成本上升，沃尔玛在中国的一些采购可能转移到非洲等地。在中国大裁员之后，沃尔玛设在新加坡、菲律宾、斯里兰卡和土耳其的 4 个采购办公室也全部关闭。这一切意味着，沃尔玛全球采购战略调整的大幕已经拉开。

【教学目的】

1. 了解采购战略含义；
2. 掌握采购战略制定（调整）的影响因素；
3. 了解零售业采购战略的特点与发展趋势。

引　言

沃尔玛在中国分为两个系统，一个是人们熟悉的沃尔玛超市，也被称为"沃尔玛中国"，另一个即沃尔玛全球采办，主要负责在中国采购货物运往国外，并通过世界上 7000 多家沃尔玛超市销售。据有关部门的统计，沃尔玛这个零售巨头一年就"吞"下了 700 亿元人民币的中国货物。

此次"裁员风波"正发生在沃尔玛全球采办。它前身是香港一家代理公司，主要帮沃尔玛做出口方面的业务。被沃尔玛收购后，2002 年搬迁至深圳，对外的注册名称是沃盛咨询（深圳）有限公司，当初成立的目的是降低采购成本。

2007 年年初，公司的主要创始人崔仁辅离开了，与他一起辞职的，还有公司的首席执行官劳伦斯·杰克逊。此后，美国人苗浩成了公司新的老板。这次高层的巨变，为后来进行的架构调整埋下了伏笔。

背　景

据有关资料显示，这次裁员总共有 100 余人，其中在深圳被裁的有 50～60 人。就裁员部门而言涉及 5 个部门，在深圳和上海被裁的员工主要是采购部门的，而在东莞和莆田被裁的主要是质检和检厂的员工，采购裁员据称超过 80%。

采购系统在实现沃尔玛的"天天平价"方面发挥的巨大作用，是沃尔玛全球商品物流和价格链条中相当重要的一环。在已形成非常有效的运作方法后，采购办一般都直接面对中国的工厂，以双方可以接受的最低价格拿货。在向中国工厂压价方面，沃尔玛有一套十分厉害的做法。此外，沃尔玛全球采办还有专门检厂的员工，主要是看工厂有没有使用童工或违规加班等情况。假如一年之内被发现有 3 次违规的话，将不可能和沃尔玛有任何生意上的来往。

一旦成为了沃尔玛的供应商之后，只要不发生明显的违规行为和市场变化，一般都可以成为沃尔玛长期的合作伙伴。通过沃尔玛采购的努力，十分平价的货物源源不断地从中国运到世界各地的沃尔玛超市的货架上，进店销售的价格是——中国工厂成本价＋运费＋仓储费＋报关费用＋沃尔玛的利润。

公司这次裁员完全无视个人的工作能力、表现以及工作的年限——被裁后，公司会给被裁人出具一份证明，显示不是因为个人表现而被裁，完全是公司的原因。沃尔玛的大裁员在社会上引起了一场轩然大波，由于此时正是中国实施新劳动法之前的敏感时期，不少人认为此举是为了规避新劳动法出台。但对于被裁的员工，沃尔玛赔偿的标准是"做一年算一个月，再另外多赔两到三个月。按照全年 12 个月的工资 + 年底双薪 + 分红后再除以 12 得出一个月的补偿标准。工作了 5 年以上的人，基本上赔偿了 10 个月"，这比劳动法规定的赔偿标准高出很多。显然，沃尔玛采购系统在中国大裁员的背后有着更深层次的原因。

据沃尔玛中国区公关总监董玉国透露，中国的裁员是全球采办进行战略调整的一部分，其中一个原因——采购系统的部门工作存在重复劳动，全球采办对现有的流程进行评估后，将采用新的治理技术和通信技术。

喧嚣风波背后有真实战略

裁员主体为采购业务人员，与沃尔玛全球采办的架构设置有关。目前的设置是每个部门有部门经理、高级采购、采购，以及采购助理和部门助理，平均两个采购就有一个采购助理，这些部门不仅设置雷同，效率也不是太高。一些采购部门被裁掉后，公司将采用网上订单系统来弥补裁员后的工作，并把一部分工作转移到供应商那里去，此外沃尔玛将质检和检厂都转包给第三方。

2007 年 11 月 15 日，中国大裁员结束当天，考虑到在中国的采购成本、人工和原材料的上升，沃尔玛全部关闭设在新加坡、菲律宾、斯里兰卡和土耳其的 4 个采购办公室。

据有关部门的统计，沃尔玛 2006 年在中国的采购量为 703 亿元人民币，2007 年上半年采购量为 303 亿元人民币。其采购大裁员是否会对中国的采购造成影响？

对于把部分业务从中国转移到非洲的说法，董玉国并没有直接做出回应。"这只是一个假设的问题，我没办法回答。可以肯定的是，公司没有减少在中国采购数量的决定。很多大的零售企业都是这样，到一个地方去采购，你要看当地有没有这个制造能力，假如没有的话，你想采购也采购不了。"

把其当"生命线"的企业堪忧

事实上，沃尔玛骤然的战略调整，让不少中国的企业很揪心。在其每年巨额订单的背后，联结着中国众多的工厂。尤其对一些与其有长期合作关系的工厂来说，来自沃尔玛的订单更是企业的"生命线"。珠三角一家生产鞋子的企业负责人刘老板称，其工厂与沃尔玛有过合作。假如沃尔玛大面积地减少采购量，一些企业可能会陷入困境。

也有一些企业对于沃尔玛此举并不太在意，深圳商人林老板说，许多供应商刚开始和沃尔玛合作的时候根本不赚钱，只是想要一个能跟沃尔玛合作的名声，给自己做广告。"跟其他客户谈生意时，便可以抬高价格赚钱。由于利润有限而要求较高，一些与沃尔玛合作的企业并不能获得自身技术和产品升级的资本积累。沃尔玛的调整不见得是坏事，可以让我们思考如何去调整。"

尽管暂时未影响到在中国的采购量，但不少人认为，这个世界零售巨头的战略调整无疑具有风向标意义。沃尔玛的这个举动是否会动摇中国作为世界工厂的地位呢？中国又将如何面对呢？

长期关注中国宏观经济的一位专家指出，目前中国作为"世界工厂"的地位还无法被动摇，经过近20年的发展，中国已形成了非常有竞争力的制造业，包括成熟的加工体系、大批熟练的产业工人和低廉的劳动力成本等，这种竞争优势并不能够在短时间内被赶上。"但我们也要看到自己的问题——原有产业的升级和新产业开发亟待重视。"

"中国成为世界工厂，一方面说明中国在产品制造方面有很强的竞争力。另一方面也说明我们没有可以卖的先进技术，没有可以卖的经验和智力。完全按外国提供的样本生产是一种悲哀。工厂到最后的竞争力在于自己的研发、设计和款式。"长期在外企工作的在读 MBA 王雷说。

【案例分析指南】

本案例以世界巨头沃尔玛全球采购系统的 100 余名中国员工被裁员事件所折射的采购战略调整为分析对象。教学可以首先从采购战略的影响因素分析入手，辅以企业一般管理战略的相关理论介绍。对不同的读者，可适当加强企业战略制定、零售业市场分析等相关基础知识。

采购战略影响因素分析是本案例分析的基础。可以结合沃尔玛公司的行业背景和案例思考题，从供应商、采购者、市场竞争环境等要素进行分析，把沃尔玛公司采购裁员的问题及其原因列举出来：组织冗余、效率低下；采购成本上升；新技术取代，等等。

通过读者的思考或讨论，总结这些问题，并找出原因：企业生存的目的是利益最大化，条件是收入必须多于运营成本，从而实现长期增长和收益增加。有一定基础的读者，可以进一步提出自己解决问题的方案，如除裁员之外如何应对市场对采购战略提出的要求。

思　考　题

1. 简述沃尔玛全球采购系统或沃尔玛公司的 SWOT 分析。

2. 根据沃尔玛全球采购战略调整，试分析企业采购战略对降低"总采购成本"的影响。

3. 请运用本书案例分析方法论为本案例撰写一份案例分析报告。

4. 试阐述零售业采购战略有何特点。

【案例1-2】联想的供应链管理与采购战略

【案例概要】

采购管理及其战略在企业供应链管理中处于非常关键的地位,本案例展示了中国联想集团采购供应链的特点和现状,并着重描述了联想采购战略和策略的制定、运作。

【教学目的】

1. 了解采购管理在供应链管理运作中的作用;
2. 理解采购计划的制订及执行采购活动应遵循的原则;
3. 了解影响采购计划调整的因素及采购计划调整的相关方法;
4. 对供应商的绩效进行评估;
5. 对联想集团提出采购战略改进方案。

引　言

联想集团成立于1984年,由中科院计算所投资20万元人民币、选派11名科技人员创办,到今天已经发展成为一家在信息产业内多元化发展的大型企业集团。联想的总部设在纽约的Purchase,同时在中国北京和美国北卡罗来纳州的罗利设有两个主要运营中心,通过联想自己的销售机构、联想业务合作伙伴以及与IBM的联盟,新联想的销售网络遍及全世界。2002财年营业额达到202亿港币,目前拥有员工12000余人,于1994年在香港上市(股份编号992),是香港恒生指数成分股。

2008年第二季度全球市场PC厂商出货量排行中联想排名第四,市场占有率为7.8%,低于2007年同期的7.9%,出货总量为5580千台,较2007年同期增长4.2%,如下表所示。

2008年第二季度全球市场PC厂商排行　　　　　　　　单位:千台

排名	公司	2008年Q2出货量	2008年Q2市占率(%)	2007年Q2出货量	2007年Q2市占率(%)	同比增长(%)
1	惠普	13028	18.1	11129	18	17.1
2	戴尔	11204	15.8	9190	14.8	21.9
3	宏碁	6749	9.4	5676	9.2	18.9
4	联想	5580	7.8	4888	7.9	14.2
5	东芝	3137	4.4	2428	3.9	29.2
-	其他	32157	44.7	28647	46.2	12.3

(数据来源:Gartner)

在过去的二十多年里，联想集团一贯秉承"让用户用得更好"的理念，始终致力于为中国用户提供最新最好的科技产品，推动中国信息产业的发展。面向未来，作为 IT 技术与服务的提供者，联想将以全面客户导向为原则，满足家庭、个人、中小企业、大行业大企业四类客户的需求，为其提供针对性的信息产品和服务。

联想作为国内 IT 业界的龙头企业之一，其供应链管理中包含了许多新的理念。联想的供应链主要是解决四个方面的问题：第一，怎样保证准确的预测；第二，怎样保证在预测出现偏差的时候，能够快速调整；第三，怎样满足客户差异化的需求，怎样满足客户定制的需求；第四，怎样很好地完成供应商在采购方面的协同。这四个问题可能也是很多企业在当今需要面对的主要问题。联想对这些问题的解决方案，无论对于 IT 制造商，还是其他行业的企业，均有重要的借鉴意义。

IT 产业采购供应链的特点

IT 产业供应链及采购环节的特点如下：

首先，在 IT 产业，主要产品的价格波动风险十分大，影响因素也非常复杂，比较难以准确地预测，另外市场发生变化的时候，就需要快速的调整，这样才能够满足客户的需要，避免库存带来的风险。

其次，IT 产业的部件更新换代非常快又非常频繁。据统计，基本上每两天就有一个机型发生大的或者是小的改动，另外产品的降价速度也非常快，这就必须要准确地预测市场的需求，才能满足客户的订单，而不造成过多的库存。

再次，IT 产业中，满足客户差异化的需求日益强烈，在保证标准化的同时，必须很好地满足客户差异化的需求。

最后，物料的价格很多是来自于上一个供应商，上一个供应商利益驱动的情况是非常明显的，并且很多供应商是寡头垄断或者是少数寡头，所以供应商对整个行业的影响比较大。

联想的供应链和采购的状况

首先，在供应链和采购方面，联想采取一体化的运作体系，把采购、生产、分销以及物流整合成一个统一的系统，在整个联想集团，负责生产的管控包括一些生产制造系统的管理，战略层、执行层在整个集团有一个统一的策略、统一的协调。

其次，从联想的供应链来看，联想有三百多家供应商，要管理的客户渠道有五千多家。在联想内部，有北京、上海和惠阳三个工厂，目前生产的主要产品除了台式电脑、笔记本电脑、服务器之外，还有 MP3 等其他的数码产品，应该说是一个非常复杂的供应链体系。

联想的物料主要分为国际性采购的物料和国内采购的物料，国际性采购的物料，基本上都是通过香港，然后分别转到国内的惠阳、上海和北京，在国内采购的物料会直接发到各个工厂，然后由各个工厂制作成成品，然后发给代理商和最终的用户。

联想近几年都在做供应模式的转变，由以前的基本库存驱动模式转变为根据客户需求来确定整个供应链的管理，从而调整从采购、生产到销售。

联想在运作模式上，目前还并不是一个完全按订单生产的企业，这与联想面对的客户群有关。联想目前60%～70%主要客户来自于个人和中小型企业。所以，联想的运作模式是采取一种安全库存结合按订单生产的方式。联想会有1～2天成品的安全库存，更多的是根据用户的订单来快速地响应客户和市场的需求。

多维度预测确定采购计划

预测最基本的条件是要基于历史数据，因为联想从市场和代理商中积累了大量的历史数据。通过对销售的历史数据分析，会发现产品的销量跟很多的实践因子相关，比如说市场自然的增长、季节的因素、联想做一些优惠活动、新产品的推出等，都会影响市场的销量。所以，针对每一个实践因子都会牵动一个数字的算法、一个数学的模式，通过准线的分析和线性的回归对这些因子进行线性的评估，从而确定运算方面的模型。

通过这种预测模式，再加上代理商和区域市场对客户的预测，同时得出联想短期、长期以及非产品对整个市场多维度的预测。

所以说，这种预测是多维度的，包括了对产品在不同的区域、不同的时期、不同渠道的预测。另外，它是受很多因素、很多事件影响的模型，首先，它会受到一些节假日、新品促销等的影响；其次，在预测方面应用了很多算法，像指数的平滑法、加权平均、线性回归。联想通过一些销售体系使预测准度方面提高了30%。

预测出现偏差时快速调整采购计划

预测偏差的调整涉及两个方面，一方面是采购计划怎样快速调整，另一方面是生产计划怎样快速调整。

1. 采购计划的调整

除了前面介绍的需要根据预测调整之外，还要根据这种采购的提前量、安全库存的策略以及采购批量等的影响，另外还要根据联想在国内多个工厂、多个库存地的实时的计划，确定采购计划应该怎样进行调整和改变。

当销售发生调整或者供应商的状况发生变化的时候，联想可以做到在几个小时之内，把几十种产品、几千种物料、面对几百家供应商的计划调整完毕，这样就加快了对市场反应的变化和应对的能力。

2. 生产计划的调整

目前联想通过电子商务和主要的代理伙伴、代理商、分销商进行合作，基本上每年会有两千多张订单进入联想，联想也是通过这种生产计划系统来快速完成生产计划的制订，并且可以很快地根据这种生产计划提供给供应商比较准确的送料计划，来达到和供应商的协同。

通过销售的预测以及采购计划和销售计划的调整，联想可以实现内部快速对市场供应的变化的调整。另外联想通过需求协同，更好地使客户了解整个分销渠道的库存和协调的状况。通过供应商的系统可以更好地和供应商实现交货的计划、采购订单和预测等方面信息的协同，从而可以保证从客户端一直到联想内部的系统和供应商端实现整体的信息协同和同步。

供应商协同与采购策略

在协同方面，首先是让供应商做到全程协同，包括在产品研发过程中就要和供应商进行同步开发；其次在品质和供应弹性以及成本方面，需要进行持续的改善；最后在采购价格方面需要供应商能够保持最佳的竞争力。

此外，采取全程紧密的策略，首先在供应商端会实现优胜劣汰，寻找有竞争力的合作伙伴，其次在供应商端会设立相应的采购平台，加强日常的管理，用于突发问题的解决以及持续改善项目的推进。联想进行供应商协同的一个主要目的，就是要确保在业界自由的供应商争夺以及采购资源的争夺中，能够保持一种有利的战略位置。因为当前的竞争已经不单纯是企业和企业之间的竞争，而是企业和企业之间供应链的竞争。

基于供应商协同的理念，联想会定期制定整体的采购策略，并且根据采购策略的情况确定是否需要导入新的供应商，以及进行供应商策略的调整。另外，定期进行日常对供应商的管理和绩效评估，主要从研发、质量、服务、供应以及成本五个方面来进行评估，并会根据这种评估的结果对供应商进行一些日常的采购管理。

联想对供应商的策略以及对物料采购的策略，根据采购金额和物料的风险确定了四大类型：战略型、杠杆型、关键型和策略型，针对不同类型的供应商、不同的物料采取不同的策略，从而达到在不同情况下采购资源的最大化。

在采购策略上，联想希望和供应商之间采取双赢的策略，另外采取非常紧密的战略，引入优胜劣汰的机制。

联想的采购组织除了目前的采购本部在北京，另外在上海、香港、深圳和台北，在IT业供应商比较集中的工厂所在地，也建立了相应的采购平台，从而加强了对供应商本地的监控以及相应的一些日常管理，在出现问题的时候，进行一些项目的推进和改进的工作。

所以，联想在供应商协同方面主要有以下几大部分的工作：第一部分要确定供应商的总体策略。一是价格成本以及采购比例的控制；二是引入淘汰机制以及框架协议的签署方面的问题；三是一些研发的协同，怎样在研发过程中更好地为成本和制造提供方便服务；四是KBI（关键行为指标），定期地和供应商之间制作这种互惠的指标评价体系，以更好地推进合作。

第二部分主要是在产品品质方面的服务。一是包括新品供应商的掌控；二是品质的管理；三是对于一些重要零部件上游供应商的管控；四是定期对供应商工厂生产线进行一些审核工作。

第三部分是对供应商供应能力方面的一些管理。在供货方面的管理主要是涉及新品进入过程中的管控，在新品导入的时候，怎样能够上市、上量方面的管控，另外是物料退出时候的一些管理和控制。

第四部分是对供应商服务方面的管理。主要涉及在索赔和维修服务方面的支持的管控，另外对供应商财务状况的分析以及对日常的索赔和物料导控方面的管理，这是联想和供应商之间共同合作的工作。

【案例分析指南】

本案例以联想集团的供应链管理与采购战略为分析对象。教学可以首先从供应链管理的基本理论介绍入手，分析供应链环境下企业采购战略与供应链管理的关系。对不同的读者，可适当加强企业战略制定、零售业市场分析等相关基础知识。

供应链管理中的采购战略及采购计划调整分析是本案例分析的基础。可以结合联想的行业背景和案例思考题，从供应商、采购者、市场竞争环境等要素进行分析，把联想国际化所面临的问题及其原因列举出来：供应商与复杂的供应链系统；市场需求预测的难度；客户差异化问题；供应商协同系统，等等。

通过读者的思考或讨论，总结这些问题，并找出原因（可以发现与案例1－1相同）：企业生存的目的是利益最大化，条件是收入必须多于运营成本，从而实现长期增长和收益增加。有一定基础的读者，可以进一步提出自己解决问题的方案。

思 考 题

1. 试分析联想供应链系统存在的问题，哪些可从采购战略制定方面得以解决？

2. 根据联想集团在供应商协同方面采取的措施，试分析如何在企业采购战略中加强对供应商的管理和筛选。

3. 请运用本书案例分析方法论为本案例撰写一份案例分析报告。

4. 试阐述IT业采购战略有何特点。

【案例1－3】西门子公司的全球化采购策略

【案例概要】

21世纪以来跨国公司和国际采购组织在中国市场的采购活动日趋频繁和活跃。如零售巨头沃尔玛在深圳的采购中心，2001年在中国市场采购并进入其全球销售网络的商品数额达到了100亿美元；家乐福2001年在中国的采购额也达到了3亿美元。此外，很多国际专业化的采购组织和经纪人近年来也纷纷到访中国，中国企业正被逐步纳入它们的全球采购网络。由此，中国企业和经济政策、贸易制度面临许多新挑战，如企业的产品种类、质量与标准能否满足跨国公司全球生产体系和国际市场的要求，企业如何了解和适应国际采购的规则和方法，国内相关服务行业和基础设施是否能够适应国际采购中心运作的要求，经济体制和贸易政策中还存在着哪些不利于企业参与全球化竞争的内容，等等。

【教学目的】

1. 了解西门子公司的全球化采购策略；
2. 了解影响供应商选择的因素及供应商选择的相关方法；
3. 了解世界级采购方法与工具；
4. 对西门子公司的全球化采购策略进行评述。

引　言

总部位于柏林和慕尼黑的西门子公司（简称西门子）是世界上最大的电气工程和电子公司之一。西门子拥有 90 万多名股东，是世界上最大的上市公司之一。公司超过 55% 的股本募集于德国境外。从 2001 年 3 月开始，西门子股票在纽约证券交易所（NYSE）挂牌交易。2005 财年，公司在全球拥有大约 46.1 万名雇员，实现销售额 754.45 亿欧元，净收入 30.58 亿欧元，其中 80% 的销售额来自德国境外。

西门子是一家大型国际公司，其业务遍及全球 190 多个国家，在全世界拥有大约 600 家工厂、研发中心和销售办事处。公司的业务主要集中于六大领域：信息和通信、自动化和控制、电力、交通、医疗系统、照明。西门子的全球业务运营分别由 13 个业务集团负责，其中包括西门子财务服务有限公司和西门子房地产产管理集团。此外，西门子还拥有两家合资企业——博世—西门子家用电器集团和富士通西门子计算机（控股）公司。

西门子在电气工程和电子领域拥有完善的业务组合。西门子的业务活动受到多种地区和行业因素的影响。除了国际性业务（如发电、输配电、医疗系统和交通技术，这些业务一般拥有较长的业务周期）之外，其他领域的业务（如通信集团和欧司朗的消费品业务、自动化与驱动集团的资本品业务）易受短期商情和当时经济状况的影响。良好的业务组合帮助西门子从容应对艰难商业环境带来的严峻挑战。此外，公司的业务领域还能充分体现未来发展的大趋势。目前，西门子正在研发新的解决方案，以迎接未来来自卫生、能源、水处理、通信、交通、安防、物流和自动化领域的挑战。

作为一家全球性公司，西门子充分发挥其多种业务组合的协力优势，以公司总体战略为指针，架构明确、职责分明，积极为当地创造价值。公司的传统优势在于创新能力、以客户为本、全球性业务以及财务实力。

对于一家电气工程和电子领域的世界级公司而言，创新是其首要工作。2005 年，为了保持技术的领先，公司在研发领域投资 52 亿欧元。2004 财年，西门子的研发人员共实现了约 8800 项发明，比上一年度增长了 7%，其中三分之二的发明申请了专利。在专利领域，西门子在德国高居榜首，在欧洲名列第二，在美国则跻身十强行列。在西门子，近 47000 名研发人员中，大多数从事软件项目的开发，这使得西门子成为世界上最大的软件研发机构之一。西门子还致力于不断增加服务、解决方案和系统的种类，以进一步完善其产品组合。

西门子透明、负责的管理和监控体系是公司实现持续性增长的保证，同时也是西门子及其业务政策赢得和保持信誉必不可少的条件。西门子一直非常重视尊重和保护股东的权利，总是及时、毫无隐瞒地向他们提供公司的信息，以确保公司管理委员会和监事会之间的密切合作，并且西门子始终坚持遵守国际和各国的法规法则。作为一个优秀的企业公民，西门子还致力于帮助提高业务所在国的人民的生活水平，支持年轻一代的教育和培训，缓和社会问题和弘扬当地的艺术文化。

自从公司成立以来，可持续发展就一直是西门子的显著特征。在西门子，可持续性意味着长期的经济成功以及一个好的企业公民所应具备的环境意识和社会责任感。

西门子移动公司的全球采购制度

西门子作为一家有着150多年历史、横跨数个产业的航空母舰式的公司，仅仅西门子信息与移动通信（ICM，以下简称西门子移动公司）一家公司，2001年的采购额就达到了20亿欧元。西门子移动公司采购成本占总销售额的比重非常大（见图1-2）。西门子移动公司的供应商浩如烟海，分布在全球的各个角落，那么如何与他们协同作战呢？如何做到"精益采购"呢？如何从采购环节中节省成本呢？据西门子移动公司全球采购中国部门的德籍副总裁柯逸华（Michael Kalweit）介绍，"我们产品的价格每年都有20%～25%的下降，这笔钱从哪里来？只有从供应体系中挤出来"。全球集约化采购是西门子进行采购管理、节约采购成本的关键，西门子移动公司的采购系统是西门子整个全球采购网的一部分。通过西门子移动公司的采购系统可以反映出整个西门子的采购制度。

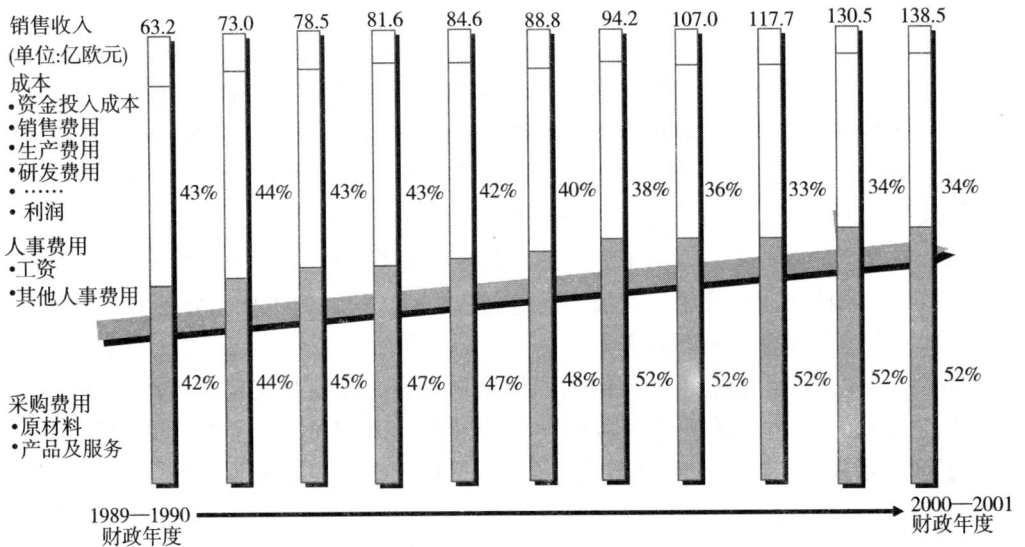

图1-2　西门子移动公司采购成本占总销售额比重示意

1. 全球统一采购

有必要了解西门子的全球统一采购制度。过去，西门子的通信、能源、交通、医疗、照明、自动化与控制等各个产业部门（Division）根据各自的需求独立采购。随着西门子公司的逐渐扩大和发展，采购部门发现不少的元部件需求是重叠的，即通信产业需要订购液晶显示组件，而自动化和控制分部也需要购买相同的组件。由于购买数额有多有少，选择的供应商、产品质量、产品价格与服务差异非常大。

精明的西门子人很快就看到了沉淀在这里的"采购成本"。于是，西门子设立了一个采购委员会（Procurement Council）来协调全球的采购需求，把六大产业部门所有公司的采购需求汇总起来，这样，西门子可以用一个声音同供应商进行沟通。大订单在手，就可以吸引全球供应商进行角逐，西门子在谈判桌上的声音也就可以大很多。

对于供应商来说，这也是一件好事情。以前一个供应商，可能要与西门子的六个不同产业部门打交道，而现在只需要与一个"全球大老板"谈判。只要产品、价格和服务过硬，就可以拿到全球的订单，当然也省下不少时间和精力。

西门子的全球采购委员会直接管理全球材料经理（Commodity Manager），每位材料经理负责特定材料领域的全球性采购，寻找合适的供应商，达到节约成本的目标，确保材料的充足供应。"手机市场的增长很快，材料经理的一项重要职责就是找到合适的、能够与西门子一起快速成长的供应商。"西门子认为，供应商的成长潜力在其他成熟产业可能并不重要，但是在手机产业，100%可得性是选择供应商的重要指标。

西门子在全球采购方面有许多世界级采购方法与工具（如图1-3所示）。

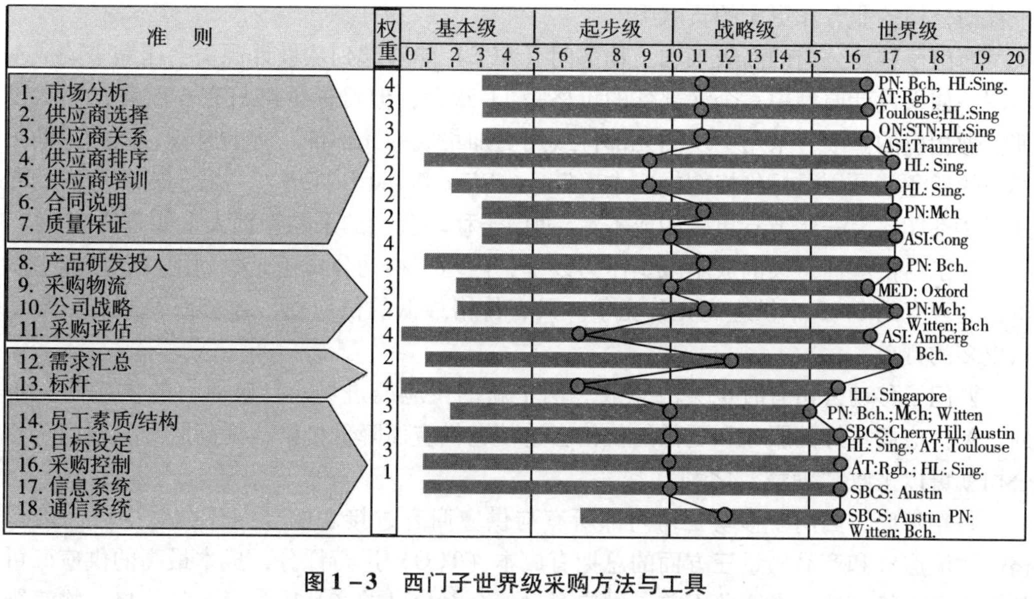

图1-3 西门子世界级采购方法与工具

西门子移动公司也采用了西门子（母公司）全球统一采购制度，同时它的采购系统还有自己的特色，在采购部门和研发设计部门之间有一个"高级采购工程部"（Advance Procurement Engineering，APE）作为桥梁。高级采购工程部的作用是在研发设计的阶段就用采购部门的眼光来看问题，充分考虑到未来采购的需求和生产成本上的限制。

2. 分合有度

有了充分集权的中央型采购战略决策机构，还需要由反应灵活的地区性采购部门来进行实际操作。由于产业链分布在各个国家，西门子移动公司在各地区采购部门的角色很不一样。

在日本，西门子移动公司采购部门的角色类似于一个协调者。由于掌握着核心技术，日本的供应商如东芝公司和松下公司直接参与了西门子手机的早期开发（Early Supplier Involvement，ESI）。西门子移动公司需要知道哪些需求在技术上是可行的，哪些是不可行的，而东芝和松下等企业也要知道西门子移动公司想要得到什么产品。采购部门的主要工作就是与日本供应商的研发中心进行研发技术方面的协调、沟通和同步运作。

在中国，西门子移动公司采购部的角色重心就不同了，其主要任务是利用中国市场的廉价材料，降低生产成本，提高西门子手机的全球竞争力。2001 年，西门子移动公司的全球采购额是 20 亿欧元，单是在中国的采购额就达到了 5 亿欧元，占全球采购额的 25%。在中国生产的每部西门子手机都达到了 60% 的国产化率。中国低廉的材料价格已经成为西门子手机征战全球性市场的一大利器。

3. 供应商管理策略

在 21 世纪的采购管理中，供应商早已不是以前的小供货商，而是企业的战略联盟者。对于这些不再俯首帖耳，有时甚至还会高高在上的"伙伴"们，如何才能让它们为西门子移动公司的业务作更大的贡献呢？

西门子移动公司的高级采购工程部门（APE）能够起到从设计源头上压缩采购成本的作用。如果设计原型中一个元部件的价格是 11 欧元，但目标价格只有 6 欧元，那么设计就要做相应的修改，采用更少的元部件或用更加集成的元部件。有的时候，高级采购工程部门的任务就是用目标价格倒推成本（Target Price Based Costing）。"我们对供应商的要求是每年都能比上一年节省更多的成本。"西门子移动公司的采购管理人士如是说。

除了给供应商持续的成本减少压力以外，西门子移动公司还充分利用订单份额来做诱饵，让现有的 2～3 个供应商充分竞争。只有价格最低的供应商，才会得到西门子移动公司更多的订单。

西门子移动公司有时也会故意放一两个新的供应商进场，打破原有的供应商竞争格局。新供应商更好的服务和更低的价格会迫使老供应商降低价格，提高服务，西门子移动公司就可以坐收"渔翁"之利。

每年年底，西门子移动公司内部所有与供应商有过接触的部门还会对供应商进行价格、物流服务和产品质量三方面的总拥有成本（TCO）进行评分，成本最高的供应商可能就会失去大笔订单。在竞争面前，供应商自然会对自己的产品质量、产品价格、物流服务等各方面严格审视，以期达到西门子公司的高标准、严要求。

为了使选择供应商的过程尽可能公平透明化，西门子移动公司还使用了一套网上竞价（E－Biding）系统。西门子移动公司对现有的长期供应商相当有人情味，为了保持良好的供应商关系，现有的供应商在这套系统中有一定的优先权。而想加入的供应商则必须靠过硬的质量、价格和服务来与现有的供应商竞争。这套系统的好处是所有的供应商都知道其他供应商能做什么，这样就能把价格和服务的底线推到循环竞争的极限。西门子全球采购中国副总裁柯逸华说，在未来的规划中，西门子移动公司50％的采购量都会通过这套系统来进行。

通过保持这样一种"充分竞争"的环境，西门子移动公司就能非常高效率地管理自己的供应商，节约采购成本。

西门子采购网络功能保证的三个层面如图1－4所示。

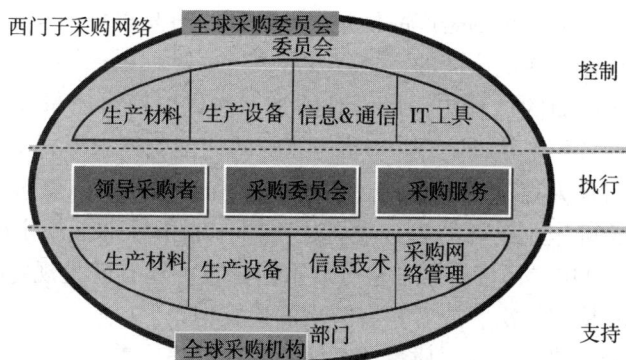

图1－4 西门子采购网络功能保证的三个层面

西门子完善的供应商选择制度

西门子专门建立了电子采购网站（www. clicktoprocu re. de），提供了一个让近万名西门子全球采购人员与全球供应商直接接触的信息平台，同时也实现了整个集团内部的采购信息共享与交流。最明显的就是合并采购量，共享协议采购价格。

"合并采购量、共享协议采购价格"用个简单的例子可以说明：如果一个电阻既能用于手机上，又可用于洗衣机上，西门子就可以将两个不同工厂对于这个电阻的需求量相加，然后由采购部门就整个需求量同供应商谈判价格，签订协议，协议的内容里会包括这两个工厂。这样就避免了两个不同工厂分别同供应商谈判价格，然后分别达成协议，以不同的价格购买相同的产品。总而言之，就是尽可能多地将相同需求集中起来，由专职部门来谈判一个较优惠的价格，然后让大家分享。说到底，还是为了追求更低的成本。

从发现一个潜在的供应商到实现合作，首先是基本情况的调查，验证预备合作的公司的各方面信息，以及技术是否符合西门子的需要。然后是生产基地的审核，如果有可能导入该公司的话，还要进行产品的送样认证工作，这些是基本的供应商选择过程。

起始阶段是基本的情况调查，会有标准的表格提供给供应商。实施评估主要从商务、质量、技术以及其他一些行业基本标准来衡量，其中 ISO 和 QS 的认证也很重要。而评估标准的依据则主要是根据公司内部的一套系统，由资源开发、质量、研发等相关部门共同做出评估，然后会同德国的研发及总部的资源开发和质量部门的相关负责同事共同做出决定。有些企业也许会问，既然有通用标准，为何还要使用自己的标准呢？通用标准只是用于全行业的标准，各大公司都有自己的特殊要求，西门子也不例外。西门子的要求要高于通用标准。

确定一个供应商，基本的条件是其产品和技术符合需要。首先考虑的是新技术和新产品。如果是成熟产品或者技术的话，这时价格就成了比较重要、需要认真考虑的因素了。

在对某一厂商做审核时，会就审核结果做书面报告并同有关厂商进行交流。在报告中也会对不足之处一一指出，但是通常只会对已通过认证的供应商进行进一步的交流和更严格的生产流程审核来帮助供应商获得提高。

在评估过程中，最为重视的是产品质量。西门子一直是以提供优质产品而闻名的，对高质量的一贯追求也体现在供应商的审核以及导入这一过程中。

在评估和考察供应商的过程中，最困难的是有些供应商对质量及流程控制的理解不深，只是由一些咨询公司来帮助实现 ISO 甚至 QS 的认证，只求形式上的达标，并没有树立真正意义上的以质量为重的观念。通过对一些细节的贯彻实施就可以看出这方面的问题。比如说对一台关键作业设备的参数设置，明明作业指导书上规定的是 90℃ ~ 100℃，但设备显示即使到了 110℃ 还没有人来检查或重新设置。还有就是规定设备参数每天检查三次，但是基本上只检查一次，或者只有一次的检查记录。

对供应商的评价，综合来说，质量体系的建立和严格完善的流程控制需要整个工厂的所有员工参与。良好的质量观念、完善的员工培训机制、量化的指标控制系统、深入的数据采集分析工作、高素质的员工队伍等都是必不可少的。

西门子对所有的供应商都是一视同仁的。对供应商的评估是由资源开发、质量、研发等相关部门共同做出的，一切以质量为重，力求做到客观公正。

西门子的中心化采购

在西门子总部设有"全球采购委员会"（如图 1-5 所示），负责总部各个业务部门的采购，同时分布在全球各地的"战略采购小组"也会把当地的采购需求向其报告，以使"全球采购委员会"进行全球性战略采购。

西门子采购的另外一个特色是中心化采购管理。在"中心化采购"模式下，各个分公司向"全球采购委员会"上报采购信息，在"全球采购委员会"的协调下，各个公司一起分享各种采购信息，了解市场行情，实现战略性购买。协同增效就是采购管理的最终效果。

专家分析说，中心化采购是将有限的、分散的采购人力共同应对市场，充分利用"大市场"资源吸引更多的供应商参与所采购物资竞价，通过询价、比价、谈判，取得优惠的价格待遇，降低采购成本，同时获得一批宝贵的供应商资源。

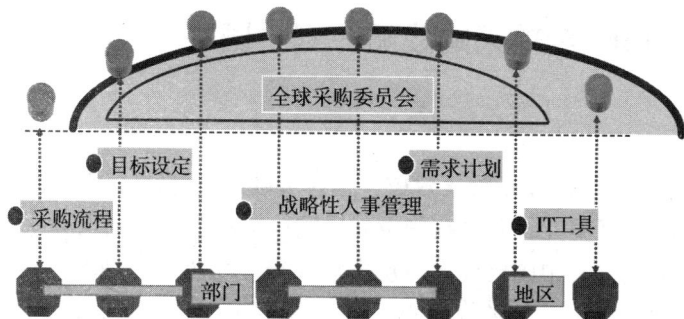

图1-5 西门子全球采购委员会组织结构

中心化采购有利于采购资源整合，从战略上或更高的层面上调整供应商结构，谋求在更广泛的市场范围内调控资源渠道，提高资源的保障度。对西门子这样的跨国企业来说，把采购管理看做是供应链管理的关键环节，中心化采购又使供应链管理在更广、更大、更深的空间内实施，使跨地区、跨行业的企业业务团队联系更加频繁，互通有无，信息共享，供应链更加顺畅，更加高效。正是基于全球经济一体化加速发展的背景以及跨国公司寻求全球扩张和最大限度利用全球优势资源的内在要求，全球中心化采购成为许多国际企业和国际化供应链非常看重的战略选择和策略手段。采购活动是企业经营活动中最大的成本领域，采购质量与效率的高低在很大程度上决定着企业最终产品的价值和竞争力。

【案例分析指南】

本案例以西门子公司的全球化采购策略为分析对象。教学可以首先从采购战略等基本理论介绍入手，分析全球化采购策略在世界级企业的应用，强化对全球化采购策略等知识的理解和应用。

通过读者的思考或讨论，并分析思考题，进一步结合我国企业的现状，从世界级优秀企业的实践出发，提出自己解决中国企业全球化采购问题的方案。

思 考 题

1. 试结合西门子公司的企业发展战略，论述西门子公司全球采购的运作及其发展趋势。

2. 结合本案例，试阐述全球采购对中国企业的意义，并分析在新的全球经济发展背景下中国企业该如何进行全球采购？

3. 请运用本书案例分析方法论为本案例撰写一份案例分析报告。

【案例1-4】IBM全球采购战略：到中国去

【案例概要】

"中国制造"仍在持续发生聚集效应，据有关部门统计，2005年，跨国公司在中国的采购总额已突破500亿美元，并且在华设立采购机构的跨国公司已多达300余家。随着全球制造中心地位的确立，中国已经成为众多世界级"大买家"采购的首选基地。2001年之前，IBM在全球有300多个采购中心，而在2007年，300多家已经削减到了3家，而IBM全球采购的中心，或者说总部现在已经在中国了。

【教学目的】

1. 了解IBM公司的全球采购战略及其经营环境的变化；
2. 掌握企业竞争力分析的相关方法；
3. 了解IBM的采购战略调整。

引　言

IBM，即国际商业机器有限公司，1911年成立于美国，是世界上最大的信息工业公司。IBM前三十年的历史就是IT行业前三十年的历史。早期硬件制造高达14%的年收入增长率，以及持续60%的利润增长，使得IBM最大规模地扩充着自己的业务，涉及个人电脑、服务器、打印机、零售机、硬盘、半导体、板卡制造、应用软件等行业，并且，各层次的组织机构不断繁衍，成为除政府以外最复杂的组织机构。

2006年10月12日，IBM做出重大决定——将其全球采购总部从美国纽约迁往中国深圳。作为全球最大的信息技术和业务解决方案提供商，IBM的战略调整一向备受业界瞩目。继这位"PC鼻祖"将其身处困境的个人电脑业务出售给联想之后，"蓝色巨人"的名字再一次同中国联系在了一起。只不过与上一次的减负不同，此次采购总部搬家对于IBM来说，却有着"里程碑"的意义，那就是IBM首次将一个全球性的部门迁移到美国以外的地方。而选择中国深圳，则显示出IBM对中国市场的信心。对于这次战略调整，IBM全球首席采购官John Paterson在接受记者采访时曾表示："现在，中国和亚洲不仅仅是战略性增长机会所在，也是丰富的人才和供应商的资源所在。"

IBM公司经营环境的挑战

到了20世纪80年代末，IBM公司经营环境发生了剧烈的变化，具体体现在贸易全球化，高额利润带来的是行业竞争者的增加，惠普、康柏、戴尔等品牌纷纷进入信息产业市场，各种兼容机纷纷出现，竞争的结果是电脑行业的利润率不断下降。日立、希捷等进入硬盘制造领域，同时，微软成功拥有了个人电脑操作系统，英特尔也成功拥有了微处理器，并从 IBM 手中夺走了行业最高控制权。群雄逐鹿，传统信息制造产业已经不再是IBM 独步天下的时候了。

（1）信息化。互联网、网络技术的出现和广泛运用，使得信息的产生、运用和销售带来的经济价值正在快速增长，供应商的电子化能力正逐渐决定他们是否能够在特定的客户关系中继续存在。

（2）消费模式的变化。消费者在满足了质量和价格的基础上，更加注重购买的便捷性、售后服务、可靠性、独特性等扩展的价值观念。高高在上的作风，往往给消费者带来的是反感和排斥。

（3）经营环境的变化。IBM 对市场的迟缓反应和自身发展的停滞，造成公司在 1993年首次出现高达 81 亿美元的亏损。

作为 IBM 的采购部门，其管理和运作模式必然遵循 IBM 的经营战略调整的要求。从跨国公司到全球化公司，从单纯的硬件制造型企业调整为服务型为主的企业，IBM 采购部门也在相应调整着自己的职能和运作模式，分别从组织结构、流程和信息化三个要素着手进行改革，同时，顺势而为，利用 IBM e - Business、onDemandService 提供的机会，开展和实施电子采购。组织结构的变更，产生了 IBM 全球采购部门，流程的更新，使得 IBM采购专家将原材料进行了类别的整理，而信息化方面的变革，则是利用网络技术和电子数据交换（Electronic Data Interchange，EDI），引进电子商务，改善和加强与供应商之间的实时沟通，成功实施了电子采购。

进入 21 世纪以后，IBM 公司进行了大张旗鼓的业务转型，从制造型转向服务型，推广并实施 e - Business、onDemandService 等战略方针，逐步出售了板卡制造、硬盘以及个人电脑业务，调整全球各个地区的生产制造基地，将大部分的低端服务器及零售机制造业务转向蓬勃发展的中国地区，同时，进军咨询以及服务业，不仅为大型公司提供技术支持和服务，而且积极开展中小企业（Smalland Medium Businesses，SMB）服务。目前，IBM拥有全球雇员 33 万人，业务遍及 160 多个国家和地区。最新的财务报表显示，2006 年，首次不包含个人电脑业务，IBM 公司的全球营业收入为 914 亿美元（其中硬件产品为 229亿美元），每股收益为 6.06 美元。

全球采购的成立和运作模式的变更

大多数全球化企业的运营模式，一般经过了国际公司、跨国公司、全球化公司三个阶段。在跨国公司模式阶段，出于绕开贸易壁垒等因素的考虑，为了进入外国市场，企业大都在海外国家设立子公司，其组织结构模式均复制本国母公司的形式，有独立的市场营销、供应链、生产制造、售后服务，甚至研发部门。虽然这样帮助跨国公司进入了当地市场，但从整个公司的资源配置来看，却是一种浪费，因为不同子公司之间的资源无法达到共享。跨国公司阶段的 IBM 也同样遭遇这样的状况。曾经有一家供应商，分别单独同IBM 的 100 个采购人员进行谈判和签订合同，任何一个 IBM 的采购部门人员都不知道，在 IBM 内部还有其他 99 个人在做相同的事情。这是因为，他们分别属于不同国家或者地区的 IBM 子公司。

IBM 全球化的进程促使独立的全球采购部门的成立，并设立了全球首席采购官（Chief Procurement Officer，CPO），下设采购战略、供应源选择、物流采购、采购外包业务、物料与供应保障等部门，同时，根据全球每个地区供应商的不同状况，分别在不同国家和地区设立采购部门，如主要负责 CPU 的美国罗利（Raleigh）采购部门，负责存储设备的匈牙利采购部门，负责板卡和机械及平台件类的中国采购公司等。

全球采购部门成立后，首先做的事情，就是把 IBM 公司全部的采购物资按照不同的性质进行分类，生产性的分为 17 个大类，非生产性的分为 12 个大类。每一类成立一个产品委员会，由工程师组成全球采购管理员，负责该类产品的全球采购以及供应商管理工作。这样，统一了全球的需求，形成了大的采购订单，通过寻找最合适的供应商，谈判、压价并形成统一的合同条款，以后不同国家和地区的分支机构所产生的采购，只需要通过合同在线系统查找相应的现有合同而执行就可以了。这种集中采购的方式，一方面，充分共享了内部资源，提高了工作效率；另一方面，通过大批量的采购，降低了采购成本。

采购流程在全球采购模式下，也进行了更新。不同国家和地区，由于存在不同的法律制度、社会文化、风俗习惯，怎样制定全球采购合同才能最大限度保护 IBM 公司的利益，又要对供应商公平；如何针对不同国家的法律和税收制度，留下足够的空间，以适应本地化的工作；全球采购部门，如何加强与销售和技术部门的联系以及如何协同制造基地的供应链部门，共同管理供应商。互联网的迅猛发展和电子商务、网络技术的广泛运用，是电子采购能够得以实施的基础。目前，IBM 公司电子采购主要由四大系统组成：采购订单申请系统、订单中心系统、订单传送系统以及询价系统。电子采购的运用，使得 IBM 与供应商之间的日常数据交换、事务处理变得更加容易，供应商的反馈信息，一旦通过互联网传送到 IBM 的服务器上，该数据相关的全球人员就可以在数据库中进行查找和分析信息，极大地保证了供应的顺利进行。

在成功实施了全球采购后，IBM 从其中获得了较好的成效。在实施全球采购前，与 IBM 有业务联系的国家和地区，采用了电子采购的低于 20%，而到了 2006 年，98% 的国家和地区采用了电子采购；同时，在 2006 年，全球采购带来的直接成本节约达到了 60 亿美元。

供应链整合下全球采购的地位

全球生产的一体化所带来的，必然是全球化的供应链管理，这也是企业乃至整个社会实施全球化战略的必然要求。对于一个全球化的公司，其优点在于：通过在线订单处理，可以快速共享客户需求信息，并使客户更快获得他们所需的产品，提高客户满意度；根据市场需求灵活地设计、改进和淘汰产品，缩短从设计到生产的周期，提高市场份额；在保证产品质量的前提下，将部分业务外包给专业服务商。

一般来讲，全球化的供应链管理大都在已有的供应链管理的基础上，通过供应链整合来发挥新的功能。例如，调整订单处理的方式，改变由单一业务单元处理订单为全球化的订单处理，从而共享客户需求信息，再通过运行 MRP（Material Requirements Planning），调整不同业务单元的多余库存，降低原材料以及成品的库存，从而提高库存周转率（Inveniory Tumover）。

IBM 公司为了推动点到点（End to End）的成本控制和提高客户满意度，在 2003 年 1 月成立了供应链整合部门，其在整个公司中的地位和自身架构如图 1－6 所示：

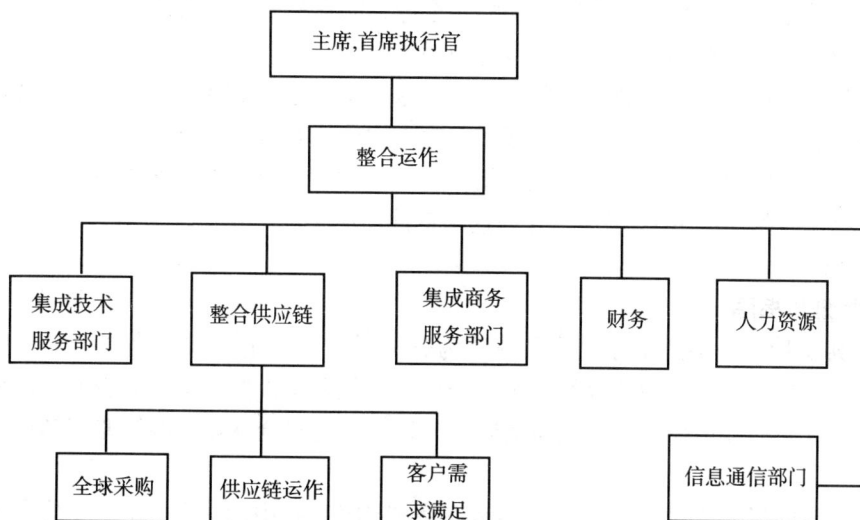

图1－6　供应链整合组织架构图

在供应链整合架构下，包含了三个大的部门：全球采购（Glob Procurement）——负责公司全球的所有物品的采购，包括有形的，如原材料，以及无形的，如服务性质的物流供应商；供应链运作（Supply Chain Operations）——主要负责整个产品的订单处理，物料需求计划与控制，生产制造以及成品发送；客户需求满足（Customer Fulfillment）——主要是处理与客户直接相关的业务，如订单管理等。从业务流程上看以上三个部门在供应链整合架构下的大致关系如图 1－7 所示：

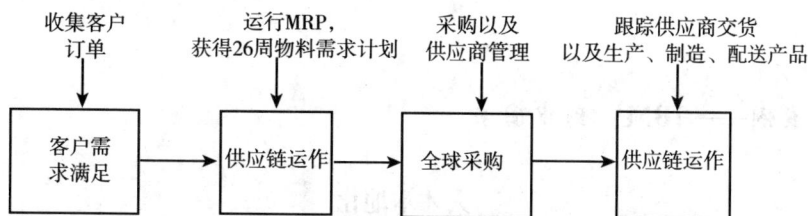

图1－7　供应链整合内在联系图

在很多中小型企业中，一般是将物料采购与跟踪供应商交货放在采购部门，而从上图中看出，在 IBM 内部，单独的部门在负责相应的工作。IBM 公司 2006 年采购量为 385 亿美元，全部由全球采购部门负责，不仅负责生产物料的采购，同时负责非生产物料的采购，这就决定了全球采购和供应链运作要单独分开，以便更好地发挥采购管理的职能。具体表现在：全球采购根据研发部门的开发计划，进行供应源的选择和供应商的识别，然后进行采购价格谈判。而主要存在于制造基地的供应链，在收到各个销售区域的订单需求后，负责将成品 26 周需求计划输入系统，接着通过每两周运行 MRP，得到 26 周的物料需求计划，然后在全球采购部门确认后，将此需求计划转换为采购订单，分别传送给由全球采购部门选定的供应商，实施物料采购。全球采购在整个大的供应链环境中，其地位显得尤为突出，因为它已成为产品成本控制的关键点。

作为最主要的点对点的成本控制部门，全球采购对于公司保持在行业中的领导地位，起到了强有力的支持作用。这不仅体现在以优惠的价格获得产品供应，而且反映在选择适当的供应源，获得高性价比的产品以及相关服务，与供应商建立战略联盟，甚至由认证的供应商直接出货给 IBM 的终端客户等一连串良性反应上。

【案例分析指南】

本案例以 IBM 公司的全球化采购战略为分析对象。与上一案例类似，本案例教学可以首先从采购战略等基本理论介绍入手，分析全球化采购策略在世界级企业的应用，侧重 IBM 公司全球采购环境变化对其战略的影响分析，强化对全球化采购策略等知识的理解和应用。

通过读者的思考或讨论，并阅读参考案例"IBM：到中国去"，进一步结合世界级优秀企业在我国设立采购中心的现状，提出中国企业全球化采购相关问题的解决方案。

思 考 题

1. 试结合 IBM 公司的企业发展战略，论述 IBM 公司全球采购的运作及其发展趋势。

2. 结合本案例和参考案例，试阐述全球采购对中国企业的意义，并分析在新的全球经济发展背景下中国企业该如何成为全球采购的顶级供应商？

3. 请运用本书案例分析方法论为本案例撰写一份案例分析报告。

附件

参考案例——IBM：到中国去

人才本地化

查阅 IBM 的财务报表，我们可以发现，2006 年，IBM 当年的采购预算约为 400 亿美元，而在这 400 亿美元中，约有 120 亿美元是在亚太地区支出的，其中中国就占了亚太地区的一半。

相比亚太地区带来的战略性增长机会，IBM 在亚洲地区庞大的采购队伍就成为其全球业务推进过程中的重要保证。

2006 年，在 IBM 全球 7500 名采购员工中，亚洲拥有超过 1850 名负责本地区和全球采购与物流的人才，而中国区就占了其中的 38%。

据了解，IBM 2006 年在亚洲拥有 3000 多家供应商，他们分布在亚洲 12 个不同的国家和地区，主要是在东亚以及东南亚地区。而 IBM 在亚洲地区的采购人员主要承担产品的生产采购以及对竞争对手的供应商、产品成本、产品结构等情况进行分析的任务。

鉴于亚太区采购人员所承担的重要职能以及 40% 全球生产线采购在此进行，本地区采购人员综合素质的提高便成为 IBM 全球业务推进过程中至关重要的一环。因此，加快亚太地区人才技能的培训和培养就成为此次搬迁的一个重要任务。

据记者了解，之所以将采购总部迁往中国深圳，不仅仅是因为 IBM 中国采购中心（英文简称 CPC，位于中国深圳）拥有占亚洲地区 38% 的采购人才以及每年近 60 亿美元的庞大采购预算支出，更是出于 CPC 目前在 IBM 全球采购地位的考虑。

到 2006 年为止，CPC 已走过了 10 年的风风雨雨。目前，它已发展成为 IBM 在美国之外最大的采购机构，主要承担在亚洲地区为 IBM 服务器采购电子机械等零部件的职能。

对于新的采购总部今后在 IBM 中所扮演的角色，John Paterson 在接受记者采访时表示："把总部搬到深圳来，能够帮助 IBM 发展我们的供应商以及发展我们的人才库。这样，亚太地区人才的培养就可以给 IBM 全球业务推进提供一个很好的机会。"

截至 2006 年，在人事方面，此次采购总部的迁移只涉及了全球首席采购官 John Paterson 一人。对于今后美国总部是否会派其他人员进驻深圳，John Paterson 表示，今后 IBM 将以挖掘、培养本土人才为主，如果从美国带来大量人才的话，不利于 IBM 培育本地人才。

据悉，为了更好地打造在亚太地区的采购团队，IBM 将采用配备美国导师这样的制度以及其他相应计划，来提升采购人员的技能、增强采购团队实力。

扩大采购范围

John Paterson 身上的担子重了很多。此次 IBM 采购总部迁往深圳，他除了要承担加快在亚洲地区采购人才技能培养的任务之外，还要完成 IBM 对他的另外一个要求，即扩大在亚洲地区的采购范围，增加对软件产品及其规模居全球第一的服务部门的供应。

尽管到 2006 年为止，IBM 在亚洲地区的采购历史已超过 50 年，但是在该地区的采购大多是基于支持 IBM 硬件方面的业务。

然而，不争的事实是，亚洲乃至全球在服务业和软件业方面的需求正在日益增长，众多国际知名 IT 厂商纷纷将其硬件业务缩减，从而向服务业和软件业方面转移。作为销售额仅次于微软的全球第二大软件供应商，IBM 必须以更快的速度做出调整，以此来适应这种快速增长的需求。

其实，早在 2004 年，IBM 向服务业方面转移的苗头就已初现。从 IBM 2004 年的财务报表可以看出，IBM 公司来自于全球服务集团的营业收入达到了 462 亿美元，占整个营业收入的一半左右，一跃成为公司最大的部门。

2005 年 IBM 出售 PC 业务事件，更加彻底地表明了 IBM 转型服务业的决心。

不仅如此，从 2005 年 IBM 全球采购支出的统计中可以看出，IBM 在服务、业务转型、一般性采购方面的采购支出已占到 IBM 全球采购总支出的 62%，而 IBM 在硬件和元器件方面的采购支出则仅仅为 38%，远远低于服务业等方面的份额。

对于采购总部的这次迁移，IBM 表示，通过在亚洲地区服务业以及软件业方面的拓展，IBM 在服务业上的采购支出将会占据更多的份额。

因此，基于战略转移的考虑，采购总部迁往深圳，扩展在亚洲地区的采购范围，增加对软件产品以及服务部门的供应，对于今后 IBM 打开亚洲地区服务业和软件业的供应体系具有重要意义。

据悉，今后在亚洲地区，IBM 会进一步加强同已有合作伙伴和供应商的合作，并同新的合作伙伴和供应商建立联系，帮助他们提升相应的技能、流程与管理体系，从而增强他们在全球服务市场上的竞争能力。

除此之外，IBM 还将进一步增加对中国及亚太地区的服务和软件企业的采购订单。

珠三角的吸引

IBM 之所以把新的采购总部确定在地处珠三角腹地的深圳，与深圳良好的海陆空立体运输网络、发达便利的物流体系、较低的运营成本、良好的通关环境以及深圳经济特区产业集群的形成不无关系。

在交通运输方面，2005 年，深圳市陆、海、空货运量已达 8248.79 万吨，比上年增长 15.08%；深圳港货物吞吐量 1.54 亿吨，增长 13.4%，其中外贸货物吞吐量 1.06 亿吨；集装箱吞吐量 1619.67 万标准箱，增长 18.58%；深圳机场货邮吞吐量累计 55.05 万吨，增长 11.1%，航空货运进入全球"50 强"。

在物流业方面，2005 年，深圳市确定了"建设华南地区供应链服务基地和在亚太地区具有影响力的物流枢纽城市"的战略目标。当年已完成海关联网监管系统、平台安全交换系统（SCAX 认证系统）、海运舱单预申报及备案系统等项目。目前海湾物流园区、平湖园区、龙华园区、机场园区、盐田港保税物流园区和笋岗—清水河物流园区六大物流园区规划工作基本完成。

发达的交通网络和现代化的物流体系，以及"世界工厂"的美誉，令深圳这座美丽的城市一度吸引了全球的生产订单。众多跨国公司纷纷将其全球采购中心或者亚洲采购中心迁往深圳。例如，全球最大的零售厂商沃尔玛在 2001 年的时候就已将其全球采购中心从香港迁往深圳。对于沃尔玛采购总部迁址后采购成本的降低，IBM 也深有感触。因此，对于降低成本的渴望也使 IBM 加快了采购总部转移的步伐。

这一点，从 John Paterson 接受记者采访时也可以看出。John Paterson 表示，采购总部迁往深圳有利于提高效率并且节约成本，同时对于 IBM 全球业务推广也有十分重要的意义。

　　早在2003年之前，IBM就将日本、北美等地的采购业务全面转移到深圳采购中心，而之后的IBM亚洲采购中心总部转移到深圳，更加为其全球采购业务的全面转移做好了准备。

　　据了解，2006年全球500强企业中已有400多家在华投资，项目总数超过3000个。全球供应商网站最近的一项调查显示，在未来几年内，80%的供应商将寻找更多的机会从中国采购商品和原材料。

　　不仅如此，据有关部门统计，2005年，跨国公司在中国的采购总额已突破500亿美元，并且在华设立采购机构的跨国公司已多达300余家，而这些采购机构大多落户于深圳。

第二章　采购计划与预算

导　　论

一、采购决策

采购决策是指根据企业经营目标的要求，提出各种可行采购方案，对方案进行评价和比较，按照满意性原则，对可行方案进行选择并加以实施和执行的管理过程，是企业决策中的重要组成部分。

采购决策关系到采购工作的质量，是一项复杂的工作，必须按照一定的程序来进行，基本程序如下所述。

1. 确定采购目标

根据企业的总体经营目标，确定企业的采购目标。企业采购的总体目标是实现及时准确的采购，满足经营的需要，降低采购费用，提高经济效益。根据采购总体目标，可制定采购的具体目标，如订购批量目标、订购时间目标、供应商目标、价格目标、交货期目标等。

2. 收集有关的信息

信息是采购决策的依据，其可靠性决定采购决策的正确性。信息按来源不同分为外部信息和内部信息。

企业外部信息包括以下内容：

● 宏观的法律、经济政策。了解《合同法》、《反不正当竞争法》、《商标法》等，掌握国家的价格政策、产业政策、外贸政策等。

● 货源的信息。物品的市场供求状况，有哪些采购渠道，供应商的价格、服务、质量、规格品种等资料。

● 科技信息。了解与本企业所采购物品密切相关的科技水平发展情况，例如，是否有新材料，用新材料替代老材料的经济性分析等。

● 运输方面的信息。有关运输的新规定、各种运输方式、运输费用等。

● 有相同需求的同行情况。同行从哪里采购，进价是多少；是否有更经济的材料；能否联合采购以降低进价等。

企业内部信息包括以下内容：

● 物资需求情况。根据销售计划、生产计划制订需求计划，再结合库存情况，制订采购计划。

- 库存情况。如企业库存能力如何、库存费用多少、现有商品库存状况。
- 财务情况。如是否有充足的采购资金、采购资金的周转速度和筹集状况。
- 本企业采购队伍情况。包括采购人员的敬业精神、综合素质、合作精神等。

3. 拟订实现目标的多个可行性方案

在收集分析企业内外部各种信息的基础上，组织有关人员，集思广益，提出各种可行性采购方案，每个采购方案应包括采购预算、货源渠道、供应商、产品质量、价格、服务、运费、交货期、结算条件等，为采购决策者做出正确的决策提供依据。

在具体拟订方案中应把握两点：一是尽可能地将所有可行性方案都找出来，以避免漏掉满意方案；二是各方案之间应是互斥的，相同或相似的可归为一类。

4. 选择满意的方案

针对以上各种方案，综合分析，选择满意方案。

方案的选择问题是一个对各种可行性方案进行分析评价的过程。具体的评价标准因企业不同以及企业外部环境不同而异。

二、采购需求的确定

采购战略落实到日常工作中是由采购计划来实现的。采购计划是从采购需求确定开始，生产计划、用料清单及存量管制卡是决定采购数量需求的主要依据，采购数量需求可以通过下式求得：

本期应购数量＝本期生产需用材料数＋本期末预订库存量－前期已购未入库数量

1. 采购数量的定义和订购方法

采购数量表示某一物料在某时期应订购的总量。订购的方法有以下两种：

（1）定期订购法

进口的物料以及少数价值很高的国内采购物料，可以选择每季、每月或每周订购一次，这种方法称为定期订购法。这种方法在使用时必须对物料未来的需求数量做出正确的估计，以避免存货过多，造成资金积压。

（2）定量订购法

对于价格低廉、临时性需求及非直接生产用途的物料，比较适合采用定量订购法，也就是按照订购点来决定采购点。例如，复仓制的采购计划，即此类物料首次入库时将其分为两部分，当其中一部分使用完毕时，必须先开出请购单，才可以使用所剩余的另一部分物料，如此反复交替进行。此类物料数量的控制，通常由仓储人员负责。

2. 决定最适当的采购数量

采购数量的大小决定于生产、销售的顺畅与资金的调度。物料采购量过大，会造成过高的存货储备成本与资金积压。物料采购量过小，则采购成本提高，因此确定适当的采购数量是非常必要的。决定最适当的采购数量有以下五种方法：

（1）经济订购数量法（Economic Ordering Quantity，EOQ）；

（2）固定数量法（Fixed Ordering Quantity，FOQ）；

（3）批对批法（Lot For Lot，LFL）；

（4）固定期间法（Fixed Period Requirement，FPR）；

（5）物料需求计算法（Material Requirement Plan，MRP）。

三、采购计划

（一）采购认证计划

采购认证计划的主要环节有：准备认证计划、评估认证需求、计算认证容量、制订认证计划。

1. 准备认证计划

准备认证计划可从以下四个方面进行制订。

（1）接受开发批量需求；

（2）接受余量需求；

（3）准备认证环境资料；

（4）制订认证计划说明书。

2. 评估认证需求

评估认证需求是采购计划的第二个步骤，从以下三个方面进行制定。

（1）分析开发批量需求；

（2）分析余量需求；

（3）确定认证需求。

3. 计算认证容量

（1）分析项目认证资料；

（2）计算总体认证容量；

（3）计算承接认证容量；

（4）确定剩余认证容量。

4. 制订认证计划

（1）对比需求与容量；

（2）综合平衡；

（3）确定余量认证计划；

（4）制订认证计划。

（二）采购订单计划

采购订单计划的主要环节有：准备订单计划、评估订单需求、计算订单容量、制订订单计划。

1. 准备订单计划

（1）预测市场需求；

（2）确定生产需求；

（3）准备订单环境资料；

（4）制订订单计划说明书。

也就是准备好订单计划所需要的资料，其主要内容包括：订单计划说明书（物料名称、需求数量、到货日期等），附件有市场需求计划、生产需求计划、订单环境资料等。

2. 评估订单需求

（1）分析市场需求；

（2）分析生产需求；

（3）确定订单需求。

3. 计算订单容量

（1）分析供应资料；

（2）计算总体订单容量；

（3）计算承接订单容量；

（4）确定剩余订单容量。

4. 制订订单计划

一份订单包含的内容有下单数量和下单时间两个方面。

$$下单数量 = 生产需要量 - 计划入库量 - 现有库存量 + 安全库存量$$
$$下单时间 = 要求到货时间 - 认证周期 - 订单周期 - 缓冲时间$$

【案例 2-1】WQ 公司的项目采购

【案例概要】

项目采购在项目管理中处于非常关键的地位，本案例展示了一家港口基础设施建设项目的主要原材料采购管理的过程，并着重描述了在项目采购过程中物料控制部门采购的运作、采购对项目投资成本的影响，以及对采购运营的绩效分析衡量。

【教学目的】

1. 了解项目采购的业务流程及物料控制部门在项目采购运作中的作用；

2. 理解项目采购计划的制订、执行采购活动应遵循的原则以及这些原则对项目投资成本的重要影响；

3. 在供应和需求不确定的条件下，了解计算采购批量的方法；

4. 对采购绩效考核指标进行计算；

5. 对 WQ 公司提出采购改进方案。

引　言

WQ 公司是国内十大港口企业之一，主要从事集装箱、原油、矿石、煤炭和粮食等货物的装卸作业。为适应现代运输技术的发展，提高港口的吞吐能力，加快港口基础设施建设的步伐，公司在未来五年的港口规划中将投资近百亿元人民币，增加吞吐能力 1 亿吨，开工建设六大工程项目。港口码头基础设施建设中原材料、设备的投资占总投资的比重很大，一般要达到 50% ~60%。WQ 公司每年项目建设所需的原材料中仅钢材和水泥的采购金额就达到 1 亿元人民币左右，占每年投资总额的 15% 左右，其中钢材为 60%，水泥为40%。公司项目建设提出的目标就是要使项目达到"质量优、工期短、投资省"，因此，项目采购的成功与否将决定项目的质量、工期和投资成本。

WQ 公司的项目采购战略目标

WQ 公司的项目采购战略目标是：物资供应部门要全力以赴地保证各项目建设的物资供应。而这样低的目标对控制投资成本而言是片面的。为确保供应目标的完成，采购供应部门往往采取大量采购、增大库存的做法，结果致使库存占用许多资金。由于市场价格的剧烈波动，会造成库存资金的损失，加大库存的风险。

所以，项目的物资采购计划与库存控制人员认为项目采购的目标不应该只是从有资格的厂商处采购，保证以质量可靠、时间恰当、数量准确、价格合理的材料来满足项目建设施工的需要，确保项目施工的正常进行。在市场经济条件下，项目采购仅仅满足这些目标是远远不够的，只有建立采购战略目标，并且目标能以某种方式进行测量，才能取得项目的最佳投入效果。物资采购计划与库存控制人员认为项目采购战略目标应该包括以下几个方面：

（1）采购部门能够向项目提供稳定的材料以满足其需要。

（2）除同现有的供应来源保持有效的联系外，还要发展其他供应来源用于代替现有的供应商或者满足额外的紧急需求，来保证供应的连续性，防止发生缺货造成停工待料现象。

（3）采购部门能够与其他有关部门保持紧密和牢固的合作关系，加强沟通，及时获取必要的信息以确保采购的有效执行。

（4）物料控制部门要加强对存货的有效控制，以最低的"最终总采购成本"向项目提供所需材料。

（5）要选择市场中最好的供应商，与其建立起"双赢"的战略合作伙伴关系，双方之间建立起的关系是高度的信任关系，包括对供求信息、成本的高度共享。

（6）对所采购的材料进行价值、成本分析，确定采购的"目标价格"，使采购的原材料有最优的性价比。

（7）能始终关注并监测供应市场供求关系的变化趋势。

（8）能对项目的采购绩效进行持续监测、持续改进，不断降低项目的采购成本。

（9）在市场经济条件下，项目采购应实施"以动态需求链来拉动采购"的采购战略。

WQ 公司的采购组织机构主要包括财务部门、采购部门、审计部门、工程计划管理部门、物料控制部门、物料仓储部门、质保部门、施工部门。财务部门设有两名项目成本核算员，采购部门设有采购主管和采购员，物料控制部门设有主管、采购计划员、催料员，仓储部门设有库存管理员，质保部门设有质量检验员。项目采购的组织结构图如图 2-1 所示。

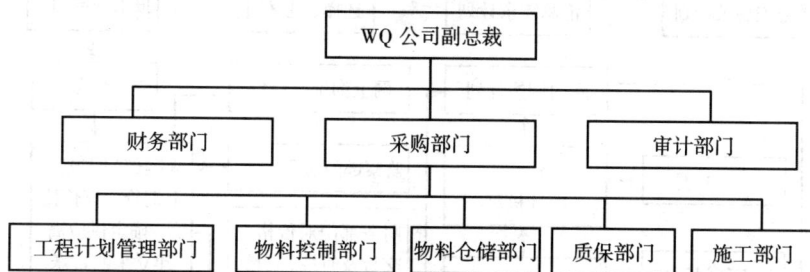

图 2-1 WQ 公司项目采购的组织机构

对图 2-1 分析可见，WQ 公司组织机构中的人员、岗位设置并不合理，缺少从事供应市场分析、供应商管理、成本分析与核算、进货管理验收等工作的人员，这样容易导致对供求关系及市场行情变化的掌握不准，难以准确把握市场脉搏，会加大采购风险，增加采购成本，难以保证采购质量。

采购的组织机构和人员配备是否科学合理，反映了采购在组织中的地位以及组织对采购职能的重视程度，对项目采购同样有着重要的影响。一般采购部门不论人员多少，应具备需求分析、市场分析与供应商管理、采购计划、进货管理、质量管理、库存管理、采购统计、财务与成本核算等职能，这些职能能为采购战略目标的实现提供有力的保证。

WQ 公司项目采购供应的业务流程

工程计划管理部门的项目主管负责审批施工部门提报的项目物资需求计划，物料控制部门汇总各施工部门的物资需求计划，根据项目的施工进度计划、物资的需求时间、物资的采购周期、采购提前期、安全库存等因素，由物料控制员（计划员）对供应商进行初步的分析，制订采购计划提报给采购部门；采购部门的采购员向公司指定的供应商（每年选择一次合格供应商成员）发出询价单或者发布招标公告，以公开招标、邀标、竞争性谈判、网上公开竞价、传真电话询价比价等方式进行采购。物料控制部门和仓储部门对到货物资进行验收；财务部门为供应商支付货款；物料仓储部门根据供应计划为各项目施工部门供应施工所需物资，并办理各种物资的领料手续。WQ 公司项目采购供应业务流程如图 2-2 所示。

2003 年，WQ 公司有 A、B、C 三个工程项目同时施工，部门主管做了分工，A、B、C 三个项目的水泥需求计划，根据采购部门的要求由 H 提报全年三个项目的总的需求数量进行招标采购；A、B 两个项目全年预计需求钢材 10000 吨，C 项目全年预计需求钢材 8000 吨左右，采购计划由采购员 Z 负责制订。

根据项目的材料预算计划统计，A、B、C 三个项目所需的 Lw 钢（七个规格）基本占到项目钢材采购总量的 75% ~ 80%，其他辅助材料 30 多个规格占总采购量的 20% 左右。根据各项目施工进度计划的安排，A 项目供应时间为 12 个月，每月平均需求 Lw 钢 350 吨

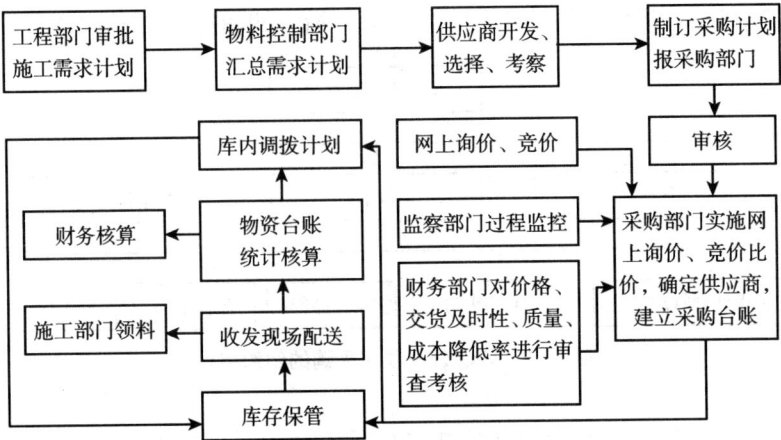

图 2 - 2 WQ 公司项目采购供应业务流程

左右；B 项目供应时间为 6 个月，每月平均需求 Lw 钢 200 吨左右；C 项目供应时间为 8 个月，每月平均需求 Lw 钢 750 吨左右。A 项目施工点多，每个月需求量差异较大，B、C 项目需求量差异较小。WQ 公司项目建设需求的钢材规格在市场上的资源比较丰富，属于易采购的品种。但是市场价格经过三个月的大涨，涨幅已超过 40%。市场上钢材真正的使用量不大，但由于价格的暴涨，供应商在投机囤积钢材，市场上反而需求旺盛，价格还在不断抬高，因此，采购存在很大的市场风险。

按照分工，A、B、C 三个项目由 Z 采购员一个人向供应商发出询价通知单询价，供应商们报价。这段时间是 Z 最忙的时候，各个供应商都与 Z 建立情感沟通，希望拿到三个项目的订单。最后，与 Z 关系密切的供应商 FGG 从 Z 处得到了其他供应商的报价，报出了比其他供应商稍低的价格，拿走了这三个项目 70% 以上的采购总量。2003 年 7 月，采购部门开始在网上竞价平台实施"网上公开竞价"采购，同时公司做了调整，由 H 负责 A 与 B 项目钢材的采购，Z 负责 C 项目的采购。

2003 年年底，Z 采购员一次订购了 C 项目在正常施工情况下 Lw 钢 3 个月的需求数量。后来 C 项目由于客观方面的原因于 2004 年 3 月被迫停工，截至 3 月末，Lw 钢只使用了 350 吨左右，占总量的 15%，剩余的材料转到 A 项目使用。此批钢材在 2004 年 4~6 月份三个月内逐步消耗使用完。而 Lw 钢市场价格恰好在 2004 年 4~6 月份大幅度下跌，与 A、B 项目同期采购的 Lw 钢的价格相比，C 项目转到 A 项目的 Lw 钢的库存造成了不小的资金占用损失。

整个事情对 H 的触动比较大，他想到了两个问题：首先是在采购工作中采购人员应该坚持哪些原则，其次是采用什么样的采购策略。对于采购工作所应遵循的原则，H 自己总结了几条。他想不论别人是否认同这些原则，自己首先要遵守这些原则。关于采购策略，很明显，对于钢材这种大批量的采购是不合适的，应该是小批量、多批次的采购，减少采购批量，增加采购批次。这种方法最关键的地方是确定采购批量的大小。H 从自己所学的物流知识知道，采购批量的确定与下列因素有关。这些因素包括：供应商的平均供货周期、平均每天（周）的需求量、供货周期的标准差、每天（周）需求量的标准差以及向客户承诺的服务水平。确定这些参数要有大量的数据为基础，所以 H 亲自到各项目施工现场了解施工进度，测算各项目、各规格材料的日消耗数量，了解供应商的供货周期波动情况。但 H 感到仅仅确定采购批量是不够的，虽然这个批量能保证为项目提供所需材料的同时也使库存数量得到减少，但不能有效地规避市场价格剧烈波动带来的库存损失，所以在确定采购批量时还要考虑当前的市场价格和价格变化的趋势。

WQ 公司采购绩效考核与评价

2003 年 2 月 WQ 公司制定采购绩效考核与评价指标：采购计划数量完成率、采购成本降低率、采购价格与市场价格相比采购成本降低率、质量合格率、及时（准时）供货率，由财务部门考核，但财务部门的考核人员因缺乏真实可靠的数据而无法考核，特别是对采购成本降低率这个指标感到无法准确计算，所以就没考核。这五个指标确实对项目高效采购有着非常重要的作用，怎样才能实施有效的考核已成为 WQ 公司当前急需解决的一个问题。2004 年公司对项目建设用物资的采购提出降低采购成本 6% 的目标，H 在与财务部门的管理人员交流时，询问他们怎样计算考核的指标？他们也无法回答，仍然找不到客观真实的数据。

H 认为项目采购的绩效衡量与评价应该建立起一套体系来保证实施，他认为项目绩效的衡量与评价体系一般应包括五个方面的因素，即为什么评价（评价的目的）、评价什么（评价的内容）、由谁来评价（评价人员）、何时评价（评价时机）、如何评价（评价方法）。所以 H 先后给出了一系列的评价指标。

（1）反映采购计划任务完成情况的指标：包括采购计划总量、采购计划完成率、采购计划及时完成率、采购计划增长率四个指标。

①采购计划完成率 = 采购实际数量/计划采购的数量×100%；

②采购计划及时完成率 = 在规定的时间内实际完成计划采购的数量/计划采购的数量×100%；

③采购计划增长率 =（本期实际采购数量 – 上期实际采购数量）/上期实际采购数量×100%。

（2）采购成本降低率指标：这个反映采购绩效的指标，也是考核供应商绩效的重要指标，是实现项目采购绩效目标的根本指标。主要包括如下四个指标：

①实际采购价格与市场平均价格相比采购成本降低率 =（实际采购价格 – 市场平均价格）/市场平均价格×100%；

②实际采购价格与目标价格（预算价格）相比采购成本降低率 =（实际采购价格 – 目标价格）/目标价格×100%；

③实际采购价格与上年度平均采购价格相比成本降低率 =（实际采购价格 – 上年度平均采购价格）/上年度平均采购价格×100%；

④实际采购价格与使用时的平均价格相比采购成本降低率 = （实际采购价格 – 使用时的市场平均价格）/使用时的市场平均价格×100%。

上述前三个指标是反映采购绩效的直接指标，最后一个指标是考核库存控制绩效的主要指标，常常被忽视，因为使用时的平均价格计算比较难（可参看本节附件3：WQ公司2004年1~4月Lw钢库存控制绩效的计算）。

（3）质量合格率指标：材料质量是确保项目顺利施工和项目质量的重要前提，指标主要包括：

①退货率：反映供应商材料质量。其公式为：

退货率 = 退货批数/交货总批数×100%

②准时交货率指标：该指标是考核供应商绩效和能力的关键指标，其公式为：

准时交货率 = 在规定交货时间内交货的数量/在规定交货期内应该交货的数量×100%

后　记

H准备拿出一整套的方案，包括采购组织的调整、供应商的选择与评估、采购策略、采购绩效的考核，除此之外，还有各种数据的收集与分析。H知道，凭自己一人之力很难在短时间内完全有所改变，但他相信自己的努力一定会有回报。

【案例分析指南】

本案例的重点是如何通过制定采购策略来规避采购风险，特别是在物品市场价格波动剧烈的情况下。其次是通过设定采购的绩效指标对采购工作进行管理和控制。案例的难点在于计算库存损失，首先要计算出一定时期内采购物品的平均价格，平均价格是一定时期内采购的总金额与采购总量的比值。

思　考　题

1. 你认为应如何调整WQ公司的采购组织机构？

2. 请讨论WQ公司一年选择和评估供应商一次的做法，如何选择和评估供应商？

3. 为了规避市场价格波动的影响，除了确定合适的采购批量，还可以采取什么样的采购策略？

4. 结合案例内容以及你所学的采购管理知识，为WQ公司提出一套采购改进方案。

5. 根据本案例附件1的数据，计算采购员Z在项目C的采购中与项目A、B相比库存资金的占用增加了多少？

6. 除了案例中列举的采购绩效考核的指标外，还有什么指标可以使用？根据本案例附件2、3的数据试计算WQ公司的采购绩效。

7. 请结合本案例以及本书中其他有关采购的案例，阐述项目采购与生产型企业生产物资采购的异同。

8. 请运用本书案例分析方法论为本案例撰写一份案例分析报告。

附件1 2003年WQ公司A、B、C项目Lw钢采购情况统计分析

项目 月份	A（询比价、网上竞价）		B（电话传真询比价）		C（电话传真询比价）	
	数量（t）	价格（元/t）	数量（t）	价格（元/t）	数量（t）	价格（元/t）
1月			173.883	4000.00	2266.91	4022.43
2月	339.324	3980.00	176.472	3984.53		
3月			86.506	4007.48		
4月	129.222	3857.11	94.938	3756.02		
5月	346.714	2888.06	279.548	3201.40		
6月			402.346	3051.84		
7月	304.051	3200.76				
8月	584.135	3537.12				
9月	722.063	3428.29				
10月	360.956	3420.50				
11月	199.321	3429.05				
12月	123.860	3443.21				

附件2 200×年8月WQ公司Lw钢采购绩效分析

序号	规格（Φ）	采购数量（t）	上月底出厂价格（元）	提报时间7.27——竞价时间8.2——供货时间8.4					提报时间8.05——竞价时间8.10——供货时间8.13					提报时间8.20——竞价时间8.25——供货时间8.27				
				出厂价格（元/t）	实际价格（元/t）	采购数量（t）	计划数量（t）	采购金额（元）	出厂价格（元/t）	实际价格（元/t）	采购数量（t）	计划数量（t）	采购金额（元）	出厂价格（元/t）	实际价格（元/t）	采购数量（t）	计划数量（t）	采购金额（元）
1	25	760	3700	350	3600	110.187	406	39673.20	350	3483	297.297	850	1035485.45	3450	3400	349.272	562	1187524.80
2	20	80	3700						3550	3370	40.903	112	137843.11	345	3420	40.02	67	136868.40
3	14	20	3750	3700	3700	19.864	20	73496.80										
4	12	240	3800	3750	3680	39.960	112	14752.80	3650	3630	75.924	140	275604.12	3550	3470	120.84	112	419314.80
合计		1100				170.011	538	617222.80			414.12	1102	1448932.68			510.13	741	1743708.00
平均			3722.7		3630.49					3498.82					3418.16			

附件3 2004年1月~4月WQ公司Lw钢的库存控制绩效

时间	摘要	采购数量（t）	采购价格（元/t）	市场价格（元/t）	采购金额（元）	出库数量（t）	出库时市场价格（元/t）	出库金额（元）	库存数量（t）	库存价格（元/t）	库存金额（元）	库存绩效
1.01	上年结转								79.002	3440	271766.900	
1.04	SC公司（A项目）					4.158	3490	14511.420	74.844	3440	257463.400	
1.07	GG公司（A项目）					33.264	3490	16091.360	41.580	3440	143035.200	
2.28	GG公司（A项目）					31.185	3580	111642.300	10.395	3440	35758.800	
3.01	SC公司（A项目）					10.395	3580	37214.100	0	3440	0	
	合计					79.002	3537.370	279459.180				
3.01	JG公司	498.960	3505	3580	1748854.800	0			498.960	3505	1748855	
3.10	GG公司（A项目）					83.160	3920	325987.200	415.800	3505	1457379	
3.14	GG公司（A项目）					2.079	3920	8149.680	413.721	3505	1450092	
3.13	SC公司（A项目）					20.790	3920	81496.800	392.931	3505	1377223	
3.22	SF公司（A项目）					37.422	3770	41080.940	355.509	3505	1246059	
3.23	SF公司（A项目）					56.133	3770	211621.410	299.376	3505	1049313	
3.24	SF公司（A项目）					74.844	3770	282161.880	224.532	3505	786984.700	
3.31	SF公司（A项目）					37.422	3680	137712.960	187.110	3505	655820.600	
3.30	GG公司（A项目）					31.185	3740	116631.900	155.925	3505	546517.100	
4.16	GG公司（A项目）					35.343	3520	124407.360	120.582	3505	422639.900	
4.08	SF公司（A项目）					45.738	3570	163284.660	74.844	3505	262328.200	
4.15	SF公司（A项目）					2.079	3520	7318.080	72.765	3505	255041.300	
4.06	SC公司（A项目）					20.790	3570	74220.300	51.975	3505	182172.400	
4.28	SC公司（A项目）					51.975	3367	174999.830	0	3505	0	
	合计					498.960	3705.850	849073.000				

【案例2-2】从采购预测到采购计划：太古饮料

【案例概要】

快速消费品行业的市场变化非常快，竞争也极为激烈，特别是食品企业，还存在一个货物保质期短的问题，如果没有良好的预测体系，则整个采购和生产将很被动，企业将为此付出很高的额外成本，并带来成本和时间等方面的压力。

著名饮料企业太古饮料在采购预测和采购计划等方面建立了严格的计划管理体系，在销售预测计划、生产计划、产品往各DC仓库的调拨计划、采购计划等方面制定了严格的流程。

【教学目的】

1. 了解采购预测和采购计划之间的相互关系，以及采购预测对采购计划制订的作用；
2. 掌握各种预测技术及其实施步骤；
3. 了解销售预测计划、生产计划、调拨计划与采购计划之间的流程关系；
4. 对太古公司的采购运作提出改进方案。

引　言

著名的饮料企业——太古饮料在预测和计划体系上实施了严格的管理。销售预测计划、生产计划、产品往各DC仓库的调拨计划、采购计划都制定了严格流程；清楚规定各项沟通的细节；明确各个相关人员的主要责任及相关业务指标；改善跨部门沟通、合作，从而改善各项计划的精确度，减少因计划问题导致的断货、产品或原材料过期等现象，最终提升企业利润。

太古公司的采购运作

在实际的运作管理中，太古饮料（生产和销售可口可乐系列饮料）建立了严密的预测体系，从周一到周五，每天如何预测，采用什么方式，系统如何操作，都进行了详细严格的规定。为此，企业开发了功能强大的预测系统。将采集来的基础资料进行初步分析，然后进行人工修订，另外，对促销产品有独立的预测体系。企业在实际运作中需涉及大量包装变更，以及促销期间的特殊包装制作等问题，在包装变更及特殊包装生产时，容易产生由于计划不当而导致所需的包装无法及时供应，或特殊包装在要求时段截止后仍大量积压，所以独立预测该部分的产品是有必要的。根据此预测体系，采购和生产部门会制订符合预测的采购和生产计划。一旦确定了计划，一般是无法更改的。有了这些系统，通过专业的独立部门来完成整个预测过程，预测部门成为企业运作的开始。以下是部分预测体系：

星期一

（1）每周一下午1：30之前预测计划部（D&OP）的计划员利用Collaborate调整系统自动生成的13周销售预测数据（重点在前4周），需要细分到SKU（Stock Keeping Unit，最小存货单位）和DC（Distribution Center，配送中心）层面。调整依据是市场销售部提供的最新滚动三个月价格促销计划、以往销售预测精确度报表、销量预算、天气预测等信息。

（2）每周一下午1：30预测计划部的计划员调整完预测后，将预测发给销售运作部进行调整与确认，销售运作部需在下午4：00之前会同NCB（Non–Carbonated Beverages，非碳酸饮料）经理与KA（Key Account，重点客户）经理共同调整公司层面CSD（Channel Service Division，市场推广部门）未来7周销售预测数据以及NCB未来13周销售预测数据。D&OP计划员在下午5：00前与销售运作部进行D&OP（Do and Operate Plan，执行和运营计划）预备会议共同讨论并确认以上经调整的销售预测数据，需细分到SKU层面。在下班前由D&OP部将最后共同确认的数据输入Collaborate。

（3）销售运作部及NCB、KA经理对以上销售预测数据进行调整的依据为最新滚动三个月分周价格促销计划、销售部本月分周销售目标、营业所本月分周销售预测（可选项）、新产品上市销售表现跟踪报表等。

（4）最终确认的分周滚动销售预测不仅是一个预测的数字，而且应当是销售运作部门进行分周销售管理的依据。因此，销售运作部进行销售预测时，应当参考各地营业所的预测。在确认滚动销售预测数据后，应当根据此预测制定销售运作部的分周、分营业所、分主要包装组的销售目标，并保证此分周销售目标可以传达至所有销售人员，使此预测变成可以达到、可以实现的计划。

星期二

（1）每周二上午11：00之前D&OP计划员利用Fulfillment–CPP（供应执行）模块或Strategy（战略）模块确认本周四到下周五的生产需求，并将生产需求发送给Sequencing（生产排班计划）模块负责人做生产排班，同时抄送给相关部门提前做准备（主要是采购、生产、仓库、工程）。

（2）每周二下午1：30之前D&OP需利用SQZ安排好本周四到下周五的生产计划。同时D&OP必须在下午1：30之前将D&OP会议资料准备齐全，包括与销售运作部讨论确定的滚动13周销售预测、下周生产计划、采购计划、最新仓库货龄报告。

（3）每周二下午1：30召开D&OP会议，D&OP会议应按照标准会议流程讨论所有相关内容。必须出席会议的人员：供应链总监（或代理人）、市场销售总监（或代理人）、D&OP经理、销售运作控制经理（销售运作经理）、生产部经理、储运部经理、采购部经理。可选择出席的人员：总经理、市场销售部其他部门经理、供应链部其他部门经理。

（4）在D&OP会议上需共同讨论、调整，并由供应链总监与市场销售总监共同确认讨论后的CSD（Carbonated Sodas/Drinks，碳酸饮料）滚动4周分SKU及NCB（非碳酸饮料）滚动7周分SKU的销售预测数据、下周生产计划、下周采购计划。此次会议上由市场销售部与供应链部共同确认的销售预测数据、生产计划、采购计划将作为对各位参加人员进行关键指标考核的依据。

（5）每周二下午5：30之前发布确认的本周四到下周五的生产计划。

（6）每周二下班前D&OP根据D&OP会议内容确定预测数据。

（7）每周二下班前D&OP需要在APS（Advanced Planning System，先进生产计划排程）系统里确认NCB产品到货和在途数据。

星期三

（1）每周三D&OP需将未来四周的滚动生产计划、物料需求计划、库位及托盘需求计划、人员需求计划等发送给相关部门作参考。

（2）每周三调拨计划员通过Fulfillment－DEP模块生成本周四到下周五的DC调拨计划，发给各DC仓库负责人和所在营业所经理，并与各地沟通，确认调拨计划有无需要根据各地实际情况修改的内容。经确认后交给运输部安排运输。

（3）为了保证对市场变化的及时反应，装瓶厂可以根据情况，制作并更新每天的调拨计划，每天应将当天的调拨计划与各地DC仓库负责人和所在营业所经理沟通，并根据DC反馈意见调整后，交给运输部执行。

（4）每周三D&OP部负责将周二的D&OP会议记录发送给会议出席人员并跟进相关问题。

星期四

（1）每星期四下班前D&OP部结合公司的销售情况，根据NCB ROLLINGPLAN（非碳酸饮料滚动计划）里的PLAN ARRIVING（计划到货）数量向SCMC（即可口可乐中国供应链管理有限公司，该供应链管理公司是可口可乐2004年在中国上海成立的一家新的饮料生产公司，并负责非碳酸饮料在全国的配送业务）下达第三周的订单量。

（2）每周四至周五，D&OP计划员需通过DPEE模块清理历史异常数据并且根据销售运作部提供的未来四周滚动促销计划在DPEE里加入促销因素等相关因素并调整数据。

（3）如果有新产品上市，D&OP部门根据市场销售部的通知向APS中心提交新产品代码申请表，并将新产品纳入预测计划流程。

星期五

每周五销售运作部需将最新滚动三个月价格促销计划送达D&OP部。

【案例分析指南】

有预测才有计划，这个顺序不能颠倒。要做好计划，必须有精确的预测，这也是很多企业追求的目标，但正如坊间所盛传："there are only two type of forecast：wrong ones and lucky ones, and there are precious few of the latter!"因此如何利用采集来的基础资料建立合理的产品预测体系对企业的采购作业意义深远。

思 考 题

1. 你认为应如何评价产品的预测？

2. 请结合本案例，试从产品角度合理设计预测计划体系及其实施流程。

3. 参考附件案例，就太古饮料在采购预测和采购计划中的实践，你认为是否存在改进机会？若有应该如何实施？

4. 请运用本书案例分析方法论为本案例撰写一份案例分析报告。

附件

参考案例——JDA–APS系统在太古饮料集团应用实例

（本参考案例为可口可乐（太古饮料）供应链计划中心经理黄纵苇在 SAP·联商 2007 中国零售业营销论坛上的演讲，该演讲为读者深入分析【案例 2 - 2】提供了必要的参考信息。为保证信息的完整，本参考案例仍使用第一人称报告形式描述。）

大家好，我在太古饮料集团主持 APS 中心的工作，今天我讲的议题是 APS 系统在太古饮料集团的应用实例，很高兴和大家分享我们的经验和经历。讲到太古饮料，可能各位听得比较少，也可能有疑问，太古饮料和可口可乐是什么关系，在讲之前，我先把可口可乐在中国的业务架构给大家介绍一下。可口可乐公司是品牌拥有者，它在中国的投资有几个合作伙伴，比如国泰航空，就是太古下面的公司，太古饮料是可口可乐和太古集团合资的公司。可口可乐另外一个合作伙伴是 COFCO，在中国也拥有十几家厂，还有一个合作伙伴 CCCIL。SCMC 是供应链的管理公司，这个供应链管理公司是可口可乐下面的，专门做非碳酸饮料，比如水和茶这些，在全国有配送体系。整个分销网络，分为 50 家生产厂，300 家分销中心，8000 名销售员，现在已经超过 1 万名了，所以分销网络是非常大的。我们太古饮料集团，从全国的业务来说，占了可口可乐在全国业务的 60%，下面有 13 家可口可乐罐装瓶厂，中国大陆 9 家，香港 1 家，台湾 2 家，美国 1 家，太古饮料在全国的业务量是非常大的。我们集团实施 APS 系统，实施的范围分为两块：一块是 SWIRE，包括 9 家碳酸饮料生产厂，7 家水产品代加工厂，152 家分销中心、仓储中心，2700 家第三方承运商，还有超过 250 个品种的 SKU（最小存货单位），这是整个的参数情况。另一块是 SCMC，是一个供应链管理公司，替可口可乐来管理全国范围的碳酸饮料的生产和分销，我们太古实施 APS 系统同时接受可口可乐的委托，把实施的范围拓展到 SCMC 公司。这个公司的情况是这样的，有 21 家非碳酸饮料生产厂，供应网络遍布全国碳酸饮料生产厂，分销到各个碳酸饮料生产厂，由他们进行销售，所以 SCMC 是没有销售团队的，是纯粹的供应链管理公司，有一些产品还远销中国香港、蒙古、菲律宾、印度，在全国有 21 个仓储中心，14 家第三方承运商，非碳酸饮料品种超过 85 个。我们太古饮料的 APS 中心在杭州，所有的太古饮料和 SCMC 的组计划都由 APS 出去，比如调拨计划以及管理这个计划的执行过程，SCMC 的组计划由 APS 出去以后，管理生产排班的计划、调拨计划以及管理整个计划的过程。

所以 APS 杭州中心，左手连着太古饮料，右手连着 SCMC，我们所有的销售数据直接导入策略模块。非太古装瓶厂，他们的销售预测通过报表的形式，在后台的数据库进行链接，他们还没有上 APS 系统。整个供应链模式是这样，太古下面的几个厂，他们自己生产碳酸饮料的产品，水产品是委托大加工厂生产，非碳酸饮料的产品，比如茶、果汁饮料是 SCMC 那边供货的。我们太古饮料有一个 ERP 的数据库，有销售的历史数据，我们实施的几个模块，一个是 DEMAND 模块，另一个是 Fulfillment 模块，中间有一个模块是做策略计划和中长期计划的。

下面具体介绍一下 APS 系统到底帮我们解决了什么业务上的问题，这是大家希望了解的。业务方面从我理解来说，一般都是分两块，一块是决策层面，另一块是日常运作层面。我们 APS 系统同时运用两个层面，第一个是决策层面，决策层面上我们运用在现有网络的重组和整合上。我们的货是从生产厂到分公司，分公司到客户的线路，那么随着公司的发展以及各个分公司发展的不平衡，有些分公司发展快，销量递增快，有些分公司发展比较慢，在这个不平衡发展过程中，我们会每隔 3 年调整配送网络，讨论在哪里设置分公司是比较经济有效的。在网络的重组和整合上，我们经常会面对几个问题，老板也会问，怎样设置 DC（配送中心）才能达到运费最低，因为我们做生意的首先要把自己的费用降到最低，其次 DC 的仓库面积要合理，最后现有的配送网络是不是合理，要重新评估一次，因为刚才说了，各个分公司的发展是不平衡的，会有销量的不同增长，所以要重新评估现有的网络是否合理。

在这个问题中，我们要考虑几个因素，一是不同 SKU 的不同供货源，因为我们的供货源是不同的工厂，二是产能的限制，三是安全库存，四是运输时间和运费，五是未来 18 个月的销售分公司的销售预测。我们相关的参数一次性放到 APS 系统中，这几个模块，都是互相关联的模块，Strategy 是我们用得特别顺手的模块，可以用它做情景的分析和成本优化的分析，在网络的重组和整合上，我们也用 Strategy 做资源整合和重组，这是我们用得比较多的决策层面的功能。在决策层面，我们经常碰到另外一个问题是新生产线的选址和选时。因为业务每年有 20% ~ 30% 的增长率，每年都要加生产线，这个新生产线加在哪里比较好，这是我们经常要问的问题，生产线产能多大才合理，另外我们在哪里设置这个新的生产线才能达到运费最低。考虑这些问题的时候，要考虑六个因素：不同的供货源，产能的限制，安全库存、库存的预见计划，运输时间和运费，代加工计划，未来 3 ~ 5 年销售预测，这些都是需要考虑的问题。我们把这些相关参数一次性放到 APS 模块当中，用成本优化功能帮助我们选择决策生产线到底在哪里，到底什么时候投放生产线。

第二个是运作层面，我们分为两个，一个是工厂运作层面，因为太古每家工厂都有自己的生产线，也有自己的配送网络，所以运作是非常复杂的，每个工厂都有自己的销售预测，也有生产排班的计划，也有工作计划，这些计划怎么有效实施，这些计划怎么才能使可执行性比较高，计划怎么实行，怎么在过程中调整，这些都是我们面临的一些问题。另外我们也经常会碰到一些老板们的问题，怎样才能得到更精确的销售预测，怎样安排生产更合理，怎样安排调拨更合理。面对这些问题，同样也有一些因素需要考虑。因为我们的业务比较复杂，在销售预测中，促销管理和季节性参数等影响销售预测的因素是我们经常要考虑的问题，这些因素能在销售预测这个模块中体现，运用其产生更加精确的销售计划；还可以实现产能的限制和生产成本的最低化。

另一个是安全库存和库存预见的策略，运输时间、运输方式和运费。我相信各位在自己的工作当中也经常会考虑到这些问题，供货源的优化，货源紧张情况下怎样合理地调拨，新产品上市的计划，仓储资源限制等。我们有三个模块，一个是 DP 模块，是用于需求预测的，一个是供应执行模块（Fulfillment），还有一个是生产排班计划（Sequencing），通过三个模块的运用，使我们的计划更加贴近需求，通过需求分析、库存控制、生产和物流资源的平衡利用，达到客户服务要求的低成本规划；通过供应链管理，以最低的成本满足客户的需求。集团运作层面上我们工厂和工厂之间都有代加工的产品，是相互协作的关系，我们经常要考虑一些问题，怎样使现有生产线利用率最大化，因为有些比较大的生产线，销量没有达到预期，怎样提高生产线利用率，另外怎样安排代加工生产和调拨，比如南京和杭州的厂，谁为谁代加工，货是直接从南京发到杭州，还是发到杭州下属分公司，这些都是需要考虑的问题。

我们在 Strategy 模块中，放进了 9 周滚动的销售预测，以及产能和成本的优化因素，包括安全库存的一些策略，预见库存的策略，运输的时间、方式、运费，还有供货源的优化和再加工的策略。这是一个效率非常高的模块，它通过综合考虑生产与物流资源成本和限制因素，形成基于供货源的优化计划。首先是给出一个供货源优化计划，从而最大限度地提高生产资源的利用率，降低物流成本，这是我们供应链管理的目标。其次也就是我们在今年做的尝试，把 APS 系统运用到供应商协作层面。大家知道，现在的企业供应商和企业的联系越来越密切，关系也越来越密切，我们尝试在 APS 系统里建立扩展的供应链链接，扩展到供应商这一端，协同规划供应商协作行为，比如汽水的瓶坯，从供应商发到我们生产厂，瓶坯是有限制的，供应商的瓶坯不是一家工厂生产的，而是分布全国各地，怎样让他们的生产计划贴合我们的生产需求，这是我们经常需要考虑的问题。怎样才能帮助他们优化供货线路，降低供货商供应成本？通过建立供应商的产能限制和物流成本的供货模型可以生成供货优化计划，以缩短补货周期，减少库存，降低成本。这个策略模块确实给我们的运作带来非常多的方便。

前面讲了这么多 APS 系统在业务上的运用，那么 APS 系统对管理的改善有什么比较显著的方面？最重要的是，它有效协调了供应链管理者和市场销售管理者的目标之间的冲突，使双方能够依据系统提供的数据分析和方案客观地解决分歧。我们管理整个公司的运作中，供应链管理部门有抱怨的地方，比如长期预测不精准，变化无常的短期销售预测，过多的成品库存要求，以及一些小批量的产品使生产成本很高。而市场销售那边也经常会说，生产能力为什么经常不足，造成我这边客户要货时却断货；为什么新产品上市之前有这么长的准备期；我今天让物流部门两小时之内把货送到，为什么没有送到，等等。怎样协调这些抱怨，现在很简单的办法是用 APS 系统做很多的情景分析，给他们看，如果达到这样的目标，令供应链成本降低多少，大家用科学的依据说话，客观地分析，而不是互相抱怨。另外有几个指标跟大家分享一下，我们用 APS 系统以后，销售预测精度提高了24%，生产精度提高了10%，断货和库存天数都明显下降。大家知道，平常我们理解，库存越高，断货的可能性越低，这里面还有一些库存的平衡问题，库存结构的问题，这些都会影响到断货，所以我们在降低库存的同时，也降低了断货的比例。

APS 系统带来了直接的利益，但这个系统也花费了我们不少的人力、物力，我们在上这个系统之前，一定会评估它的利益，上系统以后也会反过来看看这个系统项目给我们带来多少的利益。从我们的体会中，第一是最大限度利用现有网络中的资源，使股东的资本投资在最合适的时间和最合适的地点，提升股东的资本回报率，这也是由我们企业运作的目标来定的。第二是优化供应链网络管理。第三是降低库存的资金占用成本，因为库存降低了，相关的银行利息的投入会降低，相关的物流成本、仓储成本、运输成本也会降低。第四是降低断货导致的营业额的损失，以前我们断货率是千分之七点几，现在断货率是千分之一点几，下降的幅度非常大；另外，我们的产品是有保质期的，比如超市，要求我们货的新鲜度是三个月以内，三个月以外是拒绝收货的，上 APS 系统可以降低高货龄风险，降低过期报废损失。第五是提升企业的竞争力，因为客户、市场占有率也就是企业竞争力的表现，客户满意了，市场竞争力提高了，企业的竞争力也就会有所提升，这些都是 APS 给我们带来的利益和好处。

大家有什么问题吗？如果有问题的话，可以自由提问；如果没有的话，我今天就讲到这里，谢谢大家！

【案例 2-3】BZ 公司采购经理工作日记

【案例概要】

本案例取材于一位多年从事采购活动的人士的工作日记。案例以讲故事的形式表现采购日常运作所遭遇的种种问题以及相应的解决办法，比如部门冲突、加急订货、缺货和库存积压等。

【教学目的】

1. 掌握供应商国产化步骤与影响因素；
2. 理解企业部门之间沟通与合作对采购工作的重要性；
3. 掌握采购运营面临的问题及解决方案。

公司背景

BZ 公司是一家以机械制造为主要经营范围的制造型外资企业。其主要产品为精密温控仪器,广泛应用于各种温控系统中,如中央空调、保鲜等领域。该企业引进国外的先进生产技术,产品技术含量很高,在同行业中有很高的知名度。而且产品的性价比优于其他竞争对手的同类产品,因而市场前景看好。

BZ 公司如同大多数外资企业一样在华经历了三个发展阶段。BZ 公司在华发展第一阶段,首先在中国成立办事处,进行市场推广,搞宣传,扩大市场知名度,通过代理的方式,将自己的产品原装进口到中国。这一阶段也称为市场试水阶段。随着产品市场接受程度增高,BZ 公司发现如果一味依赖原装产品进口,成本太高,货期也难保证。因为中国客户一般订货计划不强,要求的交货时间短,属于立等可取类型。而欧洲供货方强调按订单生产,通常来自中国的订单交货周期在 2 个月左右。因此,BZ 公司在华发展进入第二阶段,即投资设厂,这一阶段主要特点是企业的生产以装配为主,大部分零部件通过母公司从海外采购。随着产品市场日益成熟和竞争对手的模仿,产品竞争更加激烈,制造商需要不断降低产品价格同对手周旋,这时,BZ 公司进入了第三阶段,即外资企业进入供应商国产化阶段。

李穆南小姐从中专毕业来到以欧洲为背景的 BZ 公司已经快 6 年了。在这些年中,李小姐工作兢兢业业,认真钻研业务,业务能力赢得公司上下的认可,而且在繁忙的工作之余,她还修完了国家自学考试工商管理本科课程。凭借出色的工作经历,李小姐的职务如芝麻开花节节高,现在已荣升为公司采购经理。难能可贵的是,李小姐 6 年来坚持写工作日记,记录自己和部门的工作得失。下面的部分就摘自李小姐的部分工作日记。

WX—280 的加急采购

BZ 公司进入发展第二阶段时,业务呈现一片欣欣向荣的景象,销售额记录不断刷新。

在公司产品中,有一款温控仪器,型号为 X—280。该产品上市初期,由于设计先进,性能卓越,加之市场上同类产品很少,市场需求不断增加。X—280 在近两年的时间里,成为 BZ 公司的一个很好的利润增长点。X—280 温控仪器的精密热敏部件 WX—280 需要从欧洲原装进口,以保证整体温控产品系统精确感知温控对象的温度。

某日,销售部接到一个非常大的订单。一个华北区的大客户刚刚成功竞标一个国家级项目。该项目中需要 100 台 X—280 温控仪器,但交货时间紧,要求交货期为 2 周。销售部在没有和其他部门沟通的情况下便向客户确认了该订单。

当订单处理人员把该订单录入系统之后,采购与供应部发现库中的 WX—280 仅有 30 台,并且这部分库存已经安排订单,只是离客户要求的交货期还有 1~2 个月。采购与供应部当即向海外供应商紧急订购 100 套 WX—280,但是很快接到海外供应商的订单确认,明确说明该单货物最早于 4 周后发货,无法满足 BZ 公司交货时间要求。

原来在成熟的欧洲制造业很多任务厂实行"见单生产",即他们只有在接到客户的正式订单以后,才向其供应商订货,组织生产。欧洲的制造前置期一般在 4 周以上,加上海运需要 1 个月的运输时间（班轮的运输时间），货到中国后办理进出口、清关手续至少 1 周的时间，再加上原材料到工厂后 2～3 周的国内生产时间，因此，在国内 WX—280 没有库存的情况下，从 BZ 公司的销售部接到客户的订单到产品生产完毕，至少需要 3～4 个月的总前置期。这么长的交货期根本无法满足华北大客户的需求。

怎么办？海运肯定是不能满足需求的，即使改用空运，也要 1 个月的交货期。而且 WX—280 每套净重 20 公斤，空运费用将会是一笔不小的开支。换一个供应商呢？不行，该产品是海外供应商为 BZ 公司特制的，也就是说，WX—280 只有一个供应商。经过公司开会研究，为了履行对客户的承诺，公司决定采取以下办法来解决这个难题：

（1）销售部与华北大客户充分沟通，希望在 2 周后先交 30 台 X—280 温控仪器，随后的 2 周内，交齐剩余货物。

（2）供应部与海外供应商协调，将交货期提前至 2 周。用空运的方式运出 100 套 WX—280。提前做好所有的进口手续及通关、内陆运输各环节的准备工作。

（3）生产部先将库存的 30 套 WX—280 用于生产，待空运原材料到厂之后，组织加班，1 周内完成生产。

（4）物流部门安排 30 套 X—280 的运输，确保及时到达华北大客户处。

在实际的操作中，由于国外供应商确实不能一下发出 100 套 WX—280，经过沟通，改为分 2 批发货，终于保证了货物准时到达。

公司对 X—280 加急事件事后总结如下：

（1）销售部在跟客户签订合同时，应先向公司内部人员询问库存状况，再根据客户的具体需求签订合同，避免加急采购。

（2）对于采购前置期较长的零部件，根据以往的销售情况，酌情加大库存量。

采购依据变更

很久以来，BZ 公司由于市场需求还没有到膨胀的状态，公司一直采用"见单生产和见单采购"的原则，并且结合以往的历史销售记录，制订采购计划。随着公司产品市场需求不断增多，原有的采购模式已无法满足市场的要求。供应部提出销售部直接接触市场，接触客户，直接了解市场需求。因此要求销售部每月根据市场变化，做出 3 个月后的销售预测，以便采购部门提前备货，满足市场的需求。总经理同意了供应部的请求。该方案运作了 3～4 个月后，效果很好，库存充足，生产安排井然有序，已经很少有客户由于交货期的问题再投诉。

X—280 库存之患

X—280 需求经历过一段高速增长之后，订单量急剧下降。什么原因导致该产品提前进入衰退期？原来市场上同时出现许多 X—280 的替代产品。其他公司采用国内的部件，生产出许多质量虽不及 X—280，但价格却相对较低的产品，所以导致 X—280 的订单量急剧下降。而 BZ 公司的供应部并未得到相关的市场反馈，还保有大量 X—280 在库中。等到发现实际订单与原预测有很大差异时，许多货物已经在从欧洲到中国的路上了。

新的问题出现了——库存太高。为什么会有这么高的库存呢？供应部对以往的预测和实际销售量进行了分析，发现销售人员一般都比较乐观，喜欢多下计划，以便随时提货。如果有一些订单因为种种原因没有签下来，销售人员也不会向总部取消计划中的这部分采购。曾有一个订单涉及一个援外的项目，订单量为100多台设备。由于伊拉克战争，该项目被搁置了，但销售人员没有把新的变化通知采购部门。而采购人员对市场并不是很了解，还是按照原来的计划采购，结果该部分的原材料形成库存积压。还有一部分原材料由于市场的变化，很少有客户订购，也造成库存积压。

供应部将该信息反馈到总经理处，没想到受到了总经理的严厉批评，指出销售部的乐观是正常现象，供应部应该追踪订单，确保库存尽快降下来，并责成财务部来督办。

在财务部的大力推动下，许多原有虚拟订单被删除，供应部连续两个月的采购额只及原来的1/3。库存在1~2个月内，很快降了下来，财务部经理的脸上露出了笑容。

部门冲突——确定合理的库存水平

财务部经理脸上的笑容尚未消退，新的问题出现了。因为销售市场火暴，不仅消耗了原来的库存，还产生了大面积的缺货。很多货品数百台地短缺，而且短缺得最多的就是从欧洲采购的精密仪器部件。因为国内的采购可以很快补过来，国际采购则因采购前置期太长，无法迅速补充。这时销售部不仅不能履行对客户一周交货的承诺，还有大批已经到期的合同无法交货。公司甚至动用大规模的空运以弥补不足，最大的一单，仅空运费就高达十几万元。高额的运费使成本迅速增加，但更多的时候空运是治标不治本。缺什么，补什么，导致不断有小件货物需要空运，生产也无法顺畅地安排下去。各部门纷纷抱怨，互相指责。

生产部反映，由于产品销售量的增加，维修的部件也相应增加，原本在计划中用于生产的部分部件被临时用于维修了，结果导致相当一部分机器不能按计划生产。通过与销售部协调，销售部表示，为了客户的利益和公司的信誉，宁可由于部分组件短缺而造成产量下降，也不能降低对客户的服务水平。

财务部抱怨库存周转率不高，资金利用率不高，认为供应部工作效率不高。大家都觉得供应部的工作没有做好，不是缺件，就是库存高。供应部觉得更委屈：我们天天加班，没日没夜地干活，供应不足或剩余有多种原因，怎能全都是供应部的错？到底是哪里出现了问题？经过大家的讨论，发现问题如下：

1. 大家对销售预测的准确性重视不够

销售预测的准确性不高直接导致采购计划的失真。生产部是按照实际的销售订单来排产的，供应部是按照销售预测来采购的，预测与现实之间的出入，直接导致了库存积压或货物短缺。

2. 客户服务水平过高

按客户服务部经理的报告，客户服务一直要求达到客户满意率为99.5%。在供应链管理中，我们追求以最低的成本达到预期的服务水平。服务水平的高低，直接影响着库存水平。如果产品的需求呈正态分布，99%的服务水平所需要的库存，可能比95%的服务水平所需要的库存多出近1/3。这意味着1/3的库存只是为了提高4个百分点的服务水平所准备的，其代价和成本自然也是极其昂贵的。因此，在进行采购和生产计划之前，确定一个合理的服务水平和库存水平是非常必要的。

3. 物料清单的准确性

由于采购计划以物料清单为基础，所以其准确与否直接决定采购人员是否买回了所需要的物料。一件由几百种零件组成的产品，往往会由于缺少一两个部件而无法组装，无法向客户交货，而且99%的部件不得不留在库中等待最后缺件的到来。这样造成库存资源的极大浪费，不仅占用资金，而且占用仓库。用于补救的措施多会采用空运，甚至用DHL紧急订购缺件，给公司造成很大的浪费。

例如，有一个从欧洲采购的精密部件Px33温控保护装置，该装置属于选配件，由于这种保护装置可以使温控设备的主机避免由于发生故障而烧掉，有类似于漏电保护的功效，销售部在进行销售的时候，一般推荐客户选配该部件。但在物料清单中，该部件作为选配件并不在列。每一次供应部根据销售部的销售预测和物料清单进行采购的时候，无法从系统中得到这种温控保护装置的数量，只是根据以往的历史记录，来推算预计的采购数量。这种历史推算很难跟得上现在市场的变化，该货物经常遭遇短缺的境地。

4. 内部运作与外部销售的沟通不足，部门间的沟通也不足

这不仅反映在市场反馈不足，而且大家对于其他部门的工作及需求不了解，不理解，也不关心。

通过对上述问题的讨论，大家意识到在企业飞速发展的情况下，各部门一定要很好地协作和沟通，才能跟得上企业发展的步伐。公司的解决方案是这样的：

1. 提高销售预测的准确性

各部门一起参加如何做好销售预测的培训，提高对销售预测的重视程度。由人事部对销售员进行销售预测准确率的考核，将销售预测的准确程度与其奖金挂钩。

2. 调整客户服务水平

首先分析其合理性和可行性，销售部和供应部紧密配合，结合公司的采购环境，分析销售趋势并确定出一个合理的库存水平，提交总经理批准。如果认为这样的库存仍然太高，那么就需要相应地调低客户服务水平。该库存水平由供应部专人跟踪。

3. 对于维修的零部件

由客户服务部制订维修备件需求计划，由供应部根据计划单独做备件的储备，避免维修件打断正常的生产安排，如果有特别情况的确需要调拨生产线上的部件，须有销售总监的批准。

4. 制订合理的采购计划

实时调整再订购水平和经济订购批量，要有合理的采购计划。

5. 技术部负责核对所有物料清单的准确性

要消灭由此产生的误采购。根据实际情况酌情调整物料清单，将80%的客户都选配的部件按照必选件采购，对于少数不选配的客户，由销售部每月底通知供应部调整数量，避免积压库存。

6. 加强与国外供应商的沟通

在国外供应商实行"见单生产"、"零库存"的情况下，尤其要与他们保持密切、有效的沟通，通过年度采购计划和季度采购计划的形式通知供应商及早做出生产和发货的准备。这样可以紧密地跟踪货物的生产情况，及时处理突发事件，敦促供应商及时、准确地发货。

7. 积极推进供应商国产化的进度

应尽量减少国际采购部件，尽量减少国际运输。这样可以大大缩短采购前置期，增强企业对市场反应的灵活性。

供应商国产化

随着温控产品市场日益成熟，产品竞争进入白热化。BZ公司为了适应市场形势，加快了供应商国产化步伐。在国产化的过程中，采购的重心在供应商的认证和评估工作。由于国内市场良莠不齐，很多小公司都没有一个如ISO 9000等的质量管理体系，更不要说质量实验室，所以对供应商的选择和认证、保证采购环境的建立是后面采购工作得以顺利进行的基础。

供应部不久就拿到了技术部提供的国产化清单。第一个要进行国产化的是一种不干胶。"这种东西应该很好找呀"，采购员拿着不干胶的实物，心里这样想。现在搜寻一下市场情况吧。

1. 收集信息

先从不干胶行业入手，从网上搜索制造不干胶的厂家。同时将需求信息发布在阿里巴巴网上。这是一个很好的采购平台，当你有采购需求时，可以将相关的详细信息和图片发布在上面。还可以通过阿里巴巴网的搜索功能，筛选出需要的类别和地域，随时了解意向供应商的情况。如果对方有贸易通，那么就可以通过贸易通在网上即时沟通。如果对方不在线，还可以给对方留言取得联系，非常方便。

2. 筛选供应商

供应部自从将不干胶的信息发布出去后，接到了许多厂家的联系信息。在目前信息爆炸的年代，如何从铺天盖地的广告、推销中识别有用的供应商信息？供应部从自身业务出发，根据实际需要，设计了一份《供应商调查表》，分资质、企业性质及规模、所占市场份额、技术水平、研发能力、生产工艺状况、生产设备使用情况、质量控制体系、企业管理水平等多角度、全方位了解供应商情况，从中筛选出意向供应商三家。

3. 考察供应商

在对供应商提供的资料、样品进行充分的研究之后，还要对这三家供应商进行实地考察，看一看其实力如何。在实地考察的过程中，供应部按照《供应商实地考察评分表》，对其厂房、设备、人员状况、质量跟踪等各方面进行现场评估，杜绝"李鬼"浑水摸鱼，降低采购风险。

4. 评估供应商

经过两轮的考察和充分的技术沟通，供应部通知这三家意向供应商制造样品，说明该不干胶不仅需要按照规定的尺寸生产，最重要的是该不干胶在贴到仪表盘的玻璃上，经过几道工序的处理后，还能从仪表盘上揭下来，并且仪表盘上没有任何背胶的残留物质。专业术语叫"不移胶"。

三家供应商很快就将生产的样品送到供应部，经过现场的实验和质量检测，有两家符合要求。

供应商的样品试制过程往往需要双方的技术人员不断沟通，反复改进，最后出来的产品才可能达到企业的要求。而企业在供应商提供样品之前，往往视其技术含量和保密程度的要求，与意向供应商签订保密协议，以防止技术泄露。在样品通过检测之后，公司中的各相关部门如质量部、技术部、生产部、财务部等会同供应部对供应商分项目进行评估，最后进行加权汇总，得出一个综合得分，作为供应商认证的依据。在该不干胶的供应商评估过程中，质量部、技术部和生产部对其样品质量给予评分，供应部从价格、交货期、付款条款、工厂规模和生产线的角度给予评分。最后选取北京燕郊的一家不干胶专业生产厂家作为合格供应商，另外一家作为备用供应商，向总经理报批。

国产化是一个国际产品或技术与国内厂家磨合的过程，需要耐心地培养供应商，无论是在技术上还是在管理上，都对其予以支持，旨在培养长期合作伙伴。

5. 供应商认证

认证是指供应商通过企业考核，得到许可成为企业合格供应商，可以向其进行采购活动的过程。经过上述几个环节全方位的考察，根据供应商的实际表现和得分，可以将符合企业要求的供应商纳入合格供应商清单中，建立良好的采购环境。

总经理批准向不干胶供应商进行批量采购后，由法律部准备合同，正式开始该部件的小批量采购。第一批交货，数量为5000枚，经过质量检测部门的检验，有少部分边线裁切不齐，并有少量移胶现象，信息反馈回供应商，要求将不符合要求的部分重新生产。第二次订货，产品质量稳定，将其正式列入合格供应商清单中。

6. 卖主评估

对于得到认证的供应商，即使其样品通过检测，为了确保以后的产品质量始终如一，也要通过一定的监控评估手段，对卖方进行不间断的跟踪管理，用制度和流程来控制质量，这样的手段就是卖主绩效评估体系。

卖主绩效评估体系主要从以下几个方面以加权的方式考察供应商：

（1）质量

质量对于制造业来说是重中之重，它是企业开拓市场的基石，因此，给予最高的权重。质量的权重，一般占到评估总权重的一半以上，该项的评估分数由质量检测部门给出。

（2）货期

货期是商品可得性的保障，交货期的稳定对于减少断货点作用很大。那么怎样量化到货准时率呢？供应部从与该供应商的第一笔交易开始，记录该供应商应到货时间和实际到货时间，根据这些历史数据，来计算到货准时率。

（3）服务

这里是指综合服务，包括售前、售后服务，沟通和信息反馈的及时性，特殊订单的反应速度，发票出具的及时性和准确性等。

（4）价格

采购价格是企业产品的主要成本，价格每低一分，相当于净利润增加一分。

（5）投诉

投诉是对卖方不良绩效的一个记录，据此反映以上各方面的具体表现。

根据上述各项评分，不干胶的供应商由于质量稳定、价格合理、服务周到，被评定为A级供应商，在下一年的合作中与其签订了年度采购协议。

7. 国产化的影响因素

在国产化的过程中，有几个因素直接影响企业的国产化进程。

（1）企业内部的技术支持

由于制造业的行业特点，许多部件均含有相当的技术含量。国内制造的产品要与国际接轨，主要是要达到国际先进的技术水平。所以，需要非常强大的技术支持和全程的技术沟通。没有技术支持，几乎谈不上国产化。供应部曾经搜索过一个聚四氟乙烯的环，在国产化的过程中，由于技术指标和要求不明确，导致许多厂家不明白企业的技术需求，当厂家把自己的样品寄至供应部后，技术部门或质检部门不能判断其质量好坏，而使该零件的国产化程度一度受阻。

（2）国产化的目标

国产化零部件是以达到这些部件本身的功能要求为目标。有的企业觉得国产化就是将进口部件百分之百地复制出来，达到取代进口部件的目的。为了达到这个标准，可能需要付出许多额外成本，以达到"形神俱似"的目标。合理的国产化目标是影响国产化进程的重要因素。比如说上面提及的不干胶标签，在国产化的过程中，已经找到合适的厂家，产品质量几乎与国外产品一样，只是颜色深浅稍有不同，一个是深黄，一个是浅黄。这时我们就要考虑这种功能上完全达标但颜色略有差异的国产品能否满足我们的需求，如果我们一定要国产品无论在功能和外观上都与进口产品完全一致，那么可能公司需要为此支付更多的费用。

（3）公司领导的支持

国产化精密的进口部件，对任何一个公司都是一项挑战，是一项长远的工程，因此需要高层领导的大力支持。发展和培养供应商也需要投入相当的人力、物力。

【案例分析指南】

本案例的特色是，案例真实反映了采购日常运营工作。因此，它可以作为读者了解采购工作很好的材料。在阅读和分析案例时，应重点关注采购运营中的冲突和解决方案。

思 考 题

1. 结合案例，简述外资企业进入中国市场的三个阶段，并运用所学的采购知识和案例内容，简述采购部门在这三个阶段工作的侧重点。

2. 结合案例，简述 BZ 公司处理 X—280 加急订单的策略，并指出该企业以后如何避免类似的事件。

3. BZ 公司应该和 WX—280 温控仪器供应商建立怎样的关系？对该类物资采购采取怎样的策略？

4. 你如何评价 BZ 公司总经理对 X—280 库存积压这一问题的意见？它对采购部门是否公平？

5. 结合案例，论述设定合理库存服务水平的重要性。

6. 结合案例，简述国产化过程中供应商选择的步骤。

7. 结合案例，请分析 BZ 公司库存周转率不高的原因和提出解决方案。

8. 结合案例，论述成功采购工作的关键点。

【案例2-4】烟草公司采购流程分析

【案例概要】

本案取材于烟草行业某公司，从业务流程改进、营销管理信息系统客户化及实施等几个阶段，详细介绍了业务流程改进中的采购流程在该公司营销管理信息系统基础上的改进。

【教学目的】

1. 掌握采购业务流程基本概念及基本模式；
2. 了解采购流程改进对企业的作用；
3. 掌握采购流程改进面临的问题及解决方案。

行业背景

烟草行业作为嗜好类消费品行业，有着明显的行业特殊性。为了加强该行业的管理，更好地服务于国民经济发展，中国政府于1981年决定改革烟草管理体制，实行烟草专卖制度，分别于1982年1月和1984年1月批准成立中国烟草总公司和国家烟草专卖局，并出台了《中华人民共和国烟草专卖法》和《中华人民共和国烟草专卖法实施条例》。中国烟草行业实行统一领导、垂直管理和专卖专营的专卖管理体制。国家烟草专卖局（中国烟草总公司）主管全国的烟草专卖工作及统一管理和经营全国烟草行业的产供销、人财物、内外贸业务。国家烟草专卖局和中国烟草总公司在全国省、地、县设有各级烟草专卖局和烟草公司，全系统有50多万名员工，分别从事烟草专卖行政管理工作和烟叶种植的技术指导和收购、烟叶复烤、卷烟、雪茄烟等烟草制品的加工，烟草机械和烟用辅助材料的生产，卷烟批发，烟草行业对外贸易与合作等。

某省烟草公司的简介

某省烟草公司暨某省烟草专卖局隶属于中国烟草总公司暨国家烟草专卖局，是某省烟草行业的省级管理机构，具有烟草专卖市场的行政管理职能；同时作为企业，依法承担烟草产品购进、生产、调拨、营销及行业管理工作，具有半行政（计划）半企业（市场）的特点。目前管辖有地市州烟草（分）公司、县公司等独立核算单位，同时对省内烟厂进行行业管理和指导。另外各级市县公司拥有近千家批发部，具体承担卷烟批发销售工作（批发部不作为独立核算单位）。

案例的背景

某省烟草公司营销管理信息系统是由某省烟草公司立项，省公司销售处牵头，省公司信息中心配合实施的服务于各级烟草公司，尤其是省烟草公司的管理和决策，面向全省商业环节的营销管理信息系统。

目前的采购业务流程及存在的问题

在各级烟草公司及各相应批发部调研报告的基础上，整理出某省烟草行业目前的基本采购流程。其采购流程涵盖了省公司、分公司和县公司。其中，大部分公司按此流程开展采购业务，有些公司可能只是执行了部分流程。下面描述一下各公司的基本采购流程，这里的供应商分为省内外烟厂、调拨站、烟草公司等。某公司可以向省内外烟厂及调拨站采购卷烟，同时，它也可以向省外烟草公司采购。

1. 省外卷烟的采购流程

（1）签订合同

某公司业务部门根据市场变动情况，结合历史销售业绩和上级公司下达的购销指标，做出销售预测，在每年的5月和10月与全国主要供应商进行业务洽谈，形成购销意向。然后某公司在一年两次的全国订货会上和供应商签订合同。由于运输中存在专卖检查问题，一般需要按每次发货的实际运输能力签订数张合同，每张合同明确到品牌、数量、价格、运输方式等。在购销总指标内，某公司经过与省外供应商协商可以调整合同的执行，如推迟发货时间、取消合同执行等。如果需要临时采购或追加采购，某公司可以到中国烟草交易中心批发市场进行交易，重新签订合同。

（2）供应商通知发货并开出发票

省外供应商在发货之前与业务部门协商，确定是否执行合同，一般是按合同执行，但也有不执行、变更合同和推迟执行等情况。确定执行合同后，省外烟厂根据合同安排发货，同时该供应商开出销售发票递交到业务部门。

（3）验收入库

货到达仓库以后，仓库保管员根据随货同行联验收入库，填写卷烟入库验收单，一式四联，其中第一联存根、第二联业务部门、第三联财务、第四联统计。第三联送交财务科做账，第二联送交业务部门，以便业务员根据库存情况开展销售业务。同时，仓库保管员在送货回单上签字交给送货人。

（4）申请付款

业务员收到供应商转来的发票，核实无误后填写付款申请单，经业务主管签字后将发票和付款申请单一并交财务部门。另外，如供应商要求先付款后发货，业务员填写预付款申请单，经业务主管同意签字后交财务部门。

（5）财务付款

财务部门收到业务部门转来的付款申请单、采购发票以及库管部门转来的入库验收单，审核无误后付款，或者根据预付款申请单审核付款。付款方式有汇票和托收承付两种。

2. 省内卷烟的采购流程

对省内卷烟的采购业务流程与省外的情况基本相同。只是在省内的两次订货会上签订的不是合同，而是计划衔接书。在计划衔接书中没有细化到品牌，只明确购进总量。在总量不变的情况下，由省内供应商（中央直属烟厂）为主确定每月安排发货的卷烟品牌及数量。

3. 目前采购流程存在的问题

由于烟草行业是一个半市场半计划的行业，其业务流程不太规范，管理也有待于加强。目前采购流程主要存在的问题如下。

（1）存在代签的情况。有些县级公司没有与某些省外烟草公司签合同的许可权，所以由其上一级分公司代它签合同。

（2）县级公司或分公司向其上级公司购进卷烟时不签合同。由于市场行情好，县级公司可能出现某种品牌短缺，这时可以向上级分公司要货，如果分公司同意则成交，但没有正式的采购合同。分公司同样存在向省公司要货的情况，也没有正式的采购合同。这给以后的营销信息系统录入采购订单造成麻烦。

（3）向省外烟草公司购进卷烟。省公司或分公司可以从省外烟草公司购进卷烟，但必须在国家烟草交易中心签合同，这势必造成公司的开支增大。

（4）上级公司的规定下面不执行。如，从平级公司购进卷烟。

（5）单据不统一，这样不利于统计和日后此营销系统的实施。例如：仓库验收入库的单据在有些地方称为入库验收单，有些地方称为商品验收单，这些内部单据建议应在名称、格式和联数上做到统一规范。

（6）缺少明确的采购订单，采购合同严肃性差。

（7）对地方烟厂缺乏管理，对其限区销售执行不严，这样，有些公司从不允许购货的地方烟厂购进卷烟。

（8）计划衔接书没有明确品牌和相应的数量，只有总数控制，给采购工作带来很大不确定性。同时也给以后的营销系统的采购订单的录入带来困难。

（9）烟厂调拨站给市县公司开的随货同行联不是发票的随货同行联，这样给财务计账和处理带来麻烦。

对采购流程的改进

在某省烟草公司现有流程基础之上，结合 IT 技术的最新发展，提出改进的采购流程。出发点是依托信息技术，最大限度实现信息的共享。基本流程如下：

（1）供应商管理

收集整理有关当前市场信息，了解市场上供应商的信息，如规模、实力、市场份额、产品品种、价格（进价和销售价）、付款条件、供货能力等，从中筛选出候选的供应商以便进一步联系。如果该供应商已经实现网上信息发布或电子商务，则业务员根据系统储存的供应商主页地址登录到供应商的主页了解其最新信息。

（2）询价和交易

有了候选的供应商后，业务员输入必要的信息，如采购数量、品种、批次等，由系统自动生成询价单。业务员将询价单以传真或电子邮件形式发往供应商处以了解其供货意向，进行业务交易。

（3）采购计划管理

将询价结果处理后可以由系统自动生成或手工录入生成采购计划。采购计划通过工作流方式传递到本级公司主管做初步审核，并汇总采购计划报上级公司平衡。然后根据上级公司确定的总量指标调整、确定采购计划。

（4）签订合同

业务员根据批准的采购计划在每年两次的全国订货会或省内衔接会上和供应商签署合同或计划衔接书（为简便起见，本文以后把合同和计划衔接书统称为合同）。对省外购进业务来讲，由于运输中存在专卖检查问题，一般需要根据每批次的运输能力，签多张明确到品牌、数量、运输方式等信息的合同；对省内购进业务来讲，合同只规定了总量，需要供应商进一步分解。但省内外购进数量之和不能超过采购计划指标。这步工作在系统外执行。

（5）合同管理

对省外购进业务，签完合同后，业务员将一张或多张合同直接输入到系统中；对省内购进业务，需要按供应商分解的计划安排表作为合同输入到系统中，然后由系统自动汇总所有合同的合计数，判断是否超过采购计划指标。如果超过系统给予提示或禁止进一步处理。在合同管理中，可以对合同进行更新、暂挂和终止等处理，如货物入库后系统自动根据验收入库单上的实收数（应收数－差异数）核减合同数量和金额。

（6）生成采购订单

供应商发货前通知业务员发货计划，业务员如果同意执行，则在系统中根据合同自动生成采购订单。对于有些购进业务可以从手工输入采购订单开始采购流程处理。

（7）订单审核确认

采购订单审核确认后，自动生成入库通知单和电子发票。其中，入库通知单和电子发票存储在中央资料库中，以便仓库调用入库通知单和财务部门调用电子发票。

（8）匹配发票

业务员收到供应商转来的实物发票后，将该发票的票号补入到系统生成的电子发票有关栏位中。

（9）仓库验收入库

库管员根据供应商转来的随货同行联的合同号（或订单号）从系统中调入对应的入库通知单，审核无误后由系统根据入库通知单自动生成（也可以手工录入）验收入库单。如入库数量和随货同行联上的数量有差异，可由库管部门会同业务部门判明原因，如果是供应商的责任，则可以由验收入库单上"差异"栏位反映出来，同时按实收数核减合同数量和金额，由供应商下次补发或做其他处理。如果是承运方的责任，则按零售价销售方式销售给对方，由对方承担损失，同时按应收数核减合同数量和金额。如果没有对应的入库通知单，库管员应向业务部门联系，明确这批货物处理意见。

（10）财务做相应处理

财务部门可以在系统内根据合同号调出相应的验收入库单、电子发票，结合供应商的实物发票进行财务处理。如根据电子发票票号栏位判断是做正常财务处理（有票号信息）还是做暂估处理（无票号信息）。然后经过主管审批后向供应商付款。

对采购流程改进的总结

从上述的采购流程及改进后的采购流程中，我们可以看出目前烟草企业的行业特殊性，其中的问题不是一两个烟草公司所能解决的，需要国家调整烟草行业运作模式及相应的政策法规。而我们提出的方案是在原有的管理体制下进行改进的解决方案。

（1）在改进的方案中，增加了电子商务的某些模式，如业务员根据系统储存的供应商主页地址登录到供应商的主页了解其最新信息。

（2）在供应商管理模组中，业务员可以充分掌握供应商的信息，以及交易的记录。

（3）合同管理模组对合同进行有效的管理，如用入库验收单核减合同数量等。

（4）增加了入库通知单和电子发票，仓库保管员通过入库通知单、随货同行联和实际的到货情况填写入库验收单，在此入库验收单中包含了合同信息和采购订单信息，电子发票和供应商的实物发票相关联，关联后在电子发票上同样包含了合同信息和采购订单信息，这样方便了财务处理。

（5）建议加强计划衔接书的严肃性，烟厂调拨站要把分解的发货计划及时通知烟草公司，以便烟草公司的采购流程顺利进行。

（6）通过使用此营销系统，单据名称、格式都规范化了，便于管理工作。

（7）业务人员可以及时查询库存情况，进行合理的采购安排和销售业务。

在研究专案的解决方案中，一定要把一个行业的最佳做法与该企业的实际情况相结合，制订出切实可行的方案，这样既能保证以后专案的顺利进行，又能真正提高企业的效益，这也正是解决方案的真正意义。

【案例分析指南】

案例详细介绍了某烟草公司现有的采购流程及其存在的问题，并依托信息技术，从最大限度实现信息的共享，对其流程进行了改进。读者可从采购流程改进、信息技术对流程改进的作用等角度展开分析。

思　考　题

1. 你认为应如何评价采购流程？

2. 请结合本案例，试评价案例中烟草公司的采购业务流程及存在的问题，并分析其改进方案的优劣。

3. 信息技术对采购业务流程改进的促进作用是什么？

4. 参考附件1案例，试比较烟草行业与零售行业在采购方面的异同。分别指出其采购流程的差异，并提出相应的改进方案。

5. 请运用本书案例分析方法论为本案例撰写一份案例分析报告。

附件

参考案例——解百集团优化采购流程案例

一、落实组织机构，规范采购流程

在采购和配送方面，解百集团制定了一套较为规范的操作流程和配套的组织机构与规章制度，把加强商品采购管理放到极其重要的位置。设立了专门的采供部，下设专职采购人员和三信员。采购人员由一批综合素质较强，具有一定经营管理意识、市场意识和公关谈判技巧的人员组成，负责新渠道引进和新产品引进；三信员（质量、计量、物价管理员）负责商品质量把关，并直接参与新品引进的资质审核，包括商品质量、计量、价格、标识、标志、合同的审核，引进的新产品必须做到证件齐全。各连锁门店专门负责销售促进，并不具有独立的进货权。新品引进后配送到各门店，门店销完后向采供部提出要货计划，采供部保证在两天内将货品配送到要货门店，实行统一进货、统一配送、统一结算。这种"进销分离"的经营模式，使各个岗位分工明确，各司其职，有利于岗位之间相互合作、相互监督，使采购员一心一意钻研市场需求，了解市场动态，提高业务能力，引进适销对路的商品；不断扩大经营商品的类别和品种；门店则专门研究市场营销、提高促销水平、扩大市场占有率。这种模式为净化进货渠道、杜绝人情货、引进货真价实的商品提供了机制上的保障。

二、强化商品控制，完善淘汰机制

解百集团建立起一套商品控制和淘汰机制，主要措施有：

（1）引入计算机 POS 系统，利用计算机系统方便、快捷、准确的特性对商品进、销、存进行全过程动态控制，掌握商品的动销情况。

（2）质量控制，把好商品质量关。进货时坚持"六不进"原则，即：假冒伪劣产品不进；无厂名、无厂址、无合格证产品不进；不符合质量标准及有关法律法规产品不进；索证不齐产品不进；进货渠道不正产品不进；来路不明、有疑问产品不进。上柜时坚持商品检查验收，超市每月定期和不定期对商品进行抽查，并形成制度，对于不符合质量标准的坚决不予上柜。

（3）对同类商品的品种实行严格的控制，对于那些生活必需品，如拖鞋、扫帚、拖把等，顾客对此类商品的品牌要求不高，所以要控制同类商品的重复和重叠；而对于那些品牌认知度较高的商品，如化妆品等，则尽量扩大经营的品牌，细分目标顾客群，从而促进销售。

（4）对于新引进的商品实行试销制度，新产品引进后配送到各门店，试销 3～6 个月，如门店销售不畅，该产品坚决予以清退。

（5）换季商品及时撤换，腾出场地销售当季热销商品，提高场地的利用率。

（6）随着商品市场的日益丰富，新产品层出不穷，对那些逐渐滞销的商品及时淘汰，使超市商品常换常新，保持旺盛的生命力。

三、降低进价成本，形成规模效应

为了降低零售价格，解百集团首先降低进价成本，为此，公司采取了多种行之有效的办法，如：

（1）对采购人员进行职业道德和业务技能培训，不断提高他们的业务水平，使他们掌握谈判技巧，竭尽全力降低进货价格。

（2）利用公司的品牌、信誉效应和现有的业务渠道，吸引大量厂家主动提供价廉物美的商品。

（3）制定具体的进货原则：本地产品坚持从厂家直接进货，扩大一手货的范围；外地产品要从总代理处进到最低价格的货；减少进货环节，降低进货成本。

（4）扩大连锁范围，发展直营和加盟形式的便民超市和大型综合超市，不断扩大销售量，通过规模效应降低进价成本。

（5）加强与厂家的合作，建立良好的工商关系，通过为供货商提供良好的服务，及时反馈商品信息、及时结算或引进一些产品已形成系列化的厂家进店设立专柜等，使进货价格进一步降低，而厂家派往超市的促销员，也使超市节省了大量的劳动力成本。

（6）掌握市场需求，扩大商品销售。为了及时掌握市场动向，采购人员改变以往商家坐等厂家和供货商上门推销的被动做法，采取多种渠道开展市场调研，了解市场需求，从而确定超市经营的商品种类。超市向周围小区居民和购物顾客发放了近万张的调查表，征询消费者的意见，并在此基础上对经营的商品进行调整，在加大非食品类经营力度的同时，重点增加生鲜食品、熟食卤味、腌腊制品、粮食加工等居民"菜篮子工程"系列商品，扩大了超市的销售额。

超市发展中心还针对个性化的消费需求，走自有品牌的道路，探索定牌加工的路子，充分发挥解百的牌誉优势，创出自己的经营特色，挖掘新的利润空间。

第三章　供应商选择与管理

导　　论

一、供应商的初选

初选供应商就是确定供应商的大体范围，初选供应商要做的工作很多，主要是要做好以下几方面的工作：

1. 确定供应群体范围

一般来讲，优先考虑原来已有的供应商群体。对所谓的急单，企业必须到社会供应群体中重新寻找，有时甚至需要到国外寻求。企业为了妥善解决这一问题，首先要招聘有丰富行业经验的采购人员。

2. 真正了解供应商

确定了供应商群体范围之后，所面临的工作就是要选择具体的供应商。可以采用以下几种方法，从多个侧面了解供应商的真实情况。

（1）研究供应商提供的资料。

（2）向有意向的供应商发放调查问卷。

（3）实地考察供应商。

（4）向其他相关人员了解。

（5）向大型的调查企业购买相关资料。

（6）与供应商进行初步谈判。

（7）向供应商发放采购说明书。

（8）供应商提供项目供应报告。

（9）确定三家以上的初选供应商。

通过以上的过程，我们可以选定有资格参与投标的供应商名额。

初选供应商的过程，如图 3 – 1 所示。

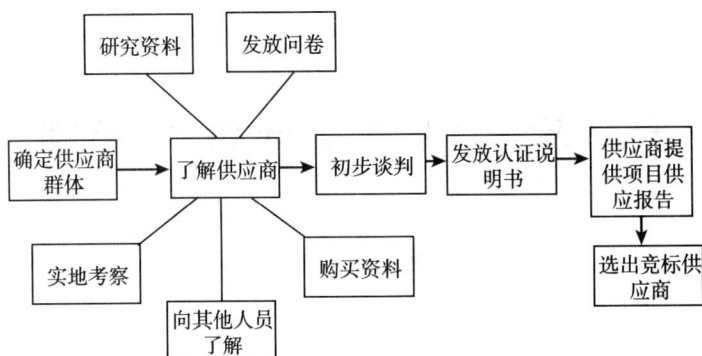

图 3 - 1　供应商初选过程

二、选择供应商的因素

要选择合适的供应商，必须考虑以下几方面的因素：

1. 技术水平

衡量一个企业素质高低，关键因素是企业的创新能力。影响企业创新能力的一个重要因素是技术水平，供应商技术水平的高低，决定了供应商能否不断改进产品，是否能长远发展。

2. 产品质量

供应商提供的产品质量，要求能满足企业的需要。常言说："一分钱，一分货。"质量太低，虽然价格低，但不能满足企业的需要；质量太高（精度太高），价格也高，会给企业带来浪费。另外，要求供应商提供的产品质量稳定，以保证生产经营的稳定性。

3. 生产能力

要求供应商具有一定的规模和发展潜力，能向企业提供所需的一定量的产品，且与企业的发展规模相适应。

4. 价格

价格是构成采购成本的一个重要部分。价格太高，会提高采购成本，影响企业的经济效益。当然也不是价格越低越好，这里的低价格指的是在其他条件相同的情况下，选择价格低的供应商。

5. 服务水平

从现代营销观念看，企业采购回来的不仅是产品，还包括服务，特别是采购一些技术含量较高的产品（如机电产品）时，一定要选择能提供配套服务的供应商。

6. 信誉

在选择供应商时，应该选择有较高信誉、经营稳定、财务状况好的供应商，以避免给企业造成不应有的损失。

7. 结算条件

在选择供应商时，若其可给予价格折扣或延期付款，也可适当考虑，以充分利用资金的时间价值。

8. 快速响应能力

在市场经济条件下，市场竞争越来越激烈，客户对企业的要求越来越高，交货期越来越短，企业要求供应商能有较好的响应能力，能及时满足企业的需要。

9. 其他因素

地理位置、交货准确率、提供产品的规格种类是否齐全、同行企业对供应商的评价、供应商的管理水平、供应商是否愿为企业构建库存等也是应考虑的因素。

总之，要合理选择供应商，必须考虑以上各因素。但并不要求选择各方面都能达到最好要求的供应商，而是综合考虑以上各因素，通过一定的方法选择一个令人满意的供应商。

三、供应商评价

对供应商进行评价的基础是确定评价的内容和方法、地位和作用，基于供应商在企业供应链中的地位和作用，可以从以下几方面对此问题加以考虑。

（1）供应商是否遵守公司制定的供应商行为准则。

（2）供应商是否具备基本的职业道德。

（3）供应商是否具备良好的售后服务意识。

（4）供应商是否具备良好的质量改进意识和开拓创新意识。

（5）供应商是否具备良好的运作流程、规范的企业行为准则和现代化企业管理制度。

（6）供应商是否具有良好的沟通和协调能力。

（7）供应商是否具有良好的企业风险意识和风险管理能力。

（8）供应商是否具有在规定的交货期内提供符合采购企业要求货品的能力。

对供应商进行评价的内容涉及许多方面，不同企业对此有各自的具体要求和期望。对于大型企业尤其是跨国集团来讲，供应商选择的成功与否关系到企业整个系统的正常运作，因此他们对供应商进行评价时有更多、更严格的标准和更广泛的内容。而中小企业对供应商的要求则相对较为宽松。另外，就评价内容而言，有些方面可以量化，有些则只能从企业长期的运作中观察得到。许多企业根据自身规模和运作，根据实际情况形成了对供应商进行考评的指标体系。

四、供应商评价的操作步骤

在实际评价时，企业必须确定各个步骤的开始时间。每一个步骤对企业来说都是动态的，是一次改善业务的过程。

步骤1：分析市场竞争环境

要想建立基于信任、合作、开放性交流的供应链长期合作关系，必须首先分析市场竞争环境。这样做的目的在于找到针对哪些产品市场开发供应链合作关系才有效，企业必须知道现在的产品需求是什么、产品的类型和特征是什么，以此来确认客户的需求，确认是否有建立供应链合作关系的必要。如果已建立供应链合作关系，则根据需求的变化确认供应链合作关系变化的必要性，同时分析现有供应商的现状，分析和总结企业存在的问题。

步骤2：建立供应商能够选择的目标

企业必须确定供应商评价程序如何实施，而且必须建立实质性、实际的目标。供应商评价、选择不是一个简单的过程，它本身也是企业自身的一次业务流程重构过程。如果实施得好，就可以带来一系列的利益。

步骤3：建立供应商评价标准

供应商评价指标体系是企业对供应商进行综合评价的依据和标准，是反映企业本身和环境所构成复杂系统的不同属性的指标，是按隶属关系、层次结构有序组成的集合。不同行业、企业，不同产品需求和环境下的供应商评价应是不一样的，但不外乎都涉及以下几个可能影响供应链合作关系的方面。

- 供应商的业绩。
- 设备管理。
- 人力资源开发。
- 质量控制。
- 成本控制。
- 技术开发。
- 客户满意度。
- 交货协议。

步骤4：建立评价小组

企业必须建立一个专门的小组控制和实施供应商评价，这个小组的组员以来自采购、质量、生产、工程等与供应链合作关系密切的部门为主。这些组员必须有团队合作精神，而且还应具有一定的专业技能。另外，这个评价小组必须同时得到采购方企业和供应商企业最高领导层的支持。

步骤5：供应商参与

一旦企业决定实施供应商评价，评价小组必须与初步选定的供应商取得联系，确认他们是否愿意与企业建立供应链合作关系，是否有获得更高业绩水平的愿望。所以，企业应尽可能早地让供应商参与到评价的设计过程中来。然而，企业的力量和资源毕竟是有限的，只能与少数关键的供应商保持紧密的合作，所以参与的供应商应该尽量少。

步骤6：评价供应商

评价供应商的一个主要工作是调查、收集有关供应商生产运作等全方面的信息。在收集供应商信息的基础上，就可以利用一定的工具和技术方法进行供应商的评价了。

在评价的过程进行后，会得出一个决策。根据一定的技术方法选择供应商，如果选择成功，则可开始实施供应链合作关系。如果没有合适供应商可选，则返回步骤 2 重新开始评价选择。

步骤 7：实施供应链合作关系

在实施供应链合作关系的过程中，市场需求将不断变化。企业可以根据实际情况的需要及时修改供应商评价标准，或重新开始供应商评价选择。在重新选择供应商的时候，应给予旧供应商足够的时间适应变化。

【案例 3 -1】IBM 的供应商选择流程

【案例概要】

"OEM 和供应商之间的关系正发生着微妙的改变，二者之间已不再仅仅是买家和卖家的简单商务关系，它们更像是一种彼此支持、相互影响的战略伙伴关系"，对 IBM 而言，供应商公司的大小和实力并不是 OEM 选择供应商的首要考虑因素，它们更加在意供应商是否符合自己的战略需要，是否能够为自己带来竞争能力。

【教学目的】

1. 了解"IBM 供应商行为准则"及其应用；
2. 了解 IBM 采购流程和供应商选择流程；
3. 掌握供应商审核方法。

引　言

"在 IBM，我们坚持为我们开展业务的方式设定高标准——其范围从法人责任、社会责任到良好的商业道德，包括遵守所有适用的法律和法规。反过来，我们也希望我们的供应商遵守同样的承诺。

这是我们制定 IBM 供应商行为准则的初衷。这些准则涉及我们对我们的客户作出的承诺、我们的创新传统和基于诚信建立的关系以及个人责任。这些准则制定了与 IBM 开展业务所需遵守的行为准则。

我们的目标是：和我们的供应商一起共同确保彻底遵守这些准则，因为这些准则反过来也适用于为 IBM 提供产品和服务的供应商所合作的各供应商。我们将在选择供应商时考虑这些准则并将会主动监督他们的遵守情况。"

——摘自"IBM 供应商行为准则"

采购新流程

传统的采购流程（实际上，这种采购流程，仍然是目前大多数公司所采用的），是局限在供应链的内部信息流、物料流、资金流的传递，也就是说，对于生产物料，只有通过MRP的运行，采购部门才能够知道采购的型号、数量、交货时间，然后下订单、验收、入仓、付款等，毫无疑问，如果所采购的物料是正在采购或者常见的，这种采购流程毫无漏洞。然而，现在的消费品市场，随着技术发展推出了一代又一代的新产品，消费者也不再满足于市场上仅存的几种类型的产品，个性化的发展已使采购流程在采购类别上受到挑战，并直接感受到了市场带来的压力。

为了改变这种被动的局面，IBM 对采购流程进行了完善，将战略思想导入到采购流程中，使采购与市场需求和技术发展动态地联系起来，对供应链过程中的采购流程起到指导作用。完善后的采购流程如图 3 - 2 所示：

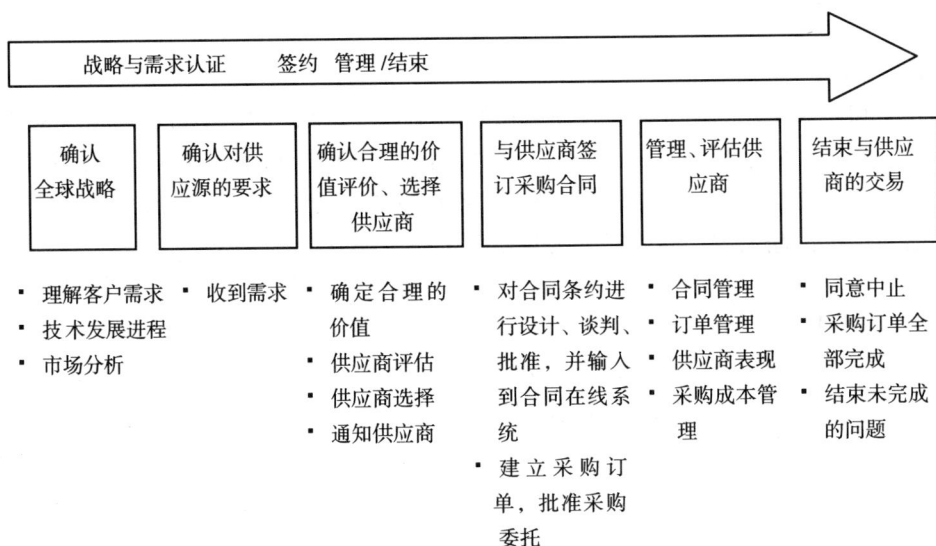

图 3 - 2   IBM 采购流程

在这个采购流程中，由全球采购制定了公司的全球采购战略：具有灵敏的市场感知力，通过确定的战略性供应源，以独特的类别采购方式进行战略联盟和跨功能的综合支持，以降低所有采购成本。

在这一采购战略的指引下，IBM 采购（中国）公司也就随需而变，采取了新的采购模式。首先，采购公司的相关人员与公司销售及市场部门加强了联系，及时了解 IBM 客户目前的消费偏好和对产品有无新的要求等，从而使采购活动满足客户的要求，一方面，可以发现目前所采购的产品需要改进的地方；另一方面，能够追随客户的发展，提供更优质的原材料和服务。产品是由原材料组成，而一旦从原材料就开始贴近了客户，IBM 的最终产品也将得到客户的认同。

新技术的发展，必定推动整个行业的进程。采购公司从总公司的技术简报上不仅可以了解到新技术的发展状况，还可以了解到全球相关行业的技术动态，比如，新材料的运用，新的加工工艺对生产效率、产品质量的提高等，这些都为采购公司寻找供应源，进行价格谈判提供了判断依据。采购公司所采购的机械及平台件，其材质集中在铁、铜、铝、锌等金属上，而这些金属材料的价格走势，必然影响到采购成本，不同区域价格的起伏，也有利于全球商品管理人员决定从哪些地方采购更为有利。比如，2006 年 12 月，碳钢的价格，亚太区为 $ 137/吨，而欧洲达到了 $ 158/吨，这就帮助全球商品管理人员在正常交货要求的情况下，多对亚太区的供应商下采购订单，从而节约了采购成本。同时还可以对国家和地区的宏观经济和微观经济进行分析，预测将来该地区供应市场可能对 IBM 采购带来的影响，以便尽早做出战略调整。这也是采购公司必不可少的工作内容之一。

　　一旦确认了市场和今后技术发展对采购方面的要求，采购公司就会着手检查现有的供应源状况，包括：是否有现有的供应源，现有的供应源存在什么样的问题，有什么地方需要进行改进来适应新的需求，如果没有，该从哪些国家和区域寻找什么样的供应源。这样一来，采购工作人员就有了相应的工作目标。

　　确认了战略和需求之后，紧接的工作就是，通过确定合理的采购价值，评价、选择合适的供应商。长期以来，不少采购人员认为，低成本就是合理的采购价值，而忽略了供应商的研发、生产、管理等方面的能力，造成所采购的物料，质量不能得到保证，交货期也不能紧随自己的生产要求。合理的价值，实际上应该是确定是否有高的性价比，过分倾向于产品质量，或者产品的价格都是不正确的，而对于不同的供应商，不同的产品类别，其价值的合理性也往往不一样。在 IBM 的采购活动中有一项被称为 Diversity Procurement 的内容，就是 IBM 的采购量中，要有一部分倾向于残疾人、少数民族等为多数工作人员的企业，在这个时候，即使可以从其他供应商那里获得相同的采购合同，但仍然会将采购订单给到这些 Diversity Procurement。

供应商选择流程

　　评价、选择合适的供应商，是整个采购流程中最关键的地方，一般说来，采购公司会用以下 8 个步骤完成这一工作：

　　（1）供应商的初选。要求确认目标供应商的公司战略、生产性质、财务状况、生产规模、管理状况、地址等概要，如果该供应商同时在为 IBM 的其他竞争对手服务，该供应商还需要提供如何保证 IBM 的产品不被泄密的安全工作流程。这些信息一旦被确认后，采购公司将初步确定是否可以将该供应商作为 IBM 的合作伙伴，如果可以，接着确定有什么类型的产品适合该供应商生产，与该供应商将来的合作力度等内容。

　　（2）供应商的申请登记。一旦某供应商通过初选后，由全球商品管理人员将供应商申请书交给供应商，申请书包括：供应商营业执照复印件、厂房以及建筑物的房产登记证或租用合同书、公司纳税证明等。

　　（3）供应商初审。按照 IBM 供应商初审标准作业书，对供应商申请书等相关资料按照项目进行审核，审核项目如表 3－1 所示：

表 3-1　　　　　　　　　　　　　　供应商初审项目表

项　　目	财务状况	内部管理	制造技术	生产管理	品质管理
原材料		●			●
半成品		●	●	●	●
成　品		●	●	●	●
其　他	●	●			●
所属类别	经营	经营	生产	生产	品质

在以上各项目中，每个项目的最高分值为 100 分，各类别所属项目的平均值作为该类别的得分。

各类别所占评分比例如表 3-2 所示：

表 3-2　　　　　　　　　　　　　　供应商初审项目比例表

所属类别	经　营	生　产	品　质
比例	30%	30%	40%

最后的评审总分数，是以上三项类别乘以所占比例系数，然后累加所得的。只有总分数为 80 以上者，才能通过初审。

（4）在完成了初审后，相关资料被送到所需采购类别的采购专家委员会，委员会再进行复查，判定现存供应商和被选者之间是否有业务重复，检查该供应商是否符合资质要求等。当专家委员会通过复审后，全球商品管理人员通知该供应商已经成为了 IBM 的供应商。

（5）与供应商签订采购合约。采购合约（Statement of Work，Sow），是指供需双方就今后的采购达成意向，其条款适用于今后的一切采购活动，但不会涉及产品的价格和交付期内容。因而采购合约要求做到全面、合法、合理、公平、公正。全面是指所签订的合约条款，包含采购订单的下放方式、是否在 IBM 的物流供应商处建立供应商仓库、从订单确认到交货期的要求、交货方式、付款方式、如何处理因为 IBM 订单取消造成供应商物料的多余、如何中止双方的合作等。合法是指所签订的合约条款，不仅要符合公司业务控制的要求，而且要符合供需双方所在地的法律和法规的要求。合理是指合约要有利于双方的长期合作。公平是指供应商会为 IBM 提供优质的产品和服务，包括价格，但 IBM 也要提供一定量的采购，特别是在有多个供应商提供一类产品时，做到订单分配的合理性。公正是指 IBM 要按照时间要求进行付款，并处理因为 IBM 订单取消造成供应商物料的多余，如果由供应商报废则需 IBM 支付相应的费用等。

（6）根据采购的具体物料，由成本工程师进行价格预估，再由全球商品管理人员确定每次总的需求，计划该供应商的采购比例，然后与供应商谈判具体的采购价格，签订产品采购合同。

（7）当采购合同签订并生效后，相关工作人员在合同在线系统里面，输入供应商信息等内容，其状态设置为 open，同时，根据相关产品采购合同，在 SAP 里面，建立供应商信息，如果是多供应商提供同型号产品，须按照合同要求，确定每次采购发生时的每个供应商的采购比例。

（8）一旦产生原材料需求，SAP 将自动产生按供应商比例的采购需求，然后将采购计划交给供应商。

管理、评估供应商，是一项持续、监督性的工作，其内容包括合同管理、订单管理、供应商表现、采购成本管理等内容，是 IBM 获得产品和服务的保证。

基于以下原因，采购公司将结束与供应商之间的交易：供应商连续两次的表现评估不合格，或者出现重大失误，有损害 IBM 利益以及名誉的行为，在交易过程中被指控存在不正当合作行为，因为战争、天气、地质灾害等原因造成供应商无法按照原有状况提供产品和服务。

根据这些因素，IBM 和供应商通过协商，同意中止交易，然后进行清算工作，首先要确保 IBM 已下发的订单全部完成，以前交易过程中的未尽事项，如付款等已经结束。中止交易后，工作人员在合同在线系统里面，设置供应商状态为 close，同时，在 SAP 里面，删除供应商。

【案例分析指南】

案例详细介绍了 IBM 公司的全球采购战略、采购流程和供应商选择流程，作为采购运作中的首要环节，IBM 对其供应商制定了典型的"IBM 供应商行为准则"，以及严格的初选、登记、初审、复查、签约等一系列选择流程。

思 考 题

1. 试分析 IBM 制定"IBM 供应商行为准则"的目的与意义。

2. 采购流程的转变对供应商选择有何影响？这些影响对 IBM 的采购战略又意味着什么？

3. 结合案例，试以国内某行业代表性企业为例分析供应商初审项目的设定。

4. 请运用本书案例分析方法论为本案例撰写一份案例分析报告。

【案例 3 - 2】 HR 公司供应商网络优化之路

【案例概要】

本案例取材于中国一家旗舰家电制造商实施供应商网络优化的经历。该企业在国际化进程中，对供应商进行了重新的评估和选择，取得了引人瞩目的成绩。但在供应商选择过程中过于强调国际化，反而给企业竞争力带来了不利的影响。

【教学目的】

1. 供应商评估程序和考虑因素；
2. 供应商淘汰程序和策略；
3. 了解家电物流管理的特点；
4. 了解供应商关系种类和管理对策；
5. 企业在实际工作中如何使用采购与供应象限图。

引　言

欧阳文从内地一所不知名大学被分配到这家中国旗舰家电企业工作已经 5 年。尽管教育背景不突出，但欧阳文工作勤勤恳恳，谦虚好学，再加上大学期间担任学生会干部的经历所锻炼的组织能力，深得企业管理层的赏识。工作几年后欧阳文的职务已从普通采购员提升到供应链高级经理，亲历了企业大大小小的物流与供应链改进项目，但苦于工作的繁忙，一直没有对工作进行总结。欧阳文总想找机会对自己的工作进行一次系统的回顾，恰好最近接到中国交通学会人力资源培训中心供应链研讨会的邀请，作为演讲嘉宾，和物流同人分享他加入 HR 公司 5 年来，公司在物流管理方面所发生的变化，尤其是他在供应商网络建设领域所积累的经验以及心得，希望可以为以后物流同人实施类似项目时提供一些借鉴。以下是根据欧阳文的演讲稿改写的案例。

公司背景

HR 公司成立于 20 世纪 80 年代，在公司负责人张先生的领导下，公司从一个濒临破产的小厂快速成长为位居中国乃至世界前列的家电制造商，产品门类从只有一个型号的冰箱产品，发展到现在拥有包括白色家电、黑色家电、米色家电在内的近百大门类和超过 10000 个规格品种的产品群。公司多元化战略涉及生物制药和金融保险等领域，已经建立了一个具有国际竞争力的全球设计网络、制造网络、营销与服务网络。至 2003 年，HR 公司已有设计中心 18 个，建立工业园 9 个（其中海外有 3 个），13 个海外工厂，58800 多个营销网点，11976 个服务网点。HR 产品已进入绝大多数欧美大型连锁店。公司 20 多年的发展，经历了一个世界名牌的发展历程——名牌战略、多元化战略、国际化战略，公司取得了辉煌的成就。随着企业规模的扩大和全球化，企业面临的挑战与日俱增，比如部门不协调和小集团利益等大企业病，企业全球化所需要的全球供应链建设等。为此，HR公司1999年启动了以市场链为纽带的业务流程再造。在这场至今还在继续的管理变革中，整合出HR物流、商流、资金流和信息流等部门，从而形成新的市场链运作模式。

HR公司物流的管理

1. HR公司物流本部的组织机构

流程再造最显著的一步是公司成立了物流推进本部。HR物流主要担负着HR集团所有生产事业部零部件的采购、配送和成品的仓储、分拨等工作。物流本部组织机构如图3-3所示。

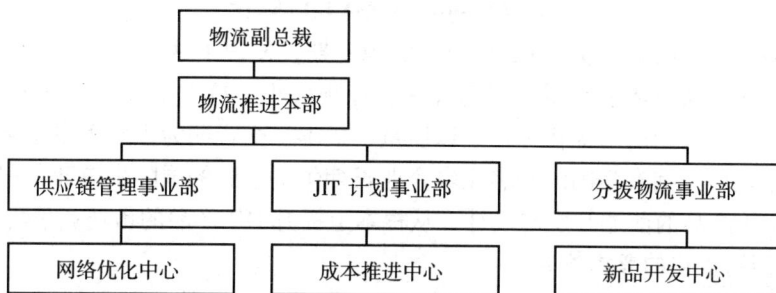

图3-3 HR公司物流本部组织结构图

2. HR公司物流管理模式

（1）按单采购：在HR公司，仓库不再是储存物资的水库，而是一条流动的河，河中流动的是按单采购和生产所必需的物资，也就是按订单来进行采购、制造等活动。这样，从根本上消除了呆滞物资和多余库存。

目前，HR集团每月平均可接到5000多个销售订单，这些订单的定制产品品种达6000多种，需要采购的物料品种达20万余种。在这种复杂的情况下，HR物流整合以来，呆滞物资降低90%，仓库面积减少88%，库存资金减少63%。同时建成的HR国际物流中心，货区面积7200平方米，但它的吞吐量却相当于30万平方米的普通仓库。同样的工作，HR物流中心只需9人，而一般仓库完成这样的工作量至少需要上百人。

（2）三个JIT流程：即JIT采购、JIT材料配送、JIT分拨物流，来实现同步流程。由于HR物流采用先进的设备、ERP（Enterprise Resource Planning，企业资源计划）管理系统和计算机信息管理的支持，通过三个JIT来实现同步流程。

（3）信息化管理：企业外部，HR公司的CRM（Customer Relationship Management，客户关系管理）和电子商务平台的应用架起了与全球用户资源网和全球供应链资源网沟通的桥梁，实现了与用户的零距离接触。目前，HR 100% 的采购订单从网上下达，使采购周期由原来的平均 10 天降低到 3 天；网上支付已达到总支付额的 80%。

企业内部，计算机自动控制的各种先进物流设备不但降低了人工成本、提高了劳动效率，还直接提升了物流过程的精细化水平，达到质量零缺陷的目的。计算机管理系统搭建了 HR 集团内部的信息高速公路，能将电子商务平台上获得的信息迅速转化为企业内部信息，以信息代替库存，达到零运营资本的目的。

（4）第三方物流：HR 公司物流运用已有的供应商网络与资源，全国配送网络，并借助信息系统，于 2002 年开始利用现有资源和网络开展第三方分拨、第三方采购。HR 物流目前已经成为日本美宝、AFP 集团、乐百氏等公司的物流代理，为新经济时代快速满足用户的需求提供了保障，实现零距离服务，使 HR 物流成为新经济时代集团发展新的核心竞争力。

供应商网络的优化与国际化

HR 物流在整合集团内部原有的供应商资源初期，发现了这样不争的事实：不但供应商数量众多，而且从总体上来看，普遍存在企业规模小、技术水平低的现象。对此，HR 物流开始进行供应商的网络优化工作。以质量、成本、交货期为主要衡量指标，淘汰不合格供应商，重点引入拥有为国际知名家电企业长期供货经验的国际供应商，积极推进国际供应商参与 HR 产品的前端开发与设计，从根本上提升 HR 产品的市场竞争力。

1. 建立网络优化的考评体系

为了确保网络优化工作的质量和速度，HR 物流在协调其他各部门相互配合的基础上，首先建立起了一整套对现有供应商的考评体系"TQMC 考核机制"。该机制由以下几方面组成：

（1）质量方面：由质量检测公司、产品事业部质管部门配合，对所有的供应商进行质量水平考核和统计，每日通过广告牌公示当日各供应商的质量水平，并每月、每季度及每年都进行综合考评。

（2）成本方面：由产品事业部和物流本部的成本核算部门适时反馈各供应商的价格情况，并提供每个供应商的降价情况进行通报。

（3）交货期方面：由各个 JIT 订单执行处适时反馈各供应商的交货情况，以及每日延误的生产情况。

（4）参与研发方面：由新品管理处和产品事业部的开发部进行考核，考核每个供应商在参与 HR 产品开发设计方面的积极性和研发成果。

通过对每一个供应商在质量、成本、交货期和参与研发等方面进行全方位监控和考核，为供应商网络优化工作提供了优化依据和优化标准。

2. 建立不合格供应商的淘汰机制

根据考核结果，对优秀供应商进行奖励，主要在供货配额、供货种类、新品开发等方面进行调整。对于考核不合格的供应商，限制供货份额。对于连续 3 个月考核不合格的供应商，进行淘汰处理。通过引进国际化供应商，淘汰那些规模小、质量水平差、技术水平低、没有发展潜力的供应商，达到对各类零部件合格供应商整合的效果，使得各类零部件的供货商网络更加合理和优化。

对于供应商的淘汰，主要参照供应商考评结果进行调整，比如，2002 年 6 月份的月度供应商考评结果如下：

XF 电器的月度考评为不合格，而且在 2002 年 4～5 月份同样为不合格。针对这样的供应商，资源管理部门会根据供应商考评结果，将 XF 电器这类的供应商列为淘汰对象。要淘汰 XF 电器，先期就要进行准备工作，首先列出 XF 电器的供货明细，并分析每一个供货部件的供应网络状况。XF 电器为 HR 集团商用空调、家用空调、洗衣机、冰箱、燃气灶 5 个生产事业部供应零部件，共计 33 种零部件。其中 21 种为非单点供货，可以通过系统中的供货配额调整，直接取消该公司的供货配额，剩余 12 种为单点供货，1 个已经不再采购，其余 11 种部件，按照原先模具使用协议，将生产这 11 种零部件的模具直接调离该公司，调入优秀供应商世远公司，以激励考核优秀的供应商。

对于没有模具的电器零部件供应商的优化，可以利用同样的分析方法列明所供应部件，对于单点供货的零部件，利用样件、图纸及技术要求重新开发，开发完毕后将新样件交由检测公司验证，样件如果合格，进入 500 件小批量试生产，通过生产事业部生产使用，合格后即可批量采购该公司的部件，这样就可以替代原不合格供应商的供应部件。

3. 引入国际化供应商

家电行业是一个高度成熟的行业，为家电产品配套零部件的高水平企业相对比较多，这些供应商不但在生产技术、质量管理和客户服务方面具有丰富经验，而且在成本和反应速度方面也是很有优势的。

对于国际化供应商的引入，HR 首先在信息的获取渠道方面做到了国际化，通过各种媒体、诸多的行业协会、国际上的政府和非政府组织、与 HR 有着良好关系的国际知名企业的帮助，同全球各行业的著名企业取得联系，洽谈合作。

初步洽谈后，网络优化员根据供应商提供的资料进行初评，如果初评合格，就要现场评审，由一个小组来进行。该评审小组由资源管理部（供应商管理部门）、检测公司（质量控制部门）、生产事业部（产品开发部门）联合组成，由网络优化员牵头组织评审，并按照评审表格要求打分，最终根据三方分值得出评审结果。

4. 网络优化的成就

供应商优化的成果首先在数量上使供应商由原来的 2336 家优化至目前的 721 家。国际化供应商的比例达到了 82.5%，并且仍在不断提高，从而建立起强大的全球供应链网络。GE、爱默生、巴斯夫、DOW 等世界 500 强企业都已成为 HR 的供应商，使得 HR 集团具有了在全球整合资源的能力。

在产品方面，HR 的产品越来越多地采用了国际上最高水平的零部件、组件，从质量和性能方面提高了 HR 产品的市场竞争力，提升了 HR 的品牌价值。作为中国综合实力最强的家电企业和跻身世界家电名牌的家电品牌，HR 在设计以及营销方面可以称为专家，但是，在涉及各行各业的零部件的设计方面，HR 不一定就是专家。因此，在网络优化工作的同时，HR 通过实施并行工程，搭建相应的平台，吸引了一大批国际化大公司以其高科技和新技术参与到 HR 产品的前端设计中，不但保证了 HR 产品技术的领先性，增加了产品的技术含量，同时也大大地降低了采购成本，提高了开发的速度。例如，在线束产品方面，海泽公司作为 HR 的国际化分供方，主要为 HR 供应各种线束，通过网络优化人员的推进，该公司积极地参与 HR 产品的前端设计开发，将 HR 彩电的线束零部件产品的型号从近 100 种规格型号整合到了 16 种，从而使得这类零部件在采购、仓储、生产、售后等诸多环节上都能够收到标准化所带来的效益，每年可以降低采购成本 300 多万元。

在技术交流方面，HR 的物流部门、科研部门、产品生产部门，甚至一直到销售部门和各支持部门，由于国际化供应商的参与，都直接面对国际先进企业，使得整个集团在管理、技术等方面日益同国际接轨。"下棋找高手"，国际化的供应链资源网络就是国际化的 HR 公司不可分割的一部分。

供应商网络优化存在的问题

HR 物流在进行供应商网络建设和优化过程中，确实取得了很好的效果，但是值得注意的是，在供应商网络优化中，对于电脑板、电阻电容、程控器等电子类零部件供应商的优化，与对塑料件、冲压钣金件、包装箱、泡沫件等机械类零部件供应商的优化，采用同一个优化标准，片面强调供应商国际化，这势必给企业带来不利的影响。

1. 质量

电子类零部件对于家电厂家来讲，属于关键的部件。一台空调的电脑板、遥控器，或者压缩机等关键部件出了问题的话，企业失去的将不仅仅是客户，还有市场和信誉度。因为这类零部件在用户那里将经常反复使用，使用频率很高且时间长，所以对该类零部件的质量提出更高的要求。从供应市场来看，国际知名电子部件供应商与国内电子部件供应商在产品质量上存在着较大的差异。因此，对电子类零部件供应商选择时强调供应商国际化是合理和必要的。

而机械类零部件的生产大都是供应商从 HR 物流领料进行加工，从加工工艺、模具的制作、包装运输等流程看，国内供应商与国外供应商并没有体现出太大的差距，国外供应商与国内供应商在产品质量上基本处在同一水平。但从公司对供应商优化标准来看，机械类供应商与电子类供应商使用的都是同一标准。这显然是不合理的。

2. 成本

机械类零部件的技术含量相对比较低，属于劳动密集型产品，因此该类零部件的成本竞争比较激烈。目前国外的家电机械类零部件供应商在 HR 公司所在地投资还比较少。如果机械类零部件供应商与电子类供应商优化使用同一标准，强调供应商国际化，就需要吸引机械部件国际供应商在本地投资，进行厂房建设，购置新设备，开发新模具。按照 HR 目前供应商的标准，一家供应商一期投资需要达到 8000 万元，投资回收期最短也要 5 年，也就是说每年 HR 物流要为这样的一家公司承担 1600 万元的投资支出，不然，这家供应商就无法生存！

HR 公司和当地机械类零部件供应商通过近 20 年的配套合作，已经为这批当地化企业完成各种固定成本的折旧和利润目标，与那些新投资建厂的企业有着不可比拟的成本优势。

3. 交货期

国际化供应商由于地理位置的因素，需要长途运输，除了在成本上没有竞争力外，在交货期上同样处于弱势。

HR 的销售、生产和采购采取的都是订单拉动模式，个性化产品满足市场需求的理念对供应商的交货期提出更高的标准。柔性生产的计划安排，要求供应商随时补货，这对于一个非当地的供应商来说将是致命的。

很多国际化供应商做不到 24 小时服务的承诺，对于目前 HR 执行的生产计划是不合拍的。因为脱离了供应商的参与和配合，再好的产品也生产不出来！

供应商的交货期如果不能够满足 HR 的生产需求，HR 物流的正常运转将大打折扣。

问题对策

对于以上问题的出现，欧阳文认为公司应该建立多层次的供应商管理网络。具体策略如下：

1. 使用 ABC 和 XYZ 分类法对现有零部件和供应商进行分类

对于一个大型家电企业，供应商有 700 多家，必须分清主次，对主要供应商实行重点管理，这样有利于节约企业的人力、物力和财力。可以按照 ABC 分类法对零部件及供应商加以分类。ABC 分类法中基本分析原则可以参考图 3－4：

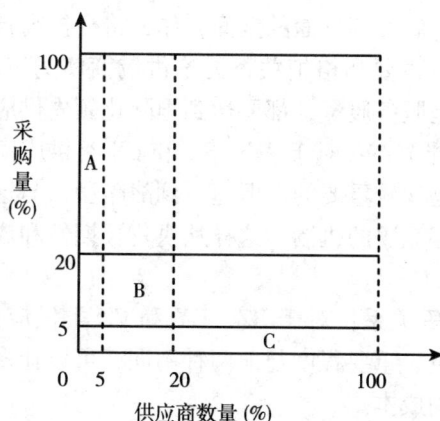

图 3－4　ABC 分类法

一般情况下：

A 类供应商数量：5%，供应量：80%；

B 类供应商数量：15%，供应量：15%；

C 类供应商数量：80%，供应量：5%。

根据单台家电产品的零部件种类、价值、重要性进行分类，这种方法可以参照 XYZ 分析法。ABC 和 XYZ 共同使用时可以参考表 3 – 3：

表 3 – 3　　　　　　　　　　ABC 和 XYZ 共同使用的采购策略

	A	B	C
X	大采购量	采购量适中	小采购量
	电子类部件	电子类部件	电子类部件
Y	大采购量	采购量适中	小采购量
	系统类部件	系统类部件	系统类部件
Z	大采购量	采购量适中	小采购量
	机械类部件	机械类部件	机械类部件

X：电子类部件，包括电脑板、压缩机、电机、电容、电阻等；

Y：系统类部件，包括冷凝器、蒸发器、标准件、敷料等；

Z：机械类部件，包括塑料、冲压钣金、泡沫、印刷、包装等。

2. 对不同类别零部件及供应商进行分类管理，形成多层次的供应商关系网络

（1）战略型合作伙伴关系：对于 AX、AY 和 BX 类供应商，要通过各种形式建立起战略型合作伙伴关系。因为这几类供应商对于家电企业起着至关重要的作用，供应商的质量、成本、交货期和参与研发等方面的全面合作，将会提高自己的产品竞争力。

这几类供应商的选择也要严格把关，无论供应商实力、资格、供货经验、成本竞争力、行业内领先水平还是服务质量，都要达到国际化领先供应商的水准。

（2）战术型竞争伙伴关系：对于 AZ、BY 和 CX 类供应商，要建立起战术型竞争伙伴关系。这几类零部件也是比较重要的，但达不到战略型，与这些供应商要形成既有高度合作的关系，又要建立相互竞争的机制，这样从供货长期性和成本优化性上可以为公司提高市场竞争力。

（3）运作型完全竞争关系：对于 BZ、CY 和 CZ 类供应商，要建立起完全竞争的关系。这些零部件的采购量、重要程度与前两种不同，可以让多家供应商参与合作，采用招标竞价的方法，降低采购成本。

后　记

从实践来看，HR 公司 2004 年的遭遇印证了欧阳文上述的分析（注：上述分析成文于 2003 年年初）。估计是为了跨进 500 强的雄心，HR 公司于 2003 年年底开始采用与其以前产品强调个性化策略相异的竞争战略，提出大订单、大客户的竞争战略，即强调规模生产和销售，积极提高销售额。但公司前述片面强调供应商国际化的策略，导致公司竞争战略的调整没有得到全面的实现。

【案例分析指南】

使用本案例时，读者主要关注 HR 公司供应商网络优化过程中值得肯定的地方和需要商榷的地方。采购和供应象限矩阵灵活运用也是本案例另一个应该重点关注的内容。

思　考　题

1. 请结合案例内容简述供应商评估应考虑的因素。除了案例中列举的供应商评估因素，一个通常的供应商评估过程还应该评估哪些因素？

2. 供应商的评估应包括企业哪些部门参与？

3. 结合案例内容，简述供应商淘汰的程序。

4. 结合案例，描述欧阳文如何通过 ABC 和 XYZ 分析进行供应商分类。

5. 请评价案例中欧阳文关于建立多层次的供应商关系网络的三种对策。

6. 通常在大型企业中，除了生产物资采购以外，采购活动还包括大量的非生产物资的采购，比如办公用品、固定资产等，请简述非生产物资采购与生产物资采购相异之处。由此导致二者在供应商选择侧重点以及采购控制方面有何不同？

7. HR 公司成立物流推进本部以来开始在集团中推行集中采购。请你结合所学过的采购管理知识，简述 HR 公司集中采购可能遇到哪些问题。

8. 后记中提到公司前述片面强调供应商国际化的策略，导致公司竞争战略调整没有得到全面的实现，为什么？

9. 通过本案，谈谈家电物流有何特点。

【案例 3 –3】Kodak 公司的伙伴战略

【案例概要】

为了更详细地介绍 Kodak 是如何在采购领域实施全球性伙伴战略的，本案例首先介绍一些同供应商伙伴关系有关的背景资料和理论依据，然后逐步分析 Kodak 的实施过程，最后将讨论采供双方所获得的益处及成功的要素。

【教学目的】

1. 供应商评估程序和考虑因素；

2. 供应商淘汰程序和策略；

3. 了解家电物流管理的特点；

4. 了解供应商关系种类和管理对策；

5. 企业在实际工作中如何使用采购与供应象限图。

引 言

伊士曼柯达公司（Kodak）是世界上最大的影像产品及相关服务的生产和供应商，总部位于美国纽约州罗切斯特市，是一家在纽约证券交易所挂牌的上市公司，业务遍布150多个国家和地区，全球员工约8万人。

自1880年成立以来，Kodak一直在全球影像行业中保持领先地位，业务多元化，涵盖传统卤化银技术和数码影像技术各方面。目前，Kodak公司主要从事传统和数码影像产品、服务和解决方案的开发、生产和销售，服务对象一般包括消费者、专业摄影师、医疗服务机构、娱乐业以及其他商业客户。公司设有四个业务部门：摄影事业部，医疗影像部，商业影像部和元器件事业部。凭借其技术优势、市场规模和众多的行业伙伴关系，Kodak公司致力于为客户提供创新的产品和服务，满足他们对影像中所包含的丰富信息的需求。2004年，Kodak销售额达133亿美元，在《财富》全球500强中排名第411名。

Kodak公司一直是影像技术行业的领导者，它的成功来自于公司员工的五个方面的价值观：

- 尊重个人尊严；

- 真诚；

- 信任；

- 信誉；

- 持续的改善与个人的提高。

有了这种理念，人们也就不会奇怪为什么Kodak选择了伙伴战略来改善同供应商之间的关系。

伙伴关系的背景概况

1993年，Kodak公司成立了一支由采购人员和工程人员组成的小组，负责统一在世界各地的所有Kodak生产厂中控制系统的使用和采购情况。控制系统控制整个生产的工艺流程，尤其是那些高度自动化的工厂。在选择供应商的过程中，Kodak公司选择尽可能少的供应商，而且小组偏重于考察控制系统的寿命周期成本而不是单位成本。寿命周期成本包括隐性成本和显性成本，隐性成本包括培训、工程、零部件、维修、可靠性等方面的成本，Kodak公司估计隐性成本是单位成本的2.5倍。小组将在全球范围内选择供应商。小组首先对现有的控制系统供应商进行评价，主要调查对产品、服务、潜在的成本降低能力、全球竞争能力、战略导向等问题的观点。然后据此对潜在的供应商进行评价，将供应商分为3类：世界一流供应商、首选的供应商和淘汰的供应商。根据合作目标选择尽可能少的供应商进行合作。这种选择供应商的方法，已经帮助Kodak公司降低了花费在控制系统上大约25%的总成本，尤其是对于 Kodak 公司的小型生产厂，获得了控制系统安装周期的缩短、供应商允诺持续更新、地方分销商愿意持有闲置部件、供应商在设计早期就参与其中等好处。

买卖双方的伙伴关系是一种合作关系，在此过程中，采购方与少部分重点供应商一起紧密协作，通过对利益和风险的共享与分担来寻求互惠互利，达到持续改进的目的。

根据有关研究，成功的伙伴关系的特点应包括：

（1）为了有效地管理好这种关系，企业必须投入很大的精力。所以数量一般不超过供应商总数的1%。

（2）这种关系都是针对一些较重要的项目，而且双方彼此都已合作多年。

（3）伙伴关系要有一个专门小组来开发和管理，并要获得高层管理的充分支持。

（4）对伙伴关系的有效管理，能为双方或多方带来一系列的经济效益。

很多理论都支持采用伙伴关系，其中最具影响力的就是 Oliver Williamson 的运作成本分析理论（TCA）。这种理论通过结合经济和管理理论来确定，在市场中企业间该采用何种最佳的合作关系。TCA 理论认为，实践中，运作成本的多少取决于以下因素：

- 运作频率；
- 采购项目的特殊性；
- 外界环境和企业内部的不确定性。

由于伙伴关系是种持续性的关系，所以涉及的运作频率要高。项目的特殊性是指某一种具体关系所牵涉的人或物的不可替代性。比如，供应商提供的专利产品或开发某一信息系统的软件专家。因此，一个资产越是特殊，企业越有可能将其内在化或垂直综合（Vertical Integrate），而伙伴关系就是其中最重要的方法。当企业面对的内外环境的不确定性越高，垂直综合的可能性也就越大。总之，根据 TCA 理论，伙伴关系最适合于：所涉及的资产带有一定的特殊性，运作重复性很高，以及环境的不确定因素较多的情况。现在就来看看 Kodak 的伙伴关系开发策略是如何同上述理论相吻合的。

Kodak 的伙伴关系开发策略

伙伴关系的开发应先从其必要性的确认开始，Kodak 公司也不例外。

1. 阶段1

由于竞争的日益加剧，Kodak 不得不时刻注重降低成本。而降低成本的重要途径之一就是精简供应商数量，这又要求公司必须与更少的供应商保持更密切的合作。Kodak 公司在这方面的切入点就是对电气和流程控制设备进行标准化，以及对其供应商的合并。

首先，负责这一行动的工作小组得到了高层管理的全力支持。因为所有人都意识到，Kodak 公司要获取最大收益，必须制定全球性的，而不仅仅是美国化的标准。所以，来自全球的控制工程师们都要对今后可能用于所有生产工厂的标准进行讨论并提出建议。全球性工作小组下一步的工作就是确定选择供应商的标准及其管理措施。整个过程还邀请了固定资产设备和 MRO 的采购人员一起参加，以确保有关的商业和技术问题都被考虑进去。

2. 阶段 2

公司指定的工作小组拥有充分权力采取任何必要的行动。首先，它要决定哪些标准是需要的，同时要能洞悉伙伴关系所带来的好处。经过分析，工作小组估计设备价格应不高于总拥有成本的三分之一。由于工程、安装及维修等都是总成本的重要因素，所以公司参照了非竞争对手的同类产品，然后对典型的流程控制安装的总拥有成本进行分析。分析的结果是，安装的成本几乎等于设备的价格，而工程和维修成本分别为价格的75%和50%。基于这些情况，Kodak 对控制系统的成本重新做了估计，其中包括技术的标准化和供应商基础的重新组合。工作小组发现，每年完全可以节约10%的总成本。工作小组还一改以往的根据单个产品进行采购的方法，采用一个供应商提供一系列类似产品的方法来降低成本和改善绩效。

接下来的任务就是寻找和选择伙伴型供应商。工作小组首先确定了伙伴关系的目标，其中最关键的前提是 Kodak 和供应商之间必须是双赢关系，因为只有这样，双方才能互相吸引，长期有效地合作。

3. 阶段 3

定下目标供应商后，Kodak 就向它的供应商征求方案。公司向最大的9个电气和控制硬件和软件的全球供应商发出提案请求。这些供应商必须做1~2小时的介绍，内容包括产品/服务范围，地域的覆盖，以及全球客户的管理。Kodak 公司的目标就是让这些伙伴供应商成为全球化的资源。具体的选择标准有：

- 在世界范围内提供广泛的产品和服务；
- 最大限度地节约非价格性成术；
- 签订一年制合同，而不是一个个项目的谈判议价；
- 有加入伙伴关系的愿望；
- 提供能与 Kodak 现有的设备相匹配的成套产品/服务。

在初期，工作小组只是试验性地开发了两家世界性供应商，以积累经验，并力争为公司创造最大的利益。

4. 阶段 4

在签订互惠协议之前，公司必须做大量的调查分析。首先，将新资源的价格同现有的进行比较，确保比目前的价格低。其次，保持世界范围内价格结构的一致性，即同一供应商就同一产品在不同地区的价格应该相同。最后，资本设备的 OEM 厂家都被要求使用 Kodak 指定的供应商。被选中的供应商应该提供培训、咨询以及有充足及时的库存。

高层管理者光在初期的支持是远远不够的，这种支持还应该用于对旧机制的改造上。例如，取消项目层次上的竞标，而专注于全球性的协议和定价。而且，工程师间无谓的技术争斗也要制止。因为很多工程师总是纠缠于谁的技术更先进的争论中而影响产品的开发进程。其实，新技术的生命周期已越来越短，从这方面的收益也正逐步减弱，所以重点是放在供应商开发等其他的管理上。为了打破原有的格局，负责全球生产制造事务的公司副主席向所有生产厂发了一封信，向他们解释公司对这一过程的承诺和对工作小组的支持。

每个生产厂的负责人必须同意并对这一行动给予极大的支持与配合。最终，公司的各地生产厂共举行了一百多次介绍会，讲解自己的措施，同时还要求供应商一同参加并解答有关问题。

公司内部还印发了很多小册子，向人们解释该如何配合这次行动。同时还以线上和电子简报的方式回应与更新伙伴协议的有关问题。工作小组的成员定期在世界各地不同生产厂举行会议，制定有关的寻购决策和措施。为了强化这一工作，Kodak 在各分厂组建了专门小组。凡是向协议之外的供应商进行的采购必须经该小组审批同意。当以上的机制全部建立之后，Kodak 接下来就进入了下阶段的工作——评估。

5. 阶段5

这一阶段就是对伙伴关系的持续监督和评估。这也许是最困难的一项工作，哪些因素该加以评估？由谁来评估？多久评估一次？很多公司在这方面都不能取得满意的成效。而 Kodak 却很成功，所有的评估标准由工作小组讨论制定，每六个月评估一次，结果向高层管理者汇报，同时也反馈给对应的供应商。

伙伴策略实施一年后，Kodak 的国际采购量占年采购量比例从 1993 年的 54% 上升到 1994 年的 74%，而供应商总数则减少了 30%。在头六个月中，成本节约（相对于总采购量）了 25%。生产周期也大大缩短，各种质量问题和管理成本也明显减少，其效果远远超出了 Kodak 的预期。

6. 总评述

通过实施伙伴策略，Kodak 公司与其供应商所获得的益处与经验总结如下。
- 时间和总拥有成本都显著节约；
- 公司内部与供应商之间交流沟通明显改善，供应商能尽早地参与（ESI）产品开发和采购流程；
- ESI 同时为 Kodak 解决了很多技术问题；
- Kodak 能较容易说服供应商持有和保管库存，使公司的库存成本大大下降。

同样，供应商也从中获得了诸多好处：
- 长期的伙伴关系，使供应商能更好地筹划未来的投资和资源的利用，有利于自身的长期发展；
- 伙伴供应商有更多机会开发 Kodak 的 OEM 的生意；
- 没有了竞标和报价请求，供应商的管理成本也显著减少。

Kodak 的"公司客户管理"系统能创建更强的国际性客户/供应商网络，使伙伴关系能进一步得到改善与加强。Kodak 公司的伙伴策略也验证了有关研究结果，即：
- 高层管理者对每一步骤的支持和承诺关系到整个过程的成败，工作小组应被充分授权；
- 工作小组代表着各个受影响的地域的利益，所以它必须负责全面的关系开发和管理；
- 极好的沟通交流至关重要；

- 供应商的配合必不可少，尤其是其高层管理的支持。

在实际营运和管理中，虽然还有很多东西要加以补充改善，但伙伴关系的基本前提仍然不变，那就是：

- 信任；
- 交流；
- 互惠互利；
- 长远眼光；
- 双方高层的支持。

正如 Kodak 的 CEO，George Fisher 所说，"我们对供应商的期望正如我们对公司本身的期望一样"。供应商要将客户满意度放在首位，同时要永无止境地追求质量和绩效改善。本文开头所列的 Kodak 员工的价值观，能否贯穿于企业内部及其外界的客户和供应商，是伙伴关系成功与否的前提。

【案例分析指南】

本案例着重介绍 Kodak 公司控制系统供应商的伙伴关系开发策略，学习重点在于如何正确分析 Kodak 公司伙伴关系的实施过程及其成功因素。Kodak 公司选择控制系统供应商的一个特点是偏重于考察控制系统的寿命周期成本而不是单位成本，并通过供应商评价对其进行分类，从而形成与供应商之间成功的伙伴关系。

思 考 题

1. 请结合案例内容，试分析 Kodak 公司在选择控制系统供应商时为什么偏重于考察控制系统的寿命周期成本而不是单位成本？

2. 根据 TCA 理论，伙伴关系最适合的场合除本案例中所介绍的资产、运作重复性以及环境等方面的特点外，还有哪些？

3. 试分析 Kodak 的伙伴关系开发策略是如何同伙伴关系理论及 TCA 理论相吻合的。

4. 结合案例，描述 Kodak 公司供应商选择的程序。

【案例 3-4】乐万家：主动的供应商合作

【案例概要】

本案例介绍了供应商乐万家公司如何与终端零售企业开展合作，从供应商的角度出发，介绍供应商如何主动参与采购方的业务，为供应商选择与合作提供了一个新视角。

【教学目的】

1. 了解大型连锁综合超市的零售企业供应商评估因素；
2. 了解大型连锁综合超市的零售企业供应商存在的问题；
3. 了解大型连锁综合超市的零售企业采购管理的特点。

引　言

乐万家公司是一家大型的粮油生产企业，其主要的产品是食用油。目前，乐万家公司的食用油在国内市场位居三甲之列，但是由于市场原因近些年销售增长缓慢，明显不及前几年销售火暴。

王强从一家休闲食品企业跳槽到乐万家公司 ZZ 市做 KA（重点零售客户）经理，负责与大卖场进行客户销售工作。王强在前一个企业做的就是重点客户经理的角色，因此对于 ZZ 市的数十家大中小型零售企业都很熟悉。该市是一个北方的省会城市，城市的人口总数在 600 万左右。在这个城市里有四个大型连锁综合超市的零售企业，分别是本土零售企业好生活、外来国内零售企业众乐和家福、外资零售企业爱家超市，其中本土零售企业好生活在 ZZ 市开设了 9 家大型综合超市，众乐和家福分别是 5 家和 2 家，外资零售企业爱家只有 1 家。

面对上述企业，王强深知外来的零售企业都比较好合作，毕竟他们的经营管理都比较正规，所有的销售和合作都是按照固定的流程进行发展，只要按照规定提交了对方需要的各项资料，就可以安心等结果了。而本土零售企业好生活却是一个非常难伺候的主儿。

好生活超市成立于 2001 年，是一家经销机电设备的企业投资开设的。企业当时看到国内大型综合超市是一个很好的投资项目，于是邀请了北京一个知名的管理咨询公司全权管理该超市的发展。好生活超市开业一年后，销售异常火暴，一下占领了 ZZ 市的城东市场。于是，投资方干脆来了个卸磨杀驴，辞掉了原来的管理咨询公司，由自己近些年培养的人员进行管理。虽然看着超市和以前没有什么太大变化，但是由于企业发展速度快，人员素质不高，存在很多经营上的问题，只是这些问题如今都被飞速增长的销售额所掩盖。企业 3 年开了 8 家过万平方米的门店，年销售额超过了 12 亿元，一举成为 ZZ 市最大的零售企业。

欲要取之，必先予之

王强此次受聘乐万家公司首先要解决的就是与好生活超市的合作问题。虽然乐万家在当地的粮油市场占有率位列第二，但是由于以前的合作问题，好生活超市与乐万家的竞争对手、位列市场第三的锦源粮油达成了伙伴关系。由于锦源粮油近期在终端投入了大量的资金支持，因此，好生活总是会将锦源的食用油放在醒目的位置上。

如何攻下这一关成为衡量王强工作能力的"试金石"。

好生活超市负责粮油商品采购的是孙浩，他在好生活超市已经工作了 3 个年头。在与孙浩的首次接触之前，王强先是对好生活超市粮油品类的商品销售情况进行了分析，发现粮油类商品在好生活超市中销售业绩一直不佳。孙浩的业绩在采购部的 15 个采购中位列倒数第二，排名仅高于图书采购。

眼看着中秋国庆将至，孙浩也正在发愁通过什么方式才能让自己在采购部中的位置能有所改变。与合作伙伴锦源商量？好像不合适，这种事情不是要政策就是要费用，这不成了与虎谋皮吗？正在孙浩发愁之际，乐万家公司的王强来了。孙浩心中暗乐，看来有人给我出招了。

王强的此次拜访绝非匆忙之举。他根据以往在方便面企业的工作经验和对本地粮油行业的市场分析，制订了一个"阻断锦源"的作战计划。一见到孙浩，王强先与他客套了一番，毕竟以前做休闲食品销售的时候也经常遇到孙浩。此次会谈王强采取了"开门见山"的方式直接提到目前超市中粮油品类销售不畅的问题：

第一，好生活超市的商品结构与市场需求脱节。好生活超市作为一家大型综合超市，食用油品类的商品由 4 个供应商、7 个品牌组成，包括菜子油、大豆油、花生油、芝麻油共 28 种，商品价格从 9.9 元到 67 元不等，其中 2 升以下的小包装油品有 16 个，占整个品类的 57%，5 升包装的有 12 个单品，价格集中在 40～67 元的档次上。而从目前的市场销售统计来看，食用油市场上小包装油品的销售在该地区的销售比例为 28%，5 升包装的油品占到了一多半的市场份额。好生活超市面对的多是一次性购物的家庭主妇，她们更希望购买到便宜而实惠的商品，因此大包装的商品明显要比小包装的销售得好。

第二，好生活超市存在定位不准确的问题。超市的商品组合中大部分的商品都是菜子油和大豆油，因此商品的价格定位主要集中在市场竞争最为激烈的中低端市场，虽然有时看着企业的销售很好，但是普遍存在利润较低的情况。以 2005 年上半年的销售统计来看，好生活超市的粮油销售在 ZZ 市 KA 渠道的市场份额不到 10%，而该超市其他品类占据 KA 渠道的市场份额在 16% 左右，粮油已经明显成为好生活超市的一个短板。

第三，当粮油品类销售日益下滑的时候，厂家对于好生活超市的资金投入和费用支持也是越来越少，就连锦源粮油现在也明显没有以前那么出手阔绰了。

第四，由于好生活超市粮油销售不佳，只能通过收取厂商费用来弥补经营上的不足，导致厂商对好生活超市普遍存在敌对情绪，供应商对待零售商提出的每一次促销策划都只是被动的应付，缺乏供应商与零售商的合作意识。

……

孙浩原本只是想和王强进行 10 分钟左右的简单会谈，结果随着王强对于超市粮油品类商品的深入分析，不知不觉两个小时过去了。后来还是因为超市下午的紧急会议中断了这次会谈。最后，王强非常诚恳地将乐万家公司购买的当地市场食用油调查报告和销售趋势预测的资料送给了孙浩，建议他可以好好了解一下目前的情况。

三天后，孙浩非常高兴地告诉王强，那份资料是他迄今为止看到的最专业、最翔实的市场报告，让他对于终端的零售市场有了更多的了解。结合市场报告的分析，孙浩计划采取引入、退出、重新组合的方式，对现有的商品结构进行调整，希望与王强所在的乐万家公司建立战略合作伙伴关系，一同完成好生活超市的食用油品类计划的调整工作，由乐万家公司担任该品类的品类舰长，负责对该品类进行市场和门店的销售分析和调整建议。

一周后，孙浩告诉王强，自己根据王强的建议制订了好生活超市食用油品类的商品调整计划，已经得到了公司的批准，下面他们准备用一周的时间集中调整商品库存结构问题，同时还计划引入一批新品来应对国庆的销售高峰。

此时王强借助商品结构调整的机会将乐万家公司的一系列新品介绍给了孙浩，其中包括定位高端的橄榄油、葵花子油、山茶油、玉米油等。通过此次调整，好生活超市扩大了商品的品种和价格带分布，从中低端的市场竞争中走了出来，当然其中收益较大的也有乐万家公司，他们成功地将新品引入了终端。

王强的同事看着他近期忙碌的工作终于见到了回报也非常高兴，纷纷讨教如何应对卖场的策略。王强对于自己近期的工作做出如下的总结：

与零售商合作不能总是被动地应对，应当积极主动地去引导零售商。对于零售商来说可能认为自己比较了解终端需求，其实并不是这样。在零售与供给需求上，厂商和供应商相对更加了解市场上的风吹草动，尤其是在整体市场的控制力上，厂商相对更加具有优势。如今很多零售商过分关注上游市场供给的情况，忽视了终端市场的需求。这是很危险的，好生活超市就是这样，因为他们过分挤压上游的市场，只知道向厂家获取费用，却忘记了自己作为一个零售商应当更加关注终端的市场变化，此次，王强给孙浩 ZZ 市食用油市场分析报告就是这个原因，希望他们意识到自己的问题。

我们公司的目的是要将商品通过零售商销售给消费者。成功借助零售商的方式并非是支付费用，而是要与零售商合作。虽然我们在这次合作中相对付出较多，例如：新品进场费（虽然因为战略合作伙伴的原因减免了一半，但是还是一个不小的开支）、资料的收集费用以及人工费用，但是通过此次事件我们树立了在好生活超市中的经营地位，而且打破了好生活超市与锦源的伙伴关系，一箭双雕，既打击了别人又发展了自己。

走在零售商的前面

王强与好生活超市的第一步合作算是圆满结束，下面应当说是触及了厂商最为关注的问题，就是如何提高销售。毕竟对于零售商而言，没有赢利，所有的运作方式都是白搭。

那么，王强应该怎么办呢？像其他厂商一样，等着孙浩提出营销计划，然后将所有的费用向下分摊？眼看马上就要过节了，年底的销售抓不住，那全年的销售任务都可能受到影响。因此，年底的销售商机不能坐等着失去。

此时，王强的同事说："我记得有一个美国的厂商经理这样评价零售商近年来的变化，十年前，零售商只是在制造商脚后一条跟着汪汪叫的狗，虽然有妨碍，但是稍有刺激，你喂食给它，它就走开了；现在它是一头公牛，并且它想撕裂你的手和脚。你很想它跟跄而去，然而，你太忙于防御以至于无能为力。"

"对于我们厂商和供应商来说，春节是一个让人欢喜让人忧的节日，春节到来，所有的商品销售都会呈现大幅度上升，同时，春节的到来也给商家带来更多索要政策和条件的机会，这个时候的零售商可能比谁都牛，如果你不满足他的条件，他可能马上停止采购你的商品，撤下你的堆头，毕竟这个时候大部分的零售商生意都会好得一塌糊涂，什么东西只要放在盒子里面，贴个喜庆标志，就能有不错的销售……"一名同事接着说道。

"所以啊，我觉得我们对于零售商的策略只能逆来顺受，他们怎么说，我们怎么做就是了，终端为王一点也不假。"

听着上面的话，王强心里其实早就有了打算：与其让零售商主动向你要费用，克扣你的货款，不如你主动出击，寻找商家的真正目的。其实收费只是形式，商家希望赢利，希望能够获得市场空间，希望能够得到消费者的认可才是最为关键的。因此供应商和厂商应当从终端消费者的角度出发，去影响零售商，争取获得促销活动的主动权，之后从自身角度出发，根据商家的实际情况，提交自己的促销合作方案。必要的时候费用是需要支付的，没有投入怎么会有产出呢？但是投入的目的当然是为了产出，每一笔市场费用的投入都应该有所计划，并非所有的投入都会立刻兑现，未必非要从"一城一池"的争夺中获得片刻的商机，更多的是需要厂商在与零售商的合作中有所计划和战略发展的眼光。

在与零售商合作中，尽量争取主动，正所谓先下手为强，当你先于其他的竞争对手获得了零售商认可的时候，你可能就最先占领了商机。商机的提出和响应要迅速，供应商主动提出自己愿意支付什么样的费用或者商品来支持零售商，这种情况有些时候也是必要的。供应商要让商家在最关键的时候和制订战略计划的时候最先想到的是你，那你就比你的竞争对手获得了更多的商机。厂商被动接受商家的要求，不如主动提出自己的计划，与零售商共同制订战略规划和营销计划。

经过一系列周密的安排，王强将各方面的相关信息进行了收集，试图从中找出适合制订今年营销计划的灵感和数据支持，其中包括：

（1）乐万家的每一个单品过去三年的销售分析报表；

（2）乐万家过去三年中的商品营销计划、费用、人员等信息；

（3）乐万家商品在好生活超市的历史销售记录；

（4）好生活超市目前的商品结构分析；

（5）好生活超市的顾客人群分析；

（6）乐万家2005年度的全年营销计划和产品上市计划等；

（7）参考粮油类商品两年来的促销活动和快速消费品的一些经典营销案例；

（8）查询一些营销网站以及相关期刊。

数日后，王强向公司总部提交了一份ZZ城市KA卖场年终促销的计划草案，其中包括活动的目标、活动的经费、活动的周期、执行活动的卖场、参加人员、考评方式等。分公司对于王强的想法非常惊讶，原来与零售商的合作可以由被动到主动，只是不知道这个完善的报告是否能在零售终端通过。

而此时，孙浩却又在按照往年的操作方式，计划着怎么从下面的供应商手中获取更多的促销支持和特价商品，对于他来说，年年都是厚着脸皮要支持要费用，他也很为难，真不知道如果哪一天从好生活超市出来，他这个只会要费用的采购还能做些什么？

正在孙浩犯难之际，王强拿着年终促销计划书找到了孙浩。看到王强的计划书后，孙浩满脸的乌云顿时散去。对于孙浩来说，他也希望有厂家能为他出谋划策，为什么商家和厂商就必须是针尖对麦芒？

孙浩根据王强提交的促销计划书，开始商议在年底的活动中应当如何展开团购、如何保证过节期间的商品供给、如何制作乐万家的商品广告和商品堆头、如何执行厂家的促销计划、如何进行赠品管理、如何进行价格支持、如何分摊此次营销活动的相关费用，等等。

在整个交谈过程中，王强一直本着平等互利的心态和孙浩交流，在他看来，以前厂商和供应商对于终端采购的态度缺乏诚信和交流。厂商与终端的态度如果一直是对立的状态，那么他们根本没有办法提升对顾客的营销和服务水平。

"往年粮油品类过节期间都是在促销老品种，没有什么新品概念。今年我们公司会有橄榄油、葵花子油的一系列推广活动，这些中高档油品定位绿色、健康的营养概念，相信不仅能够给好生活超市带来人气，也会给你们带来更多的利润。"王强说。

"促销老品种，能够保证我们的销售不会下滑啊，往年过节都是这么促销，促销新品种会有一定的风险吧？"

"老品种的促销活动当然还会有，只要这些商品维持和周边的几个竞争对手同样的价格水平就可以了，而今年通过新品营销才是关键，这是提高超市的经营定位、吸引更多的目标顾客群体的关键，在这个过程中我们乐万家会有全面的市场支持力度，你们好生活超市的独家销售广告支持、人员支持、赠品和促销品支持，一个都不会少。"

"可是这些新品能被消费者接受吗？你们有什么广告支持呢？"

"我们的新品已经在和 ZZ 市消费水平相当的城市打开了市场，我们乐万家在央视《全国电视烹饪擂台赛》、《健康之路》、《超市大赢家》等栏目和《贝太厨房》、《快乐厨房》等杂志已经投入了广告，同时我们还会在本地的报纸上连续一个月刊载软文和举办厨艺比拼活动。"

"那你们针对我们卖场有什么支持活动呢？"

"第一，我们会在报纸上刊登广告，活动的地址就在你们卖场门前的广场上，举行厨艺比赛；第二，我们需要一个端架和三个堆头来展示新品，当然我们会支付费用；第三，我们会安排最好的促销人员协助你们进行商品陈列和销售工作。"

"往年你们都会直接支持部分促销商品和费用，今年呢？"

"你希望要厂家给你钱呢，还是资源的支持呢？我们今年在企业的营销资源上会重点服务你们好生活超市。"

"往年不也是这样吗？"

"往年我们发现粮油品类的商品在年节期间缺货情况严重，有时有团购可是没有货，好多团购都泡汤，不是吗？我们公司今年对我们的物流系统进行了重新改造，现在已经签订了两家运输企业作为过节期间的物流支持。今年乐万家公司制订的计划就是'服务客户，拒绝缺货'。"

"这一点倒是很正确，往年我们超市过节缺货非常严重，尤其是今年五一节，我们和锦源公司虽然是战略合作伙伴，可是那个家伙还是唯利是图，我下了订单，可是他却说公司没有货。我眼睁睁看着外资超市从他们那边拉出不少货。如果你们能保证重点商品的供应，我这边就可以让团购部门尽量推荐你们的商品。"

"好的。年底的销售我们绝对不会亏待你的。最近公司因为新品上市的原因给了我们一些促销商品，同时还制定了很优惠的返利政策。你老兄今年可能要打翻身仗了。"

……

历时一个小时的商谈，王强和孙浩终于完成了年终的营销计划。今年年底，王强所在的乐万家不仅仅获得了最希望得到的黄金堆头，费用支持方面也一改以前直接扣款的被动模式。乐万家公司分别采取了以下的方式：

（1）三个新品优先独家上市。乐万家决定将三个新品优先在好生活超市上市一个月，享有独家促销活动。

（2）联合促销广告。利用厂商在媒体上的广告以及商家的现场展示展开全面宣传，双方采取交换的方式获得了更多的宣传效应。

（3）赠品和促销品支持。

（4）促销人员配备。

几个方面可以说是全面开花，虽然整体上看好像乐万家花费了更多的费用，其实总费用并没有什么变化，今年只是将原本的投入进行了重新的整合，以前和终端合作不好，在赠品管理和人员管理上比较混乱，市场投入的费用总是没有很好地在终端得到应有的效果。此次，双方对很多环节中的细节进行了完善，相信年后就可以看到应有的效果。

零供合作的基础不是费用，还有很多需要……

结　　论

事后，王强总结与好生活超市的合作经历认为：

（1）与商家对立，不如与零售商合作，如果说零售商是一头公牛，厂商应当有信心也有能力成为斗牛士，共同演绎一场精彩的斗牛表演，毕竟观看斗牛的观众才是真正的顾客。

（2）正所谓条条大路通罗马，与零售商合作的方式很多，既然有这么多方法能够获得零售商的青睐，为什么非要自己出费用呢？

零售商看重供应商或者厂商的什么资源呢？双方合作的基础只有商品的供货和销售吗？双方没有在其他领域有所合作吗？为什么不尝试一下联合促销呢？零售商为什么不可能很好地利用厂商手中的资源和吸取厂商的长处呢？

有时候，费用未必是零售商最希望得到的。其实很多事情并不是原来想象的那样，原来零供关系也是可以更美的……

（3）很多时候，厂商在面临零供危机的时候，是否注意过下面的问题呢？

●成为一个受欢迎的供应商不仅仅是提供最低的价格。

●有时候厂商不用花太多的钱就能完成商品的销售过程。

- 与客户市场合作比单纯为客户的广告埋单更有价值。
- 在建立客户合作关系的时候，要让零售商在第一时间想到要和你合作。
- 注意从过往的经验和创意中获得收益。

有人说零售商与供应商的合作在很多时候是一种博弈，只是如今零售终端的势力太强大了，所以厂商往往是在疲于奔命，这种生活有点颠沛流离的味道。但是这种不平稳的状况并非只有妥协或者放弃才能达到平衡，有些时候沟通可能会给双方带来更多的收益。

【案例分析指南】

采购方的供应商管理对供应方而言意味着客户管理，本案例从供应方角度介绍双方合作，学习重点在于如何正确分析大型连锁综合超市的零售企业供应商存在的问题，以及一个成功的供应商如何主动融入采购方。逆向思维是管理过程中常用的分析手法，读者可结合案例中主动出击的供应商策略，进一步了解大型连锁综合超市的零售企业供应商管理与合作问题。

思 考 题

1. 请结合案例内容，试分析乐万家的主动出击。

2. 根据相关供应商管理与选择理论，你认为大型连锁综合超市的零售企业应如何正确对待供应商存在的问题？如何对供应商进行选择？

3. 你认为好生活超市与原有粮油供应商的合作存在什么问题？对于这些问题，好生活超市应作何调整？

4. 结合案例，从大型连锁综合超市的零售企业角度出发，为其设计供应商选择的程序。

5. 结合附件中的案例，请运用本书案例分析方法论为本案例撰写一份案例分析报告。

附件1

参考案例——大卖场管理秘籍之——供应商组合与管理

张老板这几天急得像热锅上的蚂蚁，本来三十七八度的高温就够让人心烦意乱了，这一档子事又拖了好久解决不了，张老板感觉胸闷气短头发晕，平常没有的毛病好像一下子都冒出来了。什么事这么烦心啊？

原来是他才接的几种新品在某卖场 A 系统申报了快二十天还没通过，迟迟不能进场销售。天气是一天比一天热，别人心烦，做饮料生意的张老板应该高兴才对，高温酷暑对做饮料生意的人可是赚钱的黄金季节。张老板在四月份的糖酒会上看中了几种功能性的饮料，准备今年夏天大干一场，热卖一把，可是销量占据整个地区一半以上的某卖场 A 系统却迟迟进不了新品，张老板感觉每天的太阳都在烘烤自己的心！这不已经连续亲自到 A 系统的采购部跑了一个星期了，采购经理也见了，还是那句话："还在审，别着急。"能不急吗？晚一天就少一天的销量，那可是白花花的银子呀，心疼啊！

张老板天天跑，每天打电话，终于一个采购助理悄悄对他说："张老板，看你这样子真是不好意思。其实我们审新品根本不用那么久。跟你同时申报的海宏公司的几种汇源新品三天就下来了。主要原因是海宏公司是我们的重要供应商，享受绿色通道的优先快速政策。不过，这一点是公司规定的，我们个人也帮不上你什么忙。"张老板这才明白自己为什么会一直遭遇新品阻碍了，原来自己不是 A 系统的主要供应商，好政策都给了别人。尽管自己这几种新品在批发和传统渠道的销量比汇源要大，可还是进不了 A 系统。看样子，要使自己的待遇提升，得想办法获得"重要供应商"的名分，才能有好的政策与支持，才能把生意做大做好。可是怎样才能成为大卖场的重要供应商呢？张老板陷入了冥思苦想：我为什么不是重要供应商？我怎样才能成为重要供应商？

其实，张老板困惑的"重要供应商"问题并不是一个陌生的话题，厂方及经销商在零售终端有"KA"与"普通"的级别划分，以便于实施和给予不同的管理政策。那么，卖场对供应商的等级划分也是自然而然的。这世界上，在任何一个竞争的领域本来就是没有平等的，地位只有靠实力去争取。地位的差异导致待遇的不同，这也是基于有限资源的最有效利用而产生的。对于卖场而言，对供应商的等级划分是其优化赢利模式的一种手段和方法，而这种手段实施的核心就是"供应商贡献度"，一般可从几个方面来剖析这个话题：

要清楚卖场为什么要进行供应商的级别划分，前面说过，竞争领域没有平等。那这个差异化实际上是来自于当事者本身的，卖场是基于自身的赢利需求而进行各项资源的调配管理的，其中"供应商"是最重要的一块，也是利润的源头。20/80 原则是自然的法则，运用在供应商管理中也是非常正确的，20% 的厂商贡献了 80% 的业绩和利润，自然就是卖场的主要供应商。他们是卖场生存和发展的保障。对供应商的级别划分将有助于实现卖场资源的最有效运用，将各种经营数据的组合调配至最适当，也能获得最大化的利益组合。因此，卖场对供应商的级别划分是非常重视的。

一般来讲，在供应商的级别划分上会参考的因素有产品组合、利润贡献、形象影响度、可持续性能力等指标。透过供应商各种指标考核而产生的供应商级别划分有两种模式：产品类级别和战略类级别。前一种级别侧重于产品结构和利润贡献，后一种级别偏重于企业形象和战略联盟关系的建立。前一种级别是基础，容易复制和模仿，而后一种级别则是带有企业特色的，例如一个典型的例子就是"OEM"自有品牌厂商的开发，它的特点就是不易复制，卖场对其掌控度更高。在这里我们重点谈谈第一种供应商级别划分模式：产品类级别。

要想成为重要供应商就必须清楚了解卖场对供应商的划分。通常，卖场会将供应商分为 A、B、C 三级，各自的比例为 20%、50%、30%。占 20% 的供应商称为主力重要供应商，占 50% 的供应商称为较重要供应商，另外 30% 的供应商称为可选择性供应商。在具体划分的时候，考虑的指标参考值包括：

1. 产品组合

这是最基本的条件之一，包括产品的品牌性、销售业绩、产品销售毛利，或者是富有当地特色的特产类，而且在代理规模和级别上是地区内最高的。比如，任何一个地区的"金龙鱼"食用油的代理商都会是 A 级供应商，一方面是由其品牌影响力决定的，另一方面是拥有一级品牌的供应商都有不菲的资金实力，这一点也是卖场看中的。在任何时候，卖场都会欢迎最好的商品和最有实力的供应商。因为最好的商品有最大的量，有最大化的销售利润，而最有实力的供应商通常都掌握着最好的商品。在利益纽带的联系下，最讲究的当然是门当户对。

2. 利润贡献

做生意嘛，说白了就两个字"赚钱"，所以卖场会将供应商的利润贡献能力看得很重要。这个利润贡献不仅仅只是"销售毛利"，它包括一切可以创造收益的部分：费用投入、返利、促销支持、合同条款等。如果销售毛利低了，没关系，只要你费用投入多，返点高，综合毛利达到卖场要求也不影响你成为重要供应商。

3. 特别指标

除了以上两点基本考虑之外，卖场还会根据一些地域或产品等特殊需求而设立特别指标。比如针对必须要卖的那些商品。海达公司是一家规模一般的公司，可是在当地却是52 度五粮液唯一的代理商，除了这一种单品，其余的商品都是名不见经传的，但是在当地没有一家卖场不把它当做重要供应商，不然你就没有 52 度五粮液这种畅销品卖，更可怕的是就算你利用全国连锁的优势窜货过来也不行，因为他的价格比你拿的更低！在目前的中国，特别是在传统商品领域这种现象不少见。另外，现在国内的市场化、标准化管理还不健全、不透明，中国式的人情威力甚大，特别是职能部门的裙带公司，通常会享受不一样的待遇。你敢说在生鲜部门有几个卖场会把食品卫生防疫检查所的裙带公司定为 C 级厂商？卖场可不愿意天天写检查上报纸曝光。做生意开门就要见财，当然和气才能生财嘛，要想和气就不要自己惹麻烦上身。

卖场对供应商的等级划分是为了保障利润最大化，这就要透过资源的合理运用来实现。通常，卖场会将资源向 A 级重要供应商倾斜（除了政策性的制裁之外）。这些支持包括如下方面：

1. 结账的优先

A 类重要供应商的商品创造卖场大部分的业绩和销货毛利，这一块是卖场经营的基本保障，而结账是供应商最在意的，所以卖场会优先保障 A 类供应商的货款结算。因为卖场不想遭受重要商品缺货的损失。

2. 新品申报的优先

每一天卖场都会接到许多新品申报的申请，作为卖场经营的快速消费品这一块尤其如此，谁的产品线深、广，谁的业绩就大，供应商当然削尖脑袋要报新品了。在同等条件下，自然是 A 类重要供应商的新品批得快，优先满足重点供应商的要求是卖场供应商管理的一个基本面。当然，如果你是 B、C 级的供应商，你愿意付出更高的新品费用，你的新品也会批得快，因为你贡献了多的费用。

3. 优先的促销安排

在卖场里面，30%的业绩是促销品创造的。促销形式包括：海报、店内促销、端架促销、主题活动等，你拥有更多的促销机会，就拥有更多提升业绩的机会，当然这种机会大部分会给予重点供应商。非重点厂商要争取促销机会必须付出更多，用不平等的条件获取平等的竞争机会。

4. 正常陈列

这里的正常陈列是指货架的基本陈列面，其指标有：处于动线的哪一端？处于货架的哪几层？处于阴阳哪一面？排面有几个？卖场会按顾客走向将陈列分为阴、阳两面。面对顾客直视方向的为阳面，因为可以一眼看到，不用转弯不用回头。在货架部分，平行视线的高度为1.2～1.5米，用手可直接拿取的地方是陈列的黄金区，不用抬手踮脚、不用弯腰的地方是卖货最快的区域。

这些陈列的最优地段就是留给重要供应商的，通常也是厂方的必抢之地，多少明争暗斗皆由此起。

5. 促销员的设置

对于专业性的商品来说，有促销员和没促销员的销量差别是巨大的，比如保健品，其竞争是非常激烈的，这其中促销员起了关键性的作用，他们的引导作用极为明显，没有促销员的产品几乎卖不动。所以卖场会在促销的名额和设置上给予重要供应商照顾。经常可以看见，非主力供应商为上一个促销员苦苦哀求采购。

卖场对重要供应商的支持还有很多方面，这个过程是一个良性循环，得到的支持越多，表现就越好，重要供应商的地位就越加巩固，越是重要供应商就越能得到支持。当然，风水轮流转，明天到谁家？没有永远的赢家也没有永远的输家，只有永远的利益，只要把握了合适的机会，你也可以成为重要供应商，因为卖场对重要供应商的划分和管理是动态的，一旦表现不好，都有被踢出局的可能。那么供应商可以从哪些方面调整自己以期获得机会扭转地位呢？

1. 改变、强化产品结构

可以从品牌知名度、提高单品毛利、增加卖场必需的结构性、特色化商品等方面入手。对于一流品牌，哪怕利润再薄也不要轻易放手，那是你的重要筹码，你的利益来自于一流品牌创造的地位，二三流产品创造的利润，没有强势产品是不可能成为重要供应商的。

2. 调整经营策略与方向

当你没有实力成为所有卖场的主力供应商时，你可以根据自己的实力和实际状况，选定你要重点支持的卖场，将有限的火力炮弹集中在那些卖场投入，产生的效果比盲目贪多求大来得更实在。

3. 扩大规模效益，增加竞争力

当几个小公司都在非重要供应商旋涡里挣扎的时候，日子都难过。与其永无出头之时勉强度日，不如考虑联手，合并成一个某类商品的专业大公司，增强自己的竞争力。例如：五个做调料批发的小公司经过合并整合成立了"五小龙调味品贸易有限公司"，一跃成为当地最大的调料供应商，以其绝对优势一举击败原来的竞争对手成为重要供应商，迅速获得了卖场最好的支持，一改往日的被动，生意也日渐红火，扬眉吐气了。

做生意永远是实力在讲话，当你有能力提升自身赢利能力的时候，卖场自然会向你伸出钟情的橄榄枝。所以面对现实，调整自身远比抱怨卖场的现实与无情来得有意义。了解了卖场对供应商的划分组合规则之后，供应商就应该明确自己的目标，调整自己的方向，迎合游戏规则，力争为自己创造最好的竞争地位！

附件2

参考案例——家乐福"择友"标准重在"质地"

资信　活力　创意

据家乐福高层透露，该集团希望找到资信良好、充满活力、有创意的生产企业，2004年召开的首届中小企业博览会为家乐福与中小企业提供了合作契机，这不但有利于家乐福寻找到更多具有实力的供应商，同时也节省了采购成本。

重点瞄准四大类产品

目前，家乐福的发展有赖于大量销售的商品和较高的商品周转率，该公司提倡的不仅仅是以提供平价吸引广大的消费者，更重要的是提供最好的商品、最低的价格和最优质的服务保障消费者的权益。它所青睐的供应商必须具有强大的市场竞争力与实力。

目前，家乐福在华采购的产品主要出口至国外的包括欧洲、南美洲和亚洲地区的家乐福商场。该集团在中国采购的产品种类主要集中在家用百货、纺织、家电、食品四大类。其中，玩具、工具、园艺用品、休闲家具、体育用品、旅游用品、箱包、节日用品、家庭用品、服装、家用纺织品、家庭视听器材、空调、微波炉、照相机、吸尘器、小家电等都是需求量较大的产品。家乐福方面强调，作为中国社会的一分子，家乐福中国采购对其运作保持高度的责任，并在贸易的各个环节中，积极与中国供应商推进可持续性发展项目。

采购流程分四个步骤

家乐福目前在中国设立有国际采购中心，由采购总监统管。该机构属于国家级别，主要负责定义采购指导方针，寻找最佳产品。它下面设有全国杂货产品采购经理、全国生鲜产品采购经理、全国百货产品采购经理、全国纺织品采购经理、全国家电产品采购经理五大品类主管。同时，为寻找区域供应商及商品，并进行价格谈判，家乐福还在华北地区的北京、华中地区的上海、华南地区的广州、西南地区的成都分别设立了四个区域级别的采购中心。

家乐福全球采购的业务流程大致分为寻找货源、资格认证、组织谈判与跟踪生产过程四个步骤。在寻找货源阶段，活跃在中国的家乐福产品专家们将根据每个产品的具体技术标准与要求，寻找拥有足够技术力量与生产能力的供应商。所有供应商必须经过家乐福专业人员对工厂考察与资格认证后，才能参与竞标的环节。

在价格谈判的环节中，家乐福不仅仅根据投标价格的高低来挑选供应商，还会进行"使用情况测试"，以挑选出"性能价格比"最好的产品。当供应商进入生产阶段，家乐福的产品专家将跟踪生产的各个环节，对质量进行测试和监督，以保证大批量生产的产品质量。而中国家乐福超市内销售的产品则由家乐福（中国）专门负责内贸商品的部门进行采购。

进入家乐福的门槛

如何才能成为家乐福的跨国采购系统的中国供应商，是中小企业最关心的问题。据家乐福高层透露，条件有四：

（1）根据家乐福对产品的技术要求（比如家具产品的技术文件和草图、服装的技术文件），家乐福采购寻找能回应这些技术的供应商，进行技术力量和生产能力的评估。

（2）所有供应商必须经过工厂考察与资格认证后，才能参与竞标的环节。

（3）进行使用情况测试，它是为了选出"性能价格比"最好的产品。其中公开的价格谈判是建立在两个基础上的：投标价格；产品的技术和性能指标必须符合文件要求。

（4）在生产的各个环节对质量进行测试和监督，以保证大批量生产的产品质量。质量的测试和监督工作是家乐福指定的机构进行的。

此外，家乐福全球采购还对中国供应商提出了更高层次的要求，包括企业必须具备进取精神，同时有提高对欧洲市场认知度的强烈愿望；另外，要拥有对国际市场的快速反应能力，有能力开发符合国际市场需要的新产品，在产品的款式、质量、包装等方面下工夫，达到国际化水准；企业在生产管理方面全面达到ISO认证体系的标准；企业拥有可持续性发展的意识，能与家乐福一起推进可持续性发展项目，等等。这些都是家乐福全球采购对供应商考核的重要方面。

合作依据国际惯例标准

在与供应商的合作中，家乐福期望能在公开、沟通的基础上与供应商建立长期的合作，所有的订货单都很严谨，并保证建立最具吸引力的合作条款。另外，家乐福全球采购力求在商业运作中，与供应商共同推进可持续性发展项目，并要求供应商严格遵守当地劳工法规，绝不聘用童工及强迫劳动，提供良好的工作环境，并与供应商共同开发环保产品与包装。

同时，家乐福也认为中国企业需要更多地了解国际市场的需求与发展趋势；提高新产品开发能力，并使产品符合国际市场需要；提升在产品品质、规格、包装等各方面的国际化水准；企业在生产管理方面，全面达到ISO认证体系的标准；并注重企业可持续性发展能力的积累。

目前，中国已经成为家乐福在全球最重要的采购基地，随着中国进一步取消出口配额限制，以及在轻工业、纺织业领域的巨大优势与潜力，未来家乐福在中国的采购数额将不可限量。现在，家乐福在中国地区选择的150家供应商中大多数为中小企业，而且这个数量还将不断增加。

附件3

参考案例——德尔福的标准插座

引　言

如何成为别人的供应商，以及如何为自己选择供应商，这两个供应链生存的核心课题，每天都在德尔福的标准插座上不停地串联和转换。

一两年前，全球采购离中国企业似乎还遥不可及。而现在，国内几乎所有汽车零配件厂商都在争取被纳入跨国公司的供应链系统。而德尔福，就是这样一个主要厂商。

对福特和通用汽车，德尔福是主要的零部件供应商，而对国内不少零部件企业，德尔福则是一个主要买主，是它们进入世界级供应链条的关键接口。

怎样才能成为供应商的供应商

从2002年起，通用汽车和福特一直在敦促其一级零部件供应商，要么到中国投资生产，要么从中国直接采购。为此，众多整车制造商、一级供应商和售后市场的流通巨头都在积极制订中国采购的战略和实施方案。据不完全统计，目前外商在我国投资的零部件企业已近500家，国际著名的汽车零部件企业几乎都在中国建立了合资或独资企业。

越来越多的汽车零部件跨国集团选择在中国建立其亚太地区总部，国内汽车零配件企业无疑要面对国外同行越来越大的压力。

目前，德尔福在中国的投资已超过4亿美元，分别在北京、上海、长春开设了代表处，在全国设有十多家合资和独资企业、一个技术中心和一家培训中心。德尔福（中国）公司副总裁蒋健不同意媒体把德尔福看做是"外国公司"，与"国内"汽车零配件企业区别对待。"我们在中国做久了，不也就是中国公司了么？"

但他同时也指出，国内"完全本土"的汽车零配件企业与国际背景大企业之间确实存在着比较大的差距。"全球汽车产业发展迅速，为了保持竞争优势，大公司每两三年就要推出新车型，这就对零配件供应商提出了挑战。拥有全球性的技术、全球性的资源才有可能适应这样的发展变化。"

"但是他们可以做我们的二级供应商。"蒋健说，德尔福在内地已经有100多家零配件二级供应商，"（本土企业）产品价格还可以，质量也在逐步提高，特别是金属铸件、轴承等产品。"

要成为德尔福的供应商，要求可不低。

质量方面，德尔福对供货商的最低要求是通过 ISO 9001：2000 质量认证，"如果通过了 TS 16949：2002 质量认证则更好"。

运送要达到世界水平。"我们希望供应商运送方式是，交至承运人（指定地点）（FCA）或交至德尔福工厂（TTOP）。"无论何时，出现问题以后，要积极主动地寻求解决方案，要有"追求零缺陷"的态度和做法。"我们还要求供应商事故发生率为零，生产过程没有中断，新产品投放市场过程中没有缺陷。而且企业的最高领导层要特别重视质量，并参与有关管理措施的具体实施。"

德尔福要求供应商协同工作，以寻求解决方案，并具备用英语自由交流和沟通的能力。供应商应早期介入产品研制过程（PDP），并共同研究技术发展道路和方向。德尔福还要求供货商每年积极降低成本，注重价值链的核心竞争力，符合 MNS2 支付条款（即在每个月的第 2 天让德尔福收到账单），并希望签订长期和终身的合同。

德尔福"处方"

在全球市场上，国内汽车零配件企业一直先天不足。规模小、资金少、技术力量薄弱，被普遍认为是制约他们发展的主要因素。蒋健说，与国际有实力的集团合作，共享资源，应该是本土企业发展的出路之一。"德尔福在中国一年里投资 16 亿，一般的本土企业很难做到这样。"

据了解，近年来众多中国汽车零部件企业都在充分利用国际资源。2001 年，民营企业浙江万向集团成功收购美国上市企业 UAI 公司，开创了我国乡镇企业收购海外上市公司的先河。一汽汽车研究所与德国 FEV 公司合作开发出 CA6DE 系列柴油机，使中国汽车工业柴油机有了新突破。中国蓝星总公司与韩国阿波罗合资建立了现代化的汽车塑料零部件企业，双方共投资 1.7 亿元人民币。

蒋健认为，技术问题是制约国内汽车零配件企业与跨国公司充分合作的瓶颈。在汽车零部件的技术开发方面，中国汽车工业在某些中低附加值产品方面具有相当的开发能力，而许多汽车关键零部件还只是外国产品的仿制，如中国汽车零部件企业批量生产的发动机只相当于国际上 20 世纪 90 年代的水平，汽车发动机行业的整体水平与发达国家相比，差距在 20 年以上。

蒋健说："国内企业在这方面应该大力投资，满足今后市场的需要。人们普遍认为，资金不足问题制约着大部分国内汽车零配件企业的技术研发，但重要的是企业应有足够的勇气和决心。"

上海德尔福汽车空调系统有限公司，是由上海汽车空调厂与德尔福合资组建的国内最大的汽车空调系统开发制造商，也是德尔福在内地唯一占少数股份的合资企业。蒋健介绍说，合资以前，上海汽车空调厂就有很强的研发能力，合资以后该公司继续加大科研方面的投入，"虽然公司领导的办公室还很破旧，但研发用的风洞不比德尔福在北美的设备差"。

【案例 3 -5】BISC 国产化与供应商管理

【案例概要】

案例详细地介绍了北京国际交换系统有限公司（BISC）的国产化与供应商管理。本案例首先介绍了北京国际交换系统有限公司（BISC）的背景资料和国产化采购的必要性，然后逐步分析了 BISC 国产化的意义，最后还介绍了 BISC 筛选供应商的影响因素。

【教学目的】

1. 供应商国产化的意义；
2. 国产化供应商评估因素；
3. 供应商伙伴关系的维持。

引　言

北京国际交换系统有限公司（BISC）是一家中德（西门子）合资企业，它以 EWSD 程控交换机为主要产品。和其他合资企业一样，成立 BISC 的初衷是国家想要"以市场换技术"。然而，能否换到技术，换到多少技术，却是不明确的，也是中德双方一直在争论而未获解决的。德方控制着技术，同时也控制着原材料的采购，这样就使得企业在很大程度上依赖于德国西门子公司。为了摆脱这种状况，使企业获得多一些的独立性，BISC 自成立之初就将国产化提高到了战略性的高度。

BISC 的国产化

国产化不仅可以解决企业依赖性问题，而且可以极大地降低成本，增加产品竞争力。在 BISC 成立初期，90% 的零件和元器件都要从西门子直接进口，为此要附加 30% 的采购管理费，这就使原材料成本大大提高。成本高，价格当然也就高。在当时的市场情形下，价格相对较高还不对企业的销售构成多大影响。这是因为，当时市场需求大，而供给方只有 BISC 和（上海）贝尔等少数几家厂商，形成供不应求的局面；同时，EWSD 交换机确实以其性能好、质量好和服务好而赢得了市场的一致认同。可是，随着深圳华为和中兴通讯等一批优秀民族企业的蓬勃发展，交换机市场展开了价格大战。对于客户而言，他们只想以合适的价格买到合适的产品，所以，在考虑性能、质量与服务之外，价格成为一个非常敏感的因素，对于广大农村市场来说尤其如此。面对竞争对手的纷纷降价，BISC，这位通信行业的老大哥，再也不能够置身于价格之外了。我们可以看到 1998 年 EWSD 的价格已经降到了 1996 年年初的 42%。价格在下降，可是企业还要生存，要发展，要对股东负责，所以如何降低成本就成为了重中之重。降低成本有许多途径，如加强管理、提高生产效率、减少开支等。但是从成本的构成来看，原材料在一般情况下可以占产品总成本的50%～70%，在合资的通信企业里，它可以达到80%。因此，BISC积极开展国产化工作，把较低一级的原材料，例如EWSD交换机的机械零件、PCB、电缆、无源器件等，交给国内厂家生产。而与国产化进程同步，他们也积极开拓国际采购市场，在更广阔的范围内寻找供应商，而不是仅仅局限于从德国西门子公司进货。与六年前的1998年相比，2004年直接从西门子采购的原材料占总量的比例已经从最初的90%降低到50%左右，采购成本也降低了30%～40%，这就为EWSD交换机价格的降低提供了有力的保障。

国产化除了可以解决企业的依赖性和成本问题之外，也为科学的管理提供了保证。人们知道，在"买方市场"条件下，信息是不对称的，掌握信息的是顾客，缺乏信息的是商家。而由于科学技术的进步和财富的增加，人们的消费观念发生了很大的变化，他们需要更为"个性化"的产品，同时也对交货期提出了更为苛刻的要求。因此市场需求变得难以琢磨了，企业生存的压力也更大了。在这种压力下，企业的管理方式必须改变。围绕"一切以顾客需求为核心"、"以需求拉动生产"，人们提出了JIT、MRP、MRPⅡ、JITⅡ、ERP以及BPR等一系列管理理念和管理方法，而这些方法的实现是离不开采购这一环节的。在整条供应链中，供应商是物流的始发点，是资金流的开始，同时又是信息流的终点。也就是说，任何一个客户的需求信息都要最终分解成采购信息，而需求的满足程度则要最终追溯到供应商对订单的实现程度。举例来说，JIT的思想是要消除一切无效作业与浪费，实现"仅仅在需要的时刻，按照需要的数量，生产真正需要的合格产品"。设想，如果在供应商这一环节出了问题，没有实现准时交货，或者没能交正确的货，那么由于生产流程中每一个单元都是上一个单元的提供者，这将引起连锁反应，最终导致交货的延迟。相反，如果能够优化采购环节，缩短采购时间，那么整个供应链的效率就能提高，交货期就能缩短，客户的需求也就能得到更好的满足。就BISC而言，如果从西门子进口原材料需要3～5个月，而从国内厂家进货只需1～2个月，这样，由于采购期的缩短，就使库存，特别是安全库存大为降低，从而减少了资金积压，同时它也增强了企业对紧急情况（如加急订单，或缺货）的应付能力，使生产能够更加平稳地进行。

实现国产化对于国内其他企业，也有重要意义。企业要生存发展，必须有市场，如果合资企业能将其部分原材料订货交给国内厂商，就会形成一个可观的市场需求，救活一批企业，缓解就业困难。另外，由于合资企业对产品的质量要求非常严格，这就迫使国内企业加强内部管理，加大技术改造力度，引进国外先进管理方法和先进技术，改善经营状况，从而真正获益。

由以上可知，国产化对于企业和国家都是极为有益的，BISC几年的实践也证明了这一点。那么如何开展这项工作呢？

国产化指的是在满足了质量、性能、价格、交货期等条件下所实施的国产化，绝对不能以牺牲其他几项指标为代价。因此，合资企业的国产化中采购部门必须做好供应商的筛选和管理工作。

BISC 的供应商筛选和管理

对供应商的筛选包含两个层次的含义：首先要确定国产化方向，一般而言，会选择那些需求量较大，技术要求不太高，而运输成本较高的原材料进行国产化；在确定了方向之后，就应该综合以下因素筛选供应商：

1. 质量水平和技术能力

质量永远都是企业的生命。企业必须对所需原材料的技术要求以及规范有明确的认识和研究，分析其质量水平和技术难度，然后寻找合适的供应商。对于精度高、技术难度大、需要先进技术的产品，要选择有实力的大企业进行合作；而对于那些精度要求低，加工容易的，或者是那些非国标内的零部件，大企业出于规模经济考虑不愿意生产的，就应该与中小企业合作。就 BISC 的经验而言，这时往往会取得非常满意的效果。

2. 价格

降低价格是国产化的一个重要目的。价格因素也是筛选供应商的一个重要因素。但是，低廉的价格往往会掩盖了产品的其他弱项。所以这里不对价格因素给予过多的关注，而只是强调，应该给它一个合理的地位。

3. 交货期和地理位置

现代企业生产管理对采购的及时性提出了相当高的要求，所以在筛选供应商时，必须考虑它的设备是否完好、生产能否平稳进行、交货能否及时，以及它的库存管理情况、地理位置和应付紧急事件的能力。

4. 其他

选择供应商时，还应该看它是否有市场经济的意识，是否还躺在计划体制下认为"皇帝的女儿不愁嫁"。应该看它的企业领导们是否有合作的态度，还应该看它的企业文化，员工的士气，厂内的环境等因素。

当然，订货方筛选供应商，供应商也会筛选订货方。因此，必须抱有长期合作的态度，本着合作双赢的目的，这样才能寻找到优秀的合作伙伴。

筛选出之后，更为重要的工作是对供应商进行管理，建立起一套评定系统。就 BISC 而言，它每年一次要以自己的评定系统对供应商的业绩进行考核。在这套体系中，产品质量、开发能力、交货准确度以及市场四个方面各占 25%，而在每一项指标之下，还有更细的评定体系。在评定之后，再根据采购量的大小，将供应商分为四类：优选供应商，可发展供应商，边缘供应商以及标准供应商。最后再根据明年的采购计划，确定明年的采购策略。

从以上我们不难看出，采购不是简简单单地买东西，而进行国产化和供应商管理则更是一门学问，一项综合性工程。它需要企业领导自上而下的重视，需要企业内各部门的协作，还需要企业员工的配合，只有这样，才能保证低成本下采购任务的完成，才能与采购在整个供应链上的地位相称。

【案例分析指南】

从【案例1-3】西门子公司的全球化采购策略、【案例2-3】BZ公司采购经理工作日记以及本案例来看，国产化和供应商管理对企业意义重大。本案例仅以简短的 BISC 公司案例为例，读者可通读相关案例，以国产化和供应商管理为核心分析供应商伙伴关系。

思 考 题

1. 请结合案例内容与【案例1-3】西门子公司的全球化采购策略、【案例2-3】BZ 公司采购经理工作日记，试分析国产化对供应商选择的影响。

2. 根据相关供应商管理与选择理论，你认为 BISC 应如何正确对待国产化供应商存在的问题？如何对供应商进行选择？

3. 结合相关案例，请运用本书案例分析方法论为本案例撰写一份案例分析报告。

【案例3-6】康师傅集团供应商管理策略的演变

【案例概要】

从 20 世纪 90 年代起，康师傅仅用十余年的时间便一跃成为中国的方便面之王，成为台资企业在大陆最大的投资企业。截至 2005 年，康师傅方便面在大陆方便面市场已占有 47% 的份额，日产量达到约 2600 万包。康师傅面业的成功一方面归功于它准确的定位，将目标定在中档面市场，用高品质的面条占领了大陆市场；另一方面，它所采取的适时变通的供应商策略也做出了不少贡献。

【教学目的】

1. 供应商管理与产品质量管理的关系；
2. 企业理念或战略对企业供应商管理策略的影响；
3. 了解食品行业供应商管理的特点。

引 言

在中国内地，康师傅是一个家喻户晓的品牌，几乎就是"方便面"的代名词。康师傅以 60 亿包的年销量被称为"中国面王"，同时也是世界上销售量最大的方便面生产厂商，一年中单用于包装康师傅方便面的塑料薄膜就可以绕地球十二圈。1996 年康师傅在香港上市，2002 年在香港股市增值最佳的股票中，位列前三位。2004 年上半年营业额为 60 亿元人民币，较去年同期增长 20%。而拥有康师傅品牌的台湾顶新集团 2004 年年销售额就高达 200 亿元人民币。

康师傅产品的品质保证不仅靠先进设备，更靠严格的管理。顶新采用全面品质管理（TQC）系统，从原物料采购、生产到销售，每一个环节都在严格的管理控制之中。例如，为保证牛肉的新鲜，提供牛肉的厂家必须将牛肉洗净，包装并用冷藏车运送，脱水蔬菜采用的标准也是顶新制定的企业标准，比国家标准还要严格。对面粉供应商顶新也有一套自己的认证体系。首先组织品保小组对面粉供应商的生产环境和工艺进行评估，合格后让供应商提供小样品，做理化和微生物指标测试，经小批量生产合格后方能进货。但此时面粉供应商仍不能高枕无忧，品保小组对其仍有 1~3 个月的观察期，一旦发现有不合格产品，立即停止进货。就这样，最初的 20 几家供应商被优选为 7 家。此外，康师傅旗下的企业对每一家原料供应商都进行严格管理，原料供应商必须通过 ISO 9000 质量体系认证，原料的检验要经过小量确认、批量试车以及对试车产品进行理化指标、微生物、口感认定等多道工序；公司每年都要对注册合格的供应商进行实地考察，按考核内容得分依次将供应商划分 A、B、C、D 级厂商，全面检查其生产能力、品质系统、口感认定，绝不允许从非合格供应商处购买原料；"康师傅"的生产硬件设施也都符合食品 GMP（Good Manufacture Practice，药品生产质量规范）要求，在生产过程中，公司严格落实停、开线首检制度，下线的第一批产品都要进行原辅料、克重、生产日期、制成工艺参数执行等方面的检验，并且对每批产品依照严于国家标准的企业标准进行水分、酸价、过氧化值、IOD、脂肪、复水时间及微生物指标的检测，坚决杜绝不合格产品流入市场。生产主管每天都要试吃当日下线的第一包方便面，以从感官及口感上进一步做专业的品尝检验。

进入市场初期的供应商策略

康师傅进入大陆市场初期，国内方便面市场品牌杂乱、质量低劣，方便面原料供应市场不成熟。康师傅恪守"诚信、务实、创新"的经营理念，对供货环节严加把关。为了发展方便面事业，确保供货的高品质与及时性，康师傅建立起自己的配套事业部，从集团内部获得原料和主要物资的供应。配套事业部主要经营脱水蔬菜、变性淀粉的生产、物流等。与国内供应商相比，配套事业部在品质、价格、交货期等方面都有明显的优势，对康师傅方便面事业的起步做出了不小的贡献。虽然这种方式在节省时间和采购成本等方面具有一定的优势，但缺乏竞争、绩效低下等制度缺陷也显而易见。而且，随着大陆原材料供应市场的逐步发展，许多优秀的供应商企业也逐步成长起来，将配套事业部作为唯一供应商的弊端越发凸显出来。一方面，这种"纵向一体化"的经营方式不仅增加了企业投资负担，使得康师傅不能专注于核心业务的研究与生产，同时增加了企业的行业风险；另一方面，由于配套事业部拥有原料及物资全部的供应配额，使得企业不得不面对单一来源的独家采购所带来的弊端，如独家物资供应商的垄断和对新技术的抑制。

市场成熟的供应商策略

20 世纪 90 年代后期，大陆方便面原料市场，包括面粉、纸箱、添加剂、包装材料等供应企业发展迅速，这使得康师傅转向外部采购成为可能。康师傅适时适度地引入竞争机制，将配套事业部和外部供应商同时作为供货的选择对象，在一定区域范围内发展并寻找合适的供应商，根据实际情况选择至少两家或两家以上的协作厂（商）家同时进行原料的供应和研究开发工作。尽管这样，康师傅并非依靠供应商获得所有的原料，对于涉及配方的机密材料，譬如方便面中的某些酱包，还是由研发部单独开发。

对于大宗物品（如小麦粉、包装材料）的采购，康师傅是按一系列规定的作业流程进行的，从供应商的开发，到供应商的选择和对供应商的考核等。供应商的开发对于康师傅来说，是整个供货体系的核心，供应商的表现也关系到整个企业的发展。

一般来说，供应商开发包括的内容有：供应市场竞争分析；寻找潜在供应商；发展潜在供应商。尽管大陆的原材料供应市场有了一定的发展，但由于面粉加工工艺指标的特殊需求，国内供应的原材料（譬如小麦的生产技术）还是达不到供货的要求，出于国际原材料的配额限制和运输成本的考虑，康师傅就必须对区域内潜在供应商进行开发，以期供货能达到指定的规格。

选择潜在的供应商，就是要求供应商在能持续满足预先设定的质量标准的前提下，保证按时供货。企业必须选择达到质量标准的供应商，这个选择过程是由康师傅品保部、采购部、研发部的工作人员共同完成的。一般是采购部根据研发部制定的关于原料具体规格要求寻找潜在的供应商，对供应商的质量保证体系进行初步调查，主要包括供应体系的完整性、有效性和员工的参与程度。品保部会对其生产、开发等综合能力进行调查评估，主要包括对供应商的现场生产管理能力、设计开发能力、生产工艺技改能力、对不合格产品的控制能力及其采购、储运管理能力等项目的综合调查。目前 ISO 9000 是康师傅选择供应商最基本的依据，随着市场环境的改变和市场标准的提升，选择基准也会有相应提高，ISO 14000、HACCCP 都是企业未来选择标准的方向。

大宗商品在品质、生产条件及供货条件一致的前提下，康师傅采用指定招标的方式选择合作伙伴，即由企业预先选择若干个可能的合作伙伴，再进行竞标和决标，与报价最低的合作伙伴签订合同或协议。指定招标只在几个供应商之间进行，对投标者的企业状况都比较了解，避免了信息不对称的同时又确保了康师傅的成本优势。

评估供应商，就是根据精心制定的质量和交货标准，对供应商进行有规律的科学评价。康师傅从价格、品质、交货、协调等方面对供应商进行定性与定量的考核评估，并依据供应商供货的水平对供应商划分等级，由此确定下一轮的供应配额。在整个供货过程中，康师傅对供应商淘汰的频率比较低，只有 10% ~ 15%，这在一定程度上削减了双方的交易成本。

启　示

康师傅通过供货环节确保了企业的成本优势，使得康师傅面业走在大陆市场的前端，但是企业与供应商的关系还是处在初级阶段，企业仍然运用传统压价的方式选择供应商。究其原因，一方面与大陆供应市场存在的不足有关。原料供货市场发展得不充分，尽管大陆供货商的数量猛增，但是供货的质量还是不能满足企业的需求，譬如小麦粉的灰度偏高、包装印刷粗劣等。另一方面，大陆企业的经营理念有待提高，对于这种激烈竞争，企业之间的沟通和相互信任是首位的，在康师傅供货过程中抽检是保证质量不可缺少的过程，即使是有着良好供货记录的供应商也不会例外。抽检的费用暂且撇开不谈，由于双方交易带来的不信任会影响到下一轮合作。与供应商实现双赢，就是致力于与供应商建立互惠互利、长期友好的合作伙伴关系，从某种程度上讲，就是要把注意力放在整条供应链上去，用供应链的思想来整合各个参与企业，而不只是考虑自身的成本与利益，这样获得的竞争优势不仅是长久的，而且是其他竞争对手不能模仿的。

【案例分析指南】

采购方的供应商管理的重点是保证供应链上最终产品的质量，本案例以康师傅供应商管理策略演变为例，学习重点在于如何正确分析制造企业供应商存在的问题，以及如何通过供应商的管理实施产品质量管理。读者可结合案例中基于产品质量管理的供应商管理策略演变，进一步了解制造企业的零售企业供应商管理与合作问题。

思 考 题

1. 请结合案例内容，试分析康师傅供应商管理与产品质量管理的关系。
2. 结合案例内容，试分析康师傅供应商管理策略演变过程及发展趋势。
3. 结合案例，阐述企业理念或战略对企业供应商管理策略的影响。
4. 请运用本书案例分析方法论为本案例撰写一份案例分析报告。

第四章　采购价格与采购成本

导　论

一、采购价格

1. 采购价格调查

（1）调查的主要范围

根据一些企业的实际操作经验，可以把下列 6 大项目列为主要的采购调查范围：

- 选定主要原材料 20～30 种，其价值占全部总价值的 70% 以上。
- 常用材料、器材，属于大量采购项目。
- 性能特殊的材料、器材，一旦供应脱节，可能导致生产中断。
- 突发事变紧急采购。
- 波动性物资、器材采购。
- 计划外资本支出、设备器材的采购，数量巨大，影响经济效益深远。

（2）信息收集方式

- 上游法。了解拟采购的产品是由哪些零部件或材料组成的，换言之，查询制造成本及产量资料。
- 下游法。了解采购的产品用在哪些地方，即查询需求量及售价资料。
- 水平法。了解采购的产品有哪些类似产品，即查询替代品或新供货商资料。

（3）信息收集渠道

信息收集的常用渠道有：杂志、报纸等媒体；信息网络或产业调查服务业；参观展览会或参加研讨会；加入行业协会。

（4）调查所得资料的处理方式

企业可根据采购市场调查结果，编制材料调查报告及商业环境分析，对本企业提出有关改进建议，并根据科学调查结果，研究更好的采购方法。

2. 市场分析

在商品经济条件下，不同商品处于不同的市场。一般按市场上竞争和垄断的程度，将现实的市场划分为四种类型：

（1）完全竞争市场

完全竞争市场是一种竞争不受任何阻碍和干扰的市场。处于该市场上的产品的价格是由整个市场的供求关系决定的，商品采购价格的核定往往表现为对市场价格的择优选择，可以在一定范围内讨价还价。

（2）完全垄断市场

完全垄断市场是指整个行业的市场完全处于一家厂商所控制的状态，该独家厂商决定商品供应数量和商品的市场价格。厂商可以实行价格歧视。在完全垄断市场条件下，采购价格的核定必须考虑以下几个方面：

① 物品的需求性：即对供应商的依赖程度。

② 寻找代替品。

③ 国家有关政策，如对处于完全垄断市场的物品的限价政策。

（3）垄断竞争市场（不完全竞争市场）

垄断竞争市场是指一种既有竞争又有垄断的市场，既不是完全竞争又不是完全垄断，不同厂商的产品式样、质量、性能等有差异。物品采购价格的核定应以名牌、优质产品的价格为标准。非名牌的一般产品价格应低于名牌产品价格。

（4）寡头垄断市场

寡头垄断市场是指少数几家厂商垄断某一行业的市场，控制了该行业的供给。产品可能有差别，也可能无差别。商品的价格形成有两种情况：

● 其中一家厂商实力雄厚、成本低、在市场上处于支配地位，其他厂商也追随其后改变产品的价格。

● 各寡头为了共同利益，达成统一价。在这种市场条件下，企业物品采购价格的核定较被动，有可能的话，可考虑替代品。

总之，以上四种类型的市场中，完全竞争市场和完全垄断市场在现实生活中较少，而不完全竞争市场和寡头垄断市场广泛存在，企业的采购部门要对处于该市场中的产品认真分析、制定对策，以便获得较优的采购价格。

3. 预估底价

预估底价是指在市场调查、市场分析的基础上，反复地询价和比价，根据供应商提供的成本分析表以及以往的采购价格资料所拟定的价格基准。这个底价是采购时打算支付的最高价，若供应商的报价高于底价，则要求其减价。

4. 确定价格

企业的采购部门可通过询价、招标等方法，反复比较，以适当的价格成交。成交价并不一定是最低价，允许有一个适宜的幅度。采购价格确定的方式包括：

● 报价采购方式；

● 招标确定价格；

● 谈判确定价格。

5. 价格决策关键

（1）了解供应商的折扣策略

折扣策略是供应商先定出一个基价，然后给予一定的折扣来吸引客户购买的策略。针对供应商的不同折扣策略，采取不同的措施。

（2）认真分析供应商的调价

供应商的商品价格不是一成不变的。随着市场及商品本身等因素的变化，供应商会提高或降低商品价格。采购部门要认真分析供应商提高或降低价格的因素，以便采取相应的措施。

（3）处理好质量与价格的关系

一般"优质高价、劣质低价、质价相称"，质量高、成本高、价格高。要结合企业的实际需求进行价值分析，先确定商品的质量，再去比价，把技术性和经济性结合起来，做到技术上合理、经济上合算。

（4）把价格同商品的服务、运输条件、结算条件和名牌价值等综合起来考虑

• 价格与运输费用的关系。一般运输条件差、距离远、运输不便、需多次中转的供应商的价格较高；反之，价格则低。因此，应把价格和运费综合起来考虑支出大小。

• 价格与结算条件（方式）的关系。要考虑结算方式产生的利息问题。

• 价格与服务的关系。服务也是一种无形产品，特别是对于科技含量较高的产品而言价格虽高，但包括服务费用在内，产品出现问题，企业能够获得供应商的上乘服务。

二、采购成本控制

采购成本控制的核心是采购价格的控制，降低采购成本的关键也是控制采购价格。控制采购价格、降低采购成本，主要从以下几方面做起。

（1）实施全方位、开放型的采购订货方式

在选择供货渠道时，要遵循一定的标准，通常采购渠道选择的方法有：

• 直观判断法。指通过市场调查征询意见，根据掌握的情况，综合分析判断选择供货单位的一种方法。

• 综合测评法。是按标准对供货单位打分，然后进行综合测评、选优的方法。

（2）开辟降低供货成本的新途径

在降低采购成本方面，实行以下几种方法有比较显著的成果。

• 比价采购。采用比价采购，由于密封报价，减少了报价的泄密机会，促进了供应商之间的竞争，使企业获得优势地位，坐收"渔翁之利"。

• 压价采购。利用买方市场的优势，在供货标准不变的条件下，迫使原供货渠道降低价格供应，以达到降低进货成本的目的。

• 招标采购。采用公开招标的方式可以利用竞标人的竞争心理，使竞标人之间压价，企业可以从中选出价格最低的供应商。

（3）选择先进的技术，实现采购过程的专业化分工

企业应实现采购过程的专业化分工，将采购的物流环节交由专业化的部门或第三方物流企业来完成，采用条形码技术、GPS 技术、GIS 技术、射频技术等先进技术，以最大限度地降低运费。

三、采购管理成本控制

组织采购过程中发生的费用称为采购管理成本，采购管理成本的构成为：

采购管理成本＝人力资本＋办公费＋差旅费用＋信息传递费用

要降低采购成本，关键就要加强对采购人员的管理，从德才两个方面对采购人员进行考察和评价。

四、存储成本控制

存储成本是物资在库存过程中发生的费用，一般与库存数量成正比关系。存储成本的构成为：

存储成本＝贷款利息＋仓库保管费用＋存货损坏费用＋其他费用

仓库保管费用是指仓库的保险费、税金等，存货损坏费用是指存货的陈旧贬值及过时的削价损失等，其他费用包括劳动保护费、材料损失费、罚金、搬用费、运输费等。根据有关资料估计，存储成本一般占每年库存货物价值的25%左右，如下表所示。

存储成本的主要构成占库存货物价值的比例（%）

保险费	0.25	陈旧贬值	5
仓库设施	0.25	利息	6
税　金	0.5	过时的削价损失	10
运　输	0.5	搬运费	2.5
总　计	25		

五、成本管理方法

1. 学习曲线

学习曲线是指随着产品的累计产量增加，单位产品的成本会以一定的比例下降。单位产品价格成本的降低与规模效益并无任何关系，是一种学习效益。

学习曲线反映累计产量的变化对单位成本的影响，累计产量的变化率与单位工时或成本的变化率之间保持一定的比例关系，如图4-1所示。

一个曲率为80%的曲线意味着如果生产产品的累计量翻倍时，生产一个单位的产品所要求的时间只需要原始时间的80%，如图4-2所示总直接人工小时与累计产量的关系。

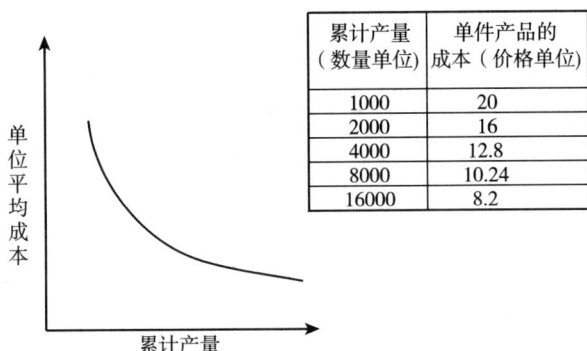

累计产量 （数量单位)	单件产品的 成本（价格单位)
1000	20
2000	16
4000	12.8
8000	10.24
16000	8.2

图 4 - 1　学习曲线

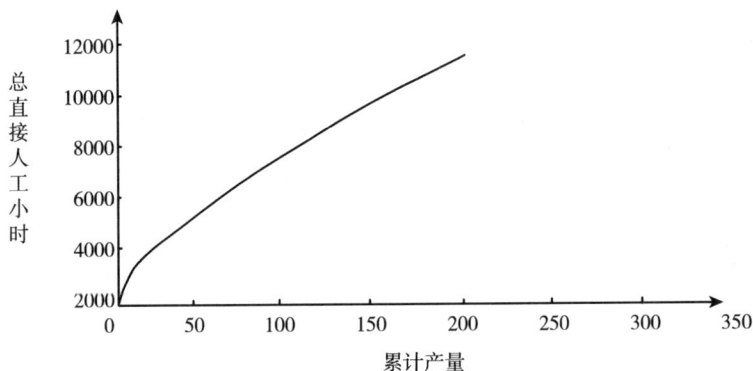

图 4 - 2　总直接人工小时与累计产量关系曲线

学习曲线的应用条件要满足两个基本假定：一是生产过程中确实存在着"学习曲线"现象；二是学习曲线的可预测性，即学习现象是规律的，因而学习曲线率是能够预测的。对于采购来说，"学习曲线"分析一般适合于以下情形：

- 供应商按客户的特殊要求制造的零部件。
- 涉及需大量投资或新添设备设施的产品生产。
- 需要开发专用的磨具、夹具、检具或检测设施，无法同时向多家供应商采购。
- 直接劳动力成本占价格成本比例较大。

2. ABC 管理法

ABC 管理法又称重点管理法，主要被用来保持合理的库存量，从而实现合理的采购。其基本方法是将库存货物根据其消耗的品种数和金额按一定的标准进行分类，对不同类别的货物采用不同的管理方法。

ABC 分类方法是将所有的库存货物根据其在一定时限内的价值重要性和保管的特殊

性的不同，按大小顺序排列，根据各个品种的累计金额和累计数量统计，并计算出相对于总金额和数量的比率，按序在图中标出对应的点，连成曲线图，如图 4 - 3 所示。

根据 ABC 分类方法，我们可以确定 A 类货物占 3% ~ 10%，而其总价值占货物总价值的 70% 左右；B 类货物占 10% ~ 15%，价值占货物总价值的 20%；C 类货物占 75% 以上，价值只占货物总价值的 10% 左右。

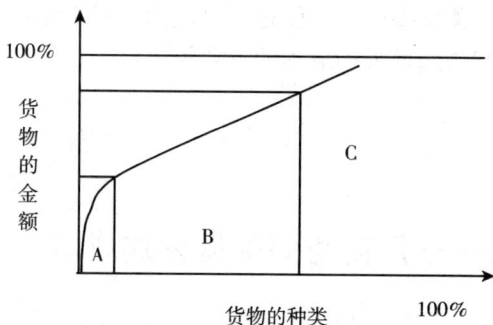

图 4 - 3　ABC 分类曲线

3. 降低采购成本的其他方法

（1）集中采购法

集中采购是指将各部门的需求集中起来，采购单位便可以较大的采购筹码得到较好的数量价格折扣。商品标准化后，可取得供应商标准品的优惠价格，库存量也可以相对降低。

（2）价值分析法

通过价值分析降低采购成本的途径有：将产品设计简化以便于使用替代性材料或制造程序；采用提供较佳付款条件的供应商；采购二手机器设备而非全新设备；运用不同的议价技巧；选择费用较低的货运承揽业者，或考虑改变运输模式，亦可同样达到降低成本的目的。当然，前置时间是否足够，是否会影响到其他工作，必须先行确认，并做周密的评估。

（3）作业成本法

作业成本法运用到采购管理中，即将采购间接成本按不同的材料、不同的使用部门等进行分配，从而科学地评价每种材料、每个部门等实际分摊的采购间接费用，它可以让管理阶层更清楚地了解间接采购成本分配的状况。

（4）目标成本法

目标成本是指企业在新产品开发设计过程中，为了实现目标利润而必须达到的成本目标值，即产品生命周期成本下的最大成本允许值。目标成本规划法的核心工作就是制定目标成本，并且通过各种方法不断地改进产品与工序设计，最终使得产品的设计成本小于或等于其目标成本。采购部门则要根据每种材料的目标成本去进行采购，以保证最终产品的成本能达到目标成本的要求。

（5）成本结构分析法

在实际操作中，了解供应商成本结构可以在谈判过程中取得合理的价格。控制、降低采购成本的一个基本手段是要求供应商提供尽量详细的报价单，即将供应商提供的产品按固定费用及可变费用细项展开计算，逐项核定其准确合理性。

（6）谈判法

在采购管理中一项至关重要的工作就是对供应商的成本结构及其业绩进行分析，并在此基础上进行谈判。谈判是降低采购成本的重要渠道之一，最新研究表明，通过谈判可以大幅度降低采购成本。

【案例4-1】美心——厂商协同降低采购成本

【案例概要】

随着全球经济一体化进程的加快，势必推进国内企业与国际市场全面接轨的步伐，然而，就目前的管理现状与经营水平来说，我国企业与世界先进企业相比尚存在着较大的差距，尤其面对白热化的市场竞争和变幻莫测的市场供给显得力不从心、不知所措、无从招架和难以应对。如何有效地运用企业的采购管理及其资源是现代企业面临的重大难题之一，并且在企业经营战略中占有重要的地位，是全面改善和大力提升企业整体管理水平的重要环节。正因如此，加强采购的成本管理就成为企业经营管理的主题工作内容之一，受到广泛重视。

【教学目的】

1. 掌握降低采购成本的主要方法；
2. 掌握采购成本控制的基础工作；
3. 了解控制采购成本的几种策略；
4. 了解采购价格监控与采购成本控制。

引　言

2002年，美心公司与大多数高速发展的企业一样，开始面临增长瓶颈。掌门人夏明宪毅然采取以利润换市场的策略，大幅降低产品价格。然而，降价不久，风险不期而至，原材料钢材的价格突然飙升。继续低价销售——卖得越多，亏得越多；涨价销售——信誉扫地，再难立足。面对两难抉择，降低成本，尤其是原材料的采购成本就成了美心生死攸关的"救命稻草"！

夏明宪向采购部下达指令：从现在开始的三年内，企业的综合采购成本，必须以每年平均 10% 的速度递减。

这让美心采购部的员工们有点傻眼，甚至不服气：此前美心公司的"开架式采购招投标制度"属国内首创，既有效降低成本，又杜绝暗箱操作，中央电视台都为此做过专题报道。而且此举已经为美心节约了 15% 的采购成本，还有什么魔法能够让青蛙变得更苗条？

在夏明宪的带动下，美心员工开始走出去，从习惯坐办公室到习惯上路，超越经验桎梏，于不知不觉中形成了一套降低成本的管理模式。

联合采购，分别加工

针对中小供应商，美心将这些配套企业联合起来，统一由其出面采购原材料。由于采购规模的扩大，综合成本减少了 20%！配套企业从美心领回原材料进行加工，生产出来的半成品直接提供给美心，然后凭验收单到美心的财务部领取加工费。同时随着原材料成本的降低，配套企业也更具竞争力，规模扩大，价格更低，形成良性循环。

原材料供应，战略伙伴

针对上游的特大供应商即国内外大型钢铁企业，美心的做法是收缩采购线，率先成为其中一两家钢厂的大客户乃至于战略合作伙伴。而钢厂面向战略合作伙伴的价格比普通经销商低 5%～8%，比市场零售价低 15%。于是仅 2002 年的一次采购，美心就比同行节约成本近 1000 万元。

随着采购规模的与日俱增，美心人开始有了和钢厂进一步谈判的砝码。应美心要求，钢厂定期提供钢材的价格动态，并为美心定制采购品种。比如过去钢板的标准尺寸是一米，而门板尺寸是 90 厘米，其中 10 厘米就只能裁下来扔掉。现在钢厂为美心量身定制生产 90 厘米钢板，大大减少了浪费，节约了成本。又比如他们还专门为美心开发了一种新材料门框，品质相同，价格每吨可节约 600 元……

新品配套，合作共赢

对于新配套品种的生产，由于配套企业需要增加大量投资，导致新配套产品与其他配套产品相比价格大幅增加。美心就以品牌、设备、技术、管理等软硬件向生产方入股，形成合作；合作条件为，美心公司自己使用的产品，价格只能略高于生产成本。这样一来，合作方在新品的生产上减少了投入，降低了风险；同时，美心也降低了配套产品的采购成本，增加了收入。于是各方受益，皆大欢喜。

循环取货，优化物流

解决了原材料和配套产品的采购问题，美心还与配套企业携手合作，从物流方面进行优化。由于不同配套企业的送货缺乏统一的、标准化的管理，在信息交流、运输安全等方面都会带来各种各样的问题，必须花费双方很大的时间和人力资源成本。美心明白，配套企业物流成本的提高，将直接转嫁到配套产品的价格上。于是美心就聘请一家第三方物流供应商，由他们来设计配送路线，然后到不同的配套企业取货，再直接送到美心的生产车间。这样一来，不仅节约了配套企业的运送成本，提高了物流效率，更重要的是，把这些配套产品直接拉到生产车间，保持了自身很低的库存，省去了大量的库存资金占用。

美心通过与原材料供应商及配套企业的携手合作，使原材料厂商拥有了稳定的大客户，配套企业降低了生产风险，而自身则在大大降低成本的同时，扩大了产销量，形成了各方皆大欢喜的共赢局面。

2002 年，美心门的产销量同比翻了一番，美心的综合采购成本下降了 17%，比全行业的平均水平低 23%！美心公司成为唯一在原材料价格暴涨时期维持低价政策的企业，企业形象如日中天，渠道建设终于根深叶茂。

【案例分析指南】

控制采购成本对一个企业的经营业绩至关重要。采购成本下降不仅体现在企业现金流出的减少，而且直接体现在产品成本的下降、利润的增加，以及企业竞争力的增强。案例详细阐述了美心公司降低采购成本的管理模式，读者可从采购制度、物流管理等角度展开对案例的讨论。

思 考 题

1. 请结合案例内容，试分析美心公司降低采购成本的主要方法以及取得成功的原因。

2. 根据相关采购价格与成本控制理论，你认为美心公司降低采购成本对中小企业有何借鉴意义？为什么？

3. 请运用本书案例分析方法论为本案例撰写一份案例分析报告。

【案例 4-2】建立公平、公正、科学的采购管理体系

【案例概要】

在我国现有的国有大中型企业中，由于计划管理体制延续了几十年，这些企业的传统管理模式被认为难以适应市场经济的采购、生产、流通、销售的各个环节，跟不上企业的社会化、市场化进程。北京华都肉鸡公司通过狠抓内部采购管理、重组采购流程、实施物资采购集中化、推行以招标为主的采购方式、严格资金预算管理，建立起公平、公正、科学的采购管理体系，为国有企业的采购管理提供了有益的借鉴。

【教学目的】

1. 掌握采购价格调查的主要方法；

2. 掌握采购模式的组织结构的形式；

3. 了解采购流程再造；

4. 了解采购价格监控与采购成本控制。

引　言

北京华都肉鸡公司成立于 1982 年，现有员工 2800 多人，是我国最早建成的大型现代化肉鸡生产企业。经过 20 多年的发展，公司已经具备相当的规模，年屠宰加工肉鸡 2200 万只，年产鸡肉产品 4 万多吨。下辖五大事业部：饲料事业部、养殖事业部、基地事业部、食品加工事业部、营销事业部，年采购额近 3 亿元人民币。华都肉鸡公司作为一个发展近 20 年的老国企，与当前整个行业的发展态势一样，处于"微利"状态，而且由于受出口封关的影响，公司的资金状况、经营管理状况等都面临危机。对此，为了挖掘内部潜力、实现资源的优化配置、节约采购成本、合理利用资金，公司在采购管理方面成立了专门的采购和价格管理委员会，由总经理担当委员会主任，各部门经理任委员，并设专职常务机构委员会办公室，负责狠抓内部采购管理、重组采购流程、实施物资采购集中化、推行以招标为主的采购方式、严格资金预算管理，通过近一年的努力，已初见成效。从 2003 年 1 月至 12 月，共进行了 10 项大宗物资的招标采购，进行了数千项采购物资的公开价格谈判，平均价格下降幅度达到 8% 以上，预计年节省采购资金可达 1000 万元。

组织结构变革

改变原有采购模式的组织结构：分散采购变为集中采购，采购流程中加进管理与监督的内容。

2003 年以前，公司的采购模式是分散与集中相混合的采购模式。大宗饲料原料、部分备品备件、公司的部分劳保办公用品归采购部统一采购。部分事业部如食品加工事业部、基地事业部自己具有采购权，设有专门的采购部门负责本单位所需物资的采购工作，从采购计划的制订到物资订货、验收、保管、发放、领用、付款等皆由各厂自行负责。这种混合采购模式具有一定的优势：灵活方便、应变性强。但同时也带来不少问题：采购成本高昂，采购权限模糊，职责不清、重复采购、货款支付混杂不清，采购人员专业不精、疲于应对各类繁杂的事务，无暇顾及专业化管理，特别是在应付款的管理方面，没有预算，没有统一的尺度与标准，资金无法科学合理地进行配置。2003 年年初成立专门的采购管理机构后，第一步工作就是收回各部门的采购权，由公司采购部集中采购。至 2003 年 7 月份，食品加工事业部的采购权完全移交给采购部，华都肉鸡公司实现了采购的集中化作业。

实现集中采购其中最为重要的一环是采购流程的再造。

以前的采购流程：

　　　　　需求计划—采购计划—订货—验收—报销—付款

这种采购流程在各分厂内部单线循环，比较简单，操作容易。基本上可分为计划和采购两大部门，计划环节负责确定品种数量、价格、供应商；采购环节负责合同签订、催发货、验收入库、报销款项。这种采购流程比较灵活，针对性也强，服务方便，管理也较为直接（各个分厂的第一负责人直接全面负责本厂的物资采购）。但是，这种流程缺乏有效的管理与监督，采购环节由于没有科学的管理方式，约束机制不健全，很容易出现少数人的营私舞弊、暗箱操作。

重新设计后的采购流程：

需求计划—采购计划—采购认证—订货—采购管理

（1）采购计划流程

采购计划的目的是根据市场、生产的需求，充分做好综合平衡，以保证物资的及时供应，同时降低采购成本及库存占用。新的采购流程中加进了需求分析的内容，由采购和价格管理委员会办公室根据公司的生产计划、销售计划、库存情况综合对需求情况进行分析，确定需求计划的可信度及准确性。具体流程如下：

需求计划—接收需求计划—需求分析—确定采购量—编制采购计划

（2）采购认证流程

采购认证的目的是确保公司能拥有一支优秀的供应商队伍，以满足公司在质量、成本、供应服务等方面的要求。采购和价格管理委员会下设了饲料、兽药、包装、辅料、燃料及其他五大专业小组，由财务、品控、采购及使用部门相关人员组成，分别负责几大项物资的采购认证工作。这一流程在招标采购中必不可少。具体流程如下：

采购计划—初选供应商—质量认证—价格认证—采购渠道确定

（3）订货流程

在这一流程中华都公司加进了合同跟踪的环节，由使用部门和品控部对合同签订后物资的到货情况、品质状况进行动态监督，及时反馈合同执行效果，确保供应商按期、保质、保量交货。具体流程如下：

认证的采购计划—签订合同—合同跟踪—到货验收—报销付款

（4）采购管理流程

由采购和价格管理委员会对采购流程、各专业小组、计划部门、采购部门进行业务监督、业绩考核，根据采购各单元业务开展情况，适当进行调整，进一步优化采购流程，使之进一步趋于合理。具体流程如下：

认证—业务支持—业务审核—优化调整—批准实施

业务支持是指采购和价格管理委员会作为采购管理机构为各种采购业务建立流程、制定政策、组建团队等。

业务审核是指采购和价格管理委员会对各种采购业务如采购计划的制订、采购认证情况、合同签订、合同执行及报销付款等进行监督检查，对各个业务过程的文档报告统一格式。

通过采购流程的重新构建，将以往在采购过程中由采购部门（人员）独立完成的采购活动，分散到几个部门，避免了以往某一部门（人员）独家采购、存在暗箱操作的问题；实现了货源组织权、订货审批权、质量验收权的相对分离。任何一个部门（人员）都没有独立的完全的采购行为决定权，做到了集中的权力分散化，隐蔽的权力公开化，形成了一个纵横互相监督制约、公开透明、权力分散的采购控制机制。

建立新采购体系

实现采购的"阳光作业"，推动公开、公平、公正的采购体系的建立。

实行集中化采购、采购权高度集中以后，新的问题应运而生，如何避免因权力的过分集中而带来的采购过程不够公开透明、监督环节薄弱的问题，采购和价格管理委员会主要采取了以下措施：

1. 物资采购价格管理

采购和价格管理委员会下设专门的价格审检机构，建立了相对独立的采购价格事前审检及采购渠道价格公开发布制度。

物资采购价格管理的关键是审核进货价格是否是市场价，采购综合成本是否合算。采购价格监控管理的要点是询好价，咨询到真实的市场价；比好价，比质比价比综合价格；拒付超价，实事求是，坚持原则。

华都公司主要从以下四方面开展采购价格监控管理工作：

（1）积极询价，建立采购物资市场价格数据库

采购部办公室将采购计划分解到每个采购员，采购员依据采购计划进行询价、填写询价单，采购部办公室将询价结果汇总交到采购和价格管理委员会办公室价格审检处。价格审检处有针对性地利用网络、传真、电话核实部分物资的询价结果。价格审检员定期到市场上进行价格调研，通过网络收集相关产品市场价格，积极与同行业联系了解同行业的采购价格，并把这些价格输入采购物资市场价格数据库，与采购员的询价结果及签订的合同价格相对比。

（2）审价、比价

审价、比价并非单纯的将内外部价格进行对比，而是综合考虑批量大小、使用效果、售后服务之后的综合价格。例如：华都公司在对饲料原料、外采原料肉作价格对比时，对产品的品质等级、杂质含量、准时到货等情况分别赋予一定的权重，作为比质比价中综合价格的组成部分。在与外部价格作对比时，因为华都公司的采购价格涉及款期、运费、装卸费等内容，因此，对比审核的主要是涨跌的趋势。同时，华都公司将2001、2002年的采购价格加权平均，为每一种物资建立一个考核的基数，每月将采购价格与考核价格作对比。

（3）处理超价

对超考核价5%的物资，责成采购部写出超价说明，报采购和价格管理委员会办公室核实。对与市场价格不符，或超价理由不当的采购物资，采购和价格管理委员会办公室有权通知财务部拒绝支付超价资金，并将此类情况在每月召开的采购和价格管理委员会上予以通报。

（4）采购价格信息的定期发布

采购部办公室每月月末将上月采购的物资价格在公司内部局域网上发布。对于大宗采购物资如饲料原料、煤、燃油等，采购和价格管理委员会办公室每月将外部市场价格汇总，与内部采购价格作对比，作出对比曲线图，发布于内部局域网上。各部门对采购物资的反馈意见集中到采购和价格管理委员会办公室，由办公室整理、汇总、调查核实，然后形成书面报告，报采购和价格管理委员会。

2. 广泛推行招议标采购，根据实际情况建立适合自己的采购方式体系

华都公司的招议标采购自 2003 年初开始正式推行，在近一年的实践中不断规范、改进、完善，到现在，招标采购已成为华都公司大宗采购的主要采购方式，累计计算降低采购成本 300 万元。许多以往在"货比三家"谈判情况下，由于华都公司对货源渠道等信息掌握所限很难降价的产品，通过招议标采购价格都不同程度地有所下降。有些品种的价格下降幅度之大令人吃惊。如 2003 年 7 月对包装产品的招标采购较 2002 年的议价采购，在包装原料较上年上涨的情况下，各品种价格下降幅度高达 15% 以上，月节省采购成本近 30 万元。

在招投标方面，华都公司的具体做法是：

（1）建立法度、明确职责权限

首先，召集采购部和采购管理委员会的各位委员学习《中华人民共和国招标法》，充分讨论公司实际如何与国家法律相结合的问题。其次，由采购和价格管理委员会办公室起草本公司的《招标管理办法》，建立招标工作的流程及招投标文件格式，明确各部门在招标工作中承担的职责。采购和价格管理委员会审批通过后正式发布，严格按程序办事。

（2）严格供应商资质评定

虽然华都公司实行的是邀请招标方式，但在每次招标的前期准备工作中，采购和价格管理委员会办公室会在内部局域网上发布招标公告，欢迎内部员工积极提供供货渠道。同时，下一步华都公司还打算推行网上招标，对供应商进行资质认证非常必要。委员会办公室人员将采购部提供的供应商及内部员工提供的供应商汇总，进行初步的认定，从中选出信誉较好的供应商发出招标邀请书，要求这些供应商提供企业简介、相关合法经营证件、产品合格证书、通过的资质认证证明等文件，由采购和价格管理委员会下设的专业小组对供应商进行资质认证，填写资质认证表格。对于存在疑问的供应商，采购和价格管理委员会组织品控、采购、使用部门人员进行实地考察。从 2003 年 1 月到 12 月，华都公司对近 200 家各类物资的供应商进行了资质认证，对近 30 家供应商进行了实地考察，剔除了近 40 家资质不合格的老供应商。

（3）针对不同产品，适用不同的招标方式

在招标采购的发展中，华都公司发现：招标采购的方法不能千篇一律，而应区别对待。其一，对于标准产品或经化验成分、经检验外形与尺寸就可确定其产品的质量与使用性能、机械性能与寿命的物质，如煤、油、金属材料等，可以根据企业长期的质量状态、信誉状态，在优质优价、同质同价等原则下以价格为主，在招标中确定供应商，分配资源量。其二，对于某些必须使用一段时间之后才能检验其质量与寿命的物资，如招标仍以价格为主确定中标对象，有时候显然会适得其反，如料线、水线、轴承等。历史经验表明，有些物资价格下降了，消耗却升高了，结果总成本未降反升。这种情况下，实行"效能计价"的招标方式最为合理。所谓"效能计价"有两层含义：一是指在采购产品时，既不追求价格的越低越好，也不追求质量的越高越好，而是寻求质量与价格的最佳组合；二是在招议标时，只提出招标产品的使用条件要求等，由投标方结合自己产品的性能、质量情况等，确定报价与使用寿命或单耗量，并承诺承担相应的责任，如达不到承诺的使用寿命等质量保证，将减扣货款，公司在综合测算价格与使用寿命后选择效益最佳的投标产品。这样将产品质量保证的责任与风险交给了投标方，既保证了采购价格的合理，促进了消耗的降低，又增强了对供货单位的质量责任。

（4）有始有终，跟踪核查招标效果

每次招标结束，签订完合同之后，华都公司对招标的效果、合同执行情况都要进行跟踪核查，广泛征求使用部门的意见，然后形成招标小结报采购和价格管理委员会。这种反思式的跟踪核查对华都公司招标工作的改进方面帮助很大，"效能计价"的招标方式就是在这种不断的总结与反思中形成的。

招标采购的推行，不仅规范了采购行为、降低了采购成本、提高了采购产品的质量，保证了采购过程的公开、公平、公正，而且促进了招投标双方观念的转变，促进带动了采购公开、民主管理、质量验证、合格供方评价、市场调查等工作的进一步加强规范。目前，招标采购是华都公司的主要采购方式。

预算管理

采购部门掌握经营着企业千百万元的流动资产，这部分资金运用的好坏，直接影响到企业的经济效益、资产的运营质量，为此，华都公司采取了一些行之有效的措施来提高资金的使用效益。

1. 加强对需求计划的审核，从源头控制采购资金

在新的采购流程中，生产性的需求计划必须经过主管生产协调计划部门的审核，必须与企业的销售计划、生产计划相一致。非生产性的需求计划按企业制定的定额消耗标准制定，定额消耗标准由采购和价格管理委员会办公室根据前三年的各部门物资领用登记量加权平均形成一基数，再根据每季度的工作量、人员增减确定各部门的物资消耗定额。各部门制订需求计划不能超过定额的5%，超出部分要写申请报采购和价格管理委员会批准。对于新增的固定资产、单项金额超出2000元的低值易耗品，其申购请求须先经采购和价格管理委员会办公室协同财务部资产组核实确认。做到使用去向不明的不买、可买可不买的先不买、能晚买的不早买、能少买的不多买，从源头避免不必要的浪费。同时加强对采购物资的入库控制，定期开展库存检查，对未经批准的计划外采购品种、超储品种，保管员应予拒绝入库。对查出的计划外采购、超储品种追究相关人员责任并予以处罚。

2. "零库存"管理

在当前的买方市场条件下，为了积极利用社会资金为我所用，保证供应，华都公司对部分有规律的消耗品种实行"零库存供料"，具体做法有两种：一是对部分距离华都公司较近且不会立即危及生产的品种，由供方按华都公司要求保持一定数量的成品库存，根据华都公司的书面通知，直接将货物送到使用地点，验收合格后办理出入库手续进行结算。二是对部分必须保持一定库存储备的零散用料及关键品种，通过招议标或比质比价方式，确定供货厂商，签订零库存供料协议书，供方在华都公司仓库存放一定数量的产品，由华都公司代为保管，所有权仍归供方，使用后再办理出入库手续结算，消耗多少结算多少，不用则由供方提回。这样既保证了供应又降低了储备资金的占用，同时也避免了因计划不准等造成的库存积压，此项措施实施几年来，效果非常明显，每年平均减少储备资金占用近 100 万元。

3. 加强对采购资金使用的预算管理，将有限的资金用在最需要的地方

面对采购资金不足，为了合理有效地利用好有限的资金，降低采购成本，保证资金在供应中发挥最大效用，华都公司建立了一套全面的预算管理目标责任制指标体系，将指标层层分解落实到人，严格考核。每月召开一次的采购管理委员会议上，对全面预算管理的指标运行情况进行及时全面的反应、分析控制。会上各指标责任部门依据财务提供的数据，对本月本部门承担的预算指标的执行情况、存在问题、未完成原因进行公开通报与分析。分析内容包括资金占用定额完成情况、采购价格情况、市场变动情况、资金费用情况等。采购资金的运用遵循以下几大原则：保证生产与工程建设大中修急需备件材料采购用款；优先招议标采购用款；现款主要用于现汇可大幅降低采购成本的产品，即必须用现款采购的产品。财务部对资金使用进行跟踪控制检查，杜绝预算外用款，确保资金的合理使用。

健全管理制度

采购管理、采购流程的设计是一项复杂的系统工程，必须要有一套严格、可行的管理制度来保证，用制度来规范和实施有关工作。华都公司认真学习了国家相关的规章制度、充分借鉴同行业优秀的管理经验、总结以往的经验与教训，在与一线人员的大量接触、讨论、研究的基础上，相继制定了 7 套采购管理文件，包括《物料需求计划管理规定》、《采购资金管理及信用管理细则》、《招标采购管理制度》、《仓储管理制度》等，目前已基本形成一个较为完善的新的采购管理体系，使各项工作的开展基本做到了有章可依，保证了新的采购流程的有效运转。

几点体会

1. 思想观念的更新、部门之间的配合至关重要

集中采购、实施新的采购流程不是一件简单的任务，它是对原有模式的根本性改变，牵涉众多人员的责、权、利的重新划分，因此，它需要人们建立全新的价值观和信念。例

如：原有分部采购权的收回产生的利益冲突，肯定会对新流程的实施形成阻碍。因此，除了宣传、教育外，新的管理系统应通过行为方式的示范和奖励培育所需要的价值观念。新流程打破人们已经习惯的企业文化，是对人们感情的一种冒犯，让人觉得难以接受，因此需要一种信念来代替。采购流程的更新、采购方式的转变，不仅仅是采购部门一个部门的事情，涉及财务、品控、仓储、使用部门等方方面面的配合和理解，如果没有其他经营过程的支持，将很难收到效果。

2. 计算机技术的应用有助于推动管理素质、管理水平的提高

计算机技术的应用，使大量在手工条件下难以做到的对库存、消耗、入库等各类数据的动态查询、统计、分析成为现实，为在全公司内合理调剂库存余缺、减少重复储备提供了方便快捷的条件，促进了储备资金占用的进一步下降，同时也使采购管理机制转换后，采购过程与结果的公开化、透明化问题得到彻底解决。做好计算机管理信息系统的完善、逐步提高其应用水平向高层次发展对采购管理向高水平发展非常重要。下一步，华都公司打算建立网上采购平台，尝试网上采购、网上招标，推动公司电子商务的开展，以管理的信息化推动企业内部物流管理的规范化、现代化，改进华都公司不合理的管理观念、管理机制、业务流程，全面提升华都公司的管理素质。

3. 加强供应商的管理、建立供应战略联盟对缩减采购成本意义重大

建立一种既相对稳定又充满竞争机制、有供应保障能力和质量保证能力的物资供应链，必须加强供应商的管理，改进供应商评价体系。目前华都公司通过招议标竞争机制，逐步地形成了一批质量上乘、价格合理、管理规范、具有同行业较强竞争力的相对稳定的主渠道供应网络，建立了比较完善的供应商数据库。同时，华都公司也深刻感受到，在当前及今后的发展态势下，引进现代供应链管理理论，缩减供应商数量，与实力雄厚的供应商建立战略联盟，对于华都公司减少采购成本、精简人员、提高供应物资的质量将至关重要。因此，华都公司正试图努力将简单的买卖关系逐步向双方建立战略协作伙伴关系转变，由竞争采购逐步向战略采购转变，将对供应商的管理纳入到华都公司的整个采购供应体系之中。

【案例分析指南】

这是一个很有意义的完整的案例，对我国企业的采购管理，尤其是老国有企业的采购管理变革具有借鉴意义。案例详细阐述了华都肉鸡公司狠抓内部采购管理、重组采购流程，实施物资采购集中化、推行以招标为主的采购方式、严格资金预算管理等措施，完整地将一个老国有企业的采购变革之路上存在的困难和可能的解决方法提供给读者，读者可从采购价格、成本控制、集中采购、重组采购流程、招标采购、资金预算等角度展开对案例的讨论。

思 考 题

1. 请结合案例内容，分析华都肉鸡公司采购流程重组的主要因素。
2. 根据相关采购价格与成本控制理论，你认为华都肉鸡公司重组后的采购流程是否

仍存在改进的地方？为什么？

    3. 结合案例，从老国有企业角度出发，为其设计合理的采购管理体系建设流程。

    4. 请运用本书案例分析方法论为本案例撰写一份案例分析报告。

【案例 4 - 3】百安居价格风暴——物流采购网络优势

【案例概要】

    英国巨头百安居是世界著名家居装饰建材连锁店。百安居价格风暴的主要内容是由权威机构与百安居共同组建合作新模式，在揭开建材零售业人工成本、物业成本、采购成本三大成本的内幕之后，为顾客省钱，承诺通过实际行动在各个环节削减成本，降低价格，真实地让利消费者。本案例以百安居为例揭示物流网络对采购价格的影响。

【教学目的】

    1. 掌握物流管理与采购的关系；

    2. 了解物流采购网络的构成；

    3. 掌握物流采购网络对采购价格的影响；

    4. 了解家居装饰建材物流管理的特点。

引　言

    2003 年 10 月 18 日，百安居北京四季青店正式开业。作为国际知名的连锁建材超市，百安居在中国早已耳熟能详，但四季青店却是百安居在北京的第一家连锁超市。开业当天，慕名而去的顾客如潮水一般，收银台前的长龙一直延伸到货场。当天，百安居北京四季青店有三个数字打破同行业世界纪录：停车场内先后停了 12000 辆汽车，卖场共接待了 9 万名顾客，全天销售额达到 400 万元。

    开业就有这么高的销售额，是百安居管理层始料未及的。百安居在全球有 700 多家店，但北京四季青店却是百安居首次在开业当天就看到那么多顾客。

狼来了

    百安居自 1999 年登陆上海以来，已陆续在上海、苏州、杭州等城市开设了 13 家连锁店，遍布华东、华南、华北和华中。在中国连锁经营企业协会列出的"2002 年家居、建材、家装"专业榜中，百安居位居总销售额榜首，并且拿下了单店平均销售额第一。

    在北京亮相的四季青店是百安居全球最大的连锁店，也是第一家落户北京的建材超市连锁店。从 2003 年开始，百安居已经先后在北京、天津、大连、青岛等地陆续开设连锁店，截至 2008 年 10 月，百安居在中国 26 个城市拥有 60 多家商店，包括上海、北京、深圳、广州、香港、青岛、杭州、苏州、武汉、南京、昆明、福州、无锡、哈尔滨等，拥有1万多名员工。

近几年中国房地产业发展迅猛，与之相关的家庭装潢产业前景非常诱人。但在2003年即使把中国所有建材超市加起来，也最多只能满足这个市场的2%，可见超市还有非常大的上升空间，百安居非常看好这个市场的前景。

目前国内建材流通企业主要有3种业态：摊位市场、厂家专卖店和连锁超市。其中，传统的摊位市场占据市场主体地位。在市场份额有限的情况下，百安居多占一点，其他企业就得少占一点，再加上百安居的背景和实力，国内同行如临大敌。

有业内人士预测，在百安居等"洋建材超市"的冲击下，中国本土大量以门市形式存在的传统业态将"死去1/3，转型1/3，半死不活1/3"。这里所谓的转型，是指本土建材市场调整业务结构，依靠发展超市不擅长的业务，如大宗基础建材等，与超市共存共荣。

但最让本土建材市场胆战心惊的，还是百安居的低价优势。百安居"以全球成本降低全国成本，以全国成本降低区域成本"，这其实也是所有跨国零售集团战无不胜的绝密武器。

百安居调研发现，国内一些传统建材市场不仅购物环境恶劣，品质良莠不齐，而且建材商开价太高，不少商品的标价甚至高出百安居数倍。于是，百安居（中国）声言：他们要结束传统建材市场的暴利时代！

采购优势

百安居之所以能做到低价，依赖于它层次分明的采购体系。

百安居的采购网络是3个层次的结合。首先是全球采购网络，分布在全球超过14个国家和地区。其次是全国网络，2003年百安居在中国已经有14家店，华南以深圳为中心，华东以上海为中心，华北以北京为中心。这些地方都十分接近建材生产基地，可以有效降低采购成本。另外，百安居还会在每个城市寻找当地的品牌供应商。这样，百安居把每个城市建立的采购网络逐渐培养成全国的网络，再纳入百安居的全球网络。

有关专家在研究百安居的经营策略时发现，它集中了沃尔玛的低价采购和麦当劳的多区域规模收益优势。

麦当劳采购的主要货物是食品，附加值低，依靠低价采购很难大幅度降低成本。所以麦当劳在人流密集的地方大量建店，通过规模经营降低价格。百安居与此类似，它计划从2003年起5年内在中国开设80家分店，并把北京、上海、广州和深圳4个人口密集、商业发达的地区作为重点发展城市。

同时，百安居采购的建材也有多种品牌和设计样式，附加值低。这样，采购和经营成本的控制就成了问题。于是，百安居又成功运用了沃尔玛"本地化采购"和"一站式"营销的经营方式，针对中国传统建材市场多而散、采购力量薄弱的特点，百安居也发挥了连锁销售的本地采购能力。

百安居作为欧洲最大的建材零售商，每年从中国采购的建材、五金工具等商品金额高达 10 亿美元，占总采购量的 1/3，这一采购量还以每年 15% 以上的速度递增。

几年前百安居在中国设立采购中心可不是件容易的事情。货币结算体系等体制和技术问题，制约着百安居在中国的采购量。但后来，商务部外资司在政策方面有所松动，百安居在中国的采购量很快就有了扩大的空间。

百安居中国区的总部设在上海，它的全国采购中心也设在那里。与采购规模相适应，百安居中国采购中心有 150 多名员工，每个区域大约 30 多人，各个城市所设的采购小团队，由 5~6 个人组成。不过千万不能小看这些基层的采购小团队，他们是百安居采购网络的神经末梢。优秀的供应商往往是由这些小团队发现，推荐给区域的采购中心，慢慢地再被纳入到全国的采购网络。这样一来，随着百安居在全国事业的发展，它的基层采购网络覆盖越来越广、越来越深，其供应商的数量也会随之迅速增加，百安居整体采购成本进而大大下降。

百安居的采购网络还有一个吸引供应商的法宝，那就是它的老东家翠丰集团，通过与百安居的合作，已经有相当多的供应商逐步进入翠丰集团的采购体系，不仅分享了巨大的采购份额，还争得进入欧洲市场和全球其他建材连锁店的机会。

物流策略

要配合百安居庞大的采购网络，以及每日巨额销售所需配送服务，物流体系自然也不能逊色。

在中国，百安居是最早一家与第三方物流企业合作的建材超市，他们的物流管理模式在 2003 年是国内最先进的（当前，类似的企业如北京家福特建材超市开办的全国连锁大型仓储式建材超市）。与第三方物流企业合作并不是百安居物流运作最佳的解决方案，但在社会资源有限的情况下，却是最适当的办法。采购网络优势与先进物流管理模式的结合，是百安居在中国市场的核心竞争力所在。

所有跨国零售企业进入中国都会遇到物流的瓶颈，直接影响到它在全国连锁战略的发展。因此，百安居与上海的物流企业新科安达合作，由新科安达负责所有新开超市的物流配送，既解决上游供应商送货问题，也解决下游到客户端的配送。

总部设立在深圳蛇口的新科安达公司成立于 1995 年，是新加坡胜科后勤与深圳蛇口工业区的合资企业，注册资本为 1000 万美元。对百安居来说，该公司最大的优势是城市覆盖面广，业务合作的影响范围覆盖亚洲、美洲和欧洲。

在百安居的规划中，在新开业的超市正常运营后，上下游物流业务将分配给不同的第三方物流企业。上游供应商送货问题将由佳宇物流公司负责，而每个超市的日常配货则寻找当地的物流企业。这是百安居 2003 年在中国能实现的最适当的物流解决方案。

现在国内很多建材超市都完全靠自己做物流，七八个人，再弄上几辆卡车就解决问题了。其实，这种服务的附加值不高，往往不能按时送货，不能做到很好的售后服务，配送能力就更跟不上，所以百安居认为还是应该由专业的物流公司来做。

但百安居同样也承认，这种模式在社会资源不发达的条件下是最适当的，却不是最好的。百安居在与物流供应商的合作中已经发现不少问题，比如很多物流企业的信息化程度低，不能实现与百安居信息系统的有效对接。所以，百安居解决物流的第二种模式就是建设自己的物流中心。现在，百安居北京物流中心项目已于 2003 年启动。

【案例分析指南】

百安居作为欧洲第一、世界第三的家居装饰建材连锁企业，树立"一站购齐"的全新装潢理念，秉承"我们的专业服务，总能超越你的期望"的宗旨，为客户提供全心全意的服务，拥有先进而低廉的全球采购体系和先进的流通手段以及成功的运营模式。从以"物流分销、货取源头、仓店合一"为特征的仓储式经营，到严格规范的供应商和品质管理；从产品的全球化批量采购，到自有品牌商品的不断推陈出新；从轻松的一站式购物，到专业的设计装潢配套服务，百安居无不走在行业前列。本案例对我国行业连锁企业的采购管理具有借鉴意义。读者可结合相关物流管理与供应链管理理论知识展开对案例的分析。

思 考 题

1. 请结合案例内容，试分析百安居采购体系的主要构成。

2. 结合附件 1，你认为在百安居的运营管理中物流管理与供应链管理对其采购体系有何意义？为什么？

3. 结合附件 2、3，从行业特点角度出发，为沃尔玛与家乐福设计合理的采购管理体系流程以及相关的物流管理与供应链管理作业。

4. 结合附件中的案例，请运用本书案例分析方法论为本案例撰写一份案例分析报告。

附件 1

参考案例——百安居：成功源于高效供应链管理

欧洲装饰建材超市第一品牌——来自英国的百安居，以一流的产品品质、周到的全程服务、超低的市场价格，赢得了中国广大消费者的认同，在同行业市场占有率名列前茅。其成功运营的背后离不开不断优化的供应体系、高效的物流配送系统和功能强大的 IT 系统的支撑。

业内人士认为，在完成市场初期跑马圈地的"闪电战"之后，2004 年，外资建材超市及有实力的中国本土建材超市已将目标锁定在修炼内功上，即通过优化供应链管理，构建完善高效的物流配送体系，进一步降低成本、提高服务水平，为企业提高利润，并提升在未来市场竞争中可持续的制胜能力。记者了解到，在这方面，来自欧洲的百安居无疑处于行业领先地位。

1969 年诞生于英国南安普敦市的百安居，隶属于世界 500 强企业之一的英国翠丰

（Kingfisher）集团。翠丰集团实力雄厚，发展速度极快，日渐成为全球最为出色的装饰建材企业。拥有30多年成功经营管理经验的百安居，主要经营厨具、洁具、灯具、电工电料、油漆涂料、瓷砖、家具、软装饰、五金工具、木材地板、建材管件、园艺、家用电器等共50000多个品种的商品，目前已在全球10多个国家和地区拥有700多家仓储式装饰建材连锁超市，销售额位列欧洲第一、世界第三，是国际化程度最高的建材连锁超市企业。

1999年，百安居携其全球先进的零售管理经营模式以及在中国台湾开设连锁店所获得的丰富经验，拉开了在中国大陆地区发展的序幕。6月18日，百安居第一家正式以"百安居"为品牌的大陆连锁店——上海沪太店开业。随后，百安居进入全国布点阶段，迅速扩大规模。凭借一流的产品、周到的服务、超低的价格，百安居在中国消费者心目中树立起领先、可靠的品牌形象，为进一步拓展中国市场打开了知名度。在中国连锁经营协会评出的"家居、建材、家装"连锁企业排行榜中，百安居分别荣获2002年、2003年总销售额以及单店平均销售额两项第一。

百安居在中国取得如此佳绩固然有众多原因，但不容忽视的是，现代连锁零售企业要保持高速健康运转，顺畅高效的采购体系和物流体系在其中起着举足轻重的作用，直接关系到商品的价格竞争力。下面就让我们一起探寻百安居的成功之道。

行业难题困扰企业发展

在采访中，百安居（中国）置业发展有限公司华北区总经理文东先生认为，与其他类型的超市相比，家居建材类连锁超市在经营管理方面有很多独特之处，同时这也构成了建材连锁企业的经营难点。

（1）特殊制作的商品种类多：如客户定做的门窗等规格多样且不统一，为满足不同客户的特殊需求，供货商很难做到大规模统一生产、配送，增加了送货、接货次数，带来整个供应链的经营成本上升。

（2）条形码的应用参差不齐：目前国内建材类商品很多没有自带条形码，给门店经营管理造成极大不便，也导致了物流管理水平和运作效率低下。

（3）销售体制落后：在计划经济时期，我国建材行业采用多级批发体制，现在虽然转变为总经销、地区经销的方式，但是经营思路没有变，表现为流通环节过多，不可避免地带来库存与资金占用，物流资源浪费。

（4）家居建材商品由于自重大、体积大，客户一般需要送货上门。而提供"门对门"的配送服务，难免给供货商和经营单位带来很大麻烦，如需要多次联系以确定送货上门的时间，无疑增加了相应人员与配送成本。

（5）由于存在国家治理超载、物流企业税负不合理以及市场秩序混乱等问题，与运作不规范的企业相比，正规的物流公司面临着非常大的竞争压力，给建材连锁超市的物流外包带来一定难度。

百安居意识到，针对中国家居建材行业的特点，要想在日益激烈的市场竞争中取胜，必须从供应链的角度切入，提高经营管理水平。几年来，百安居主要在以下几个方面加大力度，不断完善管理。

完善采购供货体系

据文东总经理介绍，严格来讲，目前国内建材连锁超市虽然已建立起全国统一的销售网络，但还没有一家实现了真正意义上的统一采购、统一配送。现在百安居的商品采购有总部统一采购、地区采购、门店采购等不同的方式。总部的采购部负责进口商品、自有品牌商品与厂商直供商品的全国统一采购，下达采购订单后，商品由百安居的签约第三方物流公司——上海佳宇物流公司负责运送到百安居的物流中心或遍布全国的门店；而约20000多种特殊商品，则由各门店的订货办直接向供货商下单采购，再由供货商或其经销商直接送到门店或者顾客家中，并负责安装、退换货等售后服务。

百安居认为，对建材超市来说，顾客满意度非常重要。现在百安居60% ~ 70%的顾客都是回头客以及经朋友推荐来的，他们对整个销售额的贡献最大。因此，百安居始终把满足客户需求放在第一位。进入中国以来，百安居通过一系列措施不断缩短供应链，优化采购流程，降低采购成本，减少缺货现象。

1. 建立合作伙伴关系

百安居认为，与供货商之间不应当是简单的商品采购关系，而是共同合作的商业伙伴。百安居提出："加入我们，支持我们，一起合作，一起发展，那将会是双赢的结局！"成为百安居的供货商后，不仅意味着产品销售可以稳定增长，更为重要的是，通过与百安居合作，供货商的产品能逐步进入翠丰集团亚洲中心的采购体系，有机会进入欧洲市场和全球其他建材连锁超市，而在2003年翠丰集团亚洲采购中心的采购额已达到每年近10亿美元。

2. 减少供应商数量

百安居在达到一定规模、运行逐渐平稳后，开始对供应链进行优化。到2003年为止，已经有200个区域型、中小型供应商被百安居淘汰。现在百安居在中国还拥有1000多家供货商。当时，百安居的目标是，2004年大型供应商的销售额增长比例最高提升10倍，最低也要达到60%，全国供应商的比例要达到或接近30%。

3. 引入厂商直供模式

为了进一步规范自身的物流服务，百安居在2004年的深圳采购大会上宣布，百安居将对销售额排名前200位的供货商（占百安居整个销售额的70% ~ 80%）推行厂商直供模式，即由百安居总部统一向供货商采购，供货商直接送货到百安居的门店或物流中心。只有做到厂商直供，才能省掉许多中间环节，整合社会物流资源，提高物流效率，使供应链管理更加优化。据测算，厂商直供的商品采购成本比中间商供货可下降25%以上。目前，百安居已经与科勒、东海瓷砖厂等部分厂家签订了直供协议。

4. 加速发展自有品牌商品

自有品牌商品堪称当今世界商业发展的潮流趋势，商品的品种和销售额都在不断增长。专家分析，由于广告成本低、采购规模大，自有品牌商品可以与同类商品拉开25% ~ 30%的价格差距，显现出巨大的价格优势。在中国，标示着"B&Q"字样的百安居自有品牌商品正加速面世，并以其鲜明的个性、超低的价格受到越来越多消费者的青睐。百安居（中国）总部提供的信息显示，2003 年 5 月以来，全新面世的百安居自有品牌商品系列超过 10 个，几乎覆盖家庭装潢、居家生活等各领域。与此同时，百安居自有品牌商品的销售额节节攀升，以 2004 年为例，百安居门店总计 50000 多种的品牌中，有 2000 多个属于自有品牌，约占总数的 4%，而在销售额中所占的比例达到 6% ~ 7%，比一般商品的销售情况好一倍；百安居差异化的商品超过 10000 种，占到总数的 20%。2005 年英国翠丰集团（Kingfisher Group）财报显示，尽管扩张成本和收购成本高涨，百安居在中国的销售额仍增长 78.5%，零售利润从 40 万英镑增加到 460 万英镑。

5. 提高信息管理水平

为了满足企业发展的需要，百安居于 2003 年开发面向供应商的 B2B 采购平台。采用该系统后，供应商可以直接上网查询自己商品的销售情况，其最终目的是变百安居的被动采购为供应商的自动补货。该系统于 2005 年 3 月投入运行。未来百安居还将进一步完善专门开发的 B2B 网络对账系统，借助此系统，每个供应商可以随时查询每一笔账款往来的进程、状态，及时提出反馈意见，这不仅有利于保持有效的账务沟通，也为提高双方工作效率提供了有效的平台。

采用先进的信息系统理顺进销存

作为一家经营品种超过 50000 种的零售企业，百安居每天要管理众多的商品，涉及繁复的商品采购、记账、库存与销售管理。这些都迫使百安居考虑改进业务流程，理顺进销存的关系，掌握良好的物流状态，为在中国的进一步发展打好坚实的基础。

早在开业之初，百安居就采用了一套国产软件管理进销存。但是，随着开店数量不断增加，经营规模不断扩大，该系统渐渐地满足不了实际需要。考虑到企业未来发展，百安居决定投入巨资，在整个中国连锁经营网络中引入世界领先的 SAP 零售业管理信息系统，将其业务水平提升到新的高度。该项目于 2001 年 5 月开始实施，同年 12 月 3 日正式上线。

可以说，百安居对于 SAP 零售业解决方案的强大功能了解颇深，在英国总部早已采用了该系统，并取得了显著的效果。百安居（中国）采用的主要模块包括：

（1）基础数据模块 MM，具体分为供应商管理（包括供应商编号、名称等信息）和商品信息管理（包括商品名称、商品描述、类别、原产地、进价、零售价等信息）两部分。

（2）零售管理模块 Retail，包括销售管理、配送管理等功能。

（3）供应链管理模块 SC，包括订货管理、收货管理、入库管理等功能。

（4）财务结算模块 FI，完成与供应商的货款结算。

系统成功上线后，百安居的员工马上体验到了信息管理系统为企业和个人带来的快捷与方便。首先，实现了实时、可视化管理，总部可以随时了解任何门店在任何时间的销售与库存情况，便于评估整个公司的经营情况，以加强统一管理，减少库存，降低成本。其次，大幅度缩短了结账时间，对赊账和应收账款的管理也有了很大改善。原来每日结账需要干到凌晨的情况一去不复返了，如今只需3个人3个小时就可以完成结账。最后，借助于该系统，百安居的开店成本下降了30%。这些数据不仅说明了利用先进的信息技术手段改善管理、优化商业流程的重要意义，更为百安居带来了实实在在的效益。

建立高效的物流系统

从公司组织架构来看，百安居设立了商品部对采购、物流、销售、自有品牌商品等实行集中管理，公司还专门设有供应链副总裁负责供应链优化与物流运作管理。

目前，百安居的商品配送交给第三方物流公司完成。文东总经理指出，由于物流公司直接代表百安居为客户服务，因此对物流服务商的考核与管理丝毫也马虎不得。先要考察众多物流公司并公开招标，对中标企业再进行全面考核，只有最终通过考核才能成为百安居的物流服务商。之后，百安居对物流公司的人员进行专门培训，提出具体的服务要求，包括：必须有足够的车辆，可以满足百安居不同销售时期的配送需要；准时送货上门，协助顾客签收、验货；送货后的客户回访率不得低于20%等。对物流服务商的考核指标主要有：准时到达率、商品完好率、对客户的服务态度等。目前，客户对百安居的物流服务基本满意。

在物流成本控制方面，百安居的主要管理手段为：一是要求供货商交货及时准确，按质按量完成订单，这也是对供货商考核的重要指标。二是供货商要在事先规定的交货时间准时到达，以避免大批供货商排队等待交货。三是确保供货商同收货部人员快速、及时地完成货物清点并做相应处理，如进入卖场、配送中心或者收货部的临时仓库。四是采取仓储式销售，专门设立了空间管理部，每种商品都有固定的存放位置，货物直接存放在卖场的货架上部，节省了仓储面积。五是掌握送货装车与装箱技巧，保证满载率，减少运输车辆数量。六是事先与客户确定送货时间，商品尽快一次送达客户家中，避免因多次送货增加成本。

2004年，百安居在物流体系建设方面加大投入力度，建立了全国以及华东、华南、华北地区物流中心，同时建立起完全由电脑系统管理的订货和产品流，为优化库存、完善服务以及产品的全国采购和供应提供强大的后盾支撑。

百安居（中国）总部供应链副总裁赵崎说："我们正在实施建立一个优化库存、完善服务的统一配送体系。通过建立订单中心和配送中心，整合商店补货订单，减少供应商的配送频次，降低供应商的物流成本，最终达到双赢的局面。同时，通过建立中心库存管理，减少门店库存量，提高商品库存周转率，从而减少商品的库存成本，提高资金利用率。"

赵崎分析，建材超市内部供应链管理优化所带来的变化与改善将是非常明显的，可以"以最有效的整体成本优势，保证货架上总是有顾客想要购买的商品"，并且由此大大提升企业的整体可持续竞争能力。其价值具体体现在三个方面：

一是订单处理。以前的操作模式是门店直接向各个供应商下订单，订单没有整合，导致较高的订单频率，供应商需要花费较多的人力、物力来处理订单。优化之后，门店将向统一的物流中心下订单，物流中心将按供应商进行整合，合并成一张订单后再下给供应商。这样，对于单个的供应商来说，订单数量极大减少，在处理订单方面将更为便利。

二是货物发送。以往供应商处理完各个门店的订单后，根据订单要求备货，并分别发往不同目的地。这样导致供应商较高的发货频率，并需要支付较高的零担运输费用。优化之后，供应商将按整合后的订单，把提供给所有门店的商品送到百安居的物流中心，然后由物流中心统一配送到各个门店。这样，将极大降低供应商的发货频率，而且供应商的货物集中到一起能形成规模效应，供应商可以支付比零担运输费率更低的整车运输费率。

三是财务结算。传统的模式，供应商将货物送到商店，商店签收单据返回到供应商后，供应商才能依据签收单开具收款发票。优化后，供应商将货物一起送到物流中心，当场收到签收单据。这样一来，不仅结款期缩短了，而且单据的管理也加强了，不会因为单据回来得太晚或丢失而影响了结算；更重要的是，货物运输途中的风险得到了有效控制，供应商不必承担运输途中的各种损失。

百安居从 2003 年开始实施 HHP 仓储管理系统，采用无线手持终端结合条形码，完成订单管理、收货、入库、库存管理等多项功能。借助该系统，通过扫描条形码，可以即刻了解每种商品的品名、位置、规格、价格、供货商、订单数量、订单处理状态等信息，实现更加智能化、方便快捷的物流管理。

收货与配送流程

下面以北京四季青店为例，简要介绍百安居的收货与商品配送流程。

2003 年开设的北京四季青店占地 3 万多平方米，拥有 1200 车位超大免费停车场，不仅是百安居全球最大的旗舰店，而且在年销售额、商店贡献率（包括每平方米销售额、员工平均销售额、毛利、利润额等指标）和管理技术（包括公司运作管理水平、人力资源管理、各部门的专有技术、信息技术等指标）等方面居于领先地位。该店有 50000 多种商品，一层以建材管件、地板木材、油漆涂料、五金工具、园艺花卉为主，能为顾客提供在家居装潢过程中所需要的一切建材用品；二层不仅有精心设计的样板房，同时各种灯具、厨房设备、卫浴洁具、时尚家具以及软装潢产品琳琅满目，可以满足顾客轻松完成个性化家居装饰的需要。百安居的每家门店都设立了商品部，商品部又分为前台和后台，前台主要负责销售与客户投诉，后台主要有收货部与配送中心两个业务部门。

收货基本安排在百安居的营业时间范围内，从早上 8 点到晚上 8 点，为节省费用，尽量避免晚上接货。收货部接到厂商送货后，同配送中心和销售前台进行交接。如果是 IS（现货），属于常规补货，由商品部相关部门人员负责直接送到不同的货位，收货部也有小面积的仓库，可暂时存放商品；如果属于 CAB（已经销售出去的产品）特殊订单，则直接交给配送中心，配送中心再根据不同的送货方式——顾客自提、百送（消费者购物额达到 6000 元由百安居负责配送）通过电话联系（确定是自提还是百送）处理。北京四季青店的收货部平均每天约处理 120 个订单，每月共三四千个订单。

收货时，SAP 系统的流程控制模块 SOP 严格规定了每个员工的职责。如，货物送到以后，先要由保安进行送货单登记，再由两名收货员分别签字，然后文员进行送货单信息录入（只需在系统显示的相关品项后面添加数量即可），最后由主管复核（每天傍晚抽查）。有了极为严格的监督机制，经层层把关，有效地减少了漏入、录错现象，将收货差错率控制在千分之一到千分之二。

按照百安居的规定，进入门店销售的商品必须有条形码。条形码贴在每个销售单位商品的外包装上，销售时简单地扫一下条形码即可，大大加快了顾客结账时间，也便于了解商品销售情况，更好地实现销售、采购、库存等内部管理。如果供应商的商品自带条形码并可以识读，则直接添加到系统中，以减少工作量与成本，提高运作效率；否则由百安居自己制作、打印条形码后再粘贴在商品上（此项成本由百安居承担）。

配送中心主要承担仓储管理与配送管理两块业务，按照工作职责设立了文员、仓管员、自提组、发车组、调度组 5 个工作岗位，分工清晰，各司其职。百安居销售出去的90%的商品都从这里送出去。

在配送中心，文员起到物流导航的作用。文员每天到商品部前台取回送货单，再录入到系统中去，并对每天的发货数量进行核实、统计。送货之前，文员需要预先同顾客联系好，约定送货时间；送完货之后，文员马上在系统中登记送货时间、送货司机，便于顾客今后查询商品。

配送中心采用高层货架，商品码放密集但极有条理。库区首先分为自提区与百送区，自提区再按照商品类型划分存储区域，如瓷砖、厨电、浴室设备等分门别类集中存放。货架上层存放整托盘货物，以叉车完成存取；不方便叉车行走的地方，专门存放需要手工搬运的商品，如浴缸等；易碎品如瓷砖等存放在货架上，以避免因不慎造成的损失；对于非标商品，如玻璃淋浴房等垂直竖放，则按照商品的特殊形状与特性专门定做了非标货架。为避免顾客到期限不来提货，占用仓储空间，配送中心有专门人员提醒顾客来提货，并规定如果超过期限，每天收取商品价值总额的千分之一作为仓储费。

配送中心收货后为每个送货单位都制作了一张标签，贴在商品包装的显眼位置，内容包括订单号、顾客姓名、提货时间等信息。每天收货后对配送中心货物进行整理，只需要3 个工作人员即可。

配送中心打印出送货单，交给第三方物流公司的送货员。百安居将北京地区划分为十几条线路，同一线路顾客的商品要集中配送，并保证车辆的满载率。前一天晚上，送货司机到百安居的配送中心装车，第二天早上送货。

发货区设在仓库外面，共划分了 15 个车位，一辆车对应一个车位。按照送货路线，将一个顾客的商品放在一个托盘上，以免出错。物流公司运输车按照实际需要灵活调动，旺季时每天约需 20 辆车。百安居规定，每辆车一天要完成 20 个顾客的商品配送。

做中国市场第一

只用了短短几年时间，百安居已发展成为中国家居装潢建材领域的佼佼者，稳居中国家居建材连锁经营行业销售额第一。2004年上半年，百安居销售额比去年同期增长了76.2％，利润增长400％。良好的销售业绩无疑大大增强了百安居对中国市场的投资信心。

2005年开始，百安居重点在中国沿海城市扩大规模，发展13～17家连锁店，同时进军西部地区，计划到2009年，门店由现在的60多家达到100家。与此同时，分别位于华东、华北、华南的三个区域物流中心加紧建设。2006年三个物流中心正式投入运营，不仅可以满足百安居的大规模采购、配送的需要，而且实现了自己控制物流体系的运作，使物流成本降到最合理的程度，巩固了在行业中的"领头羊"地位。

展望未来，雄心勃勃的百安居计划将业务覆盖中国各大城市。尽管在2008年金融风暴影响下，百安居开始收缩，第三季度百安居中国市场同店销售额下降达32％，成为母公司翠丰集团旗下亏损最为严重的业务部门。但在2008年12月4日召开的百安居供应商大会上亚太区首席执行官麦特、中国区总裁马立思保证集团会在2009年给予中国市场更多的投资。根据目前计划，百安居在上海的莘庄店和主打世博概念的浦东三林店将会在明年年中相继开业，而在深圳、南京、武汉三地的门店也将陆续开启。同时，百安居将进一步加大对市场推广方面的投入，进一步加强连锁店电脑系统和物流体系的改善，为开拓全中国市场、树立新里程碑做好准备。

附件2

参考案例——沃尔玛与家乐福低价采购特色

作为百货零售商，沃尔玛采用的不是OEM的形式，它所面对的更是多如汪洋大海一般的企业。

沃尔玛在中国采购商品甚至要早于在中国开设商场。最初沃尔玛在中国的采购大部分是由第三方的进出口公司美国太平洋贸易公司代理，采购金额也仅为几亿美元。2002年2月，沃尔玛悄悄地将它在香港的全球采购中心搬到了64公里之外的深圳，全面负责沃尔玛在全球采购的任务。在位于深圳嘉里中心的全球采购办总部，来自世界各地的供应商每天络绎不绝。同年10月，沃尔玛全球采办上海分部挂牌运作。也就是在这一年，沃尔玛在中国的采购额突破了120亿美元。

2002年4月，国家经贸委组织了第一届跨国采购大会，采购会的外商有28家，其中包括沃尔玛（Wal-Mart）、家乐福（Carrefour）、麦德龙（Metro）、特易购（Tesco）、伊滕洋华堂（Ito-Yokado）、佳士客（Jusco）、欧尚（Auchan）、春天（Pinault-Printemps-Redoutesa）、翠丰（Kingfisher）等十多家进入世界500强的跨国零售集团。

沃尔玛并不会通过一次采购就与供应商达成某种协议，他们与供应商的接触和考验期是六个月到一年。沃尔玛的相关人士告诉记者，沃尔玛参加采购会是有选择的。沃尔玛的

"买手"都非常优秀，知道哪里有自己需要的产品。

沃尔玛对产品的要求简单明了，用沃尔玛中国公司公关总监徐俊的话说叫"物美价廉"。沃尔玛的采购特色是与生产厂家直接联系，以确保产品价格具有竞争力。同时沃尔玛对产品质量的要求很严格，特别是涉及出口的商品还要符合进口国标准。

在沃尔玛中国公司的网站上，有专门针对中国供应商的专栏，可以直接在那里下载相应的表格，填好后通过电子邮件发给沃尔玛的采购中心。这是第一步，这一步一点也不难，而且几乎没有成本。

家乐福基本上是按季节采购。据家乐福全球采购中心北京代表处范平介绍，家乐福对供货商的选择很慎重，生产厂家必须通过家乐福包括工厂检测、商品测试直至装运检验等一系列的长达半年时间的考核才能供货。企业要想成为供货商必须是具备出口权的直接生产厂商或出口公司，有价格优势、有良好质量、有大批量生产能力、有迅速的反应力、能准时交货等。

附件 3

参考案例——沃尔玛缩减在华采购，坚持低价转移部分订单

在原材料、劳动力等生产成本大幅上涨以及人民币持续升值的情况下，沃尔玛依然坚持不提高订单价格的低价采购策略，阻碍了它在中国的采购步伐。

沃尔玛高层强调，"在贸易环境变化下，我们并不希望供应商把生产成本的变化转嫁到消费者身上，而是通过生产管理环节消化掉"。

这意味着，在终端消费价格不变的情况下，沃尔玛减少生产成本高、利润微薄的中国产品的订单将成为必然。

在缩减中国采购量之际，沃尔玛却在加大对印度市场的采购力度。

"2006 年，我们通过全球采购办在印度的直接采购量为 6 亿美元，随着我们在印度正式开展批发零售业务，以及印度制造业的迅速发展，预计未来沃尔玛在印度的采购量也将迅速增多。" 2007 年 8 月中旬，沃尔玛国际事务部总监 Beth Keck 出现在广州，直面有关沃尔玛采购与全球制造的问题。

Beth Keck 此次正是从印度借道来华，一个星期前，她在印度考察了大量生产工厂，并正式宣布在印度开展批发业务。在此前，沃尔玛在印度只有少量的商品采购，而 2006 年沃尔玛在印度采购额骤然翻了一番，总额约 15 亿美元。

印度制造分羹

"印度在纺织服装业可谓雄心勃勃。"有业内人士表示，"印度纺织服装业的目标是要占到全球市场份额的 8% ~ 10%，比原来翻一番，成为继中国之后的第二大纺织服装出口国"。

印度这样的纺织服装产业发展计划得到了全球最大零售商沃尔玛的支持，印度预计未来3年将为沃尔玛百货生产多达50亿美元的产品，其中主要为纺织服装品；沃尔玛此前曾透露，在未来几年，从印度采购纺织服装将占到采购总量的5%，即每年22亿美元左右。

与此同时，巴基斯坦等国家也十分重视纺织业发展，采取了多项措施促进行业发展，并争取提高纺织服装出口的份额。

据沃尔玛2006年采购道德标准报告透露，2005年，全世界共有8873家工厂生产的商品供应沃尔玛公司，2006年，沃尔玛供应商工厂达到了1.6万个。

在此增长过程中，印度2004年对沃尔玛供货量仅3亿美元，到了2006年，沃尔玛在印度的直接采购量已经达到了6亿美元，通过代理商、出口贸易商等间接采购达到了近9亿美元。

中国成本难题

与印度相反的是，在中国市场，生产制造企业正与沃尔玛进行一场激烈的价格拉锯战。

"沃尔玛所给的价格已经无法在中国继续下单。"浪莎集团国际市场部曹国胜在接受媒体采访时表示。2007年7月底，中国最大的袜子生产企业浪莎集团已暂停与沃尔玛合作。

"在目前成本大幅上涨的情况下，欧盟很多采购商都愿意将单价提高，与中国生产企业一起分担所增加的成本，而沃尔玛则坚持不提价，只顾自己的利润，而不顾及生产企业的实际情况，所给的价格令生产企业根本没有利润空间。"曹国胜说。

"以347麻棉裤子为例，最低中标价是2.5美元一打，后来配额调剂要6美元一打。"山东烟台绮丽集团欧美贸易部经理刘晓辉说。2005年后，中国纺织业又重回到了配额时代。

中国工业协会提供的数据显示，在纺织行业，一年来人民币汇率上升7%，原材料价格上涨5%，工资价格上涨20%左右，这导致出口价格要提升12%到15%；在玩具、家电等行业，近几年除了上述成本增加外，国家出口退税降低造成的成本超过了5%。

从2005年7月汇改以来，人民币大幅升值，到2007年8月累计升值幅度已经超过6%。当时，这个比例已超过了很多生产企业的毛利率。利润率减少这一趋势在2006年初就加重了。

商务部研究院研究员梅新育分析，人民币的持续走强无疑影响着中国出口商品在国际上的价格竞争力，但是对于出口高附加值的企业来说，由于其利润空间远远高于这一水平，受到的影响相对较小；对于生产附加值较低，但生产规模在国际市场上举足轻重的企业来说，较强的议价能力也可以使其在很大程度上转嫁人民币升值的风险。真正受到影响的，主要是附加值低、竞争激烈、规模又不大的出口企业。

而这样的企业通常就是以"天天低价"吸引顾客的沃尔玛所青睐的目标供应商。据了解，在美国沃尔玛商店中，在2007年年初以来的近半年里大量削减中国产品的商品中，比如锅碗瓢盆、家庭小装饰品以及部分纺织品中，美国产品越来越多，整体价格比中国制造的产品大约高 5% ~ 10%。这样的差价正好抵消中国制造商在人民币升值等压力下提高采购价的要求。

虽然决定了放弃沃尔玛下半年的订单，但是"如果沃尔玛愿意提高采购价格，分担我们的成本上升压力，我们还是愿意合作的"，曹国胜说。

沃尔玛拒绝涨价

"我们全球采购办在 48 个国家采购商品，中国是直接采购量最大的国家。"Beth Keck 认为中国制造的商品非常有市场竞争力。虽然她预期沃尔玛未来在中国的采购量与印度市场一样呈上升趋势，但她始终表示供应商生产成本的上升不应该转嫁到消费者身上。

Beth Keck 还援引英国某咨询公司关于沃尔玛对全球消费者的影响的调查报告称，在美国，沃尔玛商业模式对一个美国家庭来说，每年可节省生活开支 2300 美元。随着全球低成本生产制造业的持续发展，沃尔玛在全球商业的这种优势一直能保持下去。

显然，沃尔玛要保持其全球竞争优势，必然要保持其商品价格优势，为了避免中国企业的涨价要求，沃尔玛开始将部分订单转向越南、印度等成本更低的地区。

"我并不认为原材料成本上升、人民币升值等压力会削弱中国制造业的竞争力，影响沃尔玛采购的因素很多，除成本以外，还包括商品的稳定供应、供货商的工厂生产标准。在中国 10 年，沃尔玛已经积累了众多符合标准的供货商，有些企业是其他地方不可替代的，我们也不愿意看到这些企业生存不下去。"Beth Keck 说。

然而对于中国供货商要求采购价格上涨的要求，Beth Keck 表示，沃尔玛正在与部分供货商共同商讨成本上涨压力的缓解办法，"我们更希望通过企业生产环节来消化这些成本，比如沃尔玛正跟一些供应商合作，减少商品包装、降低生产成本和企业管理成本等"。

【案例 4 - 4】采购成本控制策略

【案例概要】

本案例列举了在新形势下相关企业应对采购成本上升的五种采购成本控制策略：集中采购、联合采购、第三方采购、全球采购以及提高产品附加值。

【教学目的】

1. 掌握集中采购的优缺点；
2. 掌握联合采购的优缺点；
3. 了解第三方采购的优缺点。

策略一：集中采购——采购规模优势更大化

"涨"声一片之中，考虑如何控制采购成本，很容易想到的解决之道就是采取集中采购。

以钢筋、水泥、混凝土为主要原材料的房地产业，深受原材料价格上涨的拖累，已经开始采取措施，加强集中采购、集中管理进货。

以建筑企业为例，目前我国建筑企业钢材进货还比较分散，一些企业的进货权是分散到项目部甚至项目经理一级的，而且每批的进货数量不大。如果公司统一采购钢材，然后根据各工程的需要统一调配，不仅可以做到大批进货节约成本，更可以通过分析市场趋势决定是否应储备钢材，从而规避价格上涨带来的风险。

集中采购的优势在家电行业同样显现。

海尔集团光是通过对钢板、化工物料、电子零部件等大宗原材料实行集中采购，就为公司节省成本达20%～30%。针对本次涨价风潮，海尔集团特别提出了"四大"集中采购策略，即"大订单、大客户、大市场和大资源"。

然而，要做到集中采购，听起来容易做起来难，并不是单靠公司采购部一个部门能够完成。电缆是海尔集团众多产品都要使用的部件，为了做到集中采购，采购部门和产品设计部门通力合作，对空调、洗衣机、电冰箱等产品所用到的电缆进行了统一的重新设计，能够标准化的标准化，能采用通用部件的尽量使用通用部件。通过这些措施，海尔集团所采购的电缆由原来的几百种减少为十几种。采购产品种类减少，才能顺理成章地实现集中采购。据透露，仅此一项改进，就使得海尔集团在电缆采购上节约了大概20%的成本。

策略二：联合采购——中小企业联合抵御风险

中集集团在集装箱制造领域是行业里的领先者，记者采访该集团采购部李小姐时，谈到集中采购的问题，李小姐直言不讳地指出，集中采购基本是一个大企业把采购上的规模优势更大化的手段。没有多品类的产品线，产品销量没到一定规模，根本不可能实现集中。所以，在集中采购方面，中集的竞争力相对比较强。

这话听起来有些残忍，但众多中小企业管理者比较认同。

天合宁波电子紧固装置公司黄经理告诉记者他的看法，"规模的大小直接决定了企业在产业链的话语权；大众、神龙等客户端的大企业拼命压迫我们降低价格，我们只能唯唯诺诺地接受；但当我们要从比我们更小的零部件企业采购时，我们的腰板也是挺得硬硬的"。

"大鱼吃小鱼，小鱼吃虾米。"黄经理仿佛一语道破。

沃顿咨询公司的陈司星则认为，黄经理的说法有失偏颇。他指出，在采购价格问题上，小企业的确处于绝对的被动地位，但这并不意味着众多的中小企业在控制采购成本上无路可走。比如，跨企业的联合采购就不失为一种降低成本的方法。在可能的情况下，中小企业尤其可以考虑组织或加入采购联盟。

中小企业如果在原材料采购上联合起来，就可以增加防范风险的能力。一来多家企业联合采购，集小订单成大订单，增强集体的谈判实力，获取采购规模优势，争得和大企业一样的"江湖地位"；二来联合采购的对象是原材料生产企业，这样就可以摆脱代理商的转手成本，通过直接与制造商交易，减少中间层次，大大降低流通成本和保障产品质量。

策略三：第三方采购——中国企业尚未接受

顾名思义，第三方采购是企业将产品或服务采购外包给第三方公司。国外的经验表明，与企业自己进行采购相比，第三方采购往往可以提供更多的价值和购买经验，可以帮助企业更专注核心竞争力。

美国各行业都有这样的采购联盟。比如说，美国地方政府采购联盟是一个第三方采购组织，有7000多个政府机构加入了这个采购组织，直接采购成本降低了15%以上。Amerinet是美国最大的医院和诊所的采购组织，平均能为其客户带来近20%的采购成本下降。

汉普管理咨询公司行业咨询总监史文月先生，对国内企业通过第三方采购来降低成本的前景并不乐观。"各个企业通过第三方机构来进行联合采购，只能构成机会型联盟，彼此之间的利益很难长时间维持。"

采购外包双方的信任也很难建立。正如IBM前任首席采购官里克特所说，"生产采购包含着许多提前设计工作，而你并不希望设计秘密公开给第三方，因为他们可能与其他公司分享这一信息"，甚至他还认为"采购外包会将IBM的采购利益和经验教给其他公司，这会损害企业的竞争优势"。

"现在接受我们外部采购的客户主要是外资企业，要让中国企业接受第三方采购这个概念，难，很难！"业内人士不无感慨。

策略四：全球采购——增加企业的底气

同是受到原材料涨价的威胁，能够实现国际采购的企业明显表现出更强大的竞争力。

2003年10月，因为钢材涨价，业内风传家电产品因为成本增加要提高售价。就在那时，日本松下公司逆市而动，宣布松下公司旗下的洗衣机产品降价。当时就有专家指出，松下公司之所以有底气降价，主要是因为它的全球采购网络，使得它的材料成本低于中国同类企业。

和前面提到的天合宁波电子紧固装置公司一样，德尔福公司也是一家为整车厂配套的零部件企业。记者在上海德尔福总部所观察到的气氛和天合公司不一样，看不到原材料涨价带来的紧张和悲观。

公司物流部陈小姐特别指出，因为德尔福实现了真正的全球采购，可以从全球配置各种原材料资源。这在一定程度上缓解了成本增长的压力。

在利用全球材料上，值得特别提示的是税收问题。记者在某大型家电集团了解到，针对本次原材料涨价风潮，集团特别强调了保税物资应用。据集团采购部透露，以前对保税物资退税方面的工作做得不细致，现在注意了这个问题，所有供应出口产品的进口原材料统统进行保税，就此，集团进口的原材料节省成本约10%。

策略五：提高产品附加值——解决问题还需从长计议

"当原材料涨价导致成本吃紧之后，企业才开始采取上面这些优化供应的措施，其实都是亡羊补牢。很难有立竿见影的效果。"汉普的史先生说，"倒不如在产品那一端做文章。"

史先生的观点和记者不谋而合。因为，通过采访记者观察到，通常产品附加值高的生产环节，对原材料涨价的态度都比较平和。原材料成本占的比例越高，产品附加值越小，企业对原材料涨价越在乎。

要增加产品附加值，一个是增加产品的技术附加值，一个是增加产品的品牌附加值。

自2003年以来，铜材的价格上涨了40%，钢材价格上涨了30%，稀有金属价格上涨幅度高达70%，这些原材料价格大幅上扬，导致公司利润急剧下降。"但是，包括电线在内的机电产品的价格并未升高。我们的利润已经趋近于零，只能是勉强开工，"尽管已是特种电线行业的NO.1，琦富瑞电子工业公司的吴广总经理仍然很无奈，"而其他的企业就更惨了，有不少已经减产、半停产了。"吴广总经理尤其提到增加产品技术附加值，他不无艳羡地告诉记者，说他不久前看到伊莱克斯的一款新型智能吸尘器，售价高达13600元。后来经过他和专家估算，这款智能吸尘器的原材料成本价格约为300元，还不及最终售价的零头。"有那么高的利润空间，成本增加多少都不怕。"吴广说。

产品品牌附加值增加，主要是做到"差异化"。按照史先生的说法，企业同质化经营是造成供需矛盾的结构性原因，而供大于求又造成了终端消费产品只能实行低价策略，"根本没有预留进一步降价的空间。所以对原材料涨价基本没有多少承受能力"。改变这种状况，唯一的途径还是要实行差异化的产品战略。

英国皇家（ILT）特聘讲师、供应链管理专家周德科强调，无论采取何种措施来消化成本增加的影响，都不意味着这些措施仅仅是解决供应成本涨价的问题，恰恰相反，对任何有进取精神的企业来说，成本最小化、销售最大化、效率最高，都是一个日常工作中不断完善的过程。

其实企业在衰弱和兴盛时的管理存有不少共通之处。

【案例分析指南】

本案例围绕五种采购成本控制策略：集中采购、联合采购、第三方采购、全球采购以及提高产品附加值，对其实施情况进行了介绍。从某种角度来看集中采购、联合采购、第三方采购以及全球采购属于主动出击的成本控制策略，但从另一个角度分析，正如案例所述是"亡羊补牢"式策略，因此通过提高产品附加值来减弱采购成本压力真可谓是另辟蹊径。

思 考 题

1. 请结合案例内容，试分析采购成本控制的主要方法。
2. 你认为除案例所介绍的五种采购成本控制策略外，是否还存在其他途径？
3. 在目前全球资源紧缺、原材料价格普遍上涨的新格局下，你认为采购部门应如何应对？试撰写分析报告。

【案例4-5】格兰仕降低企业采购成本的做法和经验

【案例概要】

格兰仕集团从1993年产销1万台微波炉开始，以令人几乎难以置信的发展速度迅速达到了规模经济水平，到2000年产销1200万台微波炉，将主要竞争对手远远甩在身后。格兰仕运用总成本领先战略，在保证产品品质的同时，不断降低成本（特别是采购成本，每年降低10%~15%），持续赚取合理利润，到2005年销量达到130亿元，占有全球微波炉市场50%的份额。采购成本控制对格兰仕的发展起到了积极的作用，其做法和经验值得借鉴。

【教学目的】

1. 掌握采购成本控制的方法；
2. 了解供应商共赢的方式；
3. 了解采购员管理对降低采购成本的意义。

引 言

2002年夏格兰仕空调一马当先，打响空调降价"第一炮"，近20款畅销主力空调一起降价，平均降幅达35%。其降价动力，主要来自于全球化采购和自动化生产线上的规模生产：一方面，通过对全球范围内的空调组件、零件的比质比价，格兰仕以最低的价格采集到了最优质的元器件、零部件；另一方面，从跨国公司低成本引进专业化生产线，快速走入规模化、集约化运转轨道，生产力水平大幅提升。

采购部门：变成本中心为利润中心

原材料成本占格兰仕总成本的60%~70%，因此采购成本是格兰仕最重要的成本，也是每年降低成本的重点部门。不论是松下、通用汽车等老牌企业，还是戴尔、惠普等新兴企业，都打造了强大的采购部门和完善精密的采购制度。采购部门不仅仅是一个购入原材料的部门，同时是企业的利润中心之一。为什么呢？想一想这个公式就会明白：

$$收入 - 成本 = 利润$$

也就是说在收入不变的情况下，降低成本就意味着增加利润。所以，我们完全有理由认为采购部门也是一个利润中心。

不断开发供应商，营造竞争局面

供应商的开发与管理应该是动态的。较理想的状态是采用鲶鱼效应，不断开发新的、更有威胁的供应商，让它像鲶鱼激活沙丁鱼一样，在供应商之间营造彼此竞争的氛围。

格兰仕发展供应商的方式是：先粗选，在众多供应商中根据其硬件设施、技术力量、环境标准等指标，排除肯定不合格的一部分。通过粗选的企业可以参加格兰仕采购的正式招标，中标者并不总是报价最低的，主要标准是报价的可行性。供应商中标后，按照格兰仕的要求进行供货。每次招标，都经常有新面孔出现。主要商品、材料的供应商应有3家以上，而且每年应至少再发展1家。

向供应商要利润

格兰仕总裁梁庆德认为，采购人员与对方谈判时最有效的一种武器是了解供应方的合理成本水平。为了培养采购人员的这种能力，格兰仕物资供应部把市场上各种同类产品都找来，分析最低多少成本能做出这个产品。例如：物资采购部曾经带领全体采购人员对手电筒的成本进行了一次深入分析。这次分析给了大家深刻的印象，因为分析结果是最低2.5元可以做出市场上卖10元左右的手电筒。由此可见，充分了解供应商的成本水平对价格谈判和制定有多么重要的作用。

与供应商共赢

与供应商合作，谋取共赢是有远见的企业坚持不懈的工作。如果只顾自己的利益，将被供应商抛弃。格兰仕就是采取了与供应商共赢的方式来获得共同的成功。

1. 与供应商结成战略联盟关系

"刀光剑影大火并，双打总比单打好"，格兰仕总裁梁庆德2004年年底拜访重要供应商时这样宣传他的"战略联盟"理念。格兰仕作为全球微波炉的冠军，正在成为多个家电产品的单项冠军，随着格兰仕进入世界制造的高水平平台，能够成为格兰仕的合作伙伴，也成为很多供应商追求的目标。所以与供应商结成战略联盟关系是格兰仕未来发展的重要一步。

2. 注重与供应商之间的诚信往来

格兰仕注重诚信，在付款条件方面坚决遵守45天付款期的规定，到期自动付款，不会像业内一些企业那样，找出各种借口拖着，然后等着供应商来"做工作"。因为这个原因，很多供应商都愿意与格兰仕合作。

3. 帮助供应商降低成本

格兰仕的物资供应系统的员工与供应商一起对降低零部件成本的方案进行探讨，积极帮助供应商降低成本。格兰仕非常重视与供应商达成长期合作的共识，朝着更高品质、更低成本的目标共同努力。作为国内家电用薄钢板的唯一供货厂家，宝钢南方公司为了进一步加强与格兰仕的感情沟通，在 2003 年春节期间专门邀请格兰仕物资供应系统的员工，举办了专场的新年联欢会，会场上悬挂着的横幅显示两家的关系——"宝钢南方 + 格兰仕 = 铁哥们！"

招标比价技巧

在 2005 年 3 月的一天下午，格兰仕微波炉纸箱采购招标会经过一番精心筹备，在格兰仕总部 2 号大楼 8 楼会议厅胜利召开了。来自广州、佛山、中山、顺德等地的近 20 家纸箱生产厂家代表各拥一席，展开了一场激烈的较量。招标会根据公平、公正、公开的原则进行。经过几个小时的争夺，招标的几十种规格纸箱花各有主，招标会获得了巨大的成功。

与格兰仕做法一致的典型代表是"所有的采购都通过招标进行"的和记黄埔。在和记黄埔 3000 元以上的采购必须有 3 家以上的竞标，5000 元以上的采购须有 5 家以上，招标比价以后，采购员可以初步定价。但采购员定的价不能完全生效，还要经过公司内的专家审计。审计专家日常建有采购成本的数据库，数据库中包括众多厂商的同类产品的市场价、成本构成等数据，如果数据不完整，还要进行广泛询价。审计专家认为采购员报价合理，签字后采购才有效，即使是总经理也要服从专家的意见。招标比价的另一个技巧是：投标书上必须把各项成本单列：而不是只要一个总价。这样你就能看出其中的水分。

管好采购人员

采购人员拿回扣等腐败现象，在格兰仕没有生存的空间。格兰仕的经理会在双方合作开始前就直接拜访对方高层，向供应商的高层表明"阳光下交易"的坚定决心。由于高层已经沟通了这种理念，供应商就不会再动这种心思。如果对方私下里搞这种动作的话，格兰仕可能会终止与该供应商的合作。

格兰仕对采购人员的素质要求是：让对手充分地感到你的诚意；对非常有把握的事情也不要承诺；少说多听，以静制动；多问、多听对方的陈述和要求，然后再寻求突破。

格兰仕在员工教育方面也特别强调正直和诚信，并辅以制度上的严格要求。由于格兰仕是一个有长远发展前途的企业，包括采购业务人员在内的员工在企业里也容易有长远的计划，通常不会希望因为"拿回扣"之类的短期行为而失去在企业的长期发展机会。

正是上述的这些改变和努力，在过去 10 多年里，格兰仕微波炉从零开始，迅速从中国第一发展到世界第一：1993 年，格兰仕试产微波炉 1 万台；1995 年，以 25.1% 的市场占有率登上中国市场第一席位；1999 年，产销突破 600 万台，跃升为全球最大专业化微波炉制造商；2001 年，全球产销量飙升到 1200 万台，并让国人开始从"光波炉普及风暴"中全面领略"高档高质不高价"的新消费主义。至 2006 年，格兰仕已经连续 12 年蝉联了中国微波炉市场销量及占有率第一的双项桂冠，连续 9 年蝉联微波炉出口销量和创汇双冠。

【案例分析指南】

控制采购成本对类似格兰仕的生产制造型企业的经营业绩至关重要。格兰仕遵循的是一种良性循环，以低价格换取更高的市场占有率，而高市场占有率带来了规模的优势，从而可以降低生产成本，得到进一步降低价格的利润空间。正是长期以来执行严格控制劳动成本和采购成本、精简管理人员、提高劳动效率的措施，才使得格兰仕的成本领先战略开展得如此成功。读者可从采购成本控制方法及其作用展开对案例的讨论。

思 考 题

1. 格兰仕与供应商结成战略联盟关系有什么特殊意义？

2. 试分析格兰仕是如何有效降低采购成本的。

3. 结合附件案例，讨论在格兰仕营销策略发生转变的情形下，降低采购成本对格兰仕的意义是什么？试分析应如何开展其采购成本控制？

4. 请运用本书案例分析方法论为本案例撰写一份案例分析报告。

附件

参考案例——格兰仕谋变："价格屠夫"焉能"立地成佛"

缔造微波炉行业神话的微波炉掌门格兰仕谋变的消息，随着 2007 年 9 月 7 日中央电视台二套《对话》栏目的播出被推向了高潮！

提起格兰仕，大多消费者马上联想到的是它的价格优势，而留给业内人士的，也许还有"价格屠夫"外号与"摧毁价值"的理论，以及在这背后的格兰仕副总裁"俞铁嘴（俞尧昌）"。这些都曾是格兰仕留给大家的一些烙印与符号，也正是这张"格兰仕的俞铁嘴"，运用"摧毁价值"的理论，制造了一次又一次的价格炒作事件，使格兰仕成为"价格屠夫"的代名词。

如今，格兰仕屡战屡胜，所依赖的成本优势和价格利刃正面临严峻的挑战。几年前号称"全球生产车间"的格兰仕，正在谋求商业模式的重大转变，因为单纯"低价"已经很难走下去了。同时，在这两年中，曾经一度在市场上叱咤风云的格兰仕，随着俞尧昌的离开与"摧毁价值"理论的远去，也变得似乎沉默了。在这沉默的当中，格兰仕在想些什么？格兰仕在做些什么？无非两个字——"变革"，面对现实的竞争环境，格兰仕要"放下价格屠刀，立地成佛"！

一个时代的产物："价格屠夫"格兰仕

格兰仕前身是顺德桂洲羽毛加工厂，1978 年成立，先做羽毛加工，再做羽绒，之后做毛纺。格兰仕在短短几年间，销售额从几十万元剧增到一千多万元，被誉为"广东改革开放的金凤凰"。但是到了20世纪90年代，格兰仕公司高层认为轻纺在整体上已经满足不了企业未来发展需要，因此从多方面探索寻找突破口。20世纪90年代初，格兰仕审时度势，进入当时国内消费者比较陌生的"微波炉"领域，之后，格兰仕成为家电行业的一匹"黑马"，一路高歌猛进，直至2007年，格兰仕微波炉已经连续九年保持中国市场第一，连续七年全球市场称冠，占据了全球近半数的微波炉市场。

在格兰仕这家典型的"世界工厂"型企业的快速发展中，其发展核心就是凭借生产规模带来的价格利剑，占据了微波炉市场的绝对领先份额，并制定了这个行业的游戏规则。这种理论也被格兰仕自己叫"拿来主义"——其背后就是将对方的生产线搬过来，OEM的同时做自己的产品。比如A品牌的生产线搬过来，就生产A；B品牌的生产线搬过来，就生产B；多余出来的生产时间就属于格兰仕，因为格兰仕还有另外一招叫"拼工时"。在法国，一周生产时间可能只有24小时，而在格兰仕这里可以根据需要三班倒，可以24小时连续生产。也就是说，同样一条生产线，在格兰仕做一天，相当于在法国做一个星期。

格兰仕靠这种规模制造与成本领先的优势，连续几次大降价，从而获得了微波炉的霸主地位。同时，通过降价，格兰仕成功地为这个行业竖起了一道价格门槛，如果想介入，就必须投巨资去获得规模，但如果投巨资，做不过格兰仕的赢利水平，就要承担巨额亏损，即使做过格兰仕的赢利水平，产业的微利和饱和也使对手无利可图。凭此，格兰仕成功地使微波炉变成了鸡肋产业，使不少竞争对手退出了竞争，很多想进入的企业望而却步。这也就是围绕格兰仕的价格战，"俞铁嘴"经常说到的最著名论点是"摧毁产业投资价值"——我们的资本实力不如跨国公司，只能把经营安全放在第一位，利润放在第二位，通过规模分摊成本，反复运用降价的策略，彻底摧毁产业的投资价值！

综上所述，格兰仕运用价格策略，从一家所谓"鸡毛蒜皮"的羽毛加工小厂，发展到现在成为微波炉市场"冠军"，其成功确是无可非议的。特别格兰仕在刚进入微波炉行业时，用"低价格"与"低成本"获得市场竞争力更没有错。因为格兰仕的策略，正是当时环境下"中国制造"到"全球制造"的魅力所在。

"长板"理论的产物：恶性竞争的低价值运营

众所周知，管理领域有一个著名的"木桶理论"，也就是木桶盛水的多少取决于最短的一块木板，这套理论在国内企业流行了很久，但真正运用到企业的并不多。因为在中国这种"市场机会多多"的环境，很多企业的成长与发展，用得最多的是"长板理论"，其生存价值主要围绕"长板"做文章，直至这块"长板"能迅速并不断敲开市场的大门。同时，加上了中国"造神"运动的独有文化，这样的最终结果，就造成了在企业发展中，"长板理论"竞争手段一枝独秀，别的价值竞争要素就在实践中被不断忽略与淡化！

例如格兰仕，它是一个非常典型的公司，代表了一批做OEM的公司，究其最大的成功，就是"摧毁价值"理论中的"价格战"。本身这只是格兰仕"长板"成长策略，但是因为业内人士的推崇、媒体的追捧、企业内部的神话，造成格兰仕对价格的依赖程度越来越强，并形成了一种"怪圈"。直到现在，格兰仕在重新选择策略方向时，仍招来一片的质问声，虽然"价格战"本身就是一个走不通的路，因为价格战的背后，是不需要研究消费者，只要价格便宜，就有市场竞争力的低级策略，但那时却让整个格兰仕为之神往。这种策略带给格兰仕的后果是十分严重的。格兰仕副总裁曾和平在央视《对话》栏目中说道："格兰仕的销售体系，在俞尧昌时代，水平是不高的，有时候到下面的部门去走，比方说技术部，比方说质量部，比方说一些销售部门，你经常会发现他们要不在上网，要不在玩电子游戏机，这种场面，看着确实心里非常难受。成本意识淡薄，办事效率低下，内部扯皮的现象严重，为什么会出现这样的问题？从表面形式上，是国家宏观经济环境调整所带来的困难，但这种困难并不是对你格兰仕，所有的企业都是一样的，如果别人也存在着困难，你也有困难，那就不应该算是困难。实际上是格兰仕经过十几年高速的发展，它所积累的粗放式管理的弊端要爆发了，这才是根本问题症结所在。"

2002 年正是格兰仕成为"价格屠夫"声名鹊起的时候，公司正在进行"造神"运动，也就是不断在外面传播"价格屠夫"与"摧毁价值"理论。在这背后，企划部等"参谋作战"部门都在不停地务虚，并且使整个考核与价值体系都出了偏差，企划部内部人员每天都是以写了多少篇关于"价格屠夫"与"摧毁价值"理论的相关软文为考核依据和标准，从而忽略了企划部的其他职能。一句话形容："部门领导围着老板演讲稿转，部门人员围着软文稿转。"虽然话有点过激，但这种企划部的工作方式确实有其可悲之处！

格兰仕的"长板"理论的危害，让整个格兰仕被"价格屠夫"与"摧毁价值"的理论一叶障目，并在无形中将这种阶段性策略推崇成了企业发展的核心竞争力。现今，格兰仕在进行大刀阔斧的变革，也是在市场上遭遇了恶劣竞争，才使格兰仕痛定思痛。而且，企业也只有在这种市场亏损真正到了头上的时候，才会开始动真格的。最近，搜索格兰仕近两年的新闻，谈到最多的词就是变革，以及要从"世界工厂"到"世界品牌"，要从"全球制造"到"全球创造"等。在这种情形下才带来了"俞铁嘴"的淡化，"摧毁价值"理论的远去，但是究其最终祸首，是"长板竞争"带来的价值偏离！

竞争回归的产物：放下屠刀焉能立地成佛

综观家电行业的发展，日本企业是最好的例子。20 世纪 80 年代日本产品利用低成本行销到全球，日本产品高品质低价格，引起了美国等西方国家的恐慌。但在十多年后，大部分日本公司却开始走向没落，为什么？因为低成本并非长久之计，消费者对产品付费的规律仍然是：对创新的新技术、新产品愿意付高价，而对优质但是雷同的产品，只愿意付出低价。因为当一个产业中企业的竞争没有太多的差异，消费者被迫从价格上做选择，最后的结果必然是满盘皆输。

那么，格兰仕发展的必经之路，就必须是从"价格战"到"价值战"的变革，于是"提价"就成为其变革的先锋，变革的其他事项也在内部悄然运行。"提价"对于别的企业是一种市场表现行为，但对于格兰仕却引来了很多的非议。因为众多消费者感觉到，提价对格兰仕原有的"价格屠夫"形象是一个彻底的颠覆，所造成的两者之差距，也让更多"价格屠夫"推崇者、追捧者接受不了这个现实，认为"提价"是完全背道而驰，是格兰仕穷途末路。其实不然，现今家电行业以价格为竞争手段，已经让家电整体走向了亏损的边缘，"价格屠夫"格兰仕更是有过之而无不及。从2004年开始，整个国家宏观经济环境发生了很大的变化，首先就是国家的退税率从17%降到了13%，并可能进一步削减，这对于格兰仕就意味着是几个亿流失；其次就是原材料开始暴涨，通路成本上涨。在这种情况下，格兰仕出口出现了过去在它历史上从未出现过的亏损，而且是全面的亏损，这种亏损不是说单单是微波炉亏损，小家电也亏损，空调也亏损。

众所周知，企业生存是为了赢利及持续的赢利，当面临着不断亏损时，所采取的变革其实是一种理性的回归。首先，通过变革，加强企业发展的其他竞争价值要素，让"木桶理论"中所指的木板都成为竞争的"长板"。如最近格兰仕把微波炉、空调、生活电器整合在一起，实际上是渠道共享，利用微波炉的渠道优势，解决空调及小家电销售不力的问题。其次，在用人方面，大量引进外来优秀人员，并在组织变革中寻求组织竞争力，让公司实现从集权管理向分权管理转变。最后，加强与中央电视台合作，提升品牌核心价值。格兰仕在过去的几年中，所经历的不仅是它历史上最大的一场变革，更是一种竞争手段的理性回归。

引用佛教的一个故事，送给在变革路途中的格兰仕：

释迦牟尼佛到舍卫城说法。在舍卫城北郊的萨纳村庄里，住着一位名叫央哥马罗的汉子，他信奉邪道，他的老师告诉他，如果杀1000人，用被杀的人的小手指做成花环戴在头上，死后就能升天。于是央哥马罗疯狂地见人就杀，当杀到999人时，他母亲寻他吃饭，他急切地欲杀自己的母亲，凑满人数。这时释迦牟尼佛出现在他的面前，为他说法，并教导说："你的行为真令人哀痛，连羔羊都知道要孝养母羊，你却听信邪师，为了升天竟然要杀害对你有养育深恩的母亲，真是禽兽不如，这种行为非但不能令你升天，死后必将堕入地狱。"央哥马罗听后，心大惭愧，啼泪悲痛，抛弃手中利剑，拜在佛陀足下，于是佛陀将之收为出家弟子。后来，央哥马罗通过精心修行终于得阿罗汉果。这个故事就是众人皆知的"放下屠刀，立地成佛"。

想"放下屠刀，立地成佛"，并不是每个人都有此善缘，一是要碰到"释迦牟尼佛"这种高僧；二是"央哥马罗通过精心修行才终于得到阿罗汉果"。所以格兰仕在这场变革中，虽然"放下了价格屠刀"，但不要希望能"立地成佛"，要学学央哥马罗，精心修行，补好每一块在企业发展中的短板，才能得到"阿罗汉果"。要理性地对待格兰仕变革，因为只有格兰仕身在其中。不能以外部的猜测，带给格兰仕片面性的批判与表扬，不要做"站着说话不腰疼"及"亲者痛、仇者快"的事情，格兰仕毕竟是中国企业的一面旗帜，格兰仕这场变革如能成功，不仅对中国企业有所借鉴，也是众多行业人士与消费者所期待的结果！

第五章 采购招投标

导 论

招标采购是通过在一定范围内公开购买信息，说明拟采购物品或项目的交易条件，邀请供应商或承包商在规定的期限内提出报价，经过比较分析后，按既定标准确定最优惠条件的投标人并与其签订采购合同的一种高度组织化采购方式。

1. 招标采购的分类

（1）公开招标

公开招标又称为竞争性招标，即由招标人在报刊、电子网络或其他媒体上发布招标公告，吸引众多企业单位参加投标竞争，招标人从中择优选择中标单位的招标方式。

（2）邀请招标

邀请招标由招标单位选择一定数目的企业，向其发出投标邀请书，邀请他们参加招标竞争。采用邀请招标方式的前提条件是对市场供给情况比较了解，对供应商或承包商的情况比较了解。此外还要考虑招标项目的具体情况：一是招标项目的技术新而且复杂或专业性很强，只能从有限范围的供应商或承包商中选择；二是招标项目本身的价值低，招标人只能通过限制投标人数来达到节约和提高效率的目的。

（3）议标

议标也称为谈判招标或限制性招标，即通过谈判来确定中标者。议标的方式又可分为直接邀请议标方式、比价议标方式、方案竞赛议标方式。

2. 招标采购的一般程序

招标采购是一项复杂的系统工程，它涉及各个方面、各个环节。一个完整的招标采购过程，基本上可以分为以下 6 个阶段。

（1）策划

招标策划主要应当做以下的工作：

①明确招标内容和目标，对招标采购的必要性和可行性进行充分研究和探讨。

②对招标书的标底进行初步估算。

③对招标的方案、操作步骤、时间进度等进行研究决定。

④对评标方法和评标小组进行讨论研究。

⑤把以上讨论形成的方案计划形成文件，交由企业领导层讨论决定，取得企业领导决

策层的同意和支持，有些甚至可能还要经过公司董事会同意和支持。

（2）招标

招标采购的第一个阶段就是招标阶段，招标阶段的工作主要有以下几部分：

①形成招标书。

②对招标书的标底进行仔细研究确定。

③招标书发送。采用适当的方式，将招标书传送到所希望的投标人手中。

（3）投标

投标人在收到招标书以后，如果愿意投标，就要进入到投标程序。其中，投标书、投标报价需要经过特别认真的研究，详细地论证完成。这些内容是要和许多供应商竞争评比的，既要先进又要合理，还要有利可图。

投标文件要在规定的时间内准备好，一份正本、若干份副本，并且分别封装签章，信封上分别注明"正本"、"副本"字样，寄到招标单位。

（4）开标

开标应按招标通告中规定的时间、地点公开进行，并邀请投标商或其委派的代表参加。开标前，应以公开的方式检查投标文件的密封情况，当众宣读供应商名称、有无撤标情况、提交投标保证金的方式是否符合要求（在有保证金的前提下）、投标项目的主要内容、投标价格及其他有价值的内容；开标时，对于投标文件中含义不明确的地方，允许投标商做简要解释，但所做的解释不能超过投标文件记载的范围，或实质性地改变投标文件的内容。以电传、电报方式投标的，不予开标。

开标要做开标记录，其内容包括项目名称、招标号、刊登招标通告的日期、发售招标文件的日期、购买招标文件单位的名称、投标商的名称及报价、截标后收到标书的处理情况等。

在有些情况下，可以暂缓或推迟开标时间，如招标文件发售后对原招标文件做了变更或补充，开标前发现有足以影响采购公正性的违法或不正当行为，采购单位接到质疑或诉讼，出现突发事故，变更或取消采购计划，等等。

（5）评标

招标方收到投标书后，直到招标会开会那天，不得事先开封。只有当招标会开始，投标人到达会场，才可将投标书邮件交投标人检查，签封完后，当面开封。

开封后，投标人可以拿着自己的投标书向全体评标小组陈述自己的投标书，并且接受全体评委的质询，甚至参加投标辩论。陈述辩论完毕，投标者退出会场，招标人进行分析评比，最后投票或打分选出中标人。

评标由招标人依法组建的评标委员会负责。评标委员会由招标人的代表和有关技术、经济等方面的专家组成，成员人数为 5 人以上的单数，其中技术、经济等方面的专家不得少于成员总数的 2/3。一般招标项目可以采取随机抽取方式选择，特殊招标项目可以由招标人直接确定。与投标人有利害关系的人不得进入相关项目的评标委员会，已经进入的应当更换。评标委员会成员的名单在中标结果确定前应当保密。招标人应当采取必要的措施，保证评标是在严格保密的情况下进行的，任何单位和个人不得非法干预、影响评标的过程和结果。评标委员会可以要求投标人对投标文件中含义不明确的内容做必要的澄清或者说明，但是澄清或者说明不得超出投标文件的范围或者改变投标文件的实质性内容。

评标委员会应当按照招标文件确定的评标标准和方法，对投标文件进行评审和比较。设有标底的，应当参考标底。评标委员会完成评标后，应当向招标人提出书面评标报告，并推荐合格的中标候选人。招标人根据评标委员会提出的书面评标报告和推荐的中标候选人确定中标人，招标人也可以授权评标委员会直接确定中标人。

投标人就投标价格、投标方案等实质性内容进行谈判。评标委员会成员不得私下接触投标人，不得收受投标人的财物或者其他好处。评标委员会成员和参与评标的有关工作人员不得透露对投标文件的评审和比较、中标候选人的推荐情况及与评标有关的其他情况。

（6）定标

在全体评标人员投票或打分选出中标人员以后，交给投标方，通知中标方。同时，对于没有中标者也要明确通知他们，并表示感谢。

以上是一般情况下的招标采购的全过程。在特殊的场合，招标的步骤和方式也可能有一些变化。

【案例 5-1】标准决定公平！招标文件呼唤统一范本

【案例概要】

本案例取材自一政府采购中失败的招标文件，该招标文件编制的失败直接导致后续的评标难以进行，最终导致整个项目不得不废标。了解案例中招标文件中的失误和用语不规范，减少编制文件内容前后不一致，避免出现限制性、歧视性条款，以此增加投标文件的公平性，以保证采购招标的顺利开展。

【教学目的】

1. 了解招标文件在招标采购中的作用；
2. 了解评标的依据；
3. 掌握招标文件的编制及主要内容；
4. 了解招标文件中常见的问题。

引　言

"这个招标文件编制得绝对有问题。如果这样进行政府采购，根本谈不上公平、公正。" 2007 年 7 月，山东省某地一隧道灯具采购开评标现场，一家灯具企业的投标代表抱怨说。

这家供应商的抱怨不是没有道理。翻开这个采购项目的招标文件，第一页的补充文件就明确要求："灯具采用飞利浦品牌电器及光源。"评分细则中，只有报价，设备质量、性能及技术水平，类似工程项目业绩，售后服务，公司实力、信誉，优惠条件及其他承诺，样品评价七个评分项，每个评分项都没有具体的评价标准，只是简单地分为优、良、差三个评分区间。而且招标文件提供的样品图纸，更被一些供应商指出是参照某个品牌的灯具绘制的。

这样一份招标文件，导致的后果是评标难以进行，几名评标专家对供应商提供的资质文件进行了争论，讨论哪些供应商有评标资格。随后，一名专家又提出招标文件提供的图纸和采购人的要求超出实际使用规格，隧道灯不一定非要具有这么高的要求。再之后，又是争论怎么样评定产品的优、良、差……最终，这个项目不得不废标。

"法律法规的规定不可能事无巨细，因此，对于一个具体的招标项目来说，招标文件应该是'准则'，不只是规范供应商，同时也是规范采购人和代理机构的'准则'。一份招标文件出现这么多的问题，不得不让我们反思。"谈到这个案例，一名政府采购专家的语气显得有些沉重：前后矛盾，限制、歧视性条款，用语不规范等问题，在现在的标书编制中时有出现。

前后内容不一致

招标文件的编制前后不统一，在现实中极其常见。招标文件前面规定投标供应商应具备相关二级资质而后面又变成了三级资质等现象时有发生。

"由于缺少统一的标准，目前招标文件的编制中前后矛盾的现象经常可见。"云南省财政厅政府采购管理处副处长张应敏介绍说。

张应敏说，前后不统一，是因为招标文件编制得不严谨。云南省的一些采购监管部门就接到过这样的投诉，一个招标文件在前面明明规定采用综合评分法，到后面评标方法和细则却改成了其他评标方法。"这样的错误让我们十分无奈，结果是评标根本就无法进行，不得不重新编招标文件，重新组织招标。"

还有一个常见的前后不统一的现象是：招标文件在资质要求中明确要求投标供应商必须具备某种资质，但这种资质却又成了打分项。一名政府采购专家认为，"既然规定了供应商必须具备某种资质，那么就应该把资质当成一道门槛，符合的进来，不符合的出去。既然都合格了，再对该项进行打分是不能让人信服的。"

限制性、歧视性条款时有出现

确保投标供应商能够充分竞争、尽可能地满足招标人的需要，是编制招标文件的一个重要目的。但在招标文件编制中，却经常出现一些限制性、歧视性条款，严重影响了采购的公平、公正。

一业内人士介绍说，限制性条款在招标文件中非常多。比如，某个项目供应商只要具备国家规定的三级资质就可满足要求了，但招标文件中却规定要达到二级资质；采购普通电脑非要采用专业电脑的参数标准等。这样一来就排斥了一大批潜在的供应商，在一定程度上限制了公平竞争。

打"擦边球"、"明招暗定"的现象也时常可见。在某地一个 1000 多万元的电脑服务器采购项目中，采购中心发现由采购人提交的技术需求有倾向性，就召开了标书编制论证会。多家供应商指出采购人的参数是按照 Sun 的技术标准设定的。采购中心要求采购人重新提供技术需求，结果在标书编制论证会上，又被一些供应商指出是按照曙光的技术标准设定的，采购中心再次否决了采购人的要求。该采购中心的工作人员介绍说，指定品牌的要求往往来自采购人，集采机构稍有不慎就会把这样不合理的需求带入招标文件，形成歧视性条款。

用语不规范导致专家裁量权过大

张应敏对招标文件编制中用语的不规范颇有感触。他认为，分包不细、废标条款不明确、评分条款模糊等都是用语不规范的突出表现。"由于招标文件本身的规定就有问题，供应商反应过来时往往已经过了质疑期，结果就把问题带到了评标程序，影响了评标的进程。"

针对用语不规范的现象，福建省财政厅政府采购管理办公室副主任肖宝铭举了个生动的例子："有的评分条款要求'能满足采购人使用需要'，分值设置是 5～10 分，但满足需要本身就是一个很虚的概念，到底是得 5 分还是得 10 分，则完全取决于专家的自由裁量。专家自由裁量权的增大，往往会妨碍评标结果的公正。"

一名政府采购专家认为，招标文件中出现诸如"达到国际先进水平"、"知名品牌"等词语，都属于用语不规范。"到底什么样才叫国际先进水平，必须有明确的评价标准，不能到了评标阶段再让专家讨论什么是'国际先进水平'。不然影响了采购效率，扩大了专家的自由裁量权，有碍评标公正。"

招标文件中评标标准规定不细，也被不少业内人士提及。这个问题主要存在于综合评分法中，虽然财政部 18 号令规定货物项目的价格分值占总分值的比重为 30%～60%，但何时采用 30% 的下限、何时采用 60% 的上限却没有统一的标准。因此，一些价格占主要因素、价格分值应占较大比例的项目却被规定采用 30% 的下限，造成"高价中标"现象的出现，不少质疑和投诉的事也都由此而生。

【案例分析指南】

本案例主要讨论招标文件编制中普遍存在的前后矛盾，限制、歧视性条款，用语不规范等问题，以及上述问题导致的政府采购项目废标。读者可从招标文件在招标采购中的作用、评标的依据、招标文件的编制及主要内容等角度分析招标文件编制中存在问题对采购项目的影响，以及如何避免上述问题。

思　考　题

1. 请结合案例内容，试分析出现案例中的招标文件的可能原因。
2. 根据有关招标文件编制的要求，如何避免案例中出现的问题。
3. 结合附件中的案例，请谈谈对招标文件的认识。

附件1

参考案例——合法不合理！投标文件为何密封要求严格

不久前的一天，某市政府宾馆突然入住了大量IT设备生产厂商。原来，两天后，该市的市、县联动办公自动化设备协议供货开标仪式即将在这里举行。在这两天里，厂商们为投标进行着最后的准备，其中之一就是按照招标文件的要求对投标文件进行密封。

早在采购的调研阶段，接受委托的该市政府采购中心了解到有意向参与办公自动化设备协议供货的厂商将达到50家以上。为了节省开标时间，方便主持人唱标，采购中心在招标文件中要求供应商把开标一览表和投标文件分开密封。"不仅如此，每包10万元的投标保证金还要一并放入装有开标一览表的密封袋，不能分别放在每包投标文件里。"一供应商有些无奈地说："我们在密封时，还真得仔细、认真才行。"

转眼就到了开标的时间。主持人宣布开标纪律之后，邀请两名投标人代表和现场监管人员一同检查投标文件的密封情况。这时，意外发生了——有两家供应商只有投标文件的密封袋，却不见开标一览表的密封袋。经过现场询问才知道，这两家供应商并非忘记提交开标一览表，而是没有仔细阅读招标文件的投标人须知，把开标一览表、投标保证金和投标文件密封在了一起。

于是，有投标人代表当场便对这两家供应商的投标有效性提出了异议。为保证招标的公平性，在与现场监督人员商讨之后，采购中心宣布这两家供应商的投标为无效投标。这两家供应商均感到十分委屈："为了这次投标，我们披星戴月，全力以赴，没想到最后却因密封的问题把参与评标的资格给丢了。"

此案例有两个问题引人关注：投标文件严格要求密封，究竟是为了什么？投标文件的密封要求是不是越严格越有利于采购？

严格是为保护供应商

众所周知，在《政府采购货物和服务招标投标管理办法》中，有多处对招标文件的密封提出了严格的要求。例如，第三十一条规定："投标人应当在招标文件要求提交投标文件的截止时间前，将投标文件密封送达投标地点……"；第四十条规定："开标时，应当由投标人或者其推选的代表检查投标文件的密封情况，也可以由招标人委托的公证机构检查并公证；经确认无误后……"

"密封最主要的作用是保证投标的公平，让所有投标人在开标前都处在同一起跑线。一旦供应商对当次投标的承诺泄密，极有可能被他人利用，功亏一篑。"中招国际招标公司副总经理胡杰说，"同时，这也是对投标供应商的一种长久保护。因为在投标文件中，可能含有供应商的多个商业秘密，而投标人之间又是商场对手，一旦商业秘密外泄，损失将是巨大的。"

长春市政府采购中心的一名工作人员认为，现在供应商比较注重投标文件的密封，而且一旦发现有其他供应商密封得不合要求，就会提出异议，担心是否有采购人私自拆开中意供应商投标文件并加以授意。

要求不宜烦琐

采购代理机构的工作人员都会有同样的感受——不忍心看到有供应商因密封不合格被判无效投标。胡杰说："有些项目制作投标文件是非常复杂的，而且工本费昂贵，供应商要为此付出很多。一旦因密封问题连评标的门槛都迈不过去，真是非常可惜。"

的确，有些评标项目由于标的额巨大，分包较多，投标文件的密封要求烦琐，供应商稍有差错就可能错失良机。记者就曾见过代理机构要求投标人使用 U 盘提交开标一览表的一次开标，个别供应商虽然按要求提交了 U 盘，却没对 U 盘进行密封，因此被判无效投标，可谓"损失惨重"。

胡杰认为，对招标文件的密封要求严格，符合法律的初衷，却不合情理。"密封的尺度应该在能够保证招标文件内容不外泄即可，做过多要求，只会让投标变得不那么'人性化'。保护供应商的初衷是对的，但是不要过度拘泥于形式而给供应商带来麻烦。"

"对。采购代理机构不要在招标文件中对密封做太多的要求，尽量让合格供应商都参与评标，这对采购活动的充分竞争也是一种促进。"长春市政府采购中心一名工作人员说。

附件2

参考案例——标书更正引发的"争议"

"发布更正通知"在政府采购招投标实务中是件平常事，《政府采购货物和服务招标投标管理办法》中对"招标文件的澄清或修改"有专门规定。有规矩就得遵守，违规操作将会"一着不慎满盘皆输"。

2006 年，某市信息工程招投标中心组织的"某某单位无线同播对讲系统工程"招标项目的招标结果遭到了异议，投诉人认为，该招投标中心在此次采购中，《关于××号招标文件更正通知》程序违法，不具有改变招标文件内容的法律效力，中标人北京市某通信新技术有限公司为牟取中标，提供伪造本项目生产厂商授予经销及维修资质的资质证明文件，其中标无效……而招投标中心项目负责人则理直气壮："我们的招标公告已经发出了 22 天，符合《政府采购法》第三十五条关于'自招标文件开始发出之日起至投标人提交投标文件截止之日止，不得少于二十日'之规定，投诉我不怕，告也白告！"这次"告"会不会是"白告"呢？

更正距开标不足 15 天

据了解，2006 年 3 月 19 日，招投标中心就此采购项目在财政部指定的政府采购信息发布媒体上发布了招标公告。可就在公告发出后第 9 天，采购人提出了招标文件有不完善之处，急需更改。于是，招投标中心于 2006 年 3 月 29 日发出《关于××号招标文件更正通知》。内容变更了，但开标时间没有改变。4 月 10 日，招投标中心按招标公告中的时间如期组织了开标。显然，更正通知距开标时间不足 15 天，不符合《政府采购货物和服务招标投标管理办法》第二十七条"招标采购单位对已发出的招标文件进行必要澄清或者修改的，应当在招标文件要求提交投标文件截止时间 15 日前，在财政部门指定的政府采购信息发布媒体上发布更正公告"的规定，该通知无效。

虚假授权牟取中标

在此次采购中，招标文件第一部分规定的必须实质响应的条款 3.1.4 要求"投标人必须提供本项目涉及同频同播系统的生产厂商出具的允许投标人经销的相关证明，提供经销证或代理证或授权书相关证明复印件；必须具有主要设备生产厂家授予的相当于三级或三级以上级别的维修资质，提供维修资质证复印件"。中标人 H 公司在投标书中提供了作为日本×电子工业株式会社的代理人《制造商授权书》复印件。可是在调查中，H 公司却无法提供原件以证实该《制造商授权书》的真实性，而日本×电子工业株式会社也书面声明："H 公司不是我们公司的特约经销商，我们也从未曾授权过该公司。"这足以证明 H 公司提供了虚假《制造商授权书》牟取中标，根据《政府采购法》第七十七条第一款第（一）项及第二款的规定，H 公司中标无效。

"地区封锁""不足三家"

另外，在《关于××号招标文件更正通知》无效后，更正前的招标文件第一部分必须实质响应的条款 3.1.2 要求"投标人必须在某市注册或在某市有注册的服务机构，在某市的服务机构有稳定的不少于 6 名技术人员的服务队伍"，限制了供应商自由进入该地区政府采购市场，违反《政府采购法》第五条"任何单位和个人不得采用任何方式，阻挠和限制供应商自由进入本地区和本行业的政府采购市场"之规定，这是其一。

其二，这个原本就只有 3 家供应商竞争的项目，在 H 公司中标无效的情况下，出现了《政府采购法》第三十六条第一款"符合专业条件的供应商或者对招标文件做实质响应的供应商不足三家的"之情形，所以最终监管部门根据《政府采购法》第三十六条、三十七条的规定，做出了"该招标项目废标，重新组织招标"的处理决定。

附件 3

参考案例——忽略三大细节　招标公司重新开标

受当地国土资源局的委托，某建设工程招标代理有限公司（以下简称"招标公司"）

就国土资源局交易大楼中央空调设备及安装工程进行竞争性谈判采购。据悉，采购的中央空调设备及安装工程面积约18790平方米，造价约360万元。8月13日，招标公司在政府采购指定的网络媒体及报刊上发布了采购公告。根据公告，投递文件的截止时间和竞争性谈判开始时间为8月27日上午9：30（北京时间）。

8月24日，招标公司又通过政府采购网络媒体发布了该项目的一个补充文件。在这个补充文件中，招标公司就采购文件做了包括工程图纸设计要求系统水管150以下采用PP－R管，指定品牌为上海×品牌；空调风管采用玻璃棉直接风管，其材料采用酚醛材料成品风管；投标产品改用R22冷媒等六方面的修改。8月27日，招标公司如期举行了该项目的竞争性谈判活动。次日，招标公司在指定媒体上发布了拟成交公告，成交候选人的排名为：第一名Z公司成交金额为379万元；第二名X公司成交金额为316万元；第三名S公司成交金额为400万元，三个公司的品牌、产地是不同的。

据拟成交公告，公示5天后，如无人提出异议，招标公司将根据采购人的委托，确定以上拟成交候选人为最终成交供应商。事与愿违，公示之后，不仅排在第二名、第三名的供应商向招标公司提出了质疑，其他参与的供应商也提出了不少异议。但招标公司表示，采购人对这样的结果很满意，这次采购也不存在问题。

因不满招标公司的答复，9月14日，供应商向当地财政局提起了投诉。财政局接到投诉书后，依法进行了相关审查核实，做出了"责令招标公司依法重新开展采购活动"的处理决定。

法律专家指出，在这起采购中，问题是显而易见的，该招标公司应加强对政府采购法律法规的学习。

超预算还成交

据了解，采购人就这个项目的预算为360万元，且没有更多资金可以支付。但根据招标公司的拟成交公告，首选的成交供应商却是报价近380万元的公司。湖南某中介公司老总指出，《政府采购法》只是对招标采购中超预算的情况做出了规定——"投标人的报价均超过了采购预算，采购人不能支付的，应予废标"，却没有对竞争性谈判超预算是否可以成交做出相关规定，但政府采购行为还得在预算范围内活动，否则成交后采购人没钱支付怎么办？

确定结果不合规

调查发现，在上述空调安装工程采购中，三个品牌的空调都能满足采购人的需求，三家公司提出的服务也不相上下。而在质量方面，监管部门认为，由于品牌不一，质量无从比较。监管部门审理认为，招标公司应该根据财政部《关于加强政府采购货物和服务项目价格评审管理的通知》中第三部分的要求"采购人或其委托的采购代理机构采用竞争性谈判采购方式和询价采购方式的，应当比照最低评标价法确定成交供应商，即在符合采购需求、质量和服务相等的前提下，以提出最低报价的供应商作为成交供应商"。

信息发布未统一

在上述采购中，招标公司发布采购公告时不仅在政府采购指定的网络媒体上发布了，还在政府采购指定的纸媒体上也进行了发布，但其后就采购文件进行修改时，却只在网络媒体上发布。业界专家指出，这种信息发布已经前后矛盾了，供应商获取采购信息的渠道是不一样的，有些是通过网络，有些是通过传统的纸媒。招标公司既然将采购公告在网络媒体上发布，其后的补充或者修改文件也该在相应的纸媒体上发布。如果招标公司确定相关供应商都是在网络媒体上获得采购信息的，那开始的采购公告就没有必要在纸媒体上发布。

补充文件中指定品牌

虽然当地财政局在受理此起投诉时没有对招标公司补充文件中的系统水管指定上海×品牌提出异议，但业界专家还是就此提出了批评。业界专家指出，根据《政府采购法》的有关规定，政府采购不能指定品牌，但是在采购实践中，指定品牌的情况还是时有发生。另外，一些采购代理机构虽然没有直接指定品牌，但是对招标产品的某些部件往往也会提出品牌要求，这很容易最终造成指定品牌的现象，因为有些品牌的部件可能是某品牌特别采用的。

在这次采购中，有专家还对招标公司发布补充文件提出了异议，"虽然政府采购法律法规没对招标公司发布竞争性谈判文件的补充文件提出时限要求，但谈判前3天才进行修改补充，会造成某些供应商措手不及"。

【案例5-2】陆家嘴集团花木地块招投标遭质疑

【案例概要】

本案例介绍了上海陆家嘴集团花木地块招投标事件过程，参与竞标的开发商对本次招投标程序的合法性提出了质疑。案例中有趣地折射出政府在土地出让招投标受社会总体经济形势影响下做出的"带质疑"的中标结果，反映出招标过程中存在的一些问题。

【教学目的】

1. 掌握招投标程序；
2. 了解招投标的特点；
3. 了解招投标裁判结果标准；
4. 了解招投标通知的内容。

引　言

2004 年至 2005 年两年里，数以千亿美元计的国际游资涌入中国，其中大部分进入了中国房地产行业。大量涌入的国际游资使得中国房地产价格出现大幅飙升。据国家统计局数据显示，2001 年全国商品房销售价格比 2000 年上涨 1.7%，2002 年全国房屋销售价格第四季度同比上涨 3.5%，2003 年全国房屋销售价格四季度同比上涨 5.1%，2004 年全国房屋销售价格比 2003 年上涨了 9.7%。据国家发展改革委、国家统计局调查显示，2005 年一季度，35 个大中城市房地产市场价格持续上涨，房屋销售价格上涨 9.8%，在吸引外资最多的上海，商品住宅销售价格同比涨幅达到了 19.9%。2007 年 4 月 27 日，国务院总理温家宝主持召开国务院常务会议，提出八项措施引导和调控房地产市场，要求地方政府及相关部门抑制房价过快上涨，促进房地产市场健康发展。

在这种大形势下，政府的土地出让招投标过程及其结果遭受参与竞标开发商的质疑。

星河湾"意外捡漏"

2006 年最高报价近 60 亿元，却"临产"晚了一年的上海"花木新民北块土地"于 2007 年十一前突然宣布花落"星河湾"，参与竞地却没有中标的开发商们吃惊不小，一些企业甚至对花木地块的招标程序提出质疑。业内猜测，此前过高的竞价"阻碍"了花木地块的按时决标，也"影响"了报出高价的开发商的竞争力。

"我们是觉得这件事挺蹊跷。"一家房地产上市公司的有关人士向上海证券报直言。这家公司也参与了 2006 年 9 月的花木地块竞标，并且报出的价格要高于星河湾。据该人士介绍，其公司于 2007 年 9 月 28 日上午突然收到了一份"未中标通知书"，是由招标人和招标实施单位上海市浦东新区土地资产交易中心联合发出的，"通知仅表明我们没有中标，但究竟哪家中标、各项评分多少，一点都没有提"。

上述人士表示，其也是在致电浦东土地资产交易中心询问后才得知最后中标的是北京富华园房地产有限公司，追问后才得知该公司隶属于因开发"星河湾"而闻名的广州宏宇集团。"去年此时的土地公开招标可是搞得沸沸扬扬，如今却给人草草了事的感觉，趁放长假前夕通知，且一点理由也不讲。既然是不光看价格的招标，就更应该讲游戏规则。"

甚至有开发商指出，2006 年花木地块刚"现身"时就有业界传闻称已内定星河湾，"但我们认为既然出让方选择对外公开招标，并由相关政府部门来操作，应该说公正度、透明度是有保证的，所以最后有八大开发商竞相参与，但如今土地被'捂'了一年不说，最后的结果至少在形式上使其他开发商比较难接受。"据悉一些开发商将向出让方提出"质疑"，不过目前有关方面没有回音。

"质疑"缘由

回想 2006 年 7 月中旬，受陆家嘴集团委托，浦东土地资产交易中心公开挂出占地 560 余亩的花木地块，27 亿元的底价已使其成为当年度的"地王"。而该地块一经推出，便引起众多开发商的兴趣，最终参与竞标的金地、华润、世茂、仁恒、新鸿基地产等 8 家也都是有实力的企业。2006 年 9 月 6 日，金地以高出底价 122%、高于第二名 10 多亿的 59.89 亿元报价领先，按此计算，高达约 11300 元/平方米楼板价因已与周边楼盘售价差不多，由此还引起市场一阵指责。但原计划于 10 月 31 日前公布的地块出让结果，却被出让方一则因"技术原因"暂停决标的通知所取代。

"花木地块的招标结果可以说既在意料之中，又在意料之外。"易居房地产研究院高级评论员杨红旭这样评价。"意料之中是因为去年报出了天价的金地风头太健，连出让方都有点怕了，难中标也说得过去。而意料之外是因为最终拿走该地块的星河湾绝对是捡了个大便宜，按其原先 42.4 亿元的报价计算，楼板价逾 8000 元/平方米，但时隔一年花木板块的房价最高已至 20000 元/平方米。"

杨红旭还指出，当时出让方决定暂停出让的做法透露了有关部门对于高价争地的矛盾心态，一方面通过高价出让可以获取丰厚的收益，另一方面还须考虑高价竞标带来的社会舆论上的负面影响。花木地块竞标爆出天价虽属市场行为，但与中央的调控思路和当时的市场氛围毕竟不够协调，从而出现搁置决标的结果。值得关注的是，当时的中途叫停对既定游戏规则的实施带来了损伤。对此，在今后的操作中应进一步推动和完善相关的制度建设。

【案例分析指南】

这是一个很有意思的案例，对我国政府招投标过程具有一定的意义。案例中政府在土地出让招投标受社会总体经济形势影响下做出的"带质疑"的中标结果，反映出招标过程中存在的一些问题，读者可从招投标程序、政府评标标准、招投标通知等角度展开对案例的讨论。

思　考　题

1. 请结合案例内容，试分析导致参与竞标开发商对本次招投标程序的合法性提出质疑的主要因素。

2. 根据相关招投标程序与评标标准，你认为陆家嘴集团的招投标流程是否仍存在改进的地方？为什么？

3. 结合案例，谈谈在当前房地产市场形势下本案例带给你的启发，并撰写案例分析报告。

【案例5-3】纸张颜色有异被判废标

【案例概要】

公开招标是公开性强、透明度高的采购方式，评标专家是根据招标文件统一的规范要求，对投标文件进行综合比较评价来确定中标人。投标文件是专家评标最直接、最客观的依据。投标文件的质量好坏很大程度上决定了中标与否。因此，供应商对投标文件的制作应当足够重视，精雕细琢，关注细节，而不能应付了事。案例中江苏龙升幕墙工程有限公司就因标书封底颜色失误而导致废标，从而与近千万元的工程失之交臂。

【教学目的】

1. 了解招标文件与投标文件的关系；
2. 掌握投标文件的编制要求；
3. 了解投标文件在招投标中的作用。

引　言

在投标的过程中，有些供应商没有充分利用招标这个公平竞争的平台，把大量的精力和时间用在找关系、托熟人、向采购单位"公关"或"打压"、寻求政治庇护上，却很少注重为响应采购需求根据招标文件来精心制作投标文件，甚至是敷衍了事，以致投标文件在评标的资格性和符合性审查中被列为"不合格品"，难以"夺标"。根据招标文件的要求，标书文件的内容、封面、封底都必须严格按照要求装订密封，一旦与规定不符就视为废标。

2007年10月18日，在寿光一工程项目的开标现场，参加竞标的江苏龙升幕墙工程有限公司几乎是"胜券在握"，但就在登记标书资料时，被发现标书封底纸张的颜色与规定不符，结果被判为废标，从而与近千万元的工程失之交臂，龙升公司大呼冤枉，但评委称此裁判结果公平、公正。

废标判定

2007年10月18日上午，江苏龙升幕墙工程有限公司同另外8家公司在寿光某工程开标现场一起等待评委对技术标段的评审结果，在刚刚结束的商务标评比中，龙升公司第二标段和第三标段均名列第一，龙升公司信心十足。然而意想不到的是，评标委员会宣布，龙升公司技术标标书为废标，理由是，按要求标书封底颜色应为蓝色，而龙升公司提交的却为白色。龙升公司的代表李先生痛心疾首地说："我们公司各方面都很优秀，工程报价也是最低的，可以说几乎没什么可挑剔的地方，可一旦技术标被判废标，就等于前功尽弃了，想拿到这个工程几乎不可能了。"

评标标准

对此，作为评标委员会成员的王先生说，根据招标文件的要求，标书文件的内容、封面、封底都必须严格按照要求装订密封，一旦有与规定不符的就视为废标。据王先生介绍，标书形式之所以要求严格，主要是出于裁判公正，一旦其中有标书在形式上有别于其他标书，将被视为作弊，当作废标处理。该项工程竞标的一位负责人杨先生遗憾地说，他们一直看好龙升，没想到因为这么一点"小毛病"，龙升与近千万的工程失之交臂。

尽管龙升有关负责人坚持认为，被判废标是天大的冤枉，但这个决定已无法更改。求实和信律师事务所的张律师认为，龙升公司的技术标百分之百为废标，他说，制作标书不论从内容到形式都应力求精益求精，有很多企业虽然获得了投标机遇，但在编制投标书过程中，常因各种低级错误而导致废标，既浪费了大量的精力和财力，又错失了良机。

【案例分析指南】

本案例以江苏龙升幕墙工程有限公司因标书封底颜色失误而导致废标，从而与近千万元的工程失之交臂为分析对象，清晰明了地说明在招投标过程中投标文件编制的重要性，读者可从招投文件和投标文件正确编制角度展开对案例的讨论。

思　考　题

1. 请结合案例内容，试分析江苏龙升幕墙工程有限公司标书被评为废标的主要原因。你是否认同该结果？

2. 结合附件案例，试分析招标代理机构能否因为采购人"急用"而对投标人的失误忽略不计？投标人在投标时应注意什么？投标人如没中标的可能，还有必要依法维权吗？

3. 结合案例与附件案例，根据相关文件编制要求，谈谈你对本事件的认识，并为本案例撰写一份案例分析报告。

附件

参考案例——满足采购人"急用"

"怎么非得认这个'死理儿'不可呢？试想，如果我们根据法律宣布废标后再重新招标，他们还会犯这样的错误吗？当然不会。而人家的实力是明摆着的，没了错误，人家有实力，一样会中标。你就别较劲儿了……"在收到投标人 F 公司的质疑信后，某招标公司老总给 F 公司的法人代表打去电话，"苦口婆心"地劝说。

但适得其反，招标公司老总的"劝说"激怒了 F 公司的法人代表："谁说 C 公司就比我们强，重新招标他们就一定能中标？要这样说，我还就非认这个死理儿了，如果你们不重新招标，我绝对会投诉你们！"话毕，F 公司法人代表"啪"地挂了电话，招标公司老总愣了半天才缓过神，开始担忧起来。

2007年1月16日，受采购人委托，某招标公司就当地民政局信息系统建设工程项目监理进行公开招标，截至开标前，共收到了5份投标文件。开标后，出现了一个又一个"意外"：B公司承诺书上的报价少打了一个"万"字；C公司的投标文件居然没按招标文件的要求盖骑缝章；更荒唐的是，D公司的投标文件中竟然装有招标文件。根据招标文件的实质性要求，这三家公司都应为无效标。但是招标公司考虑到，一旦排除这三家不满足招标文件要求的投标人，将造成"对招标文件做实质性响应的供应商不足三家"而不得不废标的情形，重新招标将不能满足采购人"急用"的要求。考虑再三后，招标公司认为，这三个公司的"错误"不算太严重。于是选择了对C公司、D公司的"错误"忽略不计，让"B公司"对其承诺书进行澄清。开评标活动得以顺利进行……最终，C公司以其优良的技术和合理的报价胜出。

之后没几天，便出现了文章开头的一幕。

【案例5-4】"迟到"招标文件惹的祸

【案例概要】

招标是业主选择最合理供应商、承建商或劳务提供者的一种手段，是实施资源最合理配置的前提，招标全过程是选择实质性响应标的过程，因而招标也是各方面利益比较、均衡的过程。而投标，则是供应商、承建商或劳务提供者对招标的响应，是他们为了获得货物、工程或劳务合同而向业主发出的实盘。招投标本身就是一个追求双赢的过程，把握好招投标程序和技巧对实现这一过程至关重要。但由于招标方的工作纰漏，反而给招投标带来了不利的影响。

【教学目的】

1. 掌握招投标程序；
2. 了解招投标过程中的注意事项；
3. 了解废标评定的依据。

引　言

根据相关法律规定，开标应当按照招标文件规定的时间、地点和程序以公开方式进行。开标由招标人或者招投标中介机构主持，邀请评标委员会成员、投标人代表和有关单位代表参加。投标人检查投标文件的密封情况，确认无误后，由有关工作人员当众拆封、验证投标资格，并宣读投标人名称、投标价格以及其他主要内容，然后由评标委员会进行评标。但在实际招投标过程中，由于各种各样的失误，给招投标带来了不必要的问题。

"我的一时糊涂，害得采购中心很多人都跟着我没了国庆长假……"国庆过后，某地政府采购中心一工作人员小黎懊恼地说起了一次让他后悔不已的开标。

开标与废标

他回忆说，9 月初，受采购人委托，他们中心组织了 100 多台电脑采购的公开招标。根据招标文件的规定，投标截止时间和开标时间是同一时间，投标截止前，有一家投标人只送来一个按要求密封的开标一览表和投标保证金。开标时，由供应商代表检查完投标文件是否完好后，采购中心项目负责人便开始唱标。唱标结束后，投标不完整的这家投标人又送来了一份密封完好的文件，坐在投标文件存放处的采购人代表随手就把这份文件接过来放进了整堆投标文件中。

小黎虽然知道政府采购代理机构接受这样的文件是违反法律的有关规定的，在开标时发现投标文件不全，应立即宣布其为不响应招标文件的无效投标，也可认为投标人的投标文件是投标截止时间之后提交的，即迟到的投标文件，代理机构不应接受，应原封不动地退回，接受先后两部分投标文件，易造成修改后部分文件，为合同执行造成争议，也是对其他投标人的不公正，但看到坐在旁边的项目负责人没对此表示异议，作为助手的小黎便没吱声。

供应商的质疑

评标结束后，最后送来文件的供应商中标了。很快有供应商便就采购中心开标后又收取文件的事情提出质疑，后来还提起了投诉，最终该项目被判废标。

供应商提出质疑后，采购中心主任觉得很意外——3 个工作人员守着投标文件，怎么会发生这样的事情。

私下了解情况后，小黎就更加自责了，因为事实上当时项目负责人正在考虑如何组织专家评标的事情，一走神还真没注意到有投标人送来"迟到"的文件，而另一名工作人员也因一名供应商的疑问而转移了注意。

采购方的感触

聊天中，小黎颇有感触地说，作为一名政府采购从业人员，不仅应该廉洁自律，还应敢于与作弊、贿赂、腐败、幕后交易等作斗争。既然人出现在评标现场，就应该对现场的一切活动担起一份责任心，既然参与了政府采购的组织，就应为相应的财政资金尽一份心。

【案例分析指南】

本案例以某地政府采购中心招投标过程中的工作失误而导致废标，使得评标结束后，"迟到"的供应商中标，从而引起供应商质疑、投诉，最终被判废标的事例，有力地说明投标过程严密的重要性，读者可从招投标过程中应注意的事项展开对案例的讨论。

思 考 题

1. 请结合案例内容，试分析该政府采购中心导致废标的主要原因。
2. 结合案例与附件1，谈谈你对招投标过程严密性的认识。
3. 结合案例与附件1、2，你认为应如何对待"迟到"的标书？
4. 结合案例与附件，为本案例撰写一份案例分析报告。

附件1

参考案例——迟到的投标文件是否该一律拒收

某县政府采购中心代理一医院招标。招标文件规定，投标截止时间为某日10∶30（北京时间），投标人必须在投标截止时间之前将投标文件递交至该县医院综合楼509室，超过投标截止时间的投标文件将被拒绝接收。当日在该医院会议室开标，10∶30主持人按时宣布开标。

然而，主持人话音刚落，一个投标人举着投标文件气喘吁吁冲进来，后面还跟着该医院的保安。此时，时针已指向10∶31。尽管投标人一再解释，是因为保安的阻拦和盘查才延误了到场时间，该保安也承认是自己的责任，但采购中心还是依法拒收投标文件。无奈该投标人离开招标现场，直接去监管部门投诉。迟到的投标文件是否该一律拒收？业内人士看法并不一致。

不拒收是违法

许多招标文件都有"对迟到的投标文件，招标单位将不予接受"、"一切迟到的投标文件都将被拒绝"、"迟到的投标文件不予打开、不予唱标、原封退回投标商"等拒收迟到投标的规定。某招投标中心政府采购部门经理认为，迟到的投标文件，应该都拒收，"迟到1秒钟都不行"。

因为无论是《招标投标法》还是财政部18号令对此都有明确规定。18号令第三十一条明确规定："投标人应当在招标文件要求提交投标文件的截止时间前，将投标文件密封送达投标地点……在招标文件要求提交投标文件的截止时间之后送达的投标文件，为无效投标文件，招标采购单位应当拒收。"此案中的采购项目是工程项目，适用《招标投标法》，而《招标投标法》第二十八条也要求："投标人应当在招标文件要求提交投标文件的截止时间前，将投标文件送达投标地点……在招标文件要求提交投标文件的截止时间后送达的投标文件，招标人应当拒收。"本案中采购中心的拒收是理所当然的。

都拒收不合理

"根据国际惯例，并不是一律拒收的，是否拒收应视情况而定。如果还没宣读投标开始，迟到了也是可以接收的；如果已经宣读投标开始，但投标文件尚未开启，也可以灵活处理。"某国际招标公司老总说，"全盘拒绝并非绝对公平，也会出现不合情理的特殊情况，此案如果拒之，就很不合理。"

不过，赞同此观点的人认为，如果碰到特殊情况要作特殊考虑，那就应事先在招标文件中明确，如某《电力工程设备招标文件范本》规定："投标文件应于投标截止时间以前送达指定地点。一切迟到的投标文件都将被拒绝。如因特殊客观原因，投标人应于投标截止日期前通告招标人和招标代理机构，并得到其同意者除外。"又如有些招标文件如此规定："迟到的投标书应该尽快原封退回，除非投标者因为不得已推迟了投标，并在预定的提交日期之前通知了招标代理机构，则招标代理机构可以推迟正式开标的时间，直到收到迟到的标书为止。"

证据充分该收

业界专家指出，相对稳定的法律面对的是千变万化的社会，难以预料将会发生的事件。因此，在执法时，如遇特殊情况，应从立法的精神去考虑。《政府采购法》追求的是公开、公平、公正的采购环境，案中出现的由于招标方的原因而造成的投标人迟到，投标文件当然不该被拒收。

于是，有人质疑："投标人迟到了，还收其文件，会不会对其他投标人不公平？而且谁能保证保安是不是被投标人买通了而作伪证呢？"

对此观点，多数人认为，作为投标人，谁能保证自己不会遇到因对方原因而功亏一篑的情形？所以，此次允许迟到供应商投标，其他投标人应理解和支持。当然，投标人迟到的原因，不能只凭保安说了算，还应有充分的证据或其他的人证证明投标人迟到的原因是保安造成的。

附件2

参考案例——开标前发现投标文件没按要求密封怎么办

"还没开标，你哪有资格判我无效标？"在开标前就被否定投标有效性，某消防安全设备有限公司项目经理当场就与×区政府采购中心项目负责人吵了起来。

原来，受采购人的委托，采购中心就其所需"消防灭火设备"政府采购项目进行公开招标。采购中心的前期准备工作非常顺利，也得到了供应商的积极响应。但开标当天却出现了一个让采购中心项目负责人至今难忘的"插曲"：开标会前3分钟，采购中心项目负责人发现这家消防安全设备有限公司已经递交的投标文件没有按照招标文件的要求密封。于是，采购中心项目负责人决定让该公司项目经理取回投标文件，不得参与开标会。

设备公司项目经理请求立即重新密封投标文件，参与开标会。但项目负责人说："马上就要开标了，我们这里也没有相应的工具可以提供，来不及了，你们还是取回投标文件吧。"时间一分一秒过去，这位项目经理的恳请也变成了哀求："晚就晚点吧，你们先开别的标，我们尽快想办法密封好……"

采购中心项目负责人解释说："开标了，还等你们密封就变成了投标截止后还收投标文件，我们会遭到投诉的。你还是拿回去吧。"再三请求无果后，设备公司项目经理终于忍不住发火了，当场就与项目负责人吵了起来。

设备公司项目经理认为，其公司的投标文件是否合格，应在开标会开始后，由投标人代表或在场公证人员检查后决定，其公司有权参加开标会。

这一吵，开标现场立刻乱了起来，开标也受到了影响。在场公证员赶快出面调解，让设备公司参与投标。公证人员认为，开标会前不得退回设备公司投标文件，应让其继续参加开标会，于是开标才得以正常进行。设备公司在开标中被判了无效标。

【案例5-5】涉嫌招标舞弊，英食品公司丧失联合国食物提供商资格

【案例概要】

"石油换食品"计划自1996年年底正式开始，到2003年5月联合国解除对伊拉克制裁，直至当年11月终止"石油换食品"计划，涉及金额高达640亿美元。自从该腐败丑闻披露，余波未平，2005年新的招标舞弊问题又在联合国采购中出现，人们不禁质疑人道主义援助项目到底滋生了多少腐败和多少不公平竞争？应如何看待这种由采购诱发的腐败和不公平竞争？

【教学目的】

1. 了解竞标舞弊；
2. 了解如何杜绝竞标舞弊。

引　言

联合国2005年10月21日宣布，暂停英国怡乐食公司作为联合国食物提供商的资格，原因是这家公司涉嫌在合同竞标时舞弊。

同一天，因为涉嫌在联合国"石油换食品"计划中支付回扣，得克萨斯石油大亨奥斯卡·怀亚特及两名瑞士籍主管遭到检方指控。

"石油换食品"丑闻余波未平，新的招标舞弊问题又对联合国采购管理造成冲击。

舞　弊

联合国发言人斯特凡纳·迪雅里克2005年10月21日说，怡乐食公司暂时丧失食物提供商资格，并且在调查结束前不得与联合国签订新合同，因为该公司涉嫌在竞标联合国一份合同之前非法获得相关内部资料。

英国媒体报道说，怡乐食公司因此赢得价值 6200 万美元的合同，为联合国驻利比里亚维和部队提供食物。

怡乐食公司隶属于全球最大的公共饮食企业———英国康柏司集团公司，之前共与联合国签订 7 份合同，分别为联合国驻黎巴嫩、塞浦路斯、利比里亚、苏丹、埃塞俄比亚、厄立特里亚、布隆迪等地 3 万多名维和士兵提供食物。

迪雅里克说，联合国将根据调查结果判断是否允许怡乐食公司继续履行合同。同时，联合国计划尽快重新招标，以保证维和部队的食物供应。

"联合国重申，将对联合国承包商违反职业道德的欺诈行为采取零宽容政策。"迪雅里克说。

调　　查

针对联合国的指控，英国康柏司集团说，怡乐食公司正积极配合公司有关机构对招标程序展开大范围调查，"公司有严格、毫不宽容的职业准则，所有职员都必须遵守，无一例外"。

康柏司集团 2005 年 10 月 21 日在声明中说，目前已有 2 名管理人员接受停职调查，公司已聘请英国富尔德律师事务所调查联合国、怡乐食公司及联合国前承包商———IHC 公司之间的关系。

与此同时，联合国内部调查机构也正对联合国采购业务展开调查，以探明层出不穷的采购丑闻发生原因。

2005 年 9 月初，联合国大会预算咨询委员会主席、俄罗斯外交官弗拉基米尔·库兹涅佐夫被控与联合国一名采购官员共同接受巨额贿赂，并参与洗钱。

而早在 2005 年 8 月 8 日，联合国采购部门的另一名俄罗斯人亚历山大·雅科夫列夫承认参与欺诈和洗钱，并接受承包商 100 万美元的贿赂。雅科夫列夫还承认曾向"石油换食品"计划中竞标成功的承包商索贿。

旧　　痛

2005 年 10 月 21 日，纽约的调查人员对得克萨斯石油大亨、前美国滨海石油公司董事长奥斯卡·怀亚特及两名瑞士籍主管提出指控，罪名是涉嫌在"石油换食品"计划中支付回扣。另外，怀亚特还涉嫌游说联合国官员，使采购油价能够保证他们在支付回扣后仍能获利。

如果罪名成立，上述三人将面临 62 年监禁和巨额罚款。

同时遭到起诉的还有 3 家公司，包括统称为"怀亚特国际公司"的纳夫塔石油公司和梅德纳夫塔贸易公司，以及瑞士一家咨询公司。检查人员说，这 3 家公司都由瑞士人米格尔和赛义吉经营。

联邦调查人员对涉及"石油换食品"案件的 6 个人和 6 家公司提出指控。

由前美联储主席保罗·沃尔克领导的独立调查小组 2005 年 10 月 21 日发表声明说，

将在 2005 年 10 月 27 日召开新闻发布会，针对所有涉及"石油换食品"案件的公司发布一份最终调查报告。

调查小组成员、南非籍法官理查德德·戈德斯通曾说，有证据表明，参与联合国"石油换食品"计划的 4500 家公司中有 2500 家涉嫌支付回扣和非法索要过高报酬。

【案例分析指南】

招投标本身就是一个追求双赢的过程，但也存在一些不和谐，如本案例中所分析的竞标舞弊丑闻。竞标舞弊带来的腐败和不公平是招投标参与者所深恶痛绝的，如何杜绝竞标舞弊其意义重大。

思 考 题

1. 请结合案例内容，试分析竞标舞弊的不利影响。
2. 结合案例，你认为如何杜绝竞标舞弊？
3. 结合案例，请运用本书案例分析方法论为本案例撰写一份案例分析报告。

【案例 5-6】大批量电脑招标采购案例

【案例概要】

本案例取材于一完整的学校电脑采购项目招投标案例，案例详细介绍了项目采购全过程，有助于读者全面掌握招投标采购程序。

【教学目的】

1. 掌握招投标程序；
2. 了解招投标的特点；
3. 了解招投标过程中的注意事项。

引 言

本项目为学校电脑采购项目，于 2001 年 8 月 23 日下达采购中心，被列入政府采购范围。这次联合集中采购计算机为 3120 台，涉及 120 所学校，分布在浦东新区的各个地方，计算机的配置要求高，尤其是 120 台教师机的配置是当前最先进的具有极高性能价格比的高档多媒体 PC 机。学生用机的数量也具有前所未有的规模。

招标准备

由于本次招标计算机数量多，所以在确定招标方式上，既考虑 120 所学校需要计算机的时间上的急迫性，又考虑到采购程序的严密性、招标的最大范围的公开性，最终把招标方式确定为公开招标。2001 年 8 月 24 日以公开招标的方式在浦东新区政府采购网站发布招标公告，8 月 25 日在解放日报上发布招标公告。

招标文件编制的具体做法是将计算机分为 A、B 和 C 三个包，A 包为 2000 台学生机，B 包为 1000 台学生机，C 包为 120 台教师机，这样分主要考虑到两个因素，其一是要求制造供应商供货时间短，3000 台计算机可能的话由两家供应商提供，缩短制造周期；其二是教师机要求配置高，性能稳定可靠，兼顾到中高档国内外品牌的投标、中标机会。

2001 年 8 月 27 日开始出售标书，共有 15 家公司购买了招标文件。

招标过程

2001 年 9 月 6 日在浦东新区政府采购中心开标，特别邀请浦东新区公证处的两位公证员开标公证，邀请浦东新区政府采购监督小组的两位监督员作为监标人，浦东新区有线电视中心等新闻媒体进行了采访，评标专家由上海市政府采购中心提供，在评标当天通知新区采购中心，保证了评标专家的保密性和公正性。9 月 7 日评标，邀请四位上海市资深专家和一位使用单位人员组成评标小组，评标小组决定 3000 台学生电脑项目授予 L 公司，120 台教师电脑项目授予 T 公司。

履约合同

2001 年 9 月 10 日与 L 公司签订合同，L 公司授权，具体工作由 B 公司实施。

2001 年 9 月 14 日与 T 公司签订合同，T 公司授权，具体工作由 Q 公司实施。

随后采购中心与使用单位、中标单位、被授权单位召开了协调会议，达成"工作安排备忘录"。

2001 年 9 月 17 日至 21 日 Q 公司进行用户情况调查，他们组织人员对 120 所学校逐一进行实地调查：邀请学校老师参加培训，调查学校计算机机房情况、电源情况等。

中标的机器虽然不多，仅仅 120 台，但这 120 台电脑必须送到遍布浦东新区各个角落的120 所学校，搬运到指定楼层的电脑教室，并安装调试。合同签订后，即开始按单生产（生产周期在 10 天左右）。由于 10 月 1 日到 7 日放国庆长假，紧接下来的 APEC 会议又有一周长假期，浦东很多路段封路，为了按时履约，T 公司按紧急情况处理。在这批电脑到达上海的第二天开始，Q 公司每天用 5 辆车，每车随行 3 人，以不同路线送到每个学校，3 天内把120 台电脑送到位。在电脑全部送到位后，Q 公司派出 6 名工程师，用 5 天时间，到每一个学校进行安装调试，为学校安装必备软件，并请校方验收与盖章确认。校方验收的满意率达到 100%，其中非常满意的用户达到 80%。在安装的过程中，Q 公司为每一个学校留下了名片，记录下了学校总务老师和电脑老师的联系电话，以便今后的服务和联系。

由于本次招标提供的教师机的配置很高（CDRW 刻录机，DVD 驱动器及 128 位创新声卡等），部分学校在使用中遇到了不少问题，Q 公司都一一上门解决，个别学校在教师机内安装了视频卡，引起资源冲突，Q 公司也上门帮助解决问题。从严格意义上来说，这些都不是机器本身的问题，并不在他们服务范围内，但为了新区的教学活动正常开展，为了创出公司的信誉，Q公司把这一切"分外事"都当自身的工作给予解决，得到了很多学校的好评。

2001年9月18日至25日B公司组织老师培训，组织安排120所小学的计算机老师进行电脑（学生机）的培训（电脑基本知识、使用及维护），共有86所学校参加。

在学校具备安装条件的情况下，截至10月13日总共完成98所学校的安装调试。

因客观因素，其余的22所学校无法及时完成验收。

为保证该项目的顺利实施，B公司做了大量的工作（事前准备、调查，事中协调、联系用户等），全心全意地为使用单位服务，最大范围内满足学校提出的要求。但由于部分学校的客观原因，也导致一些工作的重复，浪费人力、物力及时间，增加了成本。

后 记

定标与签订合同之后，采购中心的工作并未完成，监督履约和项目的验收及付款等是政府采购工作的重要环节。项目的执行责任人必须与供应商、买方、出资方保持经常的联系，了解履约中出现的问题，及时进行协调，这方面的工作今后有待加强。

本次招标项目节约资金364.8万元，节约率达21.9%，效果比较明显。

使用单位在提供教师机配置时，强调了计算机的主板要求，供应商在供货时间有限的情况下，针对用户提出的配置进行性能匹配测试，结果是主板与CPU、硬盘不匹配，最后经技监部门确认，使用了同档次的、供应商成熟的机型。因此，使用单位要考虑计算机配置的合理性，避免浪费时间和资源。

对于公开招标的项目，其中要做到公正、公平的一个重要环节是评标小组的组成。使用单位往往作为评标小组的组成人员之一，在评标时，专家评委有时首先倾听他们的意见，使用单位有可能提出一些片面的带有某些导向性的意见，如何避免类似的问题有待思考。

为了确保大批量计算机的供货质量，在签订供货合同的时候，特意增加了一条，就是在计算机送到学校后，抽查一定数量机器，到技监部门作性能和防辐射检测，合格后使用。供应商在制造计算机时，势必加强对产品质量的控制，使用户感到政府采购放心满意。

【案例分析指南】

这是一个很完整的招投标采购案例，对读者理解与掌握招投标管理具有借鉴意义。读者可从招标准备、招标过程、履约合同等角度展开对案例的讨论。

思 考 题

1. 请结合案例内容，试分析本案例中的招投标流程。

2. 结合案例，请运用本书案例分析方法论为本案例撰写一份案例分析报告。

第六章　采购供应谈判

导　论

一、谈判概述

1. 采购谈判要素

（1）谈判的目的

谈判的要义是双方达成互相满意的共识，所以双赢也就成为谈判的目的。

（2）谈判的时机

从买方来讲以下五个因素会导致谈判发生：

①至少两个以上供应商；

②卖方有意介入；

③有清楚的规格；

④投标者之间存在差异；

⑤采购额大到足以涵盖竞标成本。

（3）谈判的阻碍

①个人风格与谈判抵触；

②以前和对方有过矛盾；

③认为谈判是输和赢的关系；

④为了赢将谈判延续得太长；

⑤谈判方权限不足以达成协议；

⑥将复杂的问题简单归结为输赢问题。

（4）谈判者素养

包括计划能力、清晰而敏捷的思路、强烈的成功欲望、对他人意见的采纳能力、自制力、了解人性、善于倾听等。所有这些都需要经过不断的训练和实践以及团队人员的互相补充。

（5）谈判的技巧

①吸取以往的教训，对刚完成的谈判进行小结，哪里成功，哪里不对，哪里要改，对方如何，这对以后都有帮助；

②小组会议，可用以解决谈判小组内的分歧，对战略战术修订。

2. 采购谈判的基础

谈判应以成本而不是以价格为中心，采购谈判以成本为基础能产生上好的协议。价格谈判不光为了和供应商达成本上的共识，还要看双方对利润是否都满意。如果想以成本为基础的谈判达成协议，必须做到以下几方面：

（1）彻底地理解供应商成本的构成

要了解供应商的成本构成，应该做成本分类和成本分析，这可帮助供应商定出公平的价格。成本包括直接成本、间接成本和总体行政费用。直接成本又分直接劳工成本和直接物料成本；间接成本可分工程日常费用、生产日常费用；有时也可把成本分为固定成本和变动成本两种。

（2）有诚意和愿意分担这些成本

充分的信任和合作是了解供应商成本和价格的第二个重要因素，如能做到这一点，供应商往往愿意将有关账目出示给采购方看，当然这需要预先签订保密协议。相互信任的另一好处在于双方有讨论成本降低可能性，成本降低可通过产品或工艺的改造来实现，也称价值工程。

（3）理解行业的规范

每个行业在长期的发展过程中为维护市场秩序、保护方面利益，都会形成一些约束市场参与者行为的行规。如对货款交付日期的约定，退货条件的约定等，可谓是约定俗成，人人遵守，这有利于简化谈判过程。而对供应商行业竞争程度的了解也至关重要，有多少商家能提供相似的产品？一个产品是否只有极少数的供应商？这都直接影响供应商的利润率。

（4）制定目标价格

采购方必须了解供应商所在的行业，以及相关的产品和服务的成本信息，这样就能在谈判之前估算出对方的成本，制定出切合实际的目标价格。

二、采购谈判流程

采购谈判流程可以分成以下5个阶段：

1. 确认或预计采购需求

采购周期开始于确认或预计采购需求，包括对零部件、原材料、组件、服务、设备或制成品的物料需求。采购分为两类，对现存产品的需求和对新产品的需求，后者常出现于新产品开发期间。对于现存产品，可能不需要确认供应商，因为采购协议可能已经存在，但是新的需求要确认潜在的供应商。

2. 确定是否需要谈判

并非所有的采购需求都需要买卖双方进行详尽的谈判。谈判常适用于价格等重要的问题以及仅通过竞标不能满足采购需求的问题。买方仍然可以使用竞标来选择潜在的供应商。通过竞标确定了可能的供应商以后，买方就可以通过谈判来讨论影响采购协议的其他问题。注意除了价格外，还有其他问题需要进行采购谈判。

3. 谈判计划

谈判计划包括明确谁将参加谈判，谈判中的主要问题是什么，将在何时何地进行谈判，怎样进行谈判。

特别地，谈判计划包括许多步骤，来为各方准备即将到来的谈判。许多谈判相对简单，仅需要基本的准备与计划。另外一些谈判可能比较复杂，需要数月的准备。不管怎样，如果买方为谈判做了充分的计划与准备，通常会产生较好的结果。

4. 进行谈判

进行谈判的前期准备是：了解谈判的本质和目的；明确要通过谈判达到的目的和目标；了解谈判中问题重要性的优先次序；了解谈判过程的先决条件，这样谈判者才能战略性地计划怎样实现其目的与目标；了解对方的人员性格、历史、谈判风格和其他重要问题；应对产品或服务的使用者所施加的压力。

决定在哪里谈判也是谈判过程的一个重要方面。本地谈判对谈判者很有利，特别是在国际谈判中。现在通信技术的进步可以让一些谈判以电子的方式而不是面对面的方式进行。大多数谈判专家认为，只要有可能，谈判环境的气氛就应适当放松些。太过正式的气氛会约束双方，限制自由交换意见。在谈判中经常总结达成协议的内容也是个不错的做法，这有助于在追踪谈判的进展中消除双方的误解。在谈判中有一个专心致志的记录员或书记也是明智的安排，记录员或书记的责任是记录说了什么，谁说的，有什么反应以及协议的范围。

在谈判进程中各方利用策略来展示其战略。策略即是为了实现或达到合意的结果而采取的可行方法。战略是为了帮助实现合意的结果而设计的行动计划。

面对面的谈判会议通常具有四阶段的特点。第一步，双方的实际调查。这一步有助于明晰并确认买卖双方提供的信息。第二步，双方通常在实际调查之后休整一下。这可以让各方重新评价相对势力强弱，回顾并在必要时修订目标与成交位置以及组织谈判议程。第三步，各方再次面对面，力图减小所讨论问题的差距。第四步，各方达成协议，结束谈判。

5. 履行协议

达成协议并不是谈判过程的终结，而是表示合同履行的开始，开始履行该合同中关于产品、服务或活动的协议内容。各方履行协议的一个重要内容是提供信息反馈。买方必须让供应商知道其是否达到了合同要求。相反，供应商也有责任让买方知道其是否完成了协议规定的责任。双方都应促进谈判成功。履行协议时应重申双方相互合作的必要性，以寻求未来的进一步合作。

三、谈判计划

计划是谈判过程最重要的一部分，计划是为了获得合意的结果而制订的做某些事情的方法或方案。制订计划就是为了达到合意的结果而进行计划或设计方法的过程。采购人员一旦建立了一个计划，就能开始设计执行计划的策略了。没有制订计划，谈判者就不可能得到充足的信息，令人信服地支持一个复杂的谈判或论点。

成功的谈判计划包括如下步骤：

1. 确立具体谈判目标

计划过程的第一步是确立希望通过谈判达到的明确目标。目标是未来通过工作力图实现的愿望或图景。采购谈判的基本目标是就所要采购的产品或服务达成协议。对于稀缺资源，达成一致的希望不大，双方就不必进行谈判了。这并不意味着所有的谈判都会成功，由于主要问题的成交位置没有重叠，许多谈判最后以僵局告终。但是，在谈判真正开始之前，通常双方相信他们能够达成协议。如果双方不这样认为，他们就不会浪费时间与精力来准备谈判了。

2. 分析各方的优势和劣势

对各方做分析需要评价相对的优势和劣势，这个过程能够影响在谈判桌上采用的战略和策略。买方并不总是对供应商有影响力，很多时候供应商由于财务规模或者对合同没有很大需要而处于比买方有利的位置。

了解供应商的生产体系非常重要。有了这种认识，买方就能够确认供应商是否使用经济有效的技术流程。买方可以估计供应商的成本结构，从而确认一个公平合理的价格。买方还可以确定供应商对数量、物料收益以及物料和人工成本变化的敏感性有多大。

3. 收集相关信息

要分析自己和对手的优劣势，需要收集信息。这些信息有助于识别该供应商的重要问题是什么，提供背景信息，甚至会提供参加谈判的那些人员的信息。信息可能来自公司的技术人员、销售人员、采购人员或者制造人员等。

为任何一次谈判准备的信息只适用于当时的谈判情况。有关管理者必须对收集的信息的质量做出判断。除了考虑这两个因素之外，收集数据也应有时间限制。在某种程度上，这是由分配给这一任务的资源有限造成的，部分原因在于谈判者可以利用的时间不多，甚至所要收集的信息类型也有赖于谈判周围的环境。

4. 认识对方的需要

谈判中的买方和卖方在许多方面互为了解，各方都想达成有利于长期成功合作的协议。当买方收集供应商信息时，重要的一点是确认这些信息对供应商非常重要。

对供应商最重要的问题可能并不是对买方最重要的（反之亦然），当一方的问题或要求对对方不重要时，双方容易达成一致。因此，双方能在某问题上达成一致。作为回报，买方现在可能希望供应商就一个或多个对买方重要的问题提供方便。给予和所得对谈判都是重要的，但每一方都不能期望自己总是占优势。

5. 识别实际情况和问题

制订谈判计划要求区分实际情况和问题。实际情况是现实或真实的情况，在谈判中这些是不必讨论的条件。问题是要在谈判中解决的条款或主题。谈判问题的确认非常重要，因为正是在这些问题上，需要双方达成协议。除了价格，谈判双方还可以讨论许多问题。计划过程要确认双方想通过谈判而解决的主要问题。

6. 确定合同接受点

谈判各方必须要为每个即将讨论的问题设定一个成交位置（合同接受点），这个成交位置应当具有某些弹性。因此，谈判者应当建立一系列的成交位置——通常是有最小可接受结果、最大或理想结果和最有可能的目标成交位置。各方必须在谈判前仔细确定这一范围。

四、谈判策略

谈判策略是在实施战略时所采取的短期的计划和活动，有意造成对方成交位置的改变，影响其他人来实现谈判目标。在谈判过程中，谈判者有许多策略可以选择。谈判者采取合理策略来努力说服对方认可的特定成交位置。此外，谈判者必须了解对方采取了何种策略。了解对方策略可以减小在谈判中使用策略的无效性。

根据罗伯特·卡迪尼（Robert Cialdini）的方法，可以把九百种谈判策略分成六类，它们显示了指导人类行为的基本社会心理原则。

1. 交互性

实际上，地球上的每一群体都遵循交互性原则。交互性指的是，当我们从别人那里收到了什么的时候，我们会感到有义务还给对方一些东西。在谈判中，当对方提供了让步的时候，这一原则迫使人们做出善意的回报。谈判高手深谙交互性对大多数人所产生的强有力的影响。

2. 一致性

这一原则指导我们要在信仰和行动上保持一致。在谈判中，如果我们让别人同意了某事，然后又没有一直坚持下去，他们就会认为我们是不一致的和非理性的。谈判老手还知道，当某人同意了某件事的时候，他会比在他同意之前更加认可那件事。此外，一旦有了一个较小的承诺，就比较容易在后来要求一个较大的承诺。

3. 社会证据

按照这一原则，我们看其他人的行为来决定什么是想要的、适当的和正确的。如果我们看着别人来决定自己的行为，有可能阻碍我们的谈判。例如，卖方可以声称一个受尊敬的公司使用了该卖方的产品，这就为买方采购其产品提供了社会证据。

4. 喜爱

这一原则说明当我们和我们喜爱的人在一起时，会工作得更好，感到更愉悦。谈判高手知道，当存在亲密融洽的关系时更容易做出让步，因此，谈判高手会花时间来了解对手。

5. 权威

这一原则是说我们更容易接受来自权威方面的成交位置、论点和指示。在采购谈判中，高级销售人员可以影响没有经验的买方。

6. 稀缺

卖方很早就知道了稀缺对买方的影响。如果不想即刻停业，谁会因为下个月将出现供应短缺而把工厂关掉？这一观点同样应用于价格上涨。如果产品在这一价格上是稀缺的，买方最好在价格上涨以前采购，卖方知道稀缺通常会产生自身的需求。

【案例 6 - 1】400 万元的采购项目怎么飞了呢

【案例概要】

本案例以某国外著名的电气自动化企业的项目经理与采购项目公司相关负责人之间的前期交流——"谈判"为分析对象，从获取项目信息、五次"谈判"到项目失败，其中原因错综复杂，给人回味良多。

【教学目的】

1. 了解采购谈判基本要素；

2. 了解供需双方的谈判策略；

3. 了解人员在谈判中的作用。

引　言

X 是国外著名的电气自动化企业的项目经理，负责市场开拓、项目合作，下面介绍一个发生在其身边的案例（以下叙述采用第一人称）。

项目周期：整个项目从 2005 年 4 月到 2006 年 3 月结束。

信息来源：在拜访其他客户时，其他客户无意中提起的××公司的采购项目，听到后自己暗暗记住了单位的名字，回来后通过查黄页和 114 找到该单位，找到具体的负责人，简单了解了一下，确实有这个采购计划，而且项目也正在实施，目前处于前期调研阶段。

具体过程：五个阶段拜访交流。

第一阶段拜访过程

通过上面的简单了解，马上确定拜访时间。在家准备好所需的资料，想好了本次拜访所需要的东西，成行。上午 11 点左右见到了项目负责人 A，男，年龄 40 岁左右，技术人员出身，戴眼镜，说话很客气，吸烟，喜欢喝茶（给我倒茶时发现从抽屉里拿出包装精美的茶叶）。互换名片，简单寒暄，开始介绍我自己，介绍我们公司，之后听他介绍项目的情况。整个过程基本上是我问他答，一一做了笔记。基本情况了解完后，他安排我见下面的技术人员 B 和 C，即以后的具体操作人员。其后 A 不在场，我向技术人员做技术交流，电脑演示，期间不在意地和技术人员聊天，验证 A 所说的是否属实。产品介绍完毕，回答他们关心的问题。中午邀请 B、C 吃饭，对方答应。饭间工作谈的不多，主要聊了些其他的。未邀请 A，故意的，一是怕首次见面，不好盲进；二是有些问题 A 在场不好了解。饭毕回程。总结此次拜访情况，基本上自己想要的都得到了，于是确立为重点项目跟踪。

第二阶段拜访过程

第一次拜访之后的大概 2 个星期后，又去拜访（之前有过电话和传真联系）。拜访的理由是上次的一些技术参数需要澄清以及谈论报价问题，去前先是给 A 打电话预约，A 同意，并说安排好 B、C 一起和我见面。由于路上堵车，到的时候离他们下班还有半个小时了。简单谈了些技术问题，其中在一些问题上 C 提出了一些异议（在这里简单介绍一下 B、C，B 是一个大概 50 岁左右的人，对技术很精通，C 是一个 30 多岁的人，戴眼镜，对技术不是很懂，在这个科室里 C 是相关的负责人，但分量不是很重的那种），对于 C 的异议很多都是 B 帮我解释的。在此过程中没有多说什么，只是问了些很容易回答的问题。

12 点下班，到他们食堂吃工作餐，A、B、C 和我一起，期间看得出他们三人的关系还是可以，偶尔开个荤的玩笑。饭后到 A 的办公室，没有直接谈工作，A 在玩联众下象棋，我们过去看他玩，大家指指点点，玩了 3 盘，全赢了，我顺便奉承了几句。

上班继续谈技术问题，B 问的问题比较深奥，需要我打开笔记本很详细地介绍。大概花了 1 个多小时的时间，A 比较认真还拿出笔记了些什么。整个详细的技术交流，我感觉应该没有多大的问题，结束时看得出他们都比较满意，总体上我们的设备能满足他们的要求。然后 B、C 回他们科室，A 问了我一些报价问题，我给的是公开报价。然后约 A 晚上吃饭，A 让我 5 点半再联系他。我于是就打算今晚不回家吃饭了，出去订了房间，顺便用剩下的时间拜访了另外一家客户。到时间打电话给 A，A 同意吃饭。到了订好的酒家，很高档的那种，席间听说他们以前曾经来过这里。点了大概 600 元的菜，然后是喝酒，4 个人喝了 2 瓶酒，大家都喝得差不多了，开始称兄道弟了。饭毕结账，走出酒楼，各自回家。

通过上面两次的交流，我总结如下：

我们的设备能满足他们的要求，这首先的必要条件过关，接下来就是做人的工作。

第一次真正做人的工作感觉气氛比较好，没有特殊的负面因素。

3 个人性格各异，要逐个攻破，就此项目而言，搞定这 3 个人应该就没有问题了。"十一"时，A 的一家 3 口要到海南旅游，打我电话，让我帮他订票。当时认为这票钱肯定是我出了，由于时间紧，也没有很在意就订 3 张全额票。大家知道"十一"的时候不好订票，更不好订折扣票，算了，我不找借口了，反正事后感觉此事比较窝囊，说白了，我没看透 A 这个人。当他们拿到票后，A 要把票钱给我，我死活没要。但当我送他们到机场回来后，A 打电话告诉我说，票钱放在车的后座了。

第三阶段拜访过程

10 月中旬我又去了他们那里，这次给 A 带了上好的茶叶，见面时 A 没有表现出任何关于机票的不快，我提起来，他很大方，一再感谢我，茶叶也收下了。我问他项目情况怎么样了，他说已经报到上面了，等批复下来就马上操作。我邀请他到我们北京总部考察，他说最近比较忙，等过段时间会考虑的，谈话间，有电话进来，让他去开会。我告辞，到了B、C的科室，B不在，只有C和另外的一个人在，那个人我认识，是我的竞争对手。分别打了招呼后，我就出去转悠了一圈，回来后竞争对手走了，就和C聊天，然后和C出去吃饭，席间谈到我的竞争对手，他问我那人怎么样，我就说人还可以，就是能吹了点，C只是微笑。然后又说起B，他露出不太察觉的鄙夷，说老B啊，是个好人啊，不过他这么大年纪也还只是个技术员，也够难为他的了，都不容易啊。其实我的位子应该让给他的。我一听，明白了八九成，B、C是貌合神不合，怪不得在技术上B老是反驳C呢，于是我就顺着他的意思说，主任的位子（化验室负责人，管五六个人）不是谁都可以坐的，光技术还不行啊，必须有全面的素质。C听了很高兴的样子说：那倒是。饭后C领我到资产管理处（负责招投标的）做了个备案。

11月份，公司总部下来几个人与用户交流。此次比较正式，在会议室，他们当中有资产管理处的人，有质量管理处的人，还有一个副总工程师，有A、B、C。交流的时候技术出身的A表现很活跃，问的问题也很专业，与单独和我交流的时候判若两人，以往都是B、C问A听。我心里有种不好的感觉。事情到了这里，我的心里没有底了。

A绝对是个深藏不露的人，他未必会贪小便宜，但也不会让你下不了台，同时他还想有所发展，还想往高处爬，此人一向很谨慎，从第一次见面，到约吃饭，到席间，到机票，到送礼，到此次交流都可以看出。因此在接下来的工作中，必须要让他感觉到安全。

B是个很热情的人，但他对谁都很热情，包括我的竞争对手，他会给你一种感觉，好像是事情到我这里我就认可了，以后有什么问题那就不要怪我了。此时能吃的就吃，能玩的就玩，反正都是不痛不痒的小事情。而C呢，位子不上不下，技术又不是很懂，同时下面还有一个老B老是和自己抬杠。他呢，也是属于那种比较隐藏的人，对人若即若离，不会明确表态，但会给一点暗示。同时B、C又是貌合神离的关系。

这个项目开始变得复杂起来了，同时又出现了个副总工程师，姑且叫他D吧，此人的力量不可小觑。能搞定他事情就会简单了，毕竟A要想有所作为，他是不可能与D意见相背的。那接下来到底该怎么办呢？到了年底大家也都比较忙，他们的这个项目看来年前是不会启动了，我也一直和他们保持着联系，也顺便过去了两三次，没有大的情况，倒是C的小孩看病，陪他在医院待了一天。春节过后，我过去给他们拜年，每人两瓶酒两条烟。此次拜年的经过非常顺利，预期的效果也达到了。按道理工作做到这里，基本上应该有个定论了，前期的工作也该到位了。拜年过后我也分别问过他们，看这个项目我们的可能性大不大。A说他向上面的报告中推荐的就是我们，没有大的意外，价格做的合适点，应该不会有问题。B说他对我们的设备技术非常认可，在评标的时候会从技术方面侧重于我们的。C说关键看上面的意思，但他请我放心，说我们是朋友嘛，当然要帮自己人了，笑着反问我一句：你说是不？实际上到这里大家可以帮我分析一下，根据他们的为人判断一下他们的话。反正我是没敢掉以轻心。

第三阶段总结：

我感觉，做客户关系方面，应该没有问题了，技术方面也得到了足够的肯定，应该十拿九稳！

第四阶段拜访过程

该谈回扣了，下面是与这 4 个人打交道的过程：

首先是 A，我与他见面是在一家茶楼大厅里，靠窗的茶座，比较嘈杂，但对面小声说话还是可以听到的。问了他可能性后，我就随便和他聊点其他的，他没有什么反应，于是我就话锋一转说：A 兄，我向您介绍一下我们公司的销售政策，他一下子认真起来，也谨慎起来，眼睛不经意地扫了一下大厅和窗外，然后装作不明白地问我什么政策，我就说在这个项目当中您帮了我们很大的忙，也操了不少的心，我们公司在项目定下来后会有 5 个点的感谢费给您，说到这里我停了下，看一下他的反应，估计那时他正在心算 5 个点到底有多少，然后他抬起头，说实际上我们应该感谢你们公司给我们带来了先进的设备和技术，等等。OK，我暗暗出了一口气。虽然他没有明确说要还是不要，我心里有数了。实际上我的话没有说完，因为实在不能确定他到底是个怎么样的人，我留了下半句：这 5 个点是给您个人或者公司，您如果觉得不合适，我们可以在最后谈合同的时候，把这 5 个点在您这里谈下来。即使他真的不是要钱的主，那么谈价钱能在他这里谈下 5 个点在上司的眼里也算一个不小的功劳了。现在他能不拒绝，事情就更好说了。

再来 B，同样的地点，同样的程序，还是聊些其他的，这次他坐不住了，开始主动试探我，说什么你们现在做销售的挣钱多啊，工资又高，还有回扣拿。哈哈，开始露尾巴了，我说老 B 啊，您这是什么时候的老黄历了，那是 20 世纪六七十年代的事了，现在都是给人家回扣了。这时他一下子有点不好意思，小声地问我，你看这次的项目……我没有让他把话说下去，直接告诉他，老 B，您这些天帮了我们大忙了，我们不会忘记您的，这样吧，我把手伸到桌子旁边做了个 2 的手势给他看，他用疑问的眼神看着我，我说万。他哈哈一笑，握住我的手用力捏了 5 下。这老家伙，胃口还真不小。我就说了，哈哈，这年代有钱大家一起挣啊，你总不能让我亏吧，这个项目您也知道竞争很激烈，我们真的没有多少空间啊，这样吧，在备品备件的报价里我们加 2 万，然后伸给他 4 个指头，他看了看，说好，我们来喝茶。举茶碰杯。

但是到 C 的时候就没有那么顺利，约了几次他都推了，虽然他的力量不是很大，但不能不向他吐点啊。实在没有办法了，只好等晚上下班了，在家的时候给他打电话，问完我们的可能性后，和他说了这个问题，但没有来得及说具体数目。他没有说什么，只是淡淡地说，只要你们的技术没有问题，售后服务没有问题，就是对我们最大的支持了，大家都是朋友嘛，谈那些就见外了。最后他还问了我们设备最终的价格。好了，到了这步，基本最后的环节都完成了，对他们 3 个人就只能这样了。

接下来，我该做 D 的工作。可是 D 的工作不好做，第一次正式拜访他，没有谈多少，他只是说，这个项目是 A 在负责，所有的事情找他，自己只是把把关；第二次去，他还是这么说的，他还说他对检测方面不是很熟，只要性能可靠、价格合适是会考虑的，具体细节让我去找 A 谈，我约他出来吃饭，他也说忙推了。最后事实也说明 D 的话是可信的，确实他是负责整个生产线项目的，我们的检测设备在 8000 万元的大项目中实在不算什么。不过我们也算和 D 打过招呼了，也算表示了对他的尊重。

第四阶段总结：

到这里按道理应该有个完美的结局了，可事情往往不会那么顺利，分析之后我们发现，一是我们低估了竞争对手的能力，二是偏偏技术方面没有能让他们放心，最终导致了整个 400 万元项目的失败。

第五阶段拜访过程

春节过后没多久，A 打电话告诉我说，他们现在要安排人下周四到我们北京总部考察一下，顺便到我们的用户那里了解一下，还带了样品实际做一下测试。我接到电话后问他安排的是谁，A 说是 B 和 C 两个人，他没有时间。OK，我马上打电话和我们总部通了气。我联系了 C 问他要不要我在北京这边给他们订票，他说不用，他有个同学在这边，让他帮他们订了；问他要不要我们在北京接他，给他订房间，他说不用，他要在西安下车，有点事情。当时我也没有在意。到了周四的时候，我给总部打电话，问下情况。他们说还没有过来，于是我赶紧联系 C，C 的手机关机，又联系 B，B 居然没有去，说正好去的前天胆结石犯了，在医院手术。到了周四的下午 C 给我打了电话，说周五到我们总部，结果周五的下午快下班的时候才到，简简单单做了样，最后了解做样的情况很不理想。周六上午 C 回程。等 C 回来了，我去拜访，想了解下 C 这几天到底在哪里，做了些什么。见面他们都还是老样子，C 说我们公司给他的印象很好，做样的结果也很理想。我很奇怪。见到 A，他没有多说什么，只是让我提供给他一份我们在中国市场上的用户名单，还问我在 ×× 地是不是有一台我们的设备。当他提到这台设备的时候，我知道坏事了。这台设备确实目前的运行情况很糟糕，当时买设备的和现在用设备的不是同一伙人，用的人当时也没有拿到什么好处，现在总是给我们小鞋穿，而最要命的是他们两个厂正好是同类的，做的材质也差不多。正是基于这个情况，我一直没有提这台设备，这次看来是包不住了，赶紧解释，赶紧列举周边地区的其他用户，他们使用得都很好，A 最后说他们和我们不一样啊。

我已经没有多少时间再去做工作了。紧接着，进入了投标程序，4 月份开标，我们的价格在 5 家投标公司中正好是属于中等的，比最低的一家贵 10 万元。最后，第二便宜的厂家中标！后来 A 请我吃了顿饭，说了些抱歉的话，最后说希望我能理解他的难处。整个项目到此彻底失败了。

这个 400 万元的项目是我所有失败项目中给我印象最深的一个，输了是输了，输得我无话可说，输得心服口服，我输在了最后的时刻，前面我花了那么多的力气和心血，结果却输在了一个看似不起眼的原因上，说真的，真的很痛心！

第五阶段总结：

这个 400 万元项目的最后失败，事后才发现：原来，给 C 订票的他的那个同学，是我们的竞争对手，也是他在 C 到北京考察的时候全程陪同，C 在西安下车是到了他同学的公司总部，到北京总部考察的报告也是 C 递交上去的，最后关于我们那台运行不好的设备的情况也是他的同学告知的，C 还拉着 A 和 B 一起到那里考察过。实际上 C 暗暗成了他同学的线人，我们最后的投标价格也是他透露出去的。他们正是看到了 A 对自己的安全要求，才相应地做了这样的策略。

【案例分析指南】

案例完整地将一个项目经理项目谈判之路上存在的困难和可能的解决方法提供给读者，读者可从谈判要素、谈判策略、人员影响等角度展开对案例的讨论。

思 考 题

1. 请结合案例内容，试分析 A、B、C、D 四个角色各关心什么方面？

2. 请结合案例内容，试分析该项目经理成功拿下 A、B、C、D 四个角色的关键在哪里？

3. 试分析这个项目失败的主要原因是什么？

4. 对 A 这个角色，如果下次你遇到的话，对付的方法有哪几种（不少于三种）？

5. 结合案例，请运用本书案例分析方法论为本案例撰写一份案例分析报告。

【案例 6-2】保罗争取利比亚油田

【案例概要】

本案例以意大利石油公司埃尼集团（Eni）的首席执行官保罗通过谈判争取利比亚油田过程为分析对象，向读者介绍谈判的前期准备对谈判成功的重要影响。

【教学目的】

1. 了解采购谈判基本要素；

2. 了解谈判过程中策略、技巧的运用；

3. 了解谈判的几种风格；

4. 了解维持谈判的前提条件。

引　言

一架 Falcon 900 商务机正飞越意大利西西里岛西海岸上空。飞机上，坐在淡黄色转椅里的保罗·斯卡罗尼（Paolo Scaroni）把身体转向另外两位乘客说："现在，如果你们不介意，我想给你们上一节很短的历史课。"这位意大利石油公司埃尼集团（Eni）的首席执行官，开始简述一个世纪以来意大利与利比亚之间坎坷的关系。

他解释道，1911 年，意大利开始占领利比亚这个北非国家，在利比亚被占领期间，许多利比亚人流亡到特来米提群岛，肖克里·加尼姆（Shokri Ghanem）的祖父就是其中之一。加尼姆是利比亚国有石油公司的董事长，也是斯卡罗尼此次访问的对象。

斯卡罗尼的这种礼貌意识以及频繁会见加尼姆（2007 年一年就多达 19 次）表明，这两个人、这两个国家以及埃尼集团等国际石油集团同利比亚国有石油公司之间的实力关系发生了何等重大的转变。随着油价升至每桶 140 美元的创纪录水平（是 1998 年的 14 倍），油气储量丰富的国有能源公司已占据主导地位，并在运用他们的新实力。

斯卡罗尼和加尼姆的这次会面，是为了签订斯卡罗尼在埃尼 3 年任期内迄今可能最为重要的一份合同。协议设定了新的条款，根据这些条款，埃尼将继续运营其坚守了 44 年的最为重要的油田，尽管美国曾威胁对其实施报复性制裁。

为了让利比亚政府在现有项目中获得更高利润分成，包括法国道达尔（Total）和西班牙 Repsol 在内的石油公司，都不得不重新谈判其利比亚合同。埃尼首当其冲。作为交换，埃尼和其他国际石油公司将赢得继续开采世界最大油气盆地之一的权利。目前其他石油国家正将其油气田收归国有或向外国石油公司关起大门。

这两个人开玩笑地说，在旷日持久的谈判中，他们看到彼此的时间超过了各自与妻子相处的时间。但加尼姆对斯卡罗尼非常崇拜，他成功提名斯卡罗尼为 2008 年年度最佳石油高管，该奖项将于 2008 年 10 月在伦敦年度石油和货币会议（Oil and Money Conference）上颁发。加尼姆把斯卡罗尼比作魅力非凡但有争议的埃尼集团创始人恩里科·马太（Enrico Mattei）。马太曾在 20 世纪上半叶撼动油气行业。通过与较贫穷的中东和苏联集团国家签订更为慷慨的协议，马太打破了"七姊妹"（seven sisters）对行业的垄断。七姊妹是马太发明的一个词汇，用来形容当时的几家主要石油公司，包括标准石油（Standard Oil）。

2008 年 7 月签完合同后，坐在利比亚首都的黎波里灯光昏暗的会议室里，加尼姆表示："保罗为埃尼集团带来了马太时期的辉煌。埃尼集团再次成为一家主要公司。"

同行不以为然

然而，并非所有人都对斯卡罗尼的做法感到满意。其他石油集团（其中许多为最初"七姊妹"的后裔）尤为担心。它们的高管私下表示，斯卡罗尼愿意屈服于国有石油公司的要求，这让其他人更难坚守自己的立场。

实际上，在签订利比亚协议时，斯卡罗尼甚至开玩笑地说，加尼姆将把这份新合同用作与其他石油集团讨价还价的工具。斯卡罗尼表示："在与其他公司谈判时，他会利用他从我们这里得到的让步，因为他会把游戏进行到底。"

分析师也不确定，斯卡罗尼究竟是一名富于远见的人，意识到石油行业已发生根本转变，从而占据先发优势，还是为了太小的收获而放弃太多。桑佛·伯恩斯坦公司（Sanford Bernstein）分析师尼尔·麦克马洪（Neil McMahon）指出，与马太一样，与同行相比，斯卡罗尼出于无奈而更愿意做出让步。麦克马洪表示："与埃克森（Exxon）相比，埃尼集团更希望获得较长期储量，因为他们继承的储量较小。"

排在最后不会改变格局与现实

Repsol 也是这种情况。该公司董事长兼首席执行官安东尼奥·布鲁福（Antonio Brufau）表示，他的战略与斯卡罗尼比较接近，因为相对于那些排在队伍最后的人，先行者能取得更好的谈判地位。"排在队伍最后的人不会改变整个格局，不会改变将要发生的现实。成为第一个……至少证明你有调整自己的意愿。"

斯卡罗尼驳斥批评人士的话很简单："我来到这里不是为了与石油国家打官司。油是他们的。"

全球掌握着丰富石油储量的政府——从哈萨克斯坦到阿拉斯加——正在重新主张自己的所有权。它们挤压国际能源集团，提高税收和许可费，并且在石油项目中占据更大股权比例。在俄罗斯，克里姆林宫已迫使荷兰皇家壳牌（Royal Dutch Shell）、英国石油（BP）和其他石油集团，将其项目的多数股权出售给俄罗斯国有控股天然气垄断集团——俄罗斯天然气工业股份公司（Gazprom）。

【案例分析指南】

在此案例中，意大利石油公司埃尼集团（Eni）的首席执行官通过精心准备，在签订利比亚石油协议谈判中占据优势并获得成功。读者通过案例分析可掌握谈判准备、谈判方法、谈判技巧等内容。

思　考　题

1. 保罗面临的供应市场情况是什么？
2. 保罗为谈判做了哪些准备？
3. 谈判为什么能够取得成功？
4. 保罗采取了什么谈判方法？为什么？
5. 保罗的谈判风格是什么？
6. 结合案例，请运用本书案例分析方法论为本案例撰写一份案例分析报告。

【案例 6 - 3】NEC 产品进口价格谈判

【案例概要】

本案例以我国某电子产品进出口公司与日本著名的 NEC 公司谈判为分析对象，以产品的价格为谈判核心，最终以长远利益为纽带连起了中日双方的此次交易，向读者展示了成功谈判的要素与技巧。

【教学目的】
1. 了解采购谈判基本要素；
2. 了解谈判过程中策略、技巧的运用；
3. 了解维持谈判的前提条件。

引　言

20 世纪 80 年代，我国某电子产品进出口公司与日本著名的 NEC 公司进行洽谈，准备订购一批产品投放市场。NEC 是一家日本企业。日本是典型的东方民族，深受儒家思想文化的影响，强调社会的组成部分——个人、家庭、团体和政府的信念要一致，民族要有凝聚力和向心力，要有危机感。日本人进取性强，工作态度认真，等级观念强，不轻信人，多考虑交易的长远影响，慎重、规矩、礼貌、耐心。

在 80 年代，消费者对日本 NEC 公司的产品知道得还很少，尽管它在世界市场上销路不错，但在中国市场上还是一片空白。

谈　判

在谈判中，双方对产品价格发生分歧。日商代表坚持以当时国际市场的价格报价，而我方代表则要求其降低售价。双方各执一词，相持不下。

日商认为他们的报价是国际市场的价格，不能让步。

而我方代表则十分诚恳地说："不错，你们的报价确实是国际市场的价格。但你们是否考虑过，虽然你们的产品在国际市场上已经有了很好的销路，但在中国市场上还没有你们的产品，中国消费者还不了解你们的产品的优点。所以，我方进口你们的产品后，准备先进行一系列的广告宣传，使中国消费者了解你们的产品。一旦宣传成功，则中国市场的潜力是非常大的，到那时，NEC 产品的需求量将会迅速上升，而作为中国最具实力的电子产品进出口公司，我们也肯定能给贵公司下大量订单。

"而眼下你们提出的价格肯定会影响该产品在中国市场的竞争。

"因为我们要进行大规模的广告宣传，费用将进入产品的售价中。这样一来，你们的产品价格就会高于其他同类产品，而中国消费者对这个产品的优点还不够了解，这样很可能导致试销失败。

"如果我们试销失败了，其他公司也不会轻易再做尝试，这个产品在中国市场上相当长的一段时间里仍然会是个空白。希望你们慎重考虑，怎样做才比较合适。"

日方听了我方有理有据且十分诚恳的阐述后，意识到这次洽谈并不仅仅是一次普通的商品交易，而是关系到开拓中国市场、长期发展合作的大事。牺牲眼前利益，降低产品售价，做出小的让步，会赢得与日俱增的广阔的市场，孰重孰轻，一目了然。

日方当即表示：为了配合开拓中国市场，可以先以成本价小批量供应一批产品，以后再逐步向国际市场靠拢。为了帮助中方进行产品宣传，日方还愿意提供一笔无息贷款，以解决广告费用问题。

成　功

经我方公司的大力宣传，加上 NEC 产品的优良性能，在很短的时间内，NEC 公司的产品就得到了中国消费者的认可，NEC 公司获得了丰厚的利润。

【案例分析指南】

在此案例中，进口商抓住了日本商人的个性特点及喜好，态度诚恳，客观分析，耐心说服，让对方看到利益之所在，最终以长远利益为纽带连起了中日双方的此次交易，不仅获得了 NEC 的降价许诺，还得到了日方的一笔无息贷款及广告宣传帮助，在以双赢局面告终的谈判中为自己创造了更大的收益。

思　考　题

1. 请结合案例内容，试分析本谈判得以维持下去的前提条件是什么？为什么？
2. 请结合案例内容，试对本谈判进行对手分析。
3. 试分析进口商谈判成功的主要原因是什么？
4. 结合附件中的案例，请运用本书案例分析方法论为本案例撰写一份案例分析报告。

附件

参考案例——中日进出口农加工机械设备谈判

中国某公司与一家日本公司，围绕进口农加工机械设备进行了一场别开生面的竞争与合作、竞争与让步的谈判。

谈判一开局，按照国际惯例，首先由卖方报价。首次报价为 1000 万日元。

这一报价离实际卖价偏高许多。由于中方事前已摸清了国际行情的变化，深知日方是在放"试探气球"。于是中方直截了当地指出：这个报价不能作为谈判的基础。日方对中方如此果断地拒绝了这个报价感到震惊。他们分析，中方可能对国际市场行情的变化有所了解，因而己方的高目标恐难实现。于是日方便转移话题，介绍起产品的特点及其优良的质量，以求采取迂回前进的方法来支持己方的报价，但中方一眼就看穿了对方在唱"空城计"。

因为，谈判之前，中方不仅摸清了国际行情，而且研究了日方产品的性能、质量、特点以及其他同类产品的有关情况。于是中方运用"明知故问，暗含回击"的发问艺术，不动声色地说："不知贵国生产此种产品的公司有几家？贵公司的产品优于 A 国、C 国的依据是什么？"中方话未完，日方就领会了其中含义，顿时陷于答也不是、不答也不是的境地。但他们毕竟是生意场上的老手，其主谈人为避免难堪的局面借故离席，副主谈也装作找材料，埋头不语。过了一会儿，日方主谈神色自若地回到桌前，因为他已利用离席的这段时间想好了应付这一局面的对策。果然，他一到谈判桌前，就问他的助手："这个报价是什么时候定的?"他的助手早有准备，对此问话自然心领神会，便不假思索地答道："以前定的。"于是日方主谈人笑着解释说："唔，时间太久了，不知这个价格有否变动，我们只好回去请示总经理了。"老练的日方主谈人运用"踢皮球"战略，找到了退路。

第二轮谈判开始后，双方首先漫谈了一阵，调节了情绪，融洽了感情，创造了有利于谈判的友好气氛。之后，日方再次报价："我们请示了总经理，又核实了一下成本，同意削价100万日元。"同时，他们夸张地表示，这个削价的幅度是不小的，要中方"还盘"。中方认为日方削价的幅度虽不小，但离中方的要价仍有较大距离，马上还盘还很困难。"还盘"多少才是适当的，中方一时还拿不准。为了慎重起见，中方一面电话联系，再次核实该产品在国际市场的最新价格，一面对日方的二次报价进行分析。

根据分析，这个价格，虽日方表明是总经理批准的，但根据情况看，此次降价是谈判者自行决定的。由此可见，日方报价中所含水分仍然不小，弹性很大。基于此，中方确定"还盘"价格为750万日元。日方立即回绝，认为这个价格很难成交。中方坚持与日方探讨了几次，但没有结果。鉴于讨价还价的高潮已经过去，因此，中方认为谈判的"时钟已经到了"，该是展示自己实力、运用谈判技巧的时候了。于是，中方主谈人使用了具有决定意义的一招，郑重向对方指出："这次引进，我们从几家公司中选中了贵公司，这说明我们成交的诚意。此价虽比贵公司销往C国的价格低一点，但由于运往上海口岸比运往C国的费用低，所以利润并没有减少。另一点，诸位也知道我有关部门的外汇政策规定，这笔生意允许我们使用的外汇只有这些。要增加，需再审批。如果这样，那就只好等下去，改日再谈。"中方主谈人接着说："A国、C国还等着我们的邀请。"说到这里，中方主谈人把一直捏在手里的王牌摊了出来，恰到好处地向对方泄露，把中国外汇使用批文和A国、C国的电传递给了日方主谈人。

日方见后大为惊讶，他们坚持继续讨价还价的决心被摧毁了，陷入必须"竞卖"的困境；要么压价握手成交，要么谈判就此告吹。日方一时举棋不定，握手成交吧，利润不大，有失所望；告吹回国吧，跋山涉水，兴师动众，花费了不少的人力、物力和财力，最后空手而归，不好向公司交代。这时，中方主谈人便运用心理学知识，根据"自我防卫机制"的文饰心理，称赞日方此次谈判的确精明强干，中方就只能选择A国或C国的产品了。

日方掂量再三，还是认为成交可以获利，告吹只能赔本。因此最后谈判就在中方的价格下成交了。

【案例6－4】商务谈判小故事九则

【案例概要】

本案例以九则商务谈判为分析对象，生动介绍了商务谈判的类型、谈判的基本要素、谈判绩效评价以及谈判语言等谈判必备的基础知识。

【教学目的】

1. 掌握采购谈判基本要素；
2. 了解谈判的类型；
3. 掌握谈判的绩效评价；
4. 了解维持谈判与成功谈判的前提条件。

案　例　一

欧洲A公司代理B工程公司到中国与C公司谈判出口工程设备的交易。中方根据其报价提出了批评，建议对方考虑中国市场的竞争性和该公司第一次进入中国市场，认真考虑改善价格。该代理商做了一番解释后仍不降价，并说其委托人的价格是如何合理。中方对其条件又做了分析，代理人又做解释，一上午下来，毫无结果。中方认为其过于傲慢固执，代理人认为中方毫无购买诚意且没有理解力。双方相互埋怨之后，谈判不欢而散。

问题：

1. 欧洲代理人进行的是哪类谈判？
2. 构成其谈判因素有哪些？
3. 谈判有否可能不散？若可能不散欧洲代理人应如何谈判？

案　例　二

天津某半导体工厂欲改造其生产线，需要采购设备、备件和技术。

在美国、日本各地均可找到两家以上的适合该厂的供应商。正在此时，香港某半导体公司B的推销人员去天津访问，找到该厂采购人员表示可以协助该厂购买所需设备和技术。

由于香港客商讲中文，又是华人，很快关系就熟了，工厂同意他代为采购。由于工厂没有外贸权，又必须委托有外贸权的A公司做代理，A公司接到委托后，即与美国和日本的厂商探询，结果，美国和日本的厂家有的不报价却回函问：A公司与香港B公司的关系是什么？有的出价很高。

A公司拿到的探询结果未达到预期目标，具体人员进行了讨论，最后得出了一致的结论。

问题：

1. A 公司的探询是否成功？为什么？

2. 天津工厂应做何种调整？为什么？

3. 香港 B 公司的探询要做何调整？为什么？

案 例 三

1983 年日本某电机公司出口其高压硅堆的全套生产线，其中技术转让费报价 2.4 亿日元，设备费 12.5 亿日元，包括备件、技术服务（培训与技术指导）费 0.09 亿日元。

谈判开始后，营业部长松元先生解释：技术费是按中方工厂获得技术后产品的获利提成计算出的。取数是生产 3000 万支产品，10 年生产提成是 10%，平均每支产品销价 4 日元。设备费按工序报价，清洗工序 1.9 亿日元；烧结工序 3.5 亿日元；切割分选工序 3.7 亿日元；封装工序 2.1 亿日元；打印包装工序 0.8 亿日元；技术服务赞助和培训费，培训12 人/月，250 万日元；技术指导人员费用 10 人/月，650 万元日元。

背景介绍：

（1）日本公司技术有特点，但不是唯一公司，是积极推销者，该公司首次进入中国市场，也适合中方需要。

（2）清选工序主要为塑料槽、抽风机一类器物。烧结工序主要为烧结炉及辅助设备、切割分选工序，主要为切割机，测试分选设备。封装工序，主要为管芯和包装壳的封结设备和控制仪器。打印包装工序主要为打印机及包装成品的设备。此外，有些辅助工装夹具。

（3）技术有一定先进性、稳定性，日本成品率可达 85%，而中方仅为 40% 左右。

问题：

1. 卖方解释得如何？属什么类型的解释？

2. 买方如何评论？

案 例 四

日本某公司向中国某公司购买电石。此时，是他们间交易的第五个年头，谈价时，日方要压价 20 美元/吨，即从 410 美元/吨压到 390 美元/吨。据日方讲，他已拿到多家报价，有 430 美元/吨，有 370 美元/吨，也有 390 美元/吨。据中方了解，370 美元/吨是个体户报的价，430 美元/吨是生产能力较小的工厂供的货。供货厂的厂长与中方公司的代表共 4 人组成了谈判小组，由中方公司代表为主谈。谈前，工厂厂长与中方公司代表达成了价格共同的意见，工厂可以在 390 美元/吨成交，因为工厂需要订单连续生产。公司代表讲，对外不能说，价格水平我会掌握。公司代表又向其主管领导汇报，分析价格形势；主管领导认为价格不取最低，因为我们是大公司，讲质量，讲服务。谈判中可以灵活，但步子要小。若在 400 美元/吨以上拿下则可成交，拿不下时把价格定在 405 ~ 410 美元/吨，然后主管领导再出面谈，请工厂配合。

中方公司代表将此意见向工厂厂长转达，并达成共识，和工厂厂长一起在谈判桌上争取该条件。中方公司代表为主谈。经过交锋，价格仅降了 10 美元/吨，在 400 美元/吨成交，比工厂厂长的成交价高了 10 美元/吨。工厂厂长十分满意，日方也满意。

问题：

1. 怎么评价该谈判结果？

2. 该谈判中方组织与主持上有何经验？

案　例　五

江苏某工厂、贵州某工厂、东北某工厂、北京某工厂要引进环形灯生产技术，各家的产量不尽相同。北京某进出口公司是其中某一工厂的代理，知道其他三家的计划后，主动联合这三家，在北京开会，建议联合对外，统一谈判，这三家觉得有意义，同意联合。该公司代表将四家召在一起做谈判准备。根据市场调查，日本有两家环形灯生产厂，欧洲有一家，有的曾来过中国，有的还与工厂做过技术交流。进出口公司组织与外商谈了第一轮后，谈判就中止了。外商主动找最熟悉的工厂直接谈判，工厂感到高兴，更直接，而且，外商对工厂谈判的条件比公司谈时灵活，更优惠。有的工厂一看联合在一起，自己好处不多，于是提出退伙。外商故意不报统一的价格，与自己欲成交的工厂直接联系，请工厂代表吃饭，单独安排见面等，工厂认为这对自己有好处，来者不拒。进出口公司的代表知道后劝说工厂，工厂不听。于是最终这四家各自为阵，联合对外谈判也宣告失败。

问题：

1. 这种联合算不算联合？为什么？

2. 外商主持的谈判成功在哪儿？

3. 北京进出口公司主持的谈判失败在哪儿？

4. 有无可能将这些不同省市的工厂联合起来呢？怎么做才能实现联合目标？

案　例　六

意大利某公司与中国某公司谈判出售某项技术。由于谈判已进行了一周，但仍进展不快，于是意方代表罗尼先生在前一天做了一次发问后告诉中方代表李先生："我还有两天时间可谈判，希望中方配合在次日拿出新的方案来。"次日上午中方李先生在分析的基础上拿了一方案，比中方原要求（意方降价 40%）改善 5%（要求意方降价 35%）。罗尼先生说："李先生，我已降了两次价，计 15%，还要再降 35%，实在困难。"双方相互评论、解释一阵后，建议休会，下午 2：00 再谈。

下午复会后，意方先要中方报新的条件，李先生将其定价的基础和理由向意方做了解释并再次要求意方考虑其要求。罗尼先生又讲了一遍其努力，讲中方要求太高。谈判到 4：00 时，罗尼先生说："我为表示诚意向中方拿出最后的价格，请中方考虑，最迟明天12：00 以前告诉我是否接受。若不接受我就乘下午 2：30 的飞机回国。"说着把机票从包里抽出在李先生面前显了一下。中方把意方的条件理清后（意方再降5％），表示仍有困难，但可以研究。谈判即结束。

中方研究意方价格后认为还差15％，但能不能再压价呢？明天怎么答？李先生一方面向领导汇报，与助手、项目单位商量对策，一方面派人调查明天下午2：30的航班是否有。

结果该日下午2：30没有去欧洲的飞机，李先生认为意方的最后还价、机票是演戏，判定意方可能还有条件。于是在次日10：00给意方去了电话，表示："意方的努力，中方很赞赏，但双方距离仍存在，需要双方进一步努力。作为响应，中方可以在意方改善的基础上，再降5％，即从30％降到25％。"

意方听到中方有改进的意见后，没有走。

问题：

1. 意方的戏做得如何？效果如何？他还有别的方式做戏吗？

2. 中方破戏的戏怎么评价？

3. 意方和中方在谈判的进取性上各表现如何？

案 例 七

美国Y公司向中国石家庄一家工厂销售了一条彩色电视机玻壳生产线，经过安装后，调试的结果一直不理想，一晃时间到了圣诞节，美国专家都要回家过节。于是全线设备均要停下来，尤其是玻璃熔炉还要保温维护。美国人过节是法定的，中方生产线停顿是有代价的，两者无法融合。

美方走后，中方专家自己研究技术，着手解决问题，经过一周的日夜奋战将问题最大的成型机调试好了，这也是全线配合的关键。该机可以生产合格的玻壳后，其他设备即可按其节奏运转。

等美方人员过完节，回到中方工厂已是三周后的事。美方一见工厂仓库的玻壳，十分惊讶，问"怎么回事"。当中方工厂告诉美方自己调通生产线后，美方人员转而大怒，认为："中方人员不应动设备，应该对此负责任。"并对中方工厂的外贸代理公司做出严正交涉："以后对工厂的生产设备将不承担责任，若影响其回收贷款还要索赔。"

问题：

1. 如何看美方的论述？

2. 如何看中方人员调试设备的行为？

3. 中方外贸代理面对美方论述会怎么回答？

4. 最终结果应如何？

案 例 八

澳大利亚A公司、德国D公司与中国C公司，谈判在中国合作投资滑石矿事宜，中国C公司欲控制出口货源，但又不能为该合作投入现金，只想用人力与无形资产投入。

A公司和B公司代表来华欲参观考察矿山，C公司积极派人配合并陪同前往，整个日程安排周到，准备有效，在有限的时间里满足了A公司和B公司的该次访问的要求。

双方在预备会和小结会上对合作投资方式进行了讨论。

A公司：我公司是较大的滑石产品的专业公司，产品在国际市场占有相当份额，尤其在精细滑石产品方面。

B公司：他们在中国投资过，但失败了，正在纠纷中，但他们认为中国资源丰富，潜在市场大，很想找一个合作伙伴再重新干。

C公司：贵公司算找对人了。谢谢贵方这么看重我公司，贵方欲与我公司怎么合作呢？

A公司：我公司计划是在中国找一个有信誉、有能力的大公司，一起投资中国矿山。

C公司：我公司是出口滑石的公司，若要投资则需集团审批，据我集团的近期发展规划看这个行业不是投资重点。

B公司：贵公司的情况，我们理解，A公司有诚心在中国投资，但由于第一次的失败，使这次投资十分犹豫。

C公司：的确，中国是个投资环境不平衡的地方。有的地区发达，有的地区不发达，要钱时，说的很好，钱到手后就不是那么回事了，尤其是采矿投资，与地质条件关系很大，而当矿床跨越不同村镇时，还发生所有权的问题。过去，我们已遇到这类问题，作为外国投资者需要解决地质探测、矿山合伙人选择、国家政策、人文、商务法律、市场等问题。这些均影响投资成本和成败。

A公司：贵公司讲的正是我们担忧的，我们希望像贵公司这样的公司可以解决这些问题。

C公司：我公司是国际化的公司，按国际规范进行工作，尽管我们是中国人，但我们认为，使中国企业在国际范围与外国投资者合作是中国经济发展的重要条件。

B公司：若贵公司能参与合作，将是有意义的。

C公司：刚才我们已谈到贵方这样投资的问题所在，但我们十分赞赏贵公司在中国投资的勇气，作为中国公司，我们很愿意提供帮助，不过，我方将不以现金投入，而以我们的商誉和协助解决上述问题的义务投入。

A公司：贵方这种投入也是有意义的。

C公司：如贵方认为是有价值的，那么我建议贵方可以将它罗列出来，并予以作价。当贵方与中方矿山谈判合资时，我方可与贵方作为一方谈判。我方在合资企业的股份，将从贵方所占份额中划出。

B公司：贵方的建议可以考虑。

C公司：若贵方同意我方合作的方式，那么，请贵方提供协议方案以确定双方关系，便于以后的工作。

B公司：待我回国汇报后，将书面回答贵方。

A、B公司代表回国后三周，给C公司来电，同意C公司以其商誉和服务入股。C公司为保出口货源和不出现金入股的方案谈判成功。

问题：

1. C 公司在谈判中运用了什么策略？

2. A、B 公司在谈判中运用了什么策略？

3. A、B、C 公司的谈判结果如何评价？

案 例 九

中国某公司与美国公司谈判投资项目，其间双方对原工厂的财务账目反映的原资产总值有分歧。

美方：中方财务报表上有模糊之处。

中方：美方可以核查。

美方：核查也难，因为被查的依据就不可靠。

中方：美方不应该空口讲话，应有凭据证明查账依据不可靠。

美方：所有财务报表均系中方工厂所造，我作为外国人无法一一核查。

中方：那贵方可以请信得过的中国机构协助核查。

美方：目前尚未找到可以信任的中国机构帮助核查。

中方：那贵方的断言只能是主观的，不令人信服的。

美方：虽然我方没有法律上的证据证明贵方账面数字不合理，但我们有经验，贵方的现有资产不值账面价值。

中方：尊敬的先生，我承认经验的宝贵，但财务数据不是经验，而是事实。如果贵方诚意合作，我愿意配合贵方查账，到现场一一核对物与账。

美方：不必贵方做这么多工作，请贵方自己纠正后，再谈。

中方：贵方不想讲理？我奉陪！

美方：不是我方不想讲理，而是与贵方的账没法说理。

中方：贵方是什么意思，我没听明白，什么"不是、不想；而是、没法"？

美方：请原谅我的直率，我方感到贵方欲利用账面值来扩大贵方所占股份。

中方：感谢贵方终于说出了真心话，给我指明了思考方向。

美方：贵方应理解一个投资者的顾虑，尤其像我公司与贵方诚心合作的情况下，若让我们感到贵方账目有虚占股份之嫌，实在会使我方却步不前，还会产生不愉快的感觉。

中方：我理解贵方的顾虑。但在贵方心里恐惧面前，我方不能只申辩这不是"老虎账"，来说它"不吃肉"。但愿听贵方有何"安心"的要求。

美方：我通过与贵方的谈判，深感贵方代表的人品，由于账面值让人生畏，不能不请贵方考虑修改问题，或许会给贵方带来麻烦。

中方：为了合作，为了让贵方安心，我方可以考虑账面总值的问题。至于怎么做账是我方的事。如果我没理解错的话，我们双方将就中方现有资产的作价进行谈判。

美方：是的。

问题：

1. 上述谈判中，双方均运用了哪些语言？
2. 双方的语言运用有何不妥之处？
3. 如果你作为美方或中方代表会怎么谈？

第七章　国际采购

导　论

一、国际采购的概念

个人或组织从其他人或组织购买所需的商品（有形的或无形的），以满足生产或生活需要的活动称为采购。广义的"国际采购"就是将采购活动扩大到国际范围内进行。这种"国际采购"早在公元 7～8 世纪封建社会就已经开始。来自非洲的象牙、中国的丝绸、远东的香料等奢侈品，通过航海贸易满足不同国家人们的需要。随着 20 世纪资本主义的兴起，国际航运技术日趋成熟，英国、美国、德国、法国等资本主义国家在国际范围内采购原材料，满足机械化大生产的需要。

所谓国际采购，是指超越国界的、在一个或几个市场中购买产品/货物或服务的过程。这种国际化采购可以使公司以有竞争力的方式进行管理，在国际市场上成功地运营。采用国际采购战略而不采用本国供应商，主要依据是有利于提高产品或服务对消费者/购买者的附加值。总之，这一决策与产品的生命周期密切相关，与价格、质量、技术、可用性、创新、标准、设计或样式等因素也相关。因此，国际采购不仅达到购买产品的目的，而且是一个使产品/服务符合消费者需要和技术发展的过程，使产品的吸引力、形象、质量和附加利益都得到了提升。

20 世纪末发生、发展的经济全球化带来国际分工的进一步深化。生产过程不断细分化与复杂化，一件产品的生产可能要经过十几道加工环节，其中要转厂好几次，甚至其生产过程涉及几个国家。跨国公司管理模式由"横向一体化"发展为"纵向一体化"，这一系列变化赋予"国际采购"以全新的意义。国际采购从原先的单一企业里的流程进化成为国际供应网链中决定供应链效率的关键环节之一。

二、国际采购的特点

国际采购与国内采购相比有其特殊性，国际采购的特点主要有以下几个方面：

1. 采购地距离遥远

由于国际市场采购一般距离比较远，所以对货源地市场情况不易了解清楚，给选择供应商造成一定困难，并且供应物流的过程也比较复杂。

2. 采购的程序比较复杂

国际采购从采购前的准备，采购合同磋商、签订和履行以及争议的处理等各个方面都较国内采购复杂得多，需要了解许多国际贸易的专业知识，才能顺利完成采购任务。

3. 采购的风险比较大

由于国际采购时间长、距离远，又涉及外汇汇率的变化，所以国际采购在运输、收货和结算等方面都面临着很大的风险。

全球经营环境的变化给国际采购带来了新课题，为参与国际市场的激烈竞争，获得最低的采购成本和最优的采购质量成为众多企业追逐的目标，企业已经走出仅在国内寻找采购资源的思路，开始在全球范围内进行采购资源的情报搜集与分析，确定最佳的供应来源。

新的环境给企业国际采购带来极大便利的同时，也带来了许多不确定的因素和风险问题，如国际采购和供应是否稳定可靠？采购资源是否符合规定的质量和标准？采购成本是否能达到最优？能否与采购供应商达成协作的伙伴联盟？如何降低全球采购过程的风险？

三、现代国际采购体系

1. 现代国际采购体系的内涵

国际采购倡导优势互补，是国际分工的产物。随着国际分工的进一步深化，世界范围的生产和流通已被连接成一个不可分割的整体，世界各国和地区之间的经济相互依赖关系空前强化。经济的全球化，使企业在一个快速变化的新世界和新经济秩序中生存与发展，现代国际采购体系的建立是企业进行国际采购的重大战略。

现代国际采购体系内容很宽泛，宏观上包括国际采购市场，中观上可以包括国际采购协会、国际采购中心等各类国际采购协调机构的建制，微观上则可以包括企业为实施国际采购管理所需的现代管理思想或原则、战略、组织结构、程序、过程和资源，其中资源包括人员、设备、设施、资金、信息、现代技术和方法，其内容应以满足该企业的国际采购目标和企业的管理需要为准。

现代企业在界定国际采购体系的时候，要综合考虑企业采购业务的种类。传统上，采购分为直接和间接两类。间接采购通常指公司购买与企业最终产品不直接相关的商品或服务（即间接材料），如日常必需的纸张、办公家具、计算机和旅差服务等。这类采购每项物品的价值都很小，但往往是大宗购买，在一个典型的公司里，间接采购占总采购量的60%～80%，花费公司总收入的40%～60%。直接采购指公司购买与最终产品生产直接相关的制造供应链中的材料（即直接材料），采购的品种可以通过公司预算与计划来预测，确切数量则不可知。由于直接采购的这种可预见性和大宗交易的特点，其采购占采购交易量的比重在生产性企业中为20%～40%，但占总采购支出的60%。在跨国采购体系的设计当中，应考虑到这两种采购对企业内部的不同影响。比如说，在配送的紧迫性方面，直接材料要求是很高的，否则将导致停工。在对供应商绩效的测度方面，间接采购极少需要评估，而直接采购则经常需要评估，而且评估的指标不仅仅是合同执行情况，还有其他测度标准（如信任度、技术支持、数量控制）。

采购和计划管理是现代企业管理的基本活动，采购的目标是以合理价格、适合的数量，在准确的时间将物料发送到正确的地点。计划的任务是在已知计划期内，根据每一时段的需求预测量，以最小化生产计划期内的成本为目标，确定该时段内各期的产量、库存量和劳动力水平。国际采购体系的建设应符合这一基本目标。简单地说，现代国际采购体系的目标就是减费增效，既提高效率也要提高效益。事实上，利用国际采购成功地在全球整合资源，与在本地或本地区采购比较的话，将导致材料成本节约15%～25%。

国际采购体系要发挥减费增效的作用，必须要保证其在运作及管理过程中的协调以及与外部环境的协调。另外，企业要成功地开展国际采购活动，需要定义良好的国际采购程序或方法，包括：第一步，识别全球配置资源的机会；第二步，建立和雇用一支国际采购发展团队；第三步，提出国际采购策略；第四步，建立要求—建议规范（Request - for - Proposal，RFP）；第五步，向供应商发布 RFP；第六步，评估报价或标书或采购建议；第七步，与供应商谈判；第八步，授予合同；第九步，合同履行及供应商管理。

在进行现代企业国际采购体系的设计时，还应考虑采购体系的杠杆效应。如果把管理比做是企业的支点，管理水平的高低决定了支点的位置。而组织有如一条杠杆，组织效果成就了杠杆的长度。国际采购体系则是压在杠杆一端的重量。这个分量可能并不显得有多么厚重，却可以通过杠杆效应撬起另一端令人难以想象的巨大的企业效益。

国际采购体系的杠杆效应主要表现在它对整个企业管理的影响上，一个设计合理的国际采购体系可以对后续的企业管理工作提供一个良好的起点。比如在国际采购体系中应用电子采购系统，由于其统一的商业信息系统可以为企业准确、及时地捕捉到每次的采购信息，从而为企业提供关键的总成本数据，使得企业能够分析复杂的购买模型，做出正确的战略资源选择，制定建立在真正具有广泛信息基础上的决策方案，便于企业在采购、折扣、供应商伙伴关系方面制定合理的决策。另外，电子采购的基本结构由于可以获得更多关于业绩、服从度及可供比较的购买策略和供应商选择的效用等可靠信息，使得强有力的新报告决策支持工具有助于采购专家仔细审视其采购模型，综合考虑超额成本和关税、出口税相关的成本节约。

2. 现代国际采购体系的特点

综观现代国际采购体系的组成要素，与传统采购相比，从深度到广度呈现出不同的特点。

（1）现代国际采购体系中的采购对象在扩展，采购方式在不断创新。

（2）现代国际采购体系中的采购行为呈现电子化的特点。

（3）现代国际采购体系将供应商作为企业的一项外部资源来进行管理。

（4）现代国际采购体系的组织形式在变化。

（5）现代跨国采购体系以管理的信息化、数字化为特点。

（6）现代国际采购体系更注重全球范围内的宏观和中观协调。

（7）现代国际采购体系关注国际环境的可变性。

因此，对采购系统和可协调环境下的供应商选择是国际环境下生产系统成功的关键。国际贸易环境复杂动荡，其可变性来源于汇率的波动、观念、法律以及销售系统等，这些都可以极大地改变采购的成本结构。有些学者对国际环境与可变性相关的问题进行了研究，从汇率波动的角度、跨国买家与供应商之间的不同观念来研究国际采购的科学管理，有的学者致力于理解和把握与采购相关的国际环境的动态属性，如测度发展自由贸易区（Free Trade Zone，FTZ）中的采购特性，检查诸如北美自由贸易区和欧盟等自由贸易协定对资源配置的影响。也有学者发现中小企业很难处理上述问题，因而建议他们利用熟悉国际法、经销渠道和文化的国际运输代理。

美国学者 Trent 等将国际采购总结为 5 个阶段：即由非直接国际采购（通过进口商进口）到结构反应式国际采购、战略发展型国际采购、战略整合型国际采购，最后发展为全面整合的国际采购。这意味着国际采购体系的发展也将是走向全面整合的趋势。

我国企业目前在采购管理的整体水平上与国际知名企业之间存在很大的差距，在现代化物流运作管理、供应链采购、电子商务采购等方面尚处于起步阶段。中国的企业要提高竞争力，必须要进行采购创新，建立自己的国际采购体系。这不仅需要企业在了解现代国际采购体系特点的基础上制订明确的采购创新战略，也需要政府提供有利的政策环境。

【案例 7 -1】联合国采购：中国供应"伤"

【案例概要】

走出国门、进入国际市场、融入世界经济是中国制造发展壮大的必然选择。然而在联合国每年超过 50 亿美元的采购订单中，中国分羹却不到 1%。是联合国采购的门槛难以跨越，还是中国供应商患上普遍的中国供应"伤"？本案例从联合国采购和国内供应商之间的矛盾分析入手，剖析在信息获取不对称和市场开拓方向的误区、中国企业对联合国采购对象认识的误区，为中国制造成为联合国采购供应商提供参考依据。

【教学目的】

1. 联合国采购的供应商评估门槛；
2. 采购需求与供应之间的矛盾；
3. 了解中国企业应对联合国采购的对策。

引　言

2006 年 9 月下旬，商务部中国国际经济交流中心的电话开始繁忙起来，由于该中心负责联合国在中国采购的相关协调工作，不少国内企业咨询如何获得联合国采购订单。

9 月 19 日至 24 日，联合国助理秘书长麦守信将率领由联合国 7 大部门专员组成的采购团，在第七届北京 CBD 国际商务节上的"联合国采购洽谈推介会"与中国企业进行"面对面"的直接采购洽谈。

全球最大的国际采购组织的到来无疑将带来市场蛋糕。但在 2005 年，联合国采购名录 6000 多家企业中，中国仅 120 多家，所占比例仅为 1.87%，而出口额低于中国的印度却占 2.2%。而在 2007 年，虽然有 2000 家国内企业注册成为联合国潜在采购供应商，但联合国仅锁定了第一批 109 家已注册的中国企业成为其指定采购企业。

联合国每年采购超过 50 亿美元，中国分羹平均（1998—2006 年）不到 1%，见下图。在中国制造畅销全球的形势下，中国供应商所占的份额却在联合国采购的门外踟蹰不前。是联合国采购的门槛难以跨越，还是中国供应商患上普遍的中国供应"伤"？

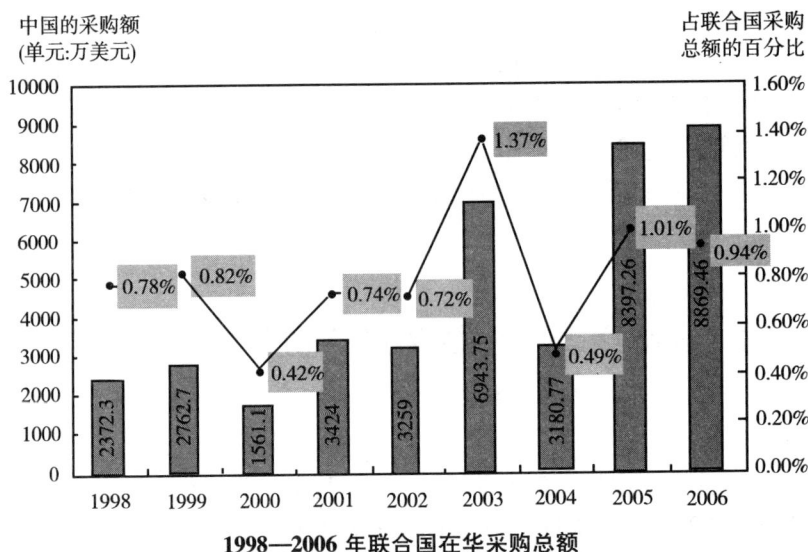

1998—2006 年联合国在华采购总额

被冷落的蛋糕

"联合国系统的采购由其发展计划署等 14 个机构的需求组成，包括世界各地的机构、维和部队、特派团的采购，采购范围涉及救灾物资、医疗设备、农产品、食品、药品等。"商务部中国国际经济技术交流中心主任、中国联合国采购促进会常务副会长董洪对记者说。

"联合国采购倾向于发展中国家的企业，中国商品应最具优势，因为联合国采购不追求高档的商品，而是经济实用的商品，'物美价廉'的中国商品应是联合国采购首选。"

但对联合国采购这块蛋糕，国内供应商如何看待？

广东格兰仕集团是目前世界上微波炉产销规模最大的家电企业，其微波炉在国内市场占有率达 65%。在全球市场以近 35% 的市场占有率位居第一，在欧洲市场占有率高达 40%，在法国更是高达 70%。

但格兰仕在联合国采购的市场份额是零。格兰仕一位负责人对记者毫不隐讳地说：

"参加联合国采购对我们没有太大的实质性的影响，联合国采购手续复杂，不如企业采购顺利。"格兰仕企划部经理游丽敏告诉记者，格兰仕在 2005 年 4 月成为联合国指定的采购供应商，但截至 2006 年年底也没有签下一笔订单。

对此，董洪对记者说，联合国采购并不复杂，企业在通过联合国相关网站注册成为联合国采购供应商后，可以获取相关招标信息并跟踪竞标。当然联合国采购有机动性，不像企业采购有固定周期甚至可预算数额，这需要国内企业适应。

以 2002—2003 年国内企业成为联合国指定采购供应商的数量变化为例，2002 年 10 月 7 日，中国有 158 家企业成为联合国指定采购供应商，但到 2003 年 3 月 17 日，该数目变为 90 个。国内企业或不愿与联合国采购打交道，或打上交道而不愿开展实质性的业务，或成为联合国指定供应商不久又放弃资格。

据商务部中国国际经济中心统计资料显示：2005 年，联合国各机构在全球的采购（包括货物贸易和服务贸易）达 83 亿美元，且呈逐年上升趋势。联合国在发展中国家的采购额占总采购额的 43%，而在中国的直接采购约 0.84 亿美元，仅仅占总采购额近 1%。同为发展中国家的印度却是中国的近 17 倍。2006 年，联合国在华直接采购金额为 8869 万美元，当年联合国的货物和服务采购总额达到 94 亿美元，中国的份额不到 1%，排在第 28 位。2007 年，联合国全球采购总额达到 100 亿美元，而在华直接采购不到 1 亿美元，在联合国全球采购中的份额不足 1%，远远落后于印度、阿富汗、民主刚果、肯尼亚等发展中国家，与美国、瑞士、法国等发达国家更是差距颇大。

2005 年，联合国采购机构先后在浙江义乌、湖北武汉、北京三地建立联合国采购信息中心，同时在中国直接采购额也达到 0.84 亿美元。董洪感慨道："经过近五年的努力，中国在联合国采购所占的份额从以前的 5‰ 到目前的 1%，已经很不错了。"

大鱼不食小利

联合国每年采购平均超过 50 亿美元，中国企业却分羹不到 1%。中国供应商这种反应让美中商务中心总裁姚定康很不解："美国最大的百货公司沃尔玛有 6000 多家指定供应商，沃尔玛在中国指定供应商就 5000 多家，比例高达 80%。联合国采购供应商的门槛并不比沃尔玛高多少。虽然他们采购的商品不尽相同，难道中国这 5000 家企业中不能有 10% 的企业成为联合国采购的指定供应商？"

中国供应商患上了中国供应"伤"？中国物流与采购联合会采购与供应链管理专业委员会主任胡大剑说，并不是联合国采购的门槛特别高，而是由于信息获取不对称和市场开拓方向的误区。

联合国 2005 年在中国设立了三个采购信息中心，此前中国企业缺乏对联合国采购的了解，不知道只有成为联合国的注册供应商才有资格获得采购计划和订单。此外，在中国企业的市场开拓上，缺乏对联合国采购意义的认识，联合国采购更多是 2 万～10 万美元的小订单，许多企业认为数额太小而不予理睬。

广东顺特电气有限公司（下称"顺特"）是个例子。顺特在 2001 年成为联合国采购指定供应商，是目前中国最大的干式变压器制造企业，拥有全球最大的干变生产制造基地。自1992年起，其产品在国内市场占有率一直位居第一。2006年7月31日，顺特与阿联酋迪拜水电局签下总值5亿元的干变供货合同，成为我国最大的一份干变出口合同。

但"5年多时间里，顺特没和联合国签下一笔订单"。顺特市场部的谢经理说："联合国采购趋向对他们认为的市场化国家、发展中国家的中小企业倾斜的特点，合同金额普遍比较小。联合国采购合同金额在10万美元以下的占大部分。这些小订单对我们的市场开拓影响不大。"

联合国的"小订单"真的都是不值得这些中国企业关注的蝇头小利？董洪说，成为联合国采购供应商将对企业发展带来品牌增值和市场拓展等方面的机遇：

被联合国购买的商品一律享受免税待遇，不受"贸易壁垒"侵扰；供应商所能提供的商品与服务能在联合国召开的各种会议上作为参考目录在相关文件上发布；被联合国列入供应商数据库，能获得联合国采购的最新消息，在采购时被优先考虑；各国驻联合国的代表都以供应商目录向自己本国介绍，作为采购进口优选，这也较多获得市场商机；联合国将在收到货物或发货单30天保证付款，供应商容易获得银行贷款的支持；作为联合国采购商是企业形象的重要标志，容易被跨国采购集团列入供货商名单。

同时董洪告诉记者，若联合国采购指定供应商连续三次放弃竞标机会，也不做任何书面说明，会被联合国相关采购部门取消联合国采购指定供应商的资格。

物流服务非商品

你知道联合国采购指定供应商包括物流服务商吗？看似简单的问题，但当记者在调查北京几家大型物流企业的相关负责人时，得到的答案多半是不清楚。

董洪对记者说："采购与供应双方信息不对称是造成这种现象的一个原因，但中国企业还存在对联合国采购对象认识的误区，认为联合国采购只包括有形的食品、药品、医疗器械等。实际上联合国采购还包括无形的服务贸易和劳务输出，即运输、保险、医疗、旅游、租赁、软件设计、信息技术、法律服务、管理服务等。"

对于物流服务等方面的采购，在国外已经开展多年，但对于中国物流企业来说，还是个新鲜事。2005年9月24日的"联合国采购洽谈推介会"上，联合国采购团在中国首次推出对服务贸易等无形商品的采购。物流服务在这次无形产品的采购中占重要位置。

"成为联合国采购指定供应商也是国内物流企业走向国际市场的一个便捷通道，但目前在国内除了中铁联合、中外运，很少有物流企业意识到要成为联合国采购指定供应商，我们的物流企业需要转变观念，积极参与。"中铁联合国际货代部的郭向东对记者说。

2004年，中铁联合物流向联合国设在哥本哈根的机构兼采购办公室申请在华注册供应商，并于当年5月4日获得批准为联合国采购供应商。同年，中铁联合还在纽约的联合国采购机构成功申请到在华注册供应商。

目前，中铁联合物流的注册资料已在上述机构的资料库中共享，并且已按不同部门和组织，安排专人及时掌握采购信息，对于所有竞标邀请做出积极反应。在2005年，中铁联合参与联合国儿童基金会对朝鲜的铅笔运输项目的预算方案的制定工作。通过参与联合国采购、投标活动，为中铁联合更快、更好地进入联合国采购市场，为公司国际业务的发展开辟了新领域。

不过，截止到 2006 年年底，中铁联合没有获得实质性的物流业务。但对中铁联合以及中国物流企业来说，毕竟已经迈出了第一步。

当自己的红娘

"有人认为西方在做高附加值的研发销售等，而中国还徘徊在价值链低端。事实上，中国有一些高附加值及高科技的研发和生产，但中国供应商仍然缺乏营销的能力。"在 2005 年北京的某会议上，英国布鲁耐尔大学市场营销与传播学教授尼古拉斯如是说。

现在，联合国采购对于中国供应商来说，是一个很好的推销自己的平台，但如何从以前的困局中迈出？

2005 年 5 月 24 日，广东申菱空调设备有限公司在联合国驻格鲁吉亚观察署的采购活动中中标，并收到联合国采购中标通知书，成为顺德企业乃至广东企业接下的首单来自联合国采购的生意。

顺德区经贸局一位负责人对记者说，政府的推介不可忽视。2005 年年初，经贸局邀请国外一些专家，为顺德当地的 20 多家企业讲解了参与联合国采购的有关问题。截至 2005 年 9 月，顺德地区成为联合国指定供应商的企业跃升至 55 家，占内地联合国采购指定供应商总数的 1/3。

该负责人同时对记者说，很多中国企业通过国外分销商与联合国采购合作。实际上联合国采购一般采取招投标形式，更愿与企业直接联系以降低购买成本，而中国企业若成为联合国注册的直接采购供应商，可直接参与国际高端的经济合作，也可提升中国企业的自主创新能力和自身管理水平。参与联合国采购更需要企业积极起来。

他同时说，联合国有近 30 个组织。每个组织都相对独立，都有各自不同的采购商品和服务，各有不同的注册程序和要求。选择在哪些组织机构注册，如何去完成注册程序，需要对各联合国组织的有关程序比较熟悉。

另外，目前联合国的相关表格和文件均要用英语来完成。注册文件完成送到联合国有关组织后，需要组织专人跟进，不然可能会因各种原因受到拖延。注册成功后，要有专人随时与联合国各机构的有关采购主管沟通，或通过其他的渠道及时了解采购的信息，否则也有可能失去参与投标的机会。

【案例分析指南】

这是一个对中国制造企业很有意义的案例，尤其是对走出国门、融入世界的发展变革具有借鉴意义。案例详细分析了中国制造难以获得联合国采购订单的原因，并提出相应对策。读者可从供应商选择、交易信息获取、市场开拓与定位等角度展开对案例的讨论。

思 考 题

1. 请结合案例内容与附件案例，试分析联合国采购的主要商品及其供应商选择标准，并比较与其他采购商在这方面的差异。

2. 根据案例提供的中国企业在信息获取不对称和市场开拓方向的误区、中国企业对联合国采购对象认识的误区，你认为应如何应对？为什么？

3. 结合案例，从中国企业角度出发，为其设计合理的参与联合国采购的策略。

4. 结合附件中的案例，请运用本书案例分析方法论为本案例撰写一份案例分析报告。

附件

参考案例——国内企业如何面对"洋采购"

加入 WTO 后，我国的企业越来越知道与国际接轨，越来越知道走外向发展的路子，特别是不少企业热衷于参加跨国公司的采购，希望自己的产品能借跨国公司的船出海远航，希望自己的企业能和跨国公司攀上"亲戚"。可是由于自身的原因，往往得不偿失，不仅没能攀上外国亲戚，反而自己浪费了不少的人力和财力，甚至"溺水"身亡，这种教训是十分深刻的。国内企业面对"洋采购"一桩又一桩失败的案例告诉我们，打铁还得自身硬，攀"洋亲戚"还得自己有真功夫。

家乐福的苛刻让供应商生畏

随着我国向"世界工厂"迈进步伐的加快，不少的跨国公司在我国设立了全球采购中心，全球最大的两家零售业"航母"家乐福和沃尔玛早已在国内安营扎寨，国际商业企业设在上海的跨国采购中心已经达 30 多个，足见跨国商业企业在国内发展的迅猛。虽然有这么多的跨国商业企业在国内设立跨国采购中心，可是这些国际巨头们对供应商相当苛刻。虽然他们采购商品的品种和数量不断增多，可是他们并没有因此而降低供应商标准。家乐福对供应商的选择甚于对商品质量的选择，对他们来说，选择了合适的供应商，才有可能采购到合格的商品，没有好的供应商，一切都无从谈起。所以家乐福对供应商要求的苛刻程度可能有点叫人无法理解。他们对供应商的选择一般要经过半年或一年考察，才能决定供应商是否合格。然后对商品价格进行考察，考察后还要对供应商产品的规格、质量进行严格测试和打样，最后才给供应商下生产通知单。跨国商业企业对供应商的考察内容分为厂房和生产状况、质量管理、安全生产是否合乎劳动法规等，甚至连厕所是否干净都要考察。除了重视质量管理外，他们对供应商的社会行为也特别关注。这是叫我们不少企业始料不及的。就是和国外跨国公司攀上"亲戚"，企业也不会是一劳永逸，他们还要不断地接受洋采购的定期或不定期抽查，发现问题就有可能被取消供应商资格。

谁有资格攀上"洋亲戚"

那么，作为挤破头皮想攀"洋亲戚"者又是什么样的状况呢？他们有没有功夫攀得上"洋亲戚"呢？

考察参与跨国公司采购的国内人员构成状况，我们就能发现主要有三类。一是政府或政府部门代表，二是大中型企业代表，三是手工作坊或个体户代表。

第一类政府或政府部门的代表。他们参与采购的初衷是好的。为官一任，富民一方，任何一个地方政府都希望本地产品能够走出去，占领外地市场，特别是占领跨国企业的销售区域更是他们梦寐以求的。所以许多地方政府按照计划经济时期的思维，动辄率领大队人马前往洋采购现场，可是结果却常常不尽人意。原因是无论是家乐福还是沃尔玛这样的洋采购，他们欢迎的并不是政府或政府部门的代表，对他们来说政府官员的出现只会导致采购的低效率，只会使采购信息传输失真。所以虽然一方是一腔热血，豪情万丈，似乎志在必得，另一方却对此不置可否。在市场经济条件下，政府更多的是应该为企业搞好信息服务，为他们经营营造宽松的环境，企图做越俎代庖的具体业务谈判，往往得不偿失。所以政府或政府部门代表参与洋采购只能称作是浑水摸鱼似的"浑水"。

第二类大中型企业代表。他们是参与洋采购的主体，同时他们也是最受洋采购欢迎的人，但是由于他们对洋采购的准备不足，心理不够成熟，方法还欠妥当，所以相当多的时候都是失败者。那么是什么原因导致他们的失败呢？

首先是他们对国外跨国公司采购还不习惯，也许自己的产品在国内很有竞争力，可是在国内的竞争力未必就能使国外跨国公司感兴趣。由于消费习惯、生活水准、民族文化等方面的异同，决定跨国采购的多样性。也许许多供应商在国内能靠人际关系打通销售渠道，但对于国外跨国公司未必就能奏效。

其次是他们对国外跨国公司的采购程序认识不足。国内不少著名的大型商业零售流通企业对采购商品的要求也较苛刻，可是他们的苛刻程度比起国外跨国公司要差多了，我们国内哪一家商场对供应商的选择考察期要半年甚至一年？我们哪一家商场对供货环节的控制那样认真？我们国内哪一家商场在进货时还考虑生产企业的环境治理状况？所以国内大中型生产企业面对洋采购复杂的准入原则未必能够适应，未必有那样的耐心。

再次是国内大中型企业面对洋采购一哄而上，正中了国外跨国公司的"埋伏圈"。作为供应商的国内企业的愿望肯定是想把货高价卖给国外跨国公司，可是国外跨国公司却想以尽可能低的价格采购到国内的商品。如果同等质量的商品有较大的选择范围，那么就给国外跨国公司提供了可乘之机，他们能够依靠种种手段打压同类供应商，千方百计使他们"自相残杀"，而他们"坐山观虎斗"，待到两败俱伤之时，才开始实施采购行动，你说谁是市场竞争的胜利者。

最后是国内大中型供应商对国外市场需求产品研究不足。跨国采购除了在国内销售，更多的产品可能都要面向国外市场。但是由于供应商对国外商品需求研究不够，常常犯"高射炮打蚊子"式的错误，虽然自己费了九牛二虎之力，可是由于缺乏针对性，经常会空手而归。这种大中型企业参与洋采购可以称作"试水"。

那么第三类手工作坊或个体户代表参与跨国公司的采购，他们成功率又如何呢？这些手工作坊或个体户代表最富有幻想力，有着开拓市场的野心，有着强烈的成功欲望，他们抱着侥幸心理企图打开洋人大门的初衷当然是好的，但是由于他们自身的实力决定了他们的产品质量可能还不够高，他们的信誉还没有洋采购要求的那样好，他们的生产环境更不能通过跨国采购公司的严格检查。所以手工作坊或个体户代表最好暂时不要闹哄哄地参加洋采购，最好还是先在家里苦练内功，把实力和产品质量提高了再参加跨国公司的采购也不迟。因此这类代表在洋采购面前大部分会呛水，不"溺水"而亡就是好样的了。

【案例7-2】全球采购加速小天鹅发展

【案例概要】

从最便宜的地方购买零配件，将制造的商品卖到最贵的地方，是实行企业国际化供应链最大的好处，小天鹅正是借助全球采购实现了这一目的。

【教学目的】

1. 了解全球采购的作用；
2. 了解全球采购对企业采购的影响；
3. 了解各种世界级采购的最佳方法与工具；
4. 了解企业战略联盟。

随着全球采购离中国经营商越来越近，大型跨国公司和国际采购组织的采购网络正在加速向小天鹅开放，很多国际专业化的家电采购组织和经纪人或国际采购团近年来也纷纷到访小天鹅。在一些国际性的展览上，这些人与小天鹅广泛接触，寻求与小天鹅的合作机会，希望从小天鹅获得可靠、合理、便宜并且优质的商品和资源，并将中国企业纳入他们的全球采购网络。

通用、西门子、沃尔玛、家乐福这样的跨国公司都已经开始在中国设立了它的国际采购部或采购中心，一些经济发达的城市和地区正在成为国际采购中心。全球采购网络正在向中国市场延伸，其日益频繁和活跃的采购活动其实已经对中国经济的发展特别是出口的增长产生了重要影响。

第一，这种国际采购活动无疑为小天鹅等过去以内销为主的企业提供了一个开拓国际市场、建立稳定的销售渠道、带动企业产品出口的机遇。全球采购的迅速发展及其在小天鹅日趋频繁的采购活动，为小天鹅带来了商机和发展的新增长点，也给小天鹅降低单位成本带来许多积极的影响。

第二，小天鹅在参与全球采购并与跨国公司或国际企业合作的过程中，不仅能够建立起稳定的供销关系，而且能够按照国际市场的规则进行生产、提供产品，这样可以使小天鹅重新规划需求，促进小天鹅加快自身产品结构的调整和技术的创新，提高自己的产品质量和竞争能力。

第三，小天鹅目前面临着"走出去"的发展挑战，需要学习和尽快适应全球资源配置方式，在与国际对手竞争的过程中建立起全球化的生产和采购网络，真正提高在国际市场的竞争能力。

全球采购进入中国市场，还有效地促进和维持了小天鹅的竞争性市场结构。因为，全球采购让小天鹅学会采取符合国际市场规则的、更加规范的竞争手段来寻求企业的发展，逐步走出以恶意价格竞争、依靠传统的人脉维持市场优势的低层次的竞争怪圈，使小天鹅逐步进入国际主流市场、参与高端市场的竞争水平等得到提高，从而真正发挥市场机制的作用，促进自身的稳健发展。

当然，国际采购活动进入中国，也对小天鹅提出了许多挑战。必须尽快学会世界级采购的最佳方法与工具，例如，企业的产品种类、质量与标准能否满足跨国公司的全球生产体系和国际市场的要求，如何了解和适应国际采购的规则和方法，是否能够适应国际采购中心运作要求，还存在着哪些不利于企业参与全球化竞争的内容等，这需要小天鹅深入进行流程再造、组织再造。目前小天鹅已采用了国际的第三方物流，使小天鹅的物流产业融入全球性物流产业跨国化、大型化和网络经济化的潮流之中，并对贸易和生产布局产生深远的影响。

2004 年 5 月 27 日，美国通用电气两位全球金融总裁劳埃德·特罗特与詹姆斯·坎贝尔飞抵无锡，专程访问了小天鹅集团，并与小天鹅集团高层就深层次合作进行商谈。

早在 2000 年，通用电气就开始与小天鹅在洗衣机零部件方面展开合作。在小天鹅成功地闯过 2002 年自我改革的阵痛再次腾飞后，双方的合作又有突破性的进展。小天鹅的全球采购本身就是竞争力。

谈起小天鹅，进化论业内外都会说，这是一个竞争、高速发展、成绩显赫的企业，是在国际上有一定竞争力的企业。小天鹅竞争力的取得，首先是有市场需求这个发展动力，但更重要的是有竞争才有竞争力的提高。小天鹅就像重量级拳击手和轻量级拳击手的对打，在与几乎囊括了国际上所有家电跨国公司的竞争中，小天鹅并没有垮掉，反面走向了世界，成为全球家电的重要供应商之一。

小天鹅通过全球采购已经与国际 500 强中的 8 家家电企业结成战略联盟，这表明小天鹅的制造能力和全球采购已达到国际先进水准。小天鹅在全球采购、全球家电资源整合中发挥了积极作用。小天鹅之所以成为全球家电市场的主要供应商，不能简单地理解为是一个量的概念。如果没有全球采购，如果没有多品种、多档次，小天鹅也不会有年年翻番的增长。这是因为，小天鹅多年来在充分竞争的市场环境中，一方面靠自身奋斗提高，另一方面在与跨国公司的合资、合作及同台竞争中，学习了他们进行全球采购的运作经验，提升了小天鹅的整体水平和竞争能力。

由于中国是全球的制造基地，十分细化的市场需求和激烈的全球采购竞争，迫使小天鹅有着极高的新产品开发速度，新品产值率达 80% ~ 90%。而且，针对全球化市场，小天鹅努力满足不同国家的技术要求，不断跟进国际水平。因此，不要小看中国的技术升级，哪儿市场活跃，哪儿技术就有活力。

为了继续做大、做强洗衣机主业，小天鹅加大了与通用电气合作的力度，打造国际化战略。通过与通用电气的合作，大大加速了小天鹅国际化发展的进程。现在，小天鹅在功能设计、技术研发、产品开发等各方面均拥有了引领全球洗衣机行业发展走向的核心技术，在行业中处于领先地位。小天鹅已经迈出了技术先进、国际化品牌坚实的脚步。

小天鹅的全球采购得到了国际同行的认可，通用电气公司总裁杰夫·伊梅尔特说："小天鹅是一个很好的例子，可以说明通用电气和中国的企业是能够建立很好的合作关系。另外，小天鹅可以为通用电气生产更好的洗衣机，同时填补了我们产品群中的空缺。他们的产品质量很好、成本低，有较好的创新意识，而且工艺也相当的优秀。而我们能做的，是将小天鹅的产品推向国际市场。所以在很多方面，我们双方都很成功。我们都能实现各自的目标，并创造双赢的局面。"

过去，很多国外企业都是把在本国市场上淘汰的产品打进中国。而现在，中国是家电产品的"晴雨表"，很多跨国公司将在本国都没有上市的产品先投进了中国。走进小天鹅，大概都能找到类似波特的《竞争战略》、《竞争优势》或科林斯的《基业长青》、《从优秀到卓越》等书，因为他们知道，不断学习才是真正的竞争力。小天鹅有许多老总在工作之余坚持到国内外知名大学深造，更有老总还登上了国内外知名大学讲坛。

小天鹅在全球采购的过程，还积极学习国际市场游戏规则。在争取国际市场时，不是采用"价格战"的手段，为获得订单而竞相压价。目前，小天鹅洗衣机每台的最高出口价超过了 300 美元。事实证明，好机卖好价。

【案例分析指南】

本案例以小天鹅与通用电气的合作为例，分析了小天鹅集团是如何通过国际采购活动为企业带来新商机和新的发展增长点，实现企业产品单位成本的降低，由此提高企业产品的质量和竞争能力。读者可从国际采购对企业的要求以及对企业的促进作用出发，围绕国际采购对企业产品生产、销售、采购等方面的提升展开对案例的讨论。

思 考 题

1. 请结合案例内容与附件案例，试分析国际采购对企业的作用。

2. 结合案例，从中国企业角度出发，为其设计合理的国际采购的策略，并选择相应的世界级采购的最佳方法与工具。

3. 结合附件中的案例，请运用本书案例分析方法论为本案例撰写一份案例分析报告。

附件

参考案例——联姻 GE，受伤的"小天鹅"欲展翅

2007 年 10 月 9 日晚，历经股权数次磨难的小天鹅发布公告称，公司董事会已于 9 月 30 日进行表决，同意公司向 GE 中国转让所持无锡小天鹅通用电器有限公司 30% 的股权，转让价格为 710 万美元，并与 GE 中国签署了《股权转让协议》。

"小天鹅"受伤

小天鹅，这家显赫的无锡家电企业从它诞生的那天起，就在命运的多舛中挣扎、飞翔、受伤、囚禁，斯威特、松下、无锡市政府、李石生、王锡林、徐源……频繁的股权之争和人事更迭，让小天鹅曾经不知如何振翅起飞和飞向何方。

百度一下"小天鹅"，你很难看到小天鹅的市场营销活动，媒体上声音也渐渐稀少，其公开披露的信息，除了资本，资本，还是资本。曾经美丽、无瑕的小天鹅何以如此受伤？难道真的是资本束缚了它活力而丰满的羽翼？小天鹅何时回归顾客与市场的蓝天？

2003 年 8 月以来，小天鹅的母公司——江苏小天鹅集团一度落入民营企业斯威特的掌控之中；2006 年年底，无锡市国资委收回对小天鹅集团的控股权，同时委托无锡国联集团代替国资委行使大股东权益。其后，小天鹅的重组屡次被提上日程，也屡次遭遇"流产"。

在合资公司赢利能力不断下降的困窘中，松下与小天鹅 12 年的婚姻也终于在 2007 年 8 月 14 日走到尽头。公司终结了与日本松下公司的合作，并签署了《股权转让合同》，小天鹅股份以及小天鹅持有的松下冷压和松下冷机两企业共 20% 的股份悉数转让，接手者为松下电器产业株式会社，这 20% 的股权最后作价 1.537 亿元，遥想 12 年前小天鹅信誓旦旦投入的 1.15 亿元，最终却以 1.537 亿元了结，是盈是亏，耐人寻味。

小天鹅在 2007 年 10 月 9 日晚的公告中同时预估，与 GE 中国合作并实施股权交易将对改善公司的业务结构、提高竞争力带来积极的影响。很显然，受伤的小天鹅再也不能等待了。

一股独大

小天鹅的曲折命运绝非个案，达能与娃哈哈股权之争，乐百氏被购后品牌遭遇雪藏，国家叫停德国轴承巨头舍弗勒收购洛阳轴承，德国钢铁巨头克虏伯并购山东天润曲轴，徐工凯雷资本之战等，这些不同行业上演的资本故事一次次证明，资本重组并非解决中国企业在全球化浪潮中遭遇发展瓶颈的唯一途径。

无锡市国资委果断收回对小天鹅集团的控股权以后，小天鹅回到无锡市国资委的巨大翅膀下，在外界看来曾经是一种荣耀，但如果仅仅害怕企业飞不好、走不远，而单纯依靠政府实施"喂奶"工程或"输血"工程，实际上这对小天鹅是最大的伤害，更违背了市场竞争的游戏规则。

我们应该看到，小天鹅今天的问题不是来自产品和市场，而是公司治理结构的不规范和战略上的飘摇，来源于大股东的干预，是资本的意志影响了回归市场的经营路径，动摇了市场和消费者的信心，也导致企业在战略决策功能上弱化，集体决策，集体负责，最终结果是没有人来承担投资、经营与决策风险和责任。

很多中国企业不是被产品和市场拖垮的，而是资本。一旦资本的意志占据了企业经营决策的上风，控制和弱化了企业家的商业战略思维和市场搏击能力，这个企业也不可能有心思专注产品和市场。

价值回归

虽然有 GE 的 710 万美元进账，对主营业务遭受重创的小天鹅经营现状来说，要重整旗鼓，从市场和消费者手中获取持续的现金流仍需要时间。

但 GE 中国的进入如真正能使公司在结构治理、主营业务梳理、完善渠道网络、品牌塑造或核心技术上得到有效的改善与创新注入，那么小天鹅凭借其广泛的品牌基础和市场号召力，重新展翅飞翔就不是梦。

小天鹅的主业是洗衣机，其在市场的竞争力与海尔等相比虽有一定差距，但全球洗衣机的产能只有 30% ~40% 集中在中国，与其他家电行业产品相比还远远不够，洗衣机制造产能未来向中国转移是大势所趋。这也就意味着，包括小天鹅等企业仍面临着较大的发展机遇。毕竟，海外合作伙伴更愿意选择规模较大、产品质量基础较好的中国企业来合作，更何况小天鹅与 GE、西门子等尚有着海外市场的合作基础。

毫无疑问，小天鹅已经走到了危险的边缘，到了必须拯救自我、主导命运的时候，更重要的是要下力气从经营团队上寻找最有效的突破口，不换脑筋就换人，否则再多的 GE 们也不能彻底解决小天鹅的所有问题。

【案例 7 -3】谁是下一个联合国供应商

【案例概要】

尽管中国企业的供应能力很强，但只有极少数进入联合国的采购名单，与此同时，大量"中国制造"的产品却通过第三国或其他渠道转入联合国采购系统。与【案例 7 - 1】一样，本案例分析中国供应商的信息缺失、联合国的货物采购性价比定位等方面，指出中国企业不仅要了解联合国采购方方面面的情况，更要彻查企业自身存在的差距，才能成为下一个联合国供应商。

【教学目的】

1. 了解信息缺失导致中国企业无法获取联合国订单的原因；

2. 了解联合国货物采购的要求；

3. 了解中国企业的发展对策。

引　言

2005 年，联合国采购"中国制造"的产品总额超过 5 亿美元，而联合国在中国的直接采购额仅为 8397 万美元，换句话说，其中超过 4 亿美元中国商品的利润是被第三国的中间商赚走的。

2005 年，联合国约 43.1% 的采购是在发展中国家完成，而作为世界上最大的发展中国家，中国仅贡献联合国采购份额的 1.01%，位列发展中国家供应国的第 10 位，世界排名第 20 位。

是中国企业的产品质量不过关，还是中国产品的品牌不够响？

事实上，记者多方调查发现：作为以电子商务构架为基础的联合国采购，许多操作都是通过网络完成，这让许多中国企业都摸不着门。因此，大部分中国企业都败在了"不知道信息"、"不了解方法"上。

然而，无论是从国家发展的高度，还是从中国企业自身发展、开拓海外市场的角度出发，扩大中国在联合国直接采购中的份额都势在必行。

很多时候，信息就像一层窗户纸，在我们捅破这层窗户纸后，谁能豁然开朗成为下一个联合国供应商？

从7%到1%的背后

根据国家相关统计部门发布的数据显示，2007 年第一季度我国进出口总额为 4577.4 亿美元，同比增长 23.3%。其中，出口 2520.9 亿美元，增长 27.8%，增幅同比提高 1.2 个百分点，外贸顺差达到 464.4 亿美元，比 2006 年第一季度增长近一倍。毫不夸张地说，中国企业在对外贸易中的表现完全可以用"活跃"二字来形容。然而在同属外贸范畴的联合国采购上，联合国在中国的直接采购份额从 1999 年的 0.7% 提高到 2003 年的 1.37%，却经历了 4 年时间。这让我们不得不好奇是什么原因让中国企业在这样一个全球年采购额达 80 多亿美元的市场中被边缘化了？

看不见风景的中国企业

"一直以来，中国企业进行对外贸易的渠道主要是广交会、国际会展，而通过这些渠道做外贸大多是'守株待兔'。近年来一些企业开始通过阿里巴巴、环球资源等网站寻找客户，对于联合国采购，很多企业可能听都没听过。"在一位研究中国企业外贸状况的专家看来，企业缺乏了解联合国采购的信息渠道是中国企业在联合国采购中处于尴尬地位的重要原因。

作为中国为数不多研究联合国采购的专家之一，中国信息经济学会电子商务委员会副主任王汝林也指出，联合国采购的整个信息发布程序都是在网上完成，因此，如果企业不上网，基本上很难得到联合国的采购信息，而对中国的大多数中小企业而言，"接触网络不过是这两年的事情，再加上过去外贸出口的配额限制，以及企业对于'联合国'这个头衔的敬畏，不少企业觉得联合国采购的要求一定很高，也不会主动去关注相关信息。"于是，这道"信息门槛"首先就把很多中国企业过滤掉了。

除了"信息门槛"，国内企业缺乏自主进行国际贸易的商务能力也是让中国企业难以真正与联合国达成交易的关键。2007年，虽然有2000家国内企业注册成为联合国潜在采购供应商，但联合国仅锁定了第一批109家已注册的中国企业成为其指定采购企业，占联合国采购注册供应商总数量中极小的比例。然而据统计，在联合国采购的产品中，"Made In China"的产品所占的份额却远远超出了1%这个比例。那些被其他国家完成的间接采购揭示了一个现实：中国的企业还没有找到掘金联合国的正确途径。

对此，王汝林一针见血地指出："联合国采购其实是一个典型的基于电子商务框架的商务流程。"在网上发布采购信息、接受企业的网上注册和竞标、通过E-mail实现与供应商之间的交流，这一系列的程序都意味着，企业要想和联合国做生意，最便捷的途径就是通过网络。而这恰恰是习惯了传统贸易流程的中国企业所不擅长的：一方面他们中的大部分长期依赖外贸公司；另一方面，企业缺乏既懂国际贸易又熟悉电子商务的人才。有不少企业虽然知道联合国采购中存有商机，但是苦于自己英文不熟练又不懂外贸知识，结果让一些打着联合国采购幌子的网站骗取了钱财，这一度对联合国采购在国内造成了很坏的影响。为此，王汝林表示："想要在联合国采购中分得一杯羹的中国企业，除了要有过硬的产品之外，当务之急应该要提高自己利用电子商务参与国际贸易的能力。"

还有一类企业比较有代表性。格兰仕在联合国采购的市场份额是零。格兰仕一位负责人在接受媒体采访时曾毫不隐讳地说："参加联合国采购对我们没有太大实质性的影响，联合国采购手续复杂，不如企业采购顺利。"这也是很多中小企业在审视联合国采购商机时的一种共同心态。其实这只是因为联合国采购有机动性，不像企业采购有固定周期，需要企业有更多的耐心。

信息闭塞、缺乏国际商务能力、重视短期效益这三重迷雾遮挡了中国企业的视线，以至于他们没能看清联合国采购背后"名利双收"的风景。

联合国的期待

目前，世界上每分钟售出的120件T恤中就有87件来自于中国，每10双球鞋中就有4.7双是中国制造……中国已经成为一个不折不扣的制造大国。对于中国企业在联合国直接采购中边缘化的地位，联合国本身也经受了一定的损失。据一位熟悉联合国采购的人士介绍，由于联合国采购的资金来源于各组织自行募集的资金，采购的产品主要用于救灾和其他人道主义援助，因此采购产品的预算很严格。目前联合国发现许多原产自中国的产品都是由第三方国家采购的，这不仅增加了采购成本，也在无形当中浪费了各捐助国的部分捐款。另外，联合国评价采购项目执行的好坏有一个标准——执行率，目前越来越多的联合国采购机构评估执行率下降的原因时，发现通过第三国的采购增加了运输时间和采购时间，尤其是一些服务性项目的采购，通过第三方进行很难保证后续服务的质量，这使得他们更重视在中国的直接采购。2004 年联合国采购机构就将亚太区驻地从印度尼西亚的雅加达搬到了北京。该组织高级采购官员高天瑞表示，希望以此能更近距离地接触中国市场和企业，采购性价比更高的产品。

作为中国最早参与联合国采购事务的官员之一，国家主管联合国在华采购的商务部中国国际经济技术交流中心主任、中国联合国采购促进会常务副会长董洪介绍说，最开始联合国采购在中国的部分是联合国开发计划署的援华项目中对华援助设备的采购，但是这部分采购基本上全部是在境外完成。到了 1997 年时，他们开始意识到，中国已经有成熟的产品可以向联合国出口了，尤其像小型发电机、水泵等产品。"在 1997 年，中国国际经济技术交流中心和联合国开发计划署举办联合国采购说明会时，就邀请了几位联合国官员来宣讲联合国采购，希望中国的企业参加，但当时大部分企业甚至有的政府官员都认为：我们还在接受联合国援助，怎么可能为联合国提供产品呢？但实际上那时候联合国采购机构对中国产品就已经有需要了。"他回忆道，"在那一年我到位于哥本哈根的联合国机构采购服务部做考察式的培训，当时他们就已经认可我们一些产品的质量，甚至 1996 年他们就曾在中国购买过一批摩托车。"

可见，联合国采购并不像很多企业想象中那样神秘和高不可攀。现在联合国采购已经成为联合国对发展中国家的一种扶助措施，2005 年约有 43.1% 的采购在发展中国家完成。"中国企业将价廉物美的产品以这个渠道输送到其他发展中国家，也是促进发展中国家之间经济技术交流与合作的一种方式。联合国非常鼓励中国企业成为他的供应商。"董洪说。

同时，中国政府也将联合国采购看做是一个积极参与国际间经济与合作的良机，截至 2005 年，联合国采购机构在中国国际经济技术交流中心的支持下，已经在浙江义乌、湖北武汉、北京三地建立了联合国采购信息中心，中国联合国采购促进会作为联合国采购机构在华的合作伙伴和权威服务机构，也正在通过举办说明会的形式向中小企业介绍联合国采购的基本情况。董洪表示，希望通过他们的努力争取在近期内提高联合国各机构在中国的直接采购份额，改进中国企业参与联合国采购的现状，从而在参与联合国采购的过程中提升中国企业的国际贸易能力。

驶入蓝海的三个理由

2006 年 10 月，广州白天鹅宾馆的标准间房价由平时的 70 欧元一天飙升到了 140 欧元，而这种巨幅增长只有在每届广交会期间才会出现，因为每年两届的广交会早已成为中国大多数企业翘首以待的盛会，这是他们外贸出口的必选甚至是唯一的渠道。

而就在全国各地的企业蜂拥入广州"朝拜"广交会的同时，广州当地的许多企业却悄然开始了他们新的免费外贸之旅——注册成为联合国供应商。同时，当许多企业仍在外贸公司不断压价的红海中拼命挣扎的时候，有一部分企业已经慢慢转向联合国采购的蓝海，在那里他们可以获得的外贸机会将难以估量……

没有门票

到外国商家云集的市场直接推销，当然是做外贸的好方法，但是，提到这些国外大型展会，很多企业都深有体会。由于涉及展品出口、兑换外汇等问题，一般来说，企业要出国参加展览会必须由经国家批准的有出口权限的单位来组织。同时，从摊位费用到外派人员的交通住宿费用全部累加，往往一场展会下来企业就要出血十多万元，这样的大投入并非所有的中国企业都能承受。

"我们的企业不大，想认识国外的客户一般就参加广交会。"江西某纺织企业经理王生的这番话折射出了中国广大中小企业的外贸现状，因为相对于国外参展而言，广交会3万元左右的摊位费用已经是最"便宜"又直接的方式了。

除此之外，企业还可以加入阿里巴巴中国供应商成为会员，利用庞大的网络资源来寻找买家或者等着被国外买家找到，这种方法既省时又省力，只是一年8万元的费用，却与国外展会的费用门槛不相上下。

"所以我就不明白：为什么那么多的中国企业想做外贸却不加入联合国采购?"广东力维智能锁有限公司总经理助理高雪不禁连连摇头。这家高科技企业在2005年第一次听说联合国采购之后，就立即决定加入联合国采购供应商之列。高雪介绍说："我们每年要在国外展会、国外媒体广告上投入大量的资金，像联合国采购这样不需要负担任何费用的低门槛，我们没有理由不做。"

而事实上，联合国采购机构驻华代表处的地区高级采购官员高天瑞也证明了这一点，他告诉记者：企业上网申请成为联合国采购供应商完全是免费的。

除了不收"门票"之外，企业还可以得到免税的优惠条件，这在一定程度上再次降低了企业的外贸成本。同时，与联合国做生意不存在收汇风险，联合国采购也决不会拖欠供应商的货款。董洪解释说："联合国一般会在收到产品的正本提单及所需要的相关支持文件后一个月之内付清款项。"另外，尽管目前世界上"反倾销"呼声一浪高过一浪，但是中国企业大可放心，因为与联合国做买卖既不存在"倾销与反倾销"之争，也不会受其他任何贸易壁垒的影响。

市场广袤

作为一个机构庞大的世界性组织，联合国每年的采购金额高达几十亿美元，其采购的商品涉及28个大类、457个小类的上万种产品和服务，许多联合国机构诸如联合国儿童基金会、人口基金、开发计划署、项目服务办公室，也都有自己的采购部门。因此，联合国采购产品种类的多样化给中国各种中小企业提供了大量的机会。

对此，王汝林强调说："由于联合国长期对世界许多不发达国家和贫困地区进行援助，因此联合国采购常常不是一次性的。"董洪也同样表示："联合国在某些产品的采购上会像许多公司一样，开始时给企业一个小单子，看看对方做得如何，如果完成得好就可以与联合国各机构形成较为长期的合作。"

　　佛山市顺德区龙岭木业有限公司就于 2006 年 10 月与联合国签订了长达 5 年的贸易合同。这份包括桌椅、电脑台、文件柜等 32 类办公家具的长期合同，总金额高达 518 万美元，成为了 2006 年广东省最大的联合国采购订单。

　　而联合国采购对企业最具吸引力的地方还在于，许多受到联合国援助的国家在进行政府采购时，也往往会借助于联合国采购供应商数据库，换言之，这些受援国政府每年会有上百亿美元的采购额在该数据库中完成。同时，许多联合国成员国的大型企业以及其他大型跨国公司也对联合国采购数据库情有独钟，按照权威研究机构的估算，联合国每年采购所产生的辐射增长效应是其自身采购额的 6～7 倍，可形成总额约为 350 亿～400 亿美元的庞大市场。

　　广东力维智能锁有限公司就用事实验证了这一点。在当初加入成为联合国供应商之前，高雪就很清楚：联合国一般只采购机械锁，而力维生产的是科技含量更高、同时价格更高的智能锁。尽管需求相差甚远，但是力维还是毫不犹豫地加入了联合国供应商。"我们看中的是整个国际市场，因为加入成为供应商，我们的企业就进入了一个国际平台，除了联合国机构以外，还有更多的国外大企业能看到我们的信息，这就是机会。"事实也正如高雪分析的那样，虽然力维至今没有直接接到联合国的订单，但是在 2006 年 5 月份，一家来自伊拉克的建筑材料代理商通过联合国采购供应商名录找到了力维，在一段时间的沟通洽谈之后，于 2007 年年初正式达成交易，力维授权这家伊拉克建筑材料代理商在伊拉克的独家代理权。至此，力维智能锁正式打开了中东市场。

名利双收

　　中国的中小企业要想进入国际市场，最有利的优势莫过于价格，但却往往在品牌认知度上败下阵来。同样，许多中小企业也认为联合国采购高不可攀，于是望而却步。经营办公用品的上海中世贸易有限公司的徐亚军就告诉记者，他觉得能符合联合国采购的企业在产值上肯定需要上亿元，而且一定是拥有名优产品甚至要百强产品才可以。福建金桥家具公司的毛湘华也认为自己公司的实力还不足以参加这种国际竞争。

　　但事实上，联合国采购中的品牌效应并不明显。正如王汝林所说："许多情况下，联合国采购的商品和服务都是用于国际援助或者紧急救援，主要是帐篷、睡袋、办公用品之类的通用产品，因此只要质量符合一般要求，联合国不太会强调品牌在其中的作用，这也说明联合国采购特别适合中国中小企业的参与。"换句话说，在联合国采购中，中国企业的价格优势凸显，而品牌劣势被淡化，这使得中国企业进军联合国采购市场又增添了几分胜算。

　　此外，联合国采购不但不需要中国企业的"名"，而且还能帮助中国企业赚到国际市场的"名声"。董洪强调说："成为联合国采购供应商，并能成功与联合国达成交易的企业，对其在品牌、形象、国际贸易中的声誉都有很大的促进作用。"

　　更为重要的是，中国中小企业还能在跟联合国打交道的同时获得更有价值的东西——国际贸易的规范化执行。因为企业在注册成为联合国采购供应商时，需要在线填写许多英文表单,这些标准化的文件能在无形之中规范企业在国际贸易中的众多交往细节。同时,在该过程中企业还需要翻译整理大量有关企业自身的财务、产品等英文资料,这些材料对企业以后的国际贸易大有裨益。

挺进联合国采购之电子商务全攻略

当一部分企业已经开始紧锣密鼓地积极迎战联合国采购时,绝大多数的中国企业还找不着门。"应该怎么跟联合国联系呢?"一位经常在企业宣讲外贸课程的老师告诉记者,他已经遇到过很多次企业类似的发问了。

很显然,无论是企业搜集联合国采购的有关信息,注册成为供应商,还是联合国采购部门了解企业,以及企业与联合国之间的商务沟通,无一不是通过网络搭建在电子商务的基架之上,所以整个过程的精髓就在于"信息沟通"四个字。

俗语有云:"商场如战场。"《孙子兵法》称:"兵者,国之大事,死生之地,存亡之道,不可不察也。"而对于商家而言,一单生意的成败也极有可能成为企业兴衰生死的关键。故而,以下用题皆取自兵法或与兵法相关,以作借鉴引导之用。

1. 知己知彼篇

"知己知彼,百战不殆;不知彼而知己,一胜一负;不知彼不知己,每战必败。"由此可见,作为《孙子兵法》谋略思想的基础,"知己知彼"的作用不可小觑。因此,企业不仅要了解联合国采购方方面面的情况,更要彻查企业自身存在的差距,有则改之,无则加勉。

(1)知彼,蓄势待发

"既然打算与联合国做生意,就要有全面的战略部署。"王汝林再三强调企业进军联合国采购不能仅仅是一时的尝试,而应该将其作为进军国际采购市场的一步棋,按部就班,步步为营。

那么,弄清对方虚实自然成为了首要步骤。

联合国成立于1945年10月24日,当时共有51个国家承诺通过国际合作和集体安全来维护和平。如今,联合国的会员国已经发展到192个,几乎每一个国家都加入了联合国,而联合国的主要职责除了建设之初的维护国际和平、维护正义之外,还更多地表现在提供人道主义援助以及促进世界发展之上。

所以,联合国采购的物资和服务,除了用于其自身的日常运营外,有相当一部分属于人道主义的救援范畴,例如阿富汗、伊拉克、中东地区战后重建,印度尼西亚、南亚地区灾后重建,对非洲贫困缺医的农民、妇女与儿童的援助等,还有一部分则用于对贫困落后地区的援助项目。因此,联合国采购的救援物资涉及面相当大,而且需要一系列包括运输在内的配套服务,换言之,只要能提供以上相关产品或者服务的企业都有机会成为联合国的供应商,而对联合国主要职责的深入了解更有助于企业进一步展开主动攻势。董洪举了一个例子:"有些与联合国做生意尝到甜头的企业就会很积极地关心环球新闻,他们只要听说哪里发生了地震,或者哪个国家出现战乱灾情,就会立即打电话给我,问是不是联合国又将采购什么物资了，其实这就是因为他们摸清了联合国采购的目的，才能取得这样主动的地位。"

另外，企业除了需要了解联合国的基本信息之外，还应该对旗下的各个附属机构有所认识。联合国采购司司长桑德斯就曾告诉中国的企业：联合国采购是一个分散化的市场，下属每个组织都有非常独立和明确的客户，一些组织还有其独立的采购活动。所以中国企业在参加联合国采购时，首先应对联合国采购及进行采购的每个组织有基本的了解，了解每一个组织的使命及它们的具体要求，例如，联合国儿童基金会就是联合国致力于儿童的长期生存、保护和成长的牵头机构，到目前为止，儿童基金会已在将近160个国家和领土内开展活动，其方案重点为免疫、初级保健、营养和基本教育；世界粮食计划署是世界上最大的国际粮食援助机构，既提供紧急救济援助，也提供发展援助。根据这些不同组织的责任和使命，企业就大体明确了自己的产品主要和其中的哪些机构相关，然后再有的放矢地查看相关机构的采购信息，这样就能为企业节省更多的人力和时间。天津"大红碗"就是一个鲜活的例子。这家专门生产清真方便面的企业，与同为方便面生产商的"康师傅"、"白象"等知名品牌相比，其国内市场占有率只是微乎其微。但是，"大红碗"抓住自身产品的"清真"特性，当信仰伊斯兰教的国家在中国采购方便面时，只能在联合国采购供应商的中国公司里找到这个名不见经传的企业，生意自然水到渠成。同时，联合国各个机构的采购都有各自的具体规定和审核机制，在不同情况下，交货时间也会受到影响。仔细了解这些详细内容，对企业下一步的网上注册大有裨益。

还有一个关键信息就是，联合国各机构只在联合国注册供应商范围内进行招标采购。换言之，中国企业要想获得联合国的采购订单，注册成为其供应商最基本的条件。只有获准成为联合国采购的注册供应商之后，企业才有与联合国做生意或者被其他国际公司在该供应商数据库中发现的可能。此外，企业还需要进一步查询联合国采购的一般程序，公开招标的具体做法，以及联合国各机构采购的一般性原则。

（2）知己，无懈可击

成功注册之后，企业就要全面关注自身条件是否与联合国采购的条件相符。记者通过走访正在研究"联合国采购"并即将出书的电子商务专家王汝林，以及中国政府方面主管联合国采购的相关官员，总结出以下三个关键步骤：

首先，企业一定要着力建设好自己的网站，尤其是在英文版的网站上，除了要有一些常规性的介绍以外，最好尽可能多地介绍企业的优势以及以往的商业信用状况。同时，王汝林还建议，企业如果能在网站上运用视频技术来展示产品和企业实地环境状况，将会给联合国采购官员带来更加直观的体验。

其次，企业需要根据以上通过"知彼"过程获知的信息，全面审查自己的条件是否合格。例如，制药企业要成为联合国的定点采购商必须具备以下条件：企业应有三年以上生产和经营的历史，并具有出口业务相关记录；因为联合国采购的药品会配送到世界各国，所以药品必须达到国际标准；同时，企业还应具有保障履行条款的能力，包括：对采购机构的紧急产品采购需要在24小时之内就做出反应，中标供应商必须保证货物或商品的及时运送、售后服务支持的能力等。换言之，当一家制药企业在申请联合国供应商之前，就应该紧紧围绕联合国所要求的条款进行各方面硬性及软性条件的"自我批评"。

中国企业通常会在质量和售后问题上遇挫，因为许多中国企业没有做国际认证的习惯。事实上，在一般的国际贸易中普通产品都需要取得 ISO 9000 认证，而药品行业会要求更加严格的资质认证，这一点在联合国采购中也同样适用。另外，尽管目前中国的许多产品已经达到"价廉物美"的标准，但是产品在本土以外的售后服务依然不尽如人意。董洪就举了这样一个例子："早在 1996 年联合国就曾在中国买过一批摩托车，后来我问他们感觉如何，他们说不错，性价比很高，接着我就问他们为什么以后没有再买了，他们说由于你们的售后服务跟不上，摩托车坏了不可能再运到你们中国来修。所以在那个时候由于售后服务的原因，机电类的产品就很少被采购。"当然，如果企业专门为了联合国采购到境外设立自己的售后服务部门，自然代价太大，所以董洪建议企业可以将售后服务国际化，即培养当地人成为企业的售后服务人员，这样就能够节省大量的售后成本；或者使用国际上通用的标准零部件，即使产品出现问题，联合国也可以通知对方到这些零部件的连锁经营店处理。广东力维智能锁有限公司就是通过前一种方式解决了这一问题，当时在那家伊拉克建筑材料代理商通过联合国采购供应商名录找到力维之后，力维就邀请了对方的两名员工来中国受训，经过 10 天的培训，力维成功培养出两名伊拉克售后服务人员，至今伊拉克市场方面反应良好。

最后，也是最为关键的一步——网上注册。企业可以登录联合国的官方网站进行有效注册，具体而言主要有两种注册途径：一是在联合国采购司的官方网站上注册登记（可以通过联合国官方网站的链接进入），申请者须要妥善填写申请注册表、公司概况、产品目录说明以及公司财务报告，而采购司在收到申请登记表后会立即进行处理，并会将最终评审结果通知所有申请者。但这一注册并不能保证企业信息能被联合国各机构采购部门看到。因此，企业还可以在联合国各机构的采购办公室进行注册，因为联合国为了便于内部各个机构采购信息的交流，已经在各采购办公室之间建立了一个一般供应商数据库，企业可以根据自己生产的产品和提供的服务范围选择相应的采购机构分别注册。这是最保险而有效的方法。

2. 胜战篇

通过"知己知彼"的过程，企业的攻守防线已经基本形成，但是在若干细节问题上还需进一步添砖加瓦，以期万无一失。

（1）巧能成事

孙子说："故为兵之事，在于顺详敌之意，并敌一向，千里杀将，此谓巧能成事者也。"这句话的意思是说我们要集中主要力量去完成事情的关键部分。联系到联合国采购，由于其构架在电子商务之上，所以最为关键的部分无非就是"信息沟通"。

另外，联合国在华采购已经有了十多年的时间，在这期间，很多中国企业倒在了进军联合国采购的途中，最终没有能与联合国或者其他国际企业达成合作。那么，总结这些为数众多的失败企业的教训同样也能成为企业克敌制胜的法宝。

合其二者：许多企业都败在了一个"信"字之下，即诚信、信息和信念。

中国企业在与联合国打交道的时候都很容易忽视有关诚信的问题。有些已经进入联合国供应商数据库的企业，在接收到对方要求寄送样品的通知后，认为这是一次很好的机会，于是就挑选高于自身产品质量的商品发送过去，结果在真正拿到订单之后，最终因为上交的货品与样品不符而被迫解除合约，这不仅对企业自身造成了严重的经济损失，更重要的是影响了企业声誉，严重的甚至还会使联合国采购机构戴上有色眼镜"一视同仁"地看待中国企业。一位与联合国采购部门交往密切的人士称，目前已经有个别的联合国采购机构被中国企业"伤"到了。

另外，不能准时交货也是联合国采购的"大忌"。因为联合国采购往往应用于紧急性救援和其他辅助救援项目，如果企业不能准时交货的话，会给联合国救援计划的实施带来很大程度上的阻碍。因此，如果有企业犯此大忌，哪怕只是一次，联合国都将会把该企业归到"黑名单"中。一旦企业上了这个名单，就会永远失去与联合国任何机构合作的机会。

王汝林也谈到了诚信问题的另一个方面："中国企业往往是'头戴三尺帽，不怕砍一刀'，做生意总是喜欢报虚价，但这一点在联合国采购以及国际贸易上都是行不通的，你报什么价格，对方就会认为这将是最终的成交价格，所以，很多中国企业一报完价，就被联合国排除在采购之外了。"

以往惨败在信息沟通方面的企业大有人在。有些企业获得联合国注册审批之后，就将其束之高阁，既没有随时查看注册登记时所留的邮箱，也没有派专人跟踪其所注册的联合国机构发布的采购信息，结果在联合国三次向其发出招标通知却得不到响应之后，联合国采购系统自动将其资料删除，企业就这样在不知不觉中错失了良机。

同时，很多企业还缺乏坚定的信念，在一段时间的等待之后，他们往往失去耐心，放弃了对联合国采购信息的追踪和回复，而事实证明，大凡拿到联合国采购订单，而且是大单的企业都经历过漫长的等待以及跟联合国相关采购部门之间的长时间交流。

当然，企业也有其他放弃的理由，江苏国泰国际集团华胜进出口有限公司就是在多次收到联合国有关帐篷、睡袋等招标信息之后，最终选择放弃。相关负责人陈斌解释说："我们认为作为贸易商很难有价格方面的优势参与联合国竞标。"对此中国联合国采购促进会常务副秘书长王凝解释道："虽然联合国在很多方面更愿意与生产商直接打交道，但是贸易企业在某些组合打包产品上却有明显优势。"她举例说，联合国儿童基金会就曾经采购过一种打包产品，要求每包都装有练习册、铅笔和其他文体用品，这样的要求对于任何一家生产商来说都是无法达到的，所以最后只有贸易商来接手，他们先分别从各个生产商进货之后，再统一打包交给儿童基金会。

（2）善假于物

荀子曰："君子性非异也，善假于物也。"这虽然算不上什么军事法则，但也不失为一条很好的谋事之道。如果企业认为依靠自身能力还不足以完成联合国供应商的注册，或者企业担心在注册成功之后的信息跟踪上有困难，就可以使出这招"善假于物"，借助外部力量合理合法地实现与联合国做生意的目标。

而这个"物"就是下面将要介绍的中国联合国采购促进会。

说到中国联合国采购促进会，就不得不提到中国国际经济技术交流中心。早在20世纪80年代初，直接隶属于现在的中国商务部（当时的外经贸部）的中国国际经济技术交流中心，就开始了管理和实施联合国开发计划署和联合国工业发展组织的在华援助项目。后来，中国国际经济技术交流中心又积极推动和促进联合国采购机构扩大在中国的采购业务，并通过举办各种推介会、说明会和培训班的形式，帮助中国企业认识和了解联合国采购的意义、规则和操作程序。为了更好地促进联合国采购在中国的发展，2006年7月，中国联合国采购促进会正式成立，由商务部直接负责其业务指导。

换言之，中国联合国采购促进会是中国唯一的一家由中国政府支持的联合国采购服务组织，也是中国唯一的一家得到联合国首肯的介于企业与联合国之间的中间机构。该组织主要负责政府、联合国采购以及中国企业之间的沟通与交流，也就是说，企业在进军联合国的过程中除了自己做以外，还可以向促进会寻求帮助。

作为促进会的主要负责人之一，王凝介绍说："成立促进会，就是想让那些与联合国做生意的企业有一种归属感，企业有什么问题可以来找我们，比如说有的企业想加入联合国供应商，可能产品没有问题，但在这方面的经验和能力不足，这时他们可以跟我们联系，我们会提供'一揽子'服务，包括帮他们注册成为供应商，定期给他们发送采购信息，在投标应标上有什么困难，我们都会给予支持。"除此之外，促进会每年都会协同各地方政府举办多场有关联合国采购的说明会，介绍联合国各机构采购规则，并组织中国企业与联合国采购机构进行交流、洽谈与合作。同时，促进会采用会员制管理，加入成为会员的企业就能享受上述的"一揽子"服务了。另外，王凝强调："要成为我们的会员将有比较严格的资质审核，包括企业的经营业绩、财务状况和进出口经验等，如果企业符合成为联合国注册供应商的条件，那么我们就会吸纳它成为会员。"谈到审核时间，促进会另一位项目官员朱毅表示："初步审核一般需要半个月，但如果有些企业看到联合国采购信息后急于想加入的话，我们也会特殊处理。"

据相关人士介绍，目前联合国有22个机构在北京设立了代表处，为了能够更好地在中国开展采购事务，这22个机构已经成立了一个联合国采购协调小组，而现在该小组正在与促进会积极沟通，希望能将更多有关采购的信息提供给中国企业。同时，朱毅表示促进会正在创建自己的网站，预计将会在近期推出。

值得提醒企业注意的是，目前有许多第三方机构打着联合国采购的旗号诈骗企业钱财。早在2002年，天津就出现了这种冒充联合国采购诈骗企业的事件，尽管最终该事件被作为经济案件得以处理，但是之后这类的网站仍然层出不穷，并且都链接了各种联合国机构的标志，混淆视听，难辨真伪。

【案例分析指南】

商务部的研究报告显示，我国之所以在联合国全球采购中颇显尴尬，主要有缺少政府协调，采购渠道不畅，缺少免税仓库导致成本高、效率低等原因。同时，联合国机构众多，各机构的标准、程序不尽相同，对国内众多中小企业来讲，很难形成对接，入门困难。读者可从国际采购的特点出发分析中国供应商的应对策略。

思 考 题

1. 请结合案例内容，试分析中国在联合国采购领域发展缓慢的主要因素。

2. 根据国际采购理论，你认为中国供应商应如何应对？

3. 结合本案例和【案例7-1】，请运用本书案例分析方法论为本案例撰写一份案例分析报告。

第八章　政府采购

导　论

政府采购或者公共机构采购是非常重要的采购领域，其采购的方法和模式为很多跨国企业采用和借鉴。

一、政府采购的基本概念

1. 政府采购的定义

一般认为，政府采购是指一国政府部门或其他直接、间接受政府控制的企事业单位，为实现其政府职能和公共利益，使用公共资金获得货物、工程和服务的交易行为。

从我国的实际情况出发，借鉴西方发达国家的经验并结合国情，对我国政府采购这样定义：政府采购是指各级国家机关和实行预算管理的政党组织、社会团体、事业单位，使用财政性资金在政府的统一管理和监督下获取货物、工程和服务的行为。

2. 政府采购的特点

政府采购是相对于个人采购、家庭采购、企业采购和团体采购而言的一种采购管理制度，与个人采购、家庭采购、企业采购或团体采购相比，政府采购具有以下特点：

（1）资金来源的公共性；

（2）采购主体的特定性；

（3）采购活动的非赢利性；

（4）社会性；

（5）采购对象的广泛性；

（6）行政性；

（7）规范性；

（8）影响力大。

3. 政府采购的原则

为了保证政府采购目标的实现，必须明确政府采购遵循的主要原则。

（1）公开、公平、公正和有效竞争的原则；

（2）物有所值原则；

（3）推动国内竞争促进产业发展原则；

（4）反腐倡廉原则；

（5）支持政府其他政策原则。

4. 政府采购的主体与客体

政府采购的主体是指在政府采购过程中负有直接职责的参与者。从我国政府采购实践看，政府采购的主体包括：政府采购管理机关、政府采购机关、采购单位、政府采购社会中介机构、供应商和资金管理部门。

政府采购的客体也就是政府采购的内容，按照国际上的通常做法，可以粗略地将采购客体分为三类：货物、工程、服务。

二、政府采购的方式

政府采购根据不同的标准，可以分为：

（1）按招标范围分

根据招标范围可将采购方式分为公开招标采购、选择性招标采购和限制性招标采购。世界贸易组织的政府采购协议就是按这种方法对政府采购方式进行分类的。

（2）按是否具备招标性质分

按是否具备招标性质，可将采购方式分为两大类：招标性采购和非招标性采购。非招标性采购方法很多，通常使用的主要有：国内或国外询价采购、单一来源采购、竞争性谈判采购、自营工程等。

（3）按采购规模分

按采购规模可将采购方式分为小额采购方式、批量采购方式和大额采购方式。

（4）按采购手段分类

按运用的采购手段可分为传统采购方式和现代化采购方式。

三、政府采购的模式

政府采购模式就是对政府采购进行集中管理的程度和类型。各国的政府采购模式不尽相同，有的国家实行集中采购模式，即本级政府所有的采购均由一个部门负责；有的国家实行分散采购模式，即由各采购单位自己负责。完全实行分散化采购的国家不多。多数国家实行半集中半分散的采购模式，即一部分物品由一个部门统一采购，一部分物品由采购单位自己采购。

（1）集中采购模式

集中采购模式就是所有应纳入政府采购范围的货物、工程和服务统一由政府委托一个部门负责。集中采购必然带来大型、合并的采购要求，这有利于吸引潜在的供应商，比零散采购更有利于获得更好的供应商履约表现和更有利的价格。另外，集中采购带来的管理成本的节约也是巨大的。采购集中化可以有利于培养更多技能精湛、知识全面的采购员，从而增强采购员对采购活动的理解。再者，集中采购增强了对采购单直接控制，有利于采购政策、决策在采购部门的各个层次上的执行。

（2）分散采购模式

分散采购模式就是所有纳入政府采购范围的货物、工程和服务由各需求单位自行采购。分散采购的主要优点是易于沟通，采购反应迅速。

（3）半集中和半分散采购模式

这种采购模式就是把所有应纳入政府采购范围的货物、工程和服务分两种类型进购，即一部分由政府委托一个专门部门统一采购，另一部分由需求单位自行采购。至于集中和分散的程度主要根据采购物品的性质、数量和采购政策而定。高价值、高风险的由采购部门专业化、技术精湛的采购人员进行管理会更加经济和有效；低价值、低风险的采购在性质上很可能是常规采购，通常可以由采购单位进行分散采购。这种颇为常用的方法会同时获得集中采购和分散采购的双重利益。

四、政府采购流程

根据《政府采购法》的规定，政府采购主要采用的方式有公开招标、邀请招标、竞争性谈判、单一来源采购、询价这五种，示例见图 8 - 1 ~ 图 8 - 5。

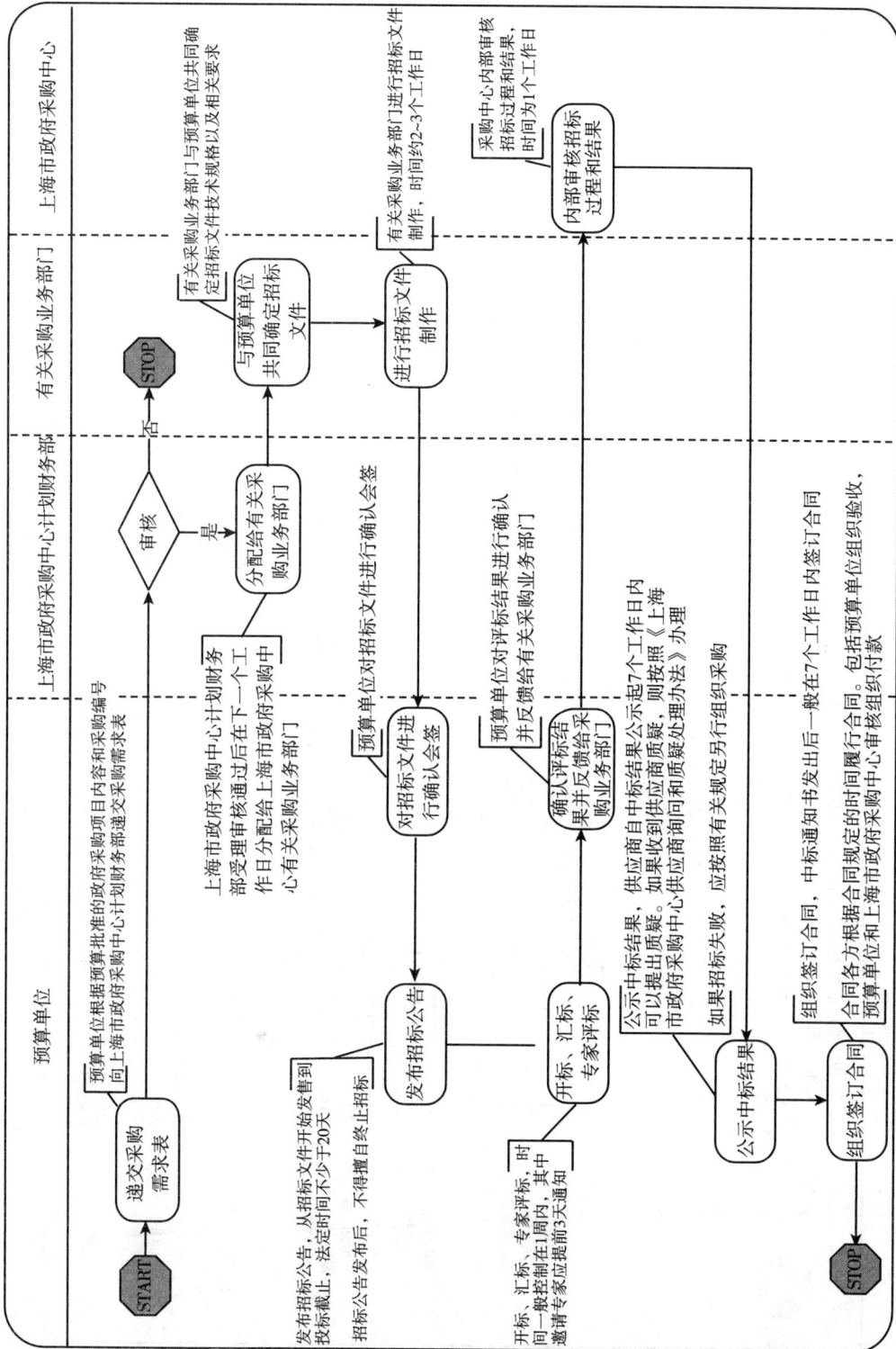

图8－1　货物服务公开招标采购程序流程图（以上海市政府为例）

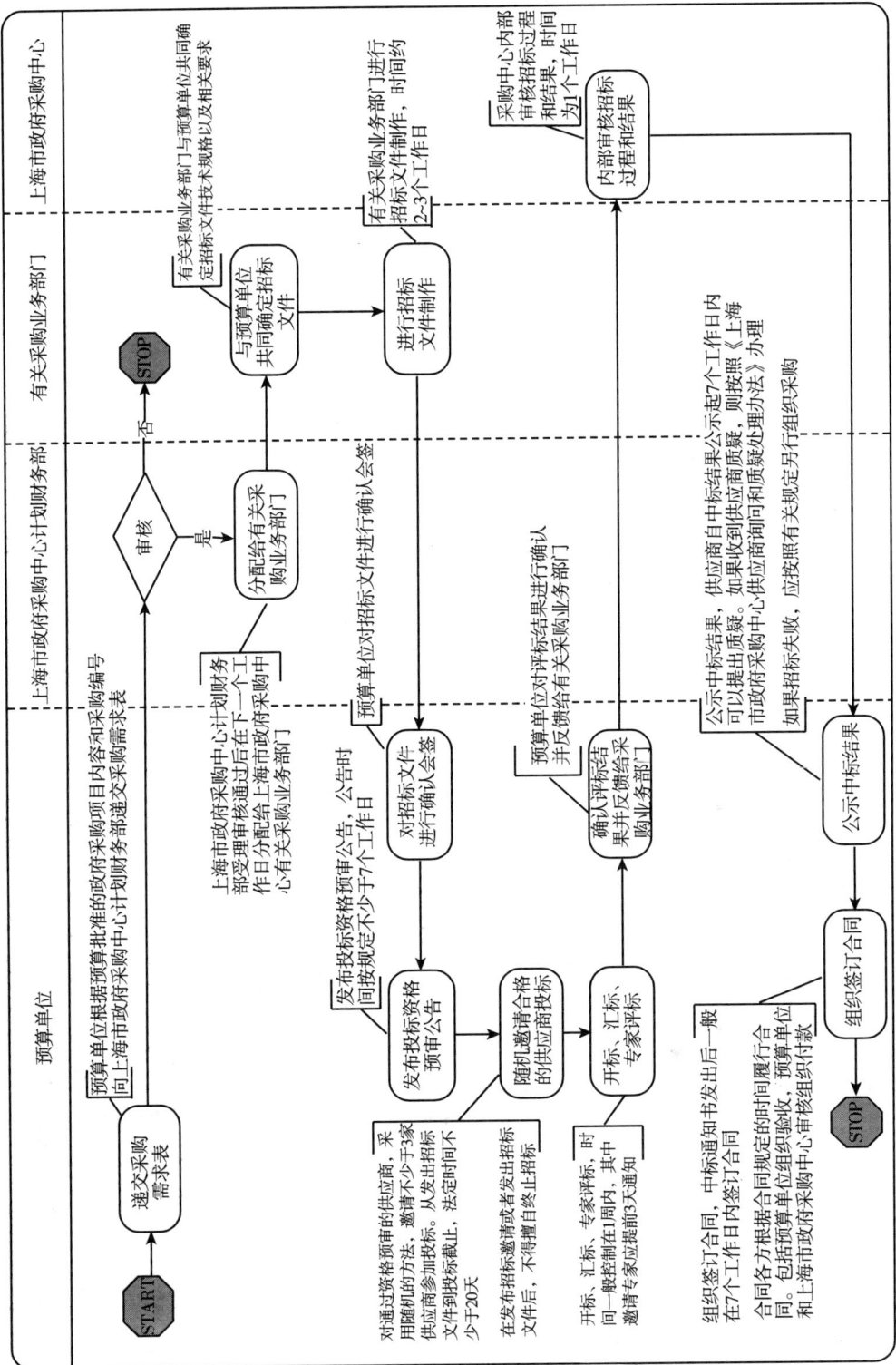

图8-2 货物服务邀请招标采购程序流程图（以上海市政府为例）

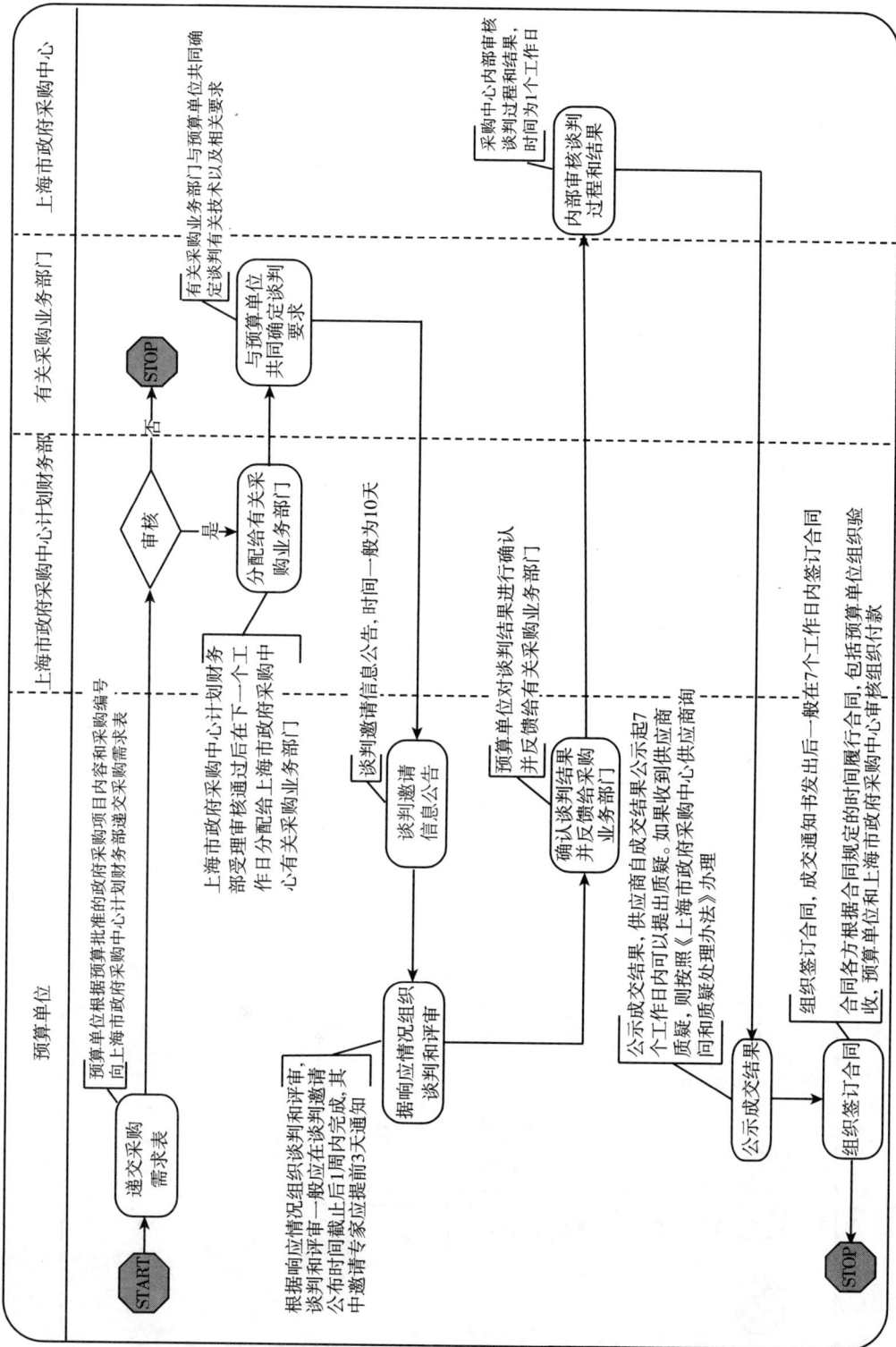

图8-3　货物服务竞争性谈判采购程序流程图（以上海市政府为例）

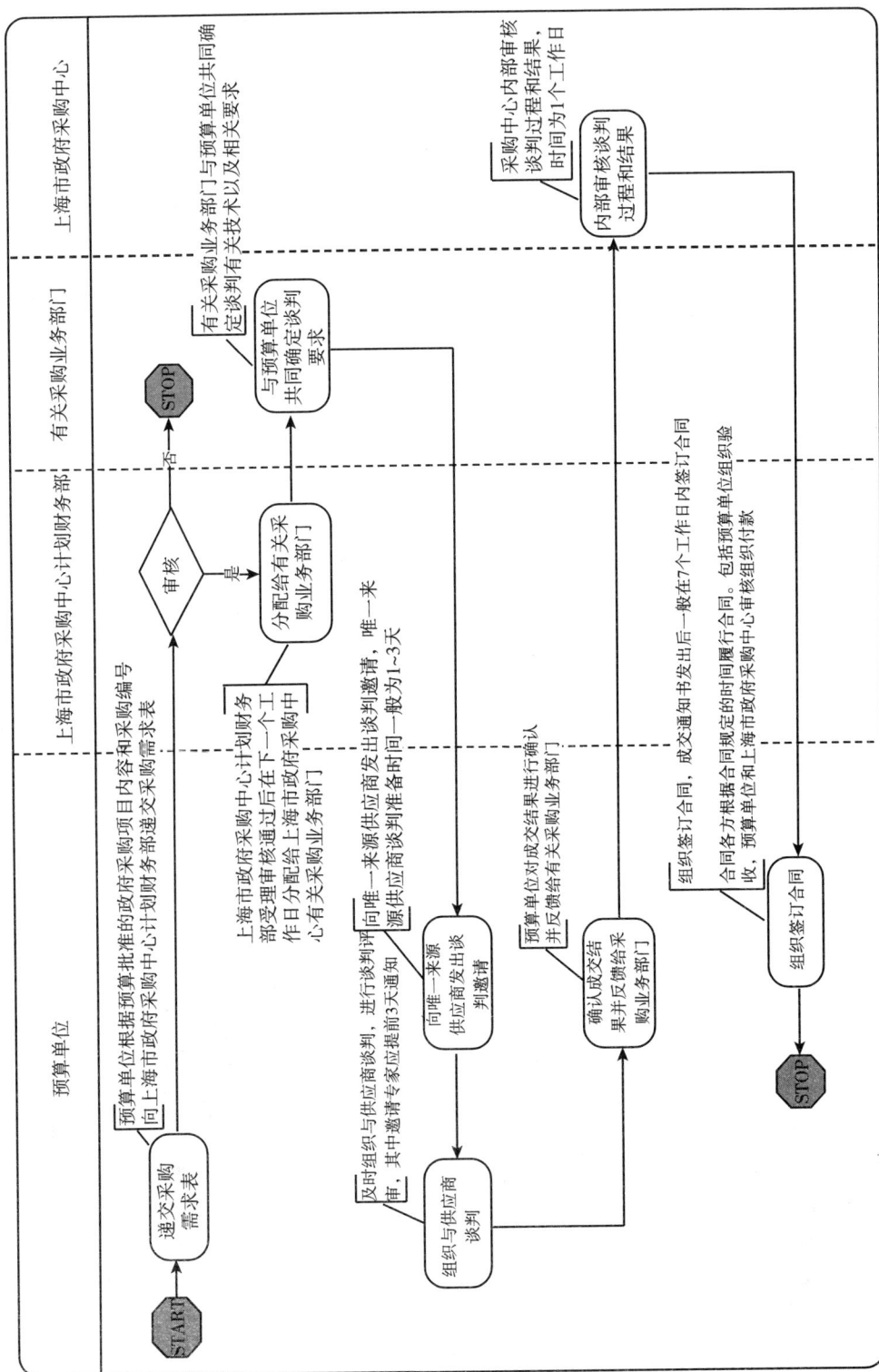

图8-4 货物服务单一来源采购程序流程图（以上海市政府为例）

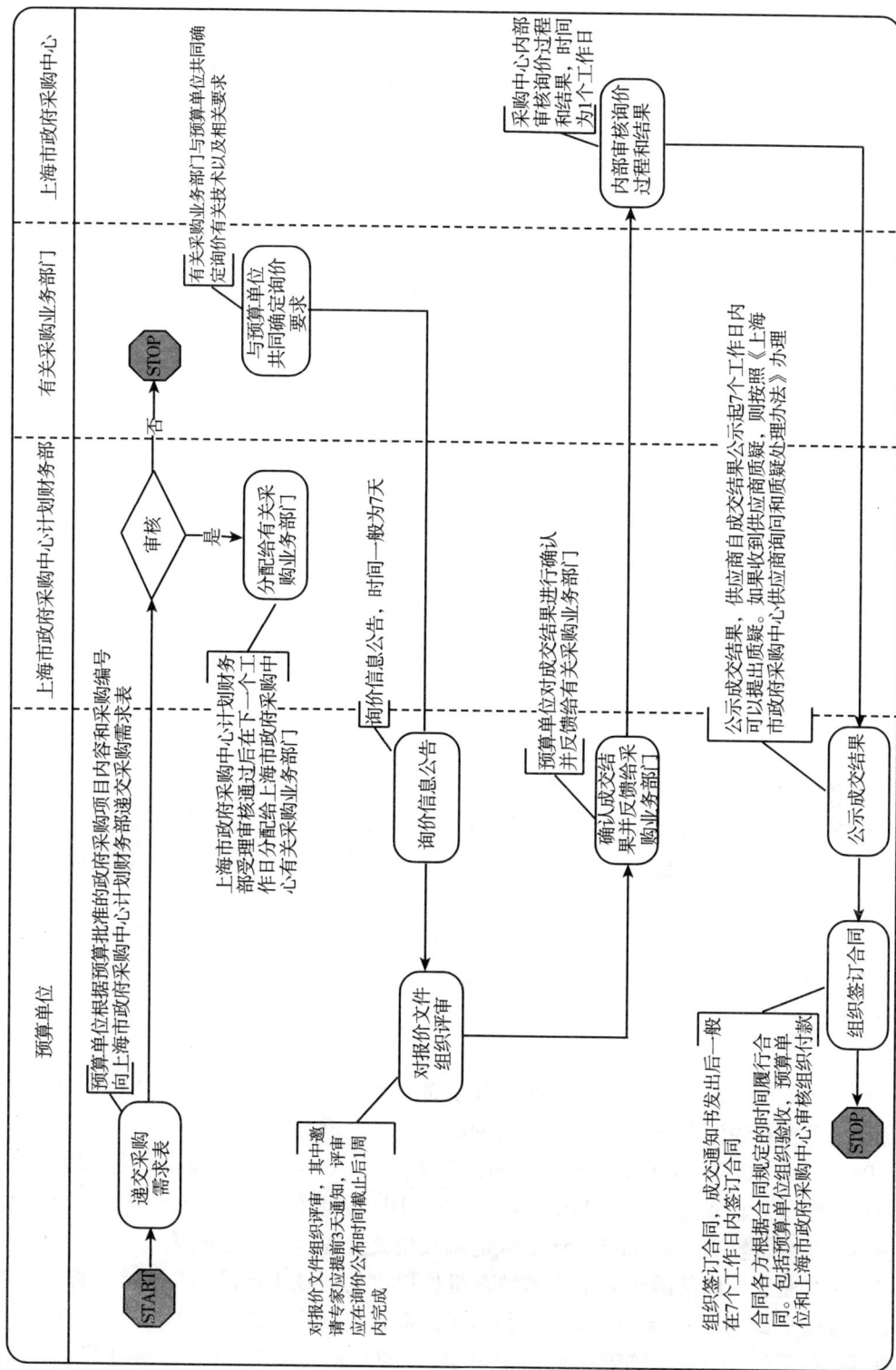

图8-5　货物服务询价采购程序流程图（以上海市政府为例）

【案例 8 - 1】美国修改政府采购流程排斥联想

【案例概要】

在世界发达国家，政府采购占 GDP 的 15% 以上，其对经济的发展起着非常大的推动作用。美国政府采购中对本国产品的厚爱意味着对国外品牌的排斥，这点从联想电脑风波中可见一斑。尽管联想电脑严格地遵守了美国的法律以及原 IBM 公司与美国政府达成的相关协议的各项要求，美国国务院依然宣布将修改采购流程，以便将联想彻底排斥在政府采购之外。美国政府不惜打着安全的幌子，排斥联想电脑——尽管联想的业务相当一部分其实是 IBM 业务的延续。

【教学目的】

1. 了解美国政府采购流程；
2. 掌握政府采购的含义；
3. 掌握政府采购的方式与模式；
4. 了解政府采购的特点。

引　言

"重新修订采购流程，说白了，就是想将联想排除在采购名单之外。" 2006 年 5 月 23 日上午，在接受《财经时报》记者采访时，联想集团总裁杨元庆依然难熄心头的怒火。

2006 年 5 月 19 日，美国国务院宣布将修改采购流程，美国国务院所采购的联想电脑将只用于非保密的系统，并对所采购的电脑系统进行更严格的审查。

"前一阶段还是少数国会议员及媒体发出的声音，而现在则是来自美国政府对这个事情的表态。显然这种态度对联想这样一家非常市场化的企业是非常不公平的，对此我们深表忧虑。"联想在声明中称。

1300 万美元的订单

据悉，此次纠纷源自于 2006 年 3 月美国政府的一次政府采购。

2006 年 3 月 20 日，联想集团在美国的合作伙伴——CDW Government Inc.（以下简称 CDW - G）宣布，通过公开的招投标程序，获得美国国务院价值超过 1300 万美元的订单，将提供 16000 台联想 ThinkCenter M51 台式电脑及相关设备给美国国务院。

CDW - G 是长期向美国政府机构和教育机构提供信息技术产品的供应商，此次订单是美国国务院从 2004 年开始的全球信息技术系统更新项目的组成部分。

消息公布不久，美中经济安全调查委员会（USCC）委员 Michael Wessel 发表声明，公开质疑在美国国务院使用联想电脑有可能对美国国家安全带来风险。

不久，另一位美国议员 Donald Manzullo 以联想是受中国政府控制为由，要求对联想与美国国务院的此次电脑交易进行调查。美中经济安全调查委员会（USCC）随即致信给美国众议院拨款委员会主席 Frank Wolf 要求进行调查，随后 Frank Wolf 给美国国务卿去信要求国务院进行解释。

2006 年 5 月 18 日，美国国务院负责外交安全的助理国务卿 Richard Griffin 在给 Frank Wolf 的回信中表示，考虑到 IT 设备供应商所有权发生改变，国务院将会修改采购流程，并将所采购的联想电脑只用于非保密的系统，并对所采购的电脑系统进行更严格的审查。

份额虽小影响形象

"美国联邦政府的整个采购计划在联想销售额中所占比重并不大，只有 1% 左右，大概 1 亿多美元。"对于美国政府采购对联想市场的影响，杨元庆介绍称，"对联想直接的影响应该说并不大。但是我们不希望看到它对联想的形象和企业声誉造成伤害。"

对于美国议员对联想的两点异议：一是称联想电脑威胁其国家安全；二是称联想是中国政府的。杨表明了自己的观点。

"我们在其他地区，包括欧洲，都曾向政府部门，甚至向国防部这样的军事部门销售了大量的联想产品。"杨元庆介绍，在过去一年中，联想所有对美国政府的销售业务，都是完全符合美国政府采购部门对供应商的要求的，并且完全符合在并购 IBM 个人电脑业务时跟美国外国投资委员会（CFIUS）达成的协议，"联想不认为这将对美国政府构成任何安全方面的威胁。"

2005 年 2 月，美国相关部门曾因"担心交易（联想收购 IBM 全球 PC 业务）会影响美国国家安全"而让美国外国投资委员会（CFIUS）对联想的收购交易展开调查。

最终，联想、IBM 和美国外国投资委员会达成了协议，联想获得了向美国政府及其所属机构继续销售的权利，不过协议同时对联想的生产地点、销售及服务方式提出了限制性的要求，这其中包括所有产品在美国本地及墨西哥生产，这无形中增加了联想的竞争成本。但为了能完成顺利收购，联想还是接受了这些条件，如此美国外国投资委员会也批准了这项交易。

"让联想没有想到的是，尽管联想严格地遵守了协议的各项要求与美国政府做生意，但通过此次修改采购流程仍然可能将联想彻底排斥在外，这对联想集团造成的损失是巨大的。"杨元庆说。

"联想海外业务主要来源是原 IBM 的 PC 业务，其主要客户来自美国政府及大中企业，美国国务院的质疑可能引发连锁效应，对联想整个海外业务产生重要影响。"某业内人士分析。

面对美国政府的步步紧逼，联想依然心有不甘。在接受采访时，杨元庆一再强调："美国是一个市场化程度最高的国家，联想呼吁美国政府部门以及新闻界等社会各界公众，能够公正、公平地对待来自世界各地的企业竞争，就像中国政府给予美国企业的公平环境一样。"

很显然，作为中国企业海外扩展的先锋，如何应对身份的认同将在相当长的时间里困扰联想。

【案例分析指南】

美国是世界上最早实行政府采购的国家之一，早在 1761 年就颁布了《联邦采购法》，以立法的形式对政府采购进行规范化管理。在市场经济下，政府的大量经济行为都涉及政府采购，虽然我国没有开放政府采购市场，但由于 WTO、WB、APEC 等国际性和区域性组织的推动，国内企业争夺政府采购国际市场的需要，我国政府采购市场的开放已经逐步开始了。本案例详细阐述美国政府以安全为借口，通过采购流程修改来排斥联想，揭示了政府采购的特点和基本模式，读者可从美国政府采购流程和模式等角度展开对案例的讨论。

思 考 题

1. 请结合案例内容，讨论政府采购是否理应眷顾国货？

2. 根据相关政府采购理论与附件资料，你认为美国政府是如何通过其采购流程修改来排斥联想的？为什么？

3. 结合附件中的案例，请运用本书案例分析方法论为本案例撰写一份案例分析报告。

附件

参考案例——美国政府采购制度之机构设置与采购流程

机构设置

一、美国联邦政府采购的监督管理机构

美国联邦政府采购的监督管理机构有两个：一是美国国会下属的联邦会计总署（General Accounting Office，GAO）；二是美国总统行政办公厅内设的行政管理与预算局（the Office of Management and Budget，OMB）。

1. 联邦会计总署（GAO）

联邦会计总署成立于 1921 年，是美国国会的一个下属机关，直接对美国国会负责，根据美国宪法，有权力处理国家支出情况。GAO 通过总审计署办公室执行对政府采购活动的监督。总审计署办公室有权力对行政机关的采购计划进行评估，可以接触所有的政府采购文件，为行政机关的采购计划提出建议，对政府采购项目进行审计。此外，GAO 还是受理承包商投诉的最具权威的机构，目前，GAO 雇用 28 名律师，他们都是资深的政府采购法律专家，属于政府公务员。GAO 每年受理 1100 多件政府采购投诉。GAO 的独立、高效和权威，在美国政府采购救济机制中起了非常重要的作用。

2. 行政管理与预算局（OMB）

行政管理与预算局是美国总统行政办公厅内设机构，OMB 负责制订每年的预算并送交国会审议和颁布，以及发布有关各种管理领域的政府内部政策。为加强对联邦政府采购的管理，1974 年 OMB 内设联邦政府采购政策办公室（the Office of Federal Procurement Policy，OFPP），设立 OFPP 的目的是"在行政机关采购制度的制定过程中起到总体的指导和领导功能"。该部门设在总统行政办公厅，由此突出了联邦政府采购在联邦政府运作中的重要性。OFPP 负责通过发布普遍适用于各个行政机关的规章制度，协调具体采购活动的实施情况。目前，OFPP 雇用 20 人，包括采购分析师、会计师和律师，由 OFPP 主任领导，而主任由总统提名并经美国参议院批准。OFPP 代表总统参与可以影响采购以及与采购有关的政策、程序和法规的立法工作。如果出现与政府采购合同相关的问题，OFPP 将分析其原因并出台补救措施，并对采购机构产生约束力。

二、政府采购的执行机构

1. 政府采购机构

美国联邦政府采购采取非集中化的组织方式，绝大多数的政府采购项目由联邦政府中的行政部门直接进行采购。美国每年通过政府采购合同购买的各种商品和服务超过 2300 亿美元，其中包括从一般的办公用品到武器装备的采购，以及建筑物和设施建设等工程采购。联邦政府的采购工作由 60 多家政府采购机构的 2.7 万名员工来执行。政府采购人员属于政府公务员。

联邦承包合同制度的实施是通过政府授权任命的"合同官员"而进行的。对合同官员的授权范围和界限是明确的，并且向所有的承包商明示。合同官员严格按照联邦政府采购的法规、制度和程序进行采购活动，只有合同官员才有权力代表政府与承包商签订合同，该合同对政府产生法律的约束力。美国政府采购的合同官员制度，将采购合同的权力授予确定的合同官员为整个政府采购系统带来稳定性。合同官员通过建立对采购系统的高效管理和监督确保政府采购法律、法规的有效实施，同时维护公众利益和承包商的合法权益。

2. 美国联邦政府总务管理局（General Service Administration，GSA）

美国联邦政府总务管理局有权制定和颁布联邦政府采购条例（Federal Procurement Regulation），有权为几乎所有的联邦政府机构进行采购，有权设立标准和规范等，职权范围相当广泛。美国联邦政府总务管理局是专门的采购机构，它代表联邦政府许多民事机关购买货物和服务、处理房地产购买、租用和建设等工作。联邦政府中许多小机关，由于缺乏采购信息来源而无法进行直接采购，也可以委托美国联邦政府总务管理局进行采购。

三、政府采购救济机构

美国政府采购法对于合同形成过程中产生的争议称为"合同授予争议"，其对于合同授予争议的处理，可以向政府采购机构、联邦会计总署或美国联邦赔偿法院、美国联邦巡回上诉法院提起。

1. 合同上诉理事会

合同上诉理事会是在采购机关内部设立的一个行政法庭，美国联邦政府绝大多数行政机关内部都设立合同上诉理事会，由其接受承包商的投诉，裁定政府和承包商之间的合同纠纷。合同上诉理事会的运作像法庭一样，但程序比较简易。听证的官员必须是从事政府合同事务五年以上的政府合同方面的专家。

2. 美国联邦赔偿法院

美国联邦法院一般不受理政府合同纠纷。联邦赔偿法院是听证、处理政府合同纠纷和处理其他事务的专门联邦法院。政府合同的赔偿可以投诉到合同上诉理事会，也可以向联邦赔偿法院起诉。

3. 美国联邦巡回上诉法院

对合同上诉理事会，或者联邦赔偿法院裁决不服的，可以上诉美国联邦巡回上诉法院。联邦巡回上诉法院一般审查法律问题。

采购流程

《联邦采购法规》和政府机构采购规则对采购流程作了明确规定，主要规定以下三个阶段的程序：一是政府采购计划制订程序；二是合同签订程序；三是合同管理程序。

一、计划制订程序

政府采购计划既要满足采购需求，同时也要符合所有相关法规和政策规定。需要政府采购机构的采购人员协同合作，采购计划的制订涉及缔约人员、规划人员、会计人员、法务人员和相关专业的专家。制订计划前进行市场调研，估算采购价格，采购计划力求详尽。

二、合同签订程序

采购机构根据不同的采购项目、规模和条件，采用竞争性招标、竞争性谈判或其他方式，以最低价原则或以最佳价值原则确定承包商，并与之签订采购合同。

1. 竞争性招标（密封投标制）

竞争性招标是美国传统的政府采购方式，要求投标人以密封的方式进行投标。1809年通过了第一部要求密封投标的法律；1861年，密封投标制成为政府授予合同的基本方式，此后，公开竞争采购方式一直是美国政府采购的基本方式。

2. 竞争性谈判

1972年，美国国会政府采购委员会报告指出，竞争性谈判应当被确认为一种正常有效的方式。此后，竞争性谈判在采购货物和服务中广泛运用，采购机构通过"报价邀请书"要求潜在的承包商提出计划以满足政府提出的要求，采购机构单独和每一个报价可接受的范围内的承包商进行谈判，甚至要求报价人提出他们"最优惠的最后报价"，然后从最后报价中选择成交承包商。竞争性谈判在采购高科技设备或系统时，或者采购其他需要考虑价格以外因素的材料或系统时被认为是最恰当的方式，同时为采购机构评价承包商的技术实力提供更好的机会。所以，有人认为竞争性谈判是政府在市场经济中得到最佳利益的最后途径。

3. 其他采购方式

在获得专业人员的服务和科研开发方面，采购机关采用另外一种竞争性的方式。因为在这种范围内，对服务的质量和专家的专业水平的考虑要比竞争报价多一些。

此外，采购机构证明所需要的产品或者服务是一般公司不能提供的，并且在报请其他政府机关批准后，采购机构可以使用独家采购。

对竞标方案的评估通常有两种方法：一是最低价格原则；二是最佳价值原则。最佳价值的评估是基于标书中陈述的相关评估标准条文之上的，尽量避免评估小组的主观性。

对承包商资格审定可从以下三方面来确定：

一是确定投标文件或报价的回应性。确定回应性是指确定承包商的投标书是否完全符合招标文件的要求。在美国政府采购制度中还为修正承包商文件中的错误制定了特定的规章制度，目的是为了使投标文件具有回应性。

二是确定承包商的负责任性。"负责任性"是指承包商按照项目的要求执行合同的能力。在确定负责任性过程中，要求合同官员阅读所有现在和以前有关承包商业绩的材料，包括：

（1）承包商圆满执行合同的能力，包括财务状况和政府许可证等；

（2）承包商利用自身实力履行合同的意愿和决心；

（3）承包商是否有足够的诚意不折不扣地执行合同。

三是确定承包商是否被阻止和中止。阻止是指当政府机关已经确认应该在一定期限内禁止和一个承包商签订合同的情况。中止是指政府机关决定在无限期内禁止一个承包商和政府签订合同的决定，通常是在阻止决定没有结论或者说有其他原因时。承包商被阻止或中止的原因是发现承包商有不道德或不诚实的行为，或者在执行政府合同过程中表现极其不良或不可接受的情况。政府机关将被阻止或中止的承包商列名公布，以防止其他政府机关与被阻止或中止的承包商签订合同。所以，采购机构在审查时应当阅读这个名单，以确定承包商是否被阻止或中止。

选定承包商后，中标结果将公之于众，未中标的投标人可以提出"投标上诉"。

三、合同管理程序

合同授予后，必须对合同加以管理以确保承包商能够提供符合政府机构要求的产品或服务。合同管理有严格的规章制度，合同管理的内容很多，主要包括对合同履行的监督、合同的变更、合同的终止等，都受到事先确定的管理和解决程序约束。下面主要介绍合同修改和合同终止的程序。

1. 合同的修改

通常在合同中包含一个标准的"修改"条款用于说明合同修改的程序，政府需要依据这些程序进行修改以保证承包商执行修改的条款，而承包商必须遵守这些程序才能保证其在执行修改条款时得到赔偿。合同的修改必须以官方正式书面的合同修改形式进行。政府向承包商发出"合同修改令"，承包商在收到命令书后30日内向政府提交一个报价，其中要求提高报酬和延期执行时间作为合同修改的回报。政府和承包商就合同修改的条款方面进行谈判，如果能够达成一致意见，双方签订一个附加协议，成为合同正式的组成部分；如果不能达成一致意见，政府将会发出一个单方面的合同修改意见，然后指示承包商根据单方面的修改意见执行合同。对合同的修改应该不能超越原始合同的大致范围，如果是大量的修改，应该通过另行招标或竞争性谈判单独订立合同。当然，该单方面修改合同的决定受到纠纷处理程序中有关复议和上诉程序的约束，尽管承包商可以反驳单方面对合同的修改，但在纠纷没有解决之前承包商要根据单方面修改的内容执行合同。

2. 合同的中止

合同中止的情形，一是因违约而中止合同；二是因政府利益而中止合同。

在合同履行过程中，政府和承包商都可能因违约而中止合同。守约方有权要求违约方赔偿损失。承包商在合同执行过程中延期严重的，政府可以发出一个中止合同的通知，但给承包商解释的机会，并给予 10 天或更多的期限纠正其违约。在中止合同后，政府可以自行完成此项目，或者另外签订合同，并从违约承包商那里收取合同完成造成的额外成本消耗。值得借鉴的是，美国许多政府承包合同都要求承包商提供给政府一个第三方作为执行合同的担保人，通常是保险公司提供担保，政府可以在中止合同后向保险公司提出索赔。

政府除了有权力因承包商违约而中止合同之外，还有权力在任何时候认为"不符合政府利益"时中止合同，政府可以简单发送一个通知书给承包商，告知政府要以政府利益中止合同，而无须说明中止合同的理由，只要求政府在做出这个决定时是善意的就可以了，甚至如果政府可以从别处以更低的价格采购到此货物和服务时也可以中止合同。但承包商有权力因为执行合同中已经出现的费用、已经完成工作量的利润，以及解决合同的索赔成本而得到补偿。

3. 合同纠纷解决程序

合同纠纷的解决必须符合特定的法律、法规和合同条款的规定。解决合同纠纷，需要承包商首先向合同官员提交索赔要求书。索赔要求书说明索赔的理由、法律依据和索赔的金额等。合同官员在收到索赔通知书后 60 日内签发决定。合同官员的索赔决定是承包商进一步进行行政复议和司法诉讼的前提。承包商不服合同官员的索赔决定，可以在收到索赔决定后 90 天内就合同官员的决定上诉到合同诉讼理事会，或者在一年内向美国联邦赔偿法院提出上诉。

【案例 8-2】一项政府采购变成马拉松式纷争

【案例概要】

本案例取材于河南省教育厅"农村中小学现代远程教育"政府采购过程中出现的纠纷，案例反映出我国在政府采购实施过程中存在一定的不规范，作为供应商如何应对并维护自身权益是值得分析与思考的。

【教学目的】

1. 了解政府采购法的相关规定；
2. 掌握政府采购的流程；
3. 了解政府采购法的特点；
4. 了解政府采购纷争的解决对策。

引　言

新学期就要开学了，可河南省 6000 所农村中小学的孩子们还将无法享受到现代远程教育的好处，因为这项教育工程的应用软件需要进行政府采购，而一次普通的政府采购却变成了一场马拉松式纷争，从 2005 年年初一直持续到 8 月。8 月 30 日，河南省教育厅与河南八亿时空科技实业有限公司正式签订合同（金额 477.9 万元），使这场旷日持久的政府采购纷争有了休止符，但过程引发的争议影响仍在。

那么，一项政府采购是怎样变成了一场马拉松式纷争的呢？

永中中标

"农村中小学现代远程教育"项目是 2003 年年底由国家发改委、财政部、教育部共同发起，利用中央专项资金与地方资金相结合扶持的一项工程。三部委计划用 5 年左右时间、分 5 期构建遍及中西部 20 个省（自治区、直辖市）的农村远程教育网络，使初级中学基本具备计算机教室，小学基本具备卫星教学收视点，所有教学点具备教学光盘播放设备和成套教学光盘。湖北、甘肃等省早于 2005 年年初就启动了第一期远程教育工程。

2005 年 1 月，河南省教育厅启动了"农村中小学现代远程教育（第一期）"项目的软件招标工作。由于该项目未纳入政府集中采购目录，按照《政府采购法》的规定，河南省教育厅委托河南省机电设备招标公司代理该项目的招投标事宜。软件项目分为三包，A 包为教学资源库和备课系统，B 包为终端站点应用软件，C 包为电子教室系统。其中 B 包引来了北京腾图文教电子发展有限责任公司、无锡永中科技有限公司、河南八亿时空科技实业有限公司、北京市中教育星软件技术有限公司 4 家公司投标。

2005 年 3 月 9 日，河南省政府采购网公示了中标结果，确定永中以 225.1 万元的价格中标。

八亿时空、腾图质疑

按《政府采购法》的相关规定，对招标结果，供应商有质疑与投诉的权利。

2005 年 3 月 9 日，八亿时空、腾图都向河南省机电设备招标公司发函，质疑中标结果。

八亿时空认为，其一，腾图投标的两个报价违背了招标文件的要求，应被拒标；其二，永中与中教育星不符合招标文件中对软件产品的技术要求。

腾图在质疑函中，对自己的两个报价做出了解释，同时认为永中不符合招标文件中对软件产品的技术要求，并对永中的低报价提出了疑问。

3月10日，河南省机电设备招标公司回复了腾图的质疑函，强调所有评标过程均依法进行，通过评标委员会的综合评审确认得分最高的永中为中标人。

3月15日，腾图就该回复再次质疑河南省机电设备招标公司，申明自己的疑问。

3月18日，河南省机电设备招标公司给了腾图与3月10日相似的回复。

3月23日，出于对河南省机电设备招标公司回复的不满，腾图向河南省财政厅政府采购处递交了《投诉函》。在《投诉函》中，腾图从技术、价格等方面投诉永中，此外，还提及了八亿时空产品并不具有自主知识产权的问题。

与此同时，八亿时空也向河南省财政厅政府采购处递交了《投诉函》，提到了永中技术与价格问题，也提到了腾图的两个报价不符合规定的问题。

永中中标无效

河南省财政厅政府采购处接到腾图、八亿时空投诉后，4月5日发函河南省信息产业厅，请求对4家投标供应商所投软件产品进行评测。

6月2日，河南省软件评测中心受河南省信息产业厅委托，开始对永中、腾图2家而不是4家投标供应商的软件产品进行评测。6月20日，河南省信息产业厅提供给河南省财政厅的评测结果显示，两家软件产品均未出现对软件产品的否决性技术缺陷，但是在具体项目功能所包含的细化要求中，两家软件产品都有不同类型的缺陷：永中21小项符合技术要求，8小项不符合，2小项轻微缺陷，功能缺陷率为25.8%；腾图29小项符合技术要求，2小项不符合，功能缺陷率是6.45%。

6月23日，河南省财政厅对腾图和八亿时空的投诉做出了处理决定，永中因为所投标软件产品性能与招标文件要求功能偏离较远，实质性响应招标文件不够，推荐中标无效。此外，要求河南省机电设备招标公司依法将评标报告和省信息产业厅鉴定结论报省教育厅审定，根据委托代理协议重新确定中标人。

八亿时空中标

7月20日至21日，根据河南省财政厅和河南省教育厅的要求，八亿时空参加了投标软件产品的测试，7月27日河南省信息产业厅作出说明称，八亿时空的软件产品未出现否决性技术缺陷，只是在功能测试中有28小项符合技术要求，1小项不符合技术要求，2小项轻微缺陷，功能缺陷率为3.2%。

8月5日，腾图就河南省财政厅6月23日做出的处理决定，再次向河南省财政厅投诉。在《投诉函》中，腾图提出了自己的四点意见，一是为自己两个报价做出了解释；二是提出本次招标的商务评审专家有严重的不公正行为；三是认为八亿时空未按照4月5日河南省财政厅的发函，在6月2日一起参加评测，其后的补充评测违背了"三公"原则；四是腾图认为评测过程中有严重的不正当行为、有幕后交易，要求公开、公示三家公司的评测报告。

8月8日，河南省机电设备招标公司在中国政府采购网上公布，八亿时空为该项目的中标人，中标金额为509.5万元。

腾图、永中质疑

8月9日，腾图就八亿时空中标，向河南省机电设备招标公司提出质疑。在质询函中，腾图重复了自己8月5日投诉的四点意见。

8月12日，河南省机电设备招标公司就腾图的质疑，一一从报价、知识产权、时间、对八亿时空的评测四个方面进行了回复。

8月15日，永中也对八亿时空中标提出了质疑。

8月18日，河南省机电设备招标公司回复永中，提到永中价格得分在四家产品中排第一，但因缺陷率最高被淘汰。而八亿时空按照规定进行评测，缺陷率最低，当然应该为最后中标人。

当日，腾图也就河南省机电设备招标公司的回复再次质疑，其中详细阐述了自己的四点意见。

永中请求行政复议

8月21日，永中对河南省财政厅作出的投诉处理决定不服，向财政部提出行政复议，要求撤销处理决定。永中认为，整个招标过程出现了多处违法操作的现象。一是，自腾图、八亿时空投诉永中开始，永中未曾收到过投诉书的副本和处理决定书，违反了《政府采购供应商投诉处理办法》的规定，剥夺了永中的知情权和陈诉答辩权。二是，脱离事实、超越职权对案件事实进行错误认定。在招标文件中，并没有提到考察产品缺陷率的问题，而河南省财政厅却据此否定了永中的产品。三是，政府部门违反法律和行政规章规定的条件与范围，滥用职权、擅自否决中标的效力。财政部受理了永中的行政复议请求。

监管部门答疑

从整个过程看，一项政府采购之所以变成了一场马拉松式纷争，两次公告中标人中间的环节用了很长的时间。按照政府采购法的规定，政府采购监督管理部门应当在收到投诉后30个工作日内，对投诉事项作出处理决定。从3月23日腾图投诉到6月23日河南省财政厅作出处理决定，所用时间大大超出了规定的时间。而且，宣布永中中标无效是否就是"废标"并应重新招标而不是重新指定中标人？八亿时空为何不同永中、腾图一道参加软件评测？记者将这三个疑问，提给了河南省财政厅政府采购处处长汤保全。

汤保全说，在评标委员会意见，财政厅、教育厅、发改委三部委领导小组研究意见，技术评测中，都对这些问题做出了明确的解释。换言之，这些问题都不成其为问题。他个人认为，该项目的整个招投标过程在程序和实体上没有太大的问题，完全依法进行。只是在某些环节上，采购人或采购代理机构对尺度把握得不太准确。因为法律对某些环节并没有具体的规定，全靠采购人、采购代理机构议定或商量，这其中难免会出现一些问题。

不过，汤保全批评了三家供应商的质疑和投诉行为。他说，依照政府采购法规定，供应商质疑与投诉的对象应该是采购人或采购代理机构。可是，无论永中、腾图还是八亿时空，他们在质疑函和投诉函中都相互攻击、诋毁对方，超出了质疑函、投诉函的范畴，实质上只能称为举报书。三家供应商也正是利用了这种不规范的法律文书，才造成今天这种马拉松式纷争的局面。当然，汤保全也检讨说，河南省机电设备招标公司和财政厅在工作上有失误的地方。由于《政府采购供应商投诉处理办法》实施不到一年，自己对一些法规、条文理解不到位，也没有及时对供应商进行相关知识的培训，因此在实际操作中有失误之处。

八亿时空能否在中标一个月内，即 2005 年 9 月 8 日前同河南省教育厅签订合同？汤保全说，财政厅作为政府采购的监督部门，只负责监督程序合法、内容合法，而能否签订合同，还得采购人河南省教育厅根据专家委员会的意见、采购代理机构的评标结果，做出最后决定。

负面影响显现

一位业内人士告诉记者，一项大的政府采购项目，一般情况下整个流程下来快的用不了一个月，慢的最多也就 3 个来月。像这个项目拖了半年多的情况还很少见。他认为，不管项目最终结果如何，也不管整个事件的是非曲直究竟怎样，它的负面影响已显而易见，一是使政府采购的效率大打了折扣，二是直接影响了农村中小学现代远程教育项目在河南的实施。河南省教育厅分管该项工作的副厅长表示，河南省农村中小学现代远程教育工程试点工作做得不好，由于内部的一些问题，到现在几乎没有任何进展。

【案例分析指南】

案例对于政府采购中的政府以及参与采购活动的供应商具有非常重要的借鉴意义。读者可从规范政府采购法规、流程，供应商维权等角度展开对案例的讨论。

思 考 题

1. 请结合案例内容，试分析形成本案例中纷争的主要因素，避免类似的纷争，政府、企业应如何做好自身工作。

2. 根据相关政府采购法规，你认为供应商的质疑和投诉是否合理？为什么？

3. 结合案例，请运用本书案例分析方法论为本案例撰写一份案例分析报告。

【案例 8 -3】××省采购再就业办公室网络设备

【案例概要】

本案例是在众多采购案例集或教材中多次引用的一个典型政府采购案例，虽然当时有多部相应的法律、规章尚未出台，但仍有许多亮点值得肯定。为方便读者更好地分析本案例，在附件中补充了有关该政府采购的相关信息。

【教学目的】

1. 了解政府采购预算；
2. 掌握政府采购的程序；
3. 了解政府采购管理；
4. 了解政府采购相关法律法规；
5. 了解政府采购中相关文件的编制。

引　言

采购项目：计算机网络设备。

采购机关：××省政府采购中心。

采购方式：公开招标。

招标机构：××省政府采购中心。

开标日期：1998 年 12 月 10 日。

投标人数量：12 家。

中标人数量：1 家。

合同签订日期：1998 年 12 月 11 日。

合同签订方式：招标结束后由用户与中标人签订合同。

这个项目进行得比较早，是在 1998 年年底进行的，当时，我国的政府采购试点刚刚开始，各地对招标采购工作还比较陌生，《中华人民共和国招标投标法》（简称《招标投标法》）、《政府采购管理暂行办法》（简称《暂行办法》）、《政府采购招标投标管理暂行办法》（简称《招标投标管理暂行办法》）和《政府采购合同监督暂行办法》（简称《合同监督暂行办法》）等法律、规章尚未出台，采购中心做了大量工作，而且在当时能够做到请专家验收，确实是难能可贵的，总的来看，这次采购活动的成效是不错的。根据上述办法的要求，该项采购活动在标书制作、采购管理等方面还存在一些不规范的地方。今后的采购工作应依法管理，规范化操作。

政府采购预算（计划）

《暂行办法》第七条关于财政部的职责规定中的第九款明确"编制中央采购机关年度政府采购预算"，相应的地方财政部门负责编制地方采购机关年度采购预算。采购预算是确定评标价最重要的参考标准，从严格意义上讲，采购预算应是招标的底价，如果采购预算与评标价之间出现了较大的偏离，则说明采购预算在编制过程中对采购活动的有关因素缺乏全面、准确的评估，需要改进预算编制方法。目前，我国的预算编制方法还是粗放型的，缺乏详细、明确的标准，因而，采购预算通常是高于评标价的。当前，我国正在进行细化预算的改革尝试，积极推行部门预算。当然细化预算编制有一个过程，在我国预算评估体系还未建立之前，为了提高预算编制的质量，减少采购预算与评标之间的偏差，根据我们现有的认识水平和实践的可行性，在编制采购预算时，可以采取下列方法：第一，询价。通过货比三家确定采购项目的平均价格。第二，积累经验。向招标机构或曾购买同类物品的用户了解其实际购买价格。第三，请行业协会或专家论证。这种方法主要适用于编制大型复杂或新产品项目的预算。

××省再就业办公室网络设备采购是在全国政府采购试点阶段进行的，对政府采购实行预算管理和细化预算的问题尚处于探讨阶段，因此这个项目实行的是审批制，预算编制较为粗糙，以这个预算价格计算，节支率一般都比较高，对招标也不具有参考价值。

采购程序

1. 招标委托

1998 年×月××省政府向政府采购中心提交了"政府采购委托书"。

点评：按照《暂行办法》规定，政府采购中心是负责政府采购事物的集中采购机关，有资格代理招标采购。

2. 编制招标文件

1998 年×月×日××省政府采购中心完成了招标文件的编制。招标文件由五部分组成，以下对招标文件的部分内容进行评述。

第一部分 "招标邀请函"

（1）个别语言表述不够准确。

①"招标邀请函"应为"投标邀请函"，作为对供应商投标的邀请。

②在邀请函中提到："招标设备名称及数量详见招标设备一览表"，但该表未包含在此部分中，而是出现在第二部分"招标计算机一览表及要求"中，前后表达不一致。

③"交货地点：本市用户送货上门，外地用户来××市供方办公地点提货"。

（2）把招标形式定为"公开招标"，却限制投标范围为"在××市注册登记的有供货能力的厂商"，这是违背公开招标精神的，也与现行有关规定对公开招标的定义及要求不吻合。公开招标应以招标公告方式邀请不特定的投标人投标，招标公告应在全国性报刊如《中国财经报》等媒体上登载。此招标项目未发布招标公告，且限制外地市供应商参加投标。作为对全省再就业工程用设备的采购，其设备安置使用遍布全省，应该允许外地供应商参加投标。政府采购公开招标应在统一媒体上发布信息，这不仅是我国政府颁布的规定，也是国际通行的对政府采购的要求。

（3）规定一周的投标准备时间，也是招标尚不规范的体现。

第二部分　"招标计算机一览表及要求"

本次招标的设备不仅仅有计算机，还包括打印机、传真机、复印机等办公设备。这部分招标文件名称的规范提法应为招标设备（或货物）技术规范，内容包括招标设备的名称、规格型号、数量、技术性能参数指标、质量及相关服务等要求。

第三部分　"投标方须知"

（1）投标人资格内容中应补充对投标人资格的审定办法。

（2）对投标报价"应为最具竞争力的一次性报价，开标后不得更改"的规定很好，利于体现招标"公开、公平"的原则。

（3）标书与投标文件混称的词汇，应予统一。

（4）投标保证金不少于投标总报价的5%，这一条规定依据不足。我国设备招标有关法规早已有投标保证金为投标总报价的2%的规定（国家经委1号令《机电设备招标投标管理办法》第31条）。政府采购招标也应对此规范。

（5）对于"在开标前撤回投标，须交投标总额0.2%的补偿费"的规定不尽合理。因为第一部分招标邀请函中规定的开标时间只距投标截止时间10分钟。按法律规定在投标截止时间前提交的投标文件是允许撤销的。所以，此项投标须知不严谨。一般来讲，只有对开标后撤回投标进行经济制裁的做法。

（6）履约保证金在概念上与投标保证金有严格的区分。把中标方的投标保证金转为履约保证金，看似可行，但不符合招标投标惯例，对于金额较大的投标难以执行。招标投标是受法律保护和具有法律效力的采购行为，应严格遵循相关法规，不宜采取随意性做法。

第四部分　"投标文件"

名称上应注意准确。本部分是对投标文件格式和内容的要求，不能称之"投标文件"。在此部分中，缺乏对投标人资质要求的填报内容。投标人提供的办公设备经销代理资格证明文件、经销业绩、财务状况等投标资质文件是评标必备的前提，此项要求决不能遗漏。

第五部分　"合同"

招标文件目录第五部分为"合同"，但招标文件却没有此部分内容。合同条款要求也是招标要约的组成部分之一。招标文件缺少这部分内容可能影响投标和中标合同的质量，故而招标文件应予完善。

3. 招标文件发售情况以及开标、评标（情况不详，不予评述）

4. 定标

评标委员会向政府采购中心提交了"招投标评标意见书"，推荐报价最低的某办公成套设备有限公司中标。其后由政府采购中心与中标人签订了经济合同，且请省公证处对招标、投标及招标结果进行了公证。

点评：

（1）按照现行有关规定，政府采购中心作为招标人实施招标，其评标报告应提交政府采购管理机关审定、备案后，确认招标结果，发布中标通知书。此项目在政府采购与管理实施中，还存在着体制不明、职权不清的问题。现在财政部的有关文件已经颁布，可以解决政府采购中的这一主要问题。

（2）由公证处对招标、投标、开标、评标、定标进行公证，进一步增强了招标活动的合法性和权威性，此举可以效仿。

5. 验收

从验收情况报告中得知政府采购中心聘请了有权威的设备生产、经销专家进行了严格的验收。使用单位向供货人出具了设备验收单。

点评：本项验收采取专家验收把关和出示报告的办法，提高了验收质量和验收结果的科学性、权威性、真实性。

政府采购管理

根据《暂行办法》的规定，财政部门负责政府采购的管理和监督工作，通过管理和监督，使政府采购应当遵循的公开、公平、公正、效益及维护公共利益的原则落到实处。财政部门对政府采购的监督包括内部监督及政府采购管理机关对采购活动的监督。内部监督的表现方式之一，就是要求将政府采购的管理机关和采购机关分离，管理机关不参与和干涉政府采购中的具体商业活动。这一要求与《合同法》的精神是一致的，即采购机关和供应商属于平等主体，管理机关为监督主体活动的"裁判"。政府采购管理机关对采购活动的监督，不是全过程参与，而是通过一定的方式抓住重点环节，掌握采购活动的动态和进展。根据现行有关规定，政府采购管理机关监督政府采购活动的主要环节及方式有：

1. 委托采购代理机构

《招标投标管理暂行办法》第二条规定："招标人委托政府采购业务代理机构（以下简称代理机构）招标的，招标人应与代理机构签订委托协议，并报同级政府采购管理机关备案。"

2. 招标通告的发布

《招标投标管理暂行办法》第三条规定："采用公开招标方式的，招标人（或者代理机构，下同）必须在《中国财经报》上发布招标公告，同时也可在省级以上政府采购主管机构指定的其他报刊和信息网络上发布。"

3. 开标

《招标投标管理暂行办法》第二十一条规定："开标由招标人主持，在公证机关的监督下进行。招标人、所有投标人、评标委员会成员和政府采购管理机关等有关部门的代表参加开标会。"

4. 全部废标

《招标投标管理暂行办法》第二十四条第二款规定："全部投标报价均超出标底或预算时，评标委员会有权决定全部废标或要求全部投标人重新报价，并报政府采购管理机关备案。"

5. 中标人

《招标投标管理暂行办法》第二十五条第五款规定："中标人的情况应报政府采购管理机关备案。"

6. 招标投标情况

《招标投标管理暂行办法》第二十五条第九款规定："招标人应当自确定中标人之日起15天内，向政府采购管理机关提交招标投标情况的书面报告。"

7. 投标文件保存

《招标投标管理暂行办法》第二十五条第十款规定"所有投标文件的正本由招标人妥善保管，政府采购管理机关可随时抽查。"

《合同监督暂行办法》对政府采购合同的订立、变更、供应商违约、合同验收、付款以及合同履行后的监督管理都做出了明确规定。其中，第三条规定："政府采购合同订立后7日内，采购机关应当将合同附本报政府采购管理机关备案。"第八条第二款规定："政府采购合同的质量验收，原则上应由第三方负责。"第三款规定："政府采购管理机关不得参加合同履行验收工作。"第九条规定："采购机关依照合同约定需要向供应商付款的，应当向政府采购管理机关报送下列文件，以备审查。"

关于投诉。《暂行办法》第七条（十）规定："处理中央政府采购中心的投诉事项。"第四十一条规定："政府采购当事人认为自己的合法权益受到损害，可以向财政部门提出书面投诉。财政部门应当在收到投诉书之日起30日作出处理。"

需要特别说明的是，在政府采购管理机关对采购活动进行监督时，通常是实行备案制，而在国际上如世界银行一般是采取审批制。我国实行备案制的主要原因，是考虑我国的政府采购工作还处于起步阶段，各级政府采购管理机关都缺乏审批的经验。一旦条件成熟，我国很可能也要实行审批制。

由于××省再就业办公室网络设备采购是在《暂行办法》制发之前进行的，因此按上述有关规定来衡量，在政府采购管理方面还有很多与《暂行办法》要求不符的地方，具体如下：

1. 管理体制不规范

该省政府采购中心既是政府采购的管理机关，同时又是一个集中采购机关，具有双重职能。这种情况使财政部门的管理变得似是而非，缺位、越位情况都存在，不利于对政府采购活动的监督。

目前，政府采购管理与实施双重职能兼于一体的现象较为普遍，这在我国政府采购试点阶段具有一定的合理性，但与我国市场经济发展的要求是相悖的，各地政府采购中心必须尽快实现向采购主体的转变，以理顺政府采购管理体制，健全内部监督机制。

2. 招标活动中存在地区歧视性问题

招标邀请函中规定"欢迎在××市注册登记的有供货能力的厂商参加投标",有明显的排斥异地供应商参加投标的倾向。虽然在开展该项采购活动时,《招标投标管理暂行办法》尚未颁布,但设置限制性条款显然是违背政府采购公开、公正、公平原则的。关于发布招标公告的问题,从案例中还看不出该招标公告发布的媒体和发布的时间。一般而言,政府采购招标公告应当在全国性报刊《中国财经报》上发布。政府采购信息在统一媒体上发布,既是国际经验,也是国际组织如世界贸易组织《政府采购协议》的要求,目的是方便供应商公平地获得采购信息。政府采购招标公告发布媒体的规定应该在以后的招标活动中得到遵守。

3. 拨款方式没有说明

根据《暂行办法》及《合同监督暂行办法》规定,应由政府采购管理机关依据采购单位提交的有关申请拨款的文件办理政府采购资金的拨款手续。

【案例分析指南】

作为一个完整的政府采购案例,读者可从政府采购预算、一般程序、管理及文件编制角度对本案例展开分析。

思 考 题

1. 请结合案例内容,试分析政府采购的一般程序。

2. 根据附件相关资料,你认为该案例中的政府采购文件是否仍存在改进的地方?为什么?

3. 结合相关政府采购法律法规,为其设计合理的采购管理体系流程。

4. 结合附件中的案例,请运用本书案例分析方法论为本案例撰写一份案例分析报告。

附件1 政府采购委托书

政府采购中心:

根据有关规定,按照少花钱、多办事的原则,委托贵中心招标购置计算机、打印机等办公设备共_____台/套(详见附表),购置预算50万元。拟请你单位按招标程序招标后于_____日内组织供货。

附:采购设备一览表

1998年×月×日

采购设备一览表(格式)

序号	设备名称	设备型号规 格	单位	数量	备 注

附件 2　政府采购招标文件

×× 省政府采购中心

1998 年 12 月 4 日

第一部分　招标邀请函

×× 省政府采购中心，根据公开、公平、公正的原则，对计算机、打印机等办公设备进行公开招标，欢迎在 ×× 市注册登记的有供货能力的厂商参加投标。

1. 招标批号：19980102。

2. 招标设备名称及数量：详见招标设备一览表。

3. 交货时间：1998 年 12 月 17～23 日。

4. 交货地点：本市用户送货上门，外地用户来 ×× 市供方办公地点提货。

5. 发售招标文件时间：1998 年 12 月 4 日至 1998 年 12 月 9 日，每天上午 9：00～11：00、下午 2：30～5：00（节假日除外）。

6. 招标文件售价：×× 元（不办理邮购），售后不退。

7. 投标截止时间：1998 年 12 月 10 日上午 8：00～8：50。

8. 投标、开标地点：×× 省财政厅三楼大会议室（×× 街 ×× 号）。

9. 开标时间：1998 年 12 月 10 日上午 9：00。

×× 省政府采购中心

开户行：×××

账　号：×××

电　话：×××

联系人：××× ×××

第二部分　招标计算机一览表及要求

一、招标计算机一览表

名　　称	规格型号及配置	数量（台）	备　　注
PC 机	奔月 2000　6/400 64M/4.3G/1.44M/CD	5	原装机
PC 机	奔月 2000　6/350 64M/4.3G/1.44M/CD	11	原装机
笔记本计算机	东芝 490XCDTP Ⅱ 266MHz/32MB/4MB 显存/13.3" TFT/20XCD—ROM/16 位声卡/4.0GB/56KBPSFAX/MODEM/VOICE	2	
激光打印机	HP—LJ5000	1	

名　　称	规格型号及配置	数量（台）	备　　注
打印机	Cannon　BJC—4650	15	
调制解调器	Optima　33.6	13	
不间断电源	山特 500W 智能后备式，标准时	16	
传真机	松下 KX—868 自动切纸　无纸接收　数字录音 中文语音提示	11	
工作台	飞宇　330A 型	16	
复印机	Cannon　3050	1	

二、要求

1. 设备必须是原装品牌机，符合国家质量检测标准，具有该产品的出厂标准或国家鉴定证书。进口产品须提供海关进货单（复印件备查）。

2. 开箱合格率达到100%。合格标准为连续测试48小时无故障。

3. 按生产厂家的保修规定进行保修，并在投标书中详细说明保修条件。超过保修期后，三年内维修只收零配件成本费。

4. 在保修期限内，接到外地用户电话通知后，应在72小时内上门服务，本地用户应在4小时内上门服务，并在两天内修复，否则提供备用机；如不能及时赶到，用户委托其他单位维修，其费用从质量保证金中扣除。

5. 在保修期限内，同一商品、同一质量问题连续两次维修仍无法正常使用，投标方必须予以更换同品牌、同型号新机器。

6. 投标的厂商要具体说明在××省11个市设立的维修点地址、负责人、联系人和联系电话，维修点能承担什么样的维修责任等详细资料。

7. 随机资料及随机软件齐全。

以上设备分配情况：

PC 奔月 2000 6/350，打印机（Cannon BJC—4650），调制解调器，不间断电源，传真机，工作台等，全省11个市每市1台（个）；其余为省直部门。

第三部分　投标方须知

一、投标人资格

1. 凡具有法人资格，有生产或供货能力的在××市注册的企事业单位，承认和履行招标文件中的各项规定者，均可参加投标。

2. 允许制造单位与代理机构联合投标，联合投标时，须向××省政府采购中心提交联合双方签订的《联合投标协议书》，联合投标协议对联合双方在法律上均有约束力。同时，全权代表一方自身的经济实力应符合投标资格。投标者中标后不得转包。

二、招标文件

1. 本招标文件仅适用于本次投标邀请中所叙述项目的采购。

2. 招标文件的修改书将构成招标文件的一部分，对投标方有约束力。

三、投标文件

1. 投标文件组成

①投标书。

②投标报价一览表。

③投标设备报告。

④投标方应按招标文件中提供的投标文件格式填写，并将投标文件装订成册，在封面上填写"投标文件资料清单"。

⑤投标方应对"招标设备名称、数量及技术规范"所列的内容全部投标，不准只对一项或几项内容进行投标，否则视为废标。

⑥资格预审时所报的所有资料均作为投标文件内容。

2. 签署及规定

①投标文件正本和副本须打印并由投标方法定代表人或委托代理人签署（具有授权书）。

②投标方对错处作必要修改外（修改处加盖单位公章），投标文件中不许有加行、涂抹或改写。

③电报、电话、传真形式的投标概不受理。

④投标报价应为最具竞争力的一次性报价，开标后不得更改。

3. 密封和标记

①投标方应准备正本一份和副本四份，用信封分别把正本和副本密封，并在封面上注明"正本"或"副本"字样，然后一起放入招标文件袋中，再密封招标文件袋。一旦正本和副本有差异，以正本为准。

②密封信封上注明"于 1998 年 12 月 10 日 9 时之前不准启封"的字样。

③投标文件由专人送交，投标方应将投标文件进行密封和标记后，按投标注明的时间和地址送至招标方。

4. 截止日期和时间

①所有投标文件都必须按招标方在投标邀请中规定的投标截止时间之前送至招标方。投标文件从投标截止之时起，标书有效期为 45 天。

②投标截止时间后收到的投标文件招标方不再受理。

5. 投标保证金

①投标保证金为投标文件的组成部分之一，投标保证金不少于投标总报价的 5%。

②投标方应向政府采购服务中心提供投标保证金。投标保证金应于 12 月 8 日 17 时之前交至××省政府采购中心。

③××市的供应商以现金或支票的方式提交投标保证金，外地供应商以汇票形式提交。

④开标后投标方撤销投标或中标后未按照中标通知书指定的时间、地点签订经济合同的，投标保证金将被扣缴。

⑤开标前撤销投标，须交投标总金额 0.2% 的补偿费。

⑥未按规定提交投标保证金的投标，将被视为无效投标。

⑦中标方的投标保证金，在供需双方签订经济合同后 5 个工作日内无息退还。

⑧投标保证金，自中标单位与政府采购中心签订采购合同生效之日起即转为履约保证金。履约保证金待中标方向招标方交货并验收后 5 个工作日内无息退还。

四、开标和评标

1. 开标

①政府采购中心根据招标邀请书规定的时间、地点组织公开开标大会。

②开标前，投标方须由法定代表人或委托代理人（具有授权书）参加，并签名报到，以证明其出席开标会议，否则，视为自动弃权；投标方参加招标会议的人员最多为 3 人。

③大会开始后，首先宣布投标单位、纪检监察人员、公证人员、评标委员会人员、开标工作人员等人员名单。其次宣布评标方法、定标原则和有关注意事项。

④开标时，公证人员检查投标文件密封情况，确认无误后，唱标人拆封唱标，唱正本"投标报价一览表"内容，以及招标方认为合适的其他内容并记录。

⑤投标文件如有下列错误，投标方必须修正并确认，否则投标文件将被拒绝：A. 单价与总价不符，以单价累计为准；B. 文字与图形不符，以文字为准。

2. 评标委员会

①招标方将根据招标采购设备的特点组建评标委员会，其成员由专家、政府采购中心和采购实体代表等 5 人组成，评标委员会对投标文件进行审查、质疑、评估、比较。

②投标方认为评标委员会的人员中，有应回避的人员可当场提出，情况核实后，其人员必须回避。

3. 评标原则和方法

①评标委员会按公开、公平、公正的原则对待所有投标方。

②公证人员审查投标文件是否符合招标文件的所有条款、条件和规定。

③评标时依据投标商品的价格、技术性能、交货期、付款条件、售后服务、资信及履约能力和其他优惠条件等进行评议，在其他条件相同或相似的情况下，以价格最低者为中标单位。

4. 其他应注意事项

①评标是招标工作的重要环节，评标工作在评标委员会内独立进行。

②为了有助于对投标文件进行审查、评估和比较，招标方有权向投标方质疑，请投标方澄清其投标内容。投标方有责任按照招标方通知的时间、地点指派专人进行答疑和澄清。

③在投标、开标期间，投标人不得向评委询问情况，不得进行旨在影响评标结果的活动。

④评标委员会不向落标方解释落标原因，不退还投标文件。

⑤在投标、评标过程中如有投标人联合故意抬高报价或其他不正当行为的，招标方有权中止投标或评标。

五、合同授予

1．中标通知和签订合同

①评标结束后，政府采购中心向中标单位签发《中标通知书》。

②中标方按《中标通知书》规定的时间、地点与××省政府采购中心签订设备购销合同。中标方未按《中标通知书》指定的时间、地点与××省政府采购中心签订合同的，视为放弃中标，招标方不再退还投标保证金。

③招标文件、中标方的投标文件及其澄清文件等，均为经济合同的依据。

2．授予合同时变更数量的权力

招标方在授予合同时，有权对"招标设备一览表"中规定的设备数量增加或减少（限制在10%以内）。

3．中标服务费

本次招标，免收中标方应支付的中标服务费。

第四部分　投标文件

一、投标文件格式

投标函

××省政府采购中心：

＿＿＿＿＿＿＿（投标单位全称）授权＿＿＿＿＿（姓名）＿＿＿＿＿（职务）为全权代表，参加19980102项目招标的有关活动，并投标。为此，我方谨郑重声明以下诸点并对之负法律责任：

1．我方愿意按照招标文件的全部要求，对以下设备投标（名称、数量）＿＿＿＿＿＿
＿＿＿＿＿＿；

2．我方提交的投标文件为：投标书正本一份，副本四份；

3．投标设备的总报价为：＿＿＿＿＿＿＿万元（人民币大写）；

4．我方完全理解并同意放弃对招标文件有不明及误解的权利；

5．我方将按招标文件的规定履行合同责任和义务；

6．如果我方在规定的开标时间至投标有效期止撤回投标，投标保证金可被贵方扣缴；

7．我方同意提供按照贵方可能要求的与其投标有关的一切数据或资料，理解贵方不一定要选择最低价的投标；

8．我方的投标书在开标后45天内有效；

9．与本投标有关的一切正式往来通信请寄：

地址：

电话：

邮编：

传真：

投标方代表姓名、职务（印刷体）：

投标单位名称：（公章）

全权代表人签字：

日期：　年　月　日

二、投标报价一览表

投标方名称：＿＿＿＿＿＿＿＿

政府采购批号：＿＿＿＿＿＿＿

金额单位：元（人民币）

序号	设备名称	设备型号规格	单位	数量	投标单价	投标总价	交货期
合计	—	—	—	—	—	—	—

投标方法定代表人（或代理人）签字：

注：（1）此表与投标书一同装在信封内密封。

　　（2）此表"序号"栏应根据"招标设备一览表"填写。

三、投标设备报告

1. 投标设备型号、规格、技术参数和说明。

2. 投标设备的质量标准、检测标准、测试手段。

3. 交货地点、交货时间、交货方式、交货进度及运输条件。

4. 技术服务。

5. 投标人委托的安装、维修、保养企业的资质及业绩，供评标时审查。

6. 投标单位认为有必要说明的问题。

四、法定代表人委托书

××省政府采购中心：

兹委托＿＿＿＿＿＿＿＿参加贵单位组织的19980102设备招标活动，全权代表我单位处理投标的有关事宜。

附全权代表情况：

姓名：＿＿＿＿＿＿＿

性别：＿＿＿＿＿＿＿

年龄：＿＿＿＿＿＿＿

职务：＿＿＿＿＿＿＿

身份证号：＿＿＿＿＿＿＿

详细通信地址：＿＿＿＿＿＿＿

电话：＿＿＿＿＿＿＿

传真：＿＿＿＿＿＿＿

邮政编码：＿＿＿＿＿＿＿

单位名称（公章）　　　　法定代表人（签字）

年　月　日　　　　　　　年　月　日

说明：法定代表人参加投标，不用委托书

第五部分　合　同

政府采购设备购销合同

需方：××省政府采购中心　供方：＿＿＿＿＿＿＿＿＿

供、需双方根据 1998 年 12 月 10 日××省政府采购 19980102 设备的招标结果和招标文件的要求，并经双方协商一致，达成设备购销合同：

1. 设备条款。

需方和供方应将招标文件、投标文件及评标委员会确认的计算机设备技术要求、质量标准、数量和交货日期等作为本条款的基础。

2. 设备质量要求及供方对质量负责条件和期限。

（1）所供设备必须是原装品牌机，符合国家质量检测标准，具有该产品的出厂标准或国家鉴定证书。进口产品须提供海关进货单（复印件备查）。

（2）开箱合格率达到 100%。合格标准为连续测试 48 小时无故障。

（3）设备送达需方指定地点，供方负责安装调试，同时免费对计算机操作人员进行培训。

（4）按生产厂家的保修规定进行保修，并按投标书说明的保修条件进行维修。超过保修期后，三年内维修只收零配件成本费。

（5）保修期内同一商品、同一质量问题连续两次维修仍无法正常使用时，供方必须予以更换同品牌、同型号新机器。

（6）在保修期限内，接到外地用户电话通知后，应在 72 小时内上门服务，本地用户应在 4 小时内上门服务，并在两天内修复，否则提供备用机；如不能及时赶到，用户委托其他单位维修，其费用从未支付的货款中扣除。

3. 交货时间、地点、方式。

签订合同后 7～12 日内供货。本市用户免费送货上门，外地用户来××市供方办公地点提货，并当场验收（交货须有验收单，并经需方签字盖章），设备运送发生的费用由供方负担。

4. 供方应在交付设备时向需方提供设备的使用说明书及相关的资料。

5. 付款方式。

（1）设备验收后5个工作日内，付合同总金额的90%货款和全部履约保证金。

（2）质量保证期1年内设备质量和售后服务符合承诺条件，1年期满后15日内，无息支付其余货款。

6. 违约责任。

（1）需方无正当理由拒收、拒付设备款的，需方向供方偿付合同款总额5%的违约金。

（2）需方逾期支付设备款的（以银行开出的汇票或支票日期为准），每逾1日，需方向供方偿付欠款总额3‰的滞纳金。

（3）供方所交的设备品种、型号、规格、质量不符合合同规定标准的，需方有权拒收；同时，供方向需方支付合同款总额5%的违约金。

（4）供方不能交付设备时，供方向需方偿付合同款总额5%的违约金。

（5）供方逾期交付设备时，每逾1日供方向需方偿付合同款总额3‰的滞纳金。逾期交货超过30天后，需方有权决定是否继续履行合同；如解除合同，按第六项第4条执行。

7. 在执行合同期限内，任何一方因不可抗力事件造成不能履行合同时，应立即通知对方，并寄送有关权威机构出具的证明，则合同履行期可延长，其延长期与不可抗力影响期相同。不可抗力事件延续60天及以上时，双方应通过友好协商，决定是否继续履行合同事宜。

8. 供需双方应严格遵守招标文件和投标文件及本合同约定的权利、义务。

9. 招、投标过程中，招标文件、投标文件及投标人澄清的承诺书等都是合同的组成部分，供需双方必须全面遵守，如有违反，应承担违约责任。

10. 因设备的质量问题发生争议时，以××省技术监督局或其指定的技术单位质量鉴定结果为准。

11. 本合同发生争议产生的诉讼，由合同签订地人民法院管辖。

12. 本合同未尽事宜，按经济合同法有关规定处理。

13. 合同一经双方签字，并加盖公章即为生效。合同一式两份，供需双方各执一份。

需方：××省政府采购中心	供方：
地址：××路××号	地址：×××
法定代表人：×××	法定代表人：×××
委托代理人：×××	委托代理人：×××
电话：×××	电话：×××
邮政编码：×××	邮政编码：×××
开户银行：×××	开户银行：×××

账号：×××　　　　　　　　账号：×××

日期：年　月　日　　　　　日期：　年　月　日

附件3　政府采购开标记录表

供应商名称	标书编号	投标金额（元）
××办公成套设备有限公司	3	357 220
××电脑办公设备有限公司	2	385 443
××电脑工程有限公司	12	395 510
××电脑复印机专营商场	13	395 510
××信息技术有限公司	18	396 600
××科贸发展有限公司	7	403 017
××集团公司现代办公设备公司	20	407 630
××佳能贸易有限责任公司	21	407 730
××联想高技术有限公司	22	415 890
××省电子技术研究所通海电子部	9	417 940
××省计算机软件中心	4	420 896
××现代办公设备有限公司	17	432 671
××科技开发公司	10	445 660
××技术开发公司	6	458 270

附件4　招投标评标意见书

××省政府采购中心：

经评标委员会对19980102项目认真细致的评审，一致认为××办公成套设备有限公司的投标为最佳方案。建议选择该单位为中标单位。

1998年12月10日

姓　名	工作单位	职务职称	签　字
×××	××省计算机学会	理事长、研究员	×××
×××	××科技大学信息科学与工程系	副教授	×××
×××	××省财税信息中心	副主任、工程师	×××
×××	××省财政厅社会保障处	副处长、会计师	×××
×××	××省政府采购中心	副主任、会计师	×××

附件5　××政府采购中标通知书

××办公成套设备有限公司:

贵单位参加我中心开展的计算机设备采购招标（19980102）投标活动中,所投的设备（见中标计算机一览表）,计35.722万元,公开开标后,经评标委员会评选为中标单位。请你单位法定代表人或委托代理人（具有委托书）携带有关证明,务于1998年12月11日17时前到××省政府采购中心,签订设备购销合同。

届时请带齐下列证件:①中标通知书;②合同专用章（或单位公章）

特此通知。

附:中标计算机一览表

××省政府采购中心

1998年12月10日

中标计算机一览表

名　　称	规格型号及配置	数量（台）	备　注
PC机	奔月2000　6/400 64M/4.3G/1.44M/CD	5	原装机
PC机	奔月2000　6/350 64M/4.3G/1.44M/CD	11	原装机
笔记本计算机	东芝8000L　XCDTPⅡ233MHz/32MB/ 2.5M显存/4.0G/12.1"TFT/24XCD—ROM	2	
激光打印机	HP—LJ5000	1	
打印机	Cannon　BJC—4650	15	
调制解调器	Optima　33.6	13	
不间断电源	山特500W智能后备式,标准时	16	
传真机	松下KX—868自动切纸　无纸接收 数字录音　中文语音提示	11	
工作台	330A型	16	
复印机	Cannon　3050	1	

附件6　政府采购购货合同

合同号：002

需方：××省政府采购中心

供方：××办公成套设备有限公司

供方在××省政府采购中心组织的19980102设备招标项目中中标，根据本次招标文件、投标文件及澄清承诺等，经双方协商一致，达成设备购销合同。

1. 供货型号及数量（具体配置请见合同附件）：

（1）计算机16台，东芝笔记本2台；

（2）HP—LJ5000打印机1台，Cannon BJC—4650打印机15台；

（3）调制解调器13台；

（4）不间断电源16台；

（5）传真机11台；

（6）工作台16个；

（7）复印机1台。

2. 交货期：1998年12月18～23日交货。

3. 交货地点：××市内按需方指定地点送货。

4. 付款方式：

（1）设备送达或提货办公地验收合格后，付合同总额90%的货款，同时无息退还全部履约保证金。

（2）设备质量和售后服务符合承诺条件，交付设备1年期满后15个工作日内，无息支付其余货款。

5. 货款总额：人民币××××××元。

6. 安装与调试：设备安装调试由供方承担，用户协助。

7. 验收：

（1）中标设备应符合"招标设备技术规范"中的各项指标。

（2）中标设备性能应以中标方出具的并得到买方认可的设备验收大纲要求及方法进行验收。

（3）开箱合格率达到100%。合格标准为连续测试48小时无故障。

（4）供需双方签署验收证书后，设备才视为接受，并开始计算保修期。

8. 质量保证：

（1）供方按合同附件规定的系统性能、质量标准向需方提供未经使用的全新设备。

（2）设备安装、调试合格后，买卖双方签署使用证书之日起36个月为设备保修期，在保修期内，如设备发生任何异常情况，供方有义务及时排除。

（3）进口产品须提供海关进货单（复印件备查）。

9. 售后服务（见合同附件）。

10. 违约责任：

（1）需方无正当理由拒收、拒付设备款的，需方向供方偿付设备款总额5%的违约金。

（2）需方逾期支付设备款的（以银行开出的汇票或支票日期为准），每逾1日，需方向供方偿付欠款总额3‰的滞纳金。

（3）供方所交的设备品种、型号、规格、质量不符合合同规定标准的，需方有权拒收；同时，供方向需方支付合同款总额5%的违约金。

（4）供方不能交付设备时，供方向需方偿付设备款总额5%的违约金。

（5）供方逾期交付设备时，每逾1日供方向需方偿付设备款总额3‰的滞纳金。逾期交货超过30天后，需方有权决定是否继续履行合同；如解除合同，按第10条第4项执行。

（6）因质量问题延迟交货时，按逾期交货处理。

11. 仲裁：

双方在执行合同中发生的争议，应通过协商解决。如协商不成，应向合同签署地仲裁委员会提出仲裁，也可以直接向合同签订地人民法院起诉。

12. 生效及其他：

（1）合同一经双方签字，并加盖公章即为生效。

（2）合同正本两份，供需双方各执一份。

（3）未尽事宜以招标、投标及澄清文件等为准。

需方：××省政府采购中心　　　　　　供方：××办公成套设备有限公司

地址：××路××号　　　　　　　　　地址：××市××街××号

法定代表人：×××　　　　　　　　　法定代表人：×××

委托代理人：×××　　　　　　　　　委托代理人：×××

电话：×××　　　　　　　　　　　　电话：×××

邮政编码：×××　　　　　　　　　　邮政编码：×××

开户银行：×××　　　　　　　　　　开户银行：×××

账号：×××　　　　　　　　　　　　账号：×××

日期：×年×月×日　　　　　　　　　日期：×年 ×月 ×日

附1:

合同附件（共　　页）

一、设备数量及配置清单:

名　　　称	规格型号及配置	数量（台）	备　　注
PC 机	奔月 2000　6/400 64M/4.3G/1.44M/CD	5	原装机
PC 机	奔月 2000　6/350 64M/4.3G/1.44M/CD	11	原装机
笔记本计算机	东芝 8000L　XCDTP Ⅱ 233MHz/32MB/ 2.5M 显存/4.0G/12.1" TFT/24XCD—ROM	2	
激光打印机	HP—LJ5000	1	
打印机	Cannon　BJC—4650	15	
调制解调器	Optima　33.6	13	
不间断电源	山特 500W 智能后备式，标准时	16	
传真机	松下 KX—868 自动切纸　无纸接收 数字录音　中文语音提示	11	
工作台	330A 型	16	
复印机	Cannon　3050	1	

二、交货方式

本市用户，供方根据需方提供的配机地点，负责于 1998 年 12 月 18～23 日把设备运到，费用由供方负担。外地用户自行到供货方提货。

三、验收方式

供方负责到本市配机点免费安装调试设备，用户积极配合供方人员，并严格按验收程序验收设备，验收后填设备验收单（签字盖章）。外地提货时，当场验收。验收单见附2。

四、售后服务

（1）按生产厂家的保修规定及投标承诺进行保修。超过保修期后，三年内维修只收零配件成本费。

（2）保修期内同一商品、同一质量问题连续两次维修仍无法正常使用时，供方必须予以更换同品牌、同型号新机器。

（3）在保修期限内，接到外地用户电话通知后，应在 72 小时内上门服务，本市用户应在 4 小时内上门服务，并在两天内修复，否则提供备用机；如不能及时赶到，用户委托其他单位维修，其费用从未支付的货款中扣除。

（4）维修联系方法：

单位：××办公成套设备有限公司

地址：××市××街××号

电话：×××

邮编：×××

附2：

_____省再就业办公室设备验收报告

验收单位：（章）　　　　　　　　　　　　　　　　　　　　　　验收时间：　年　月　日

名　　称	规格型号及配置	数量（台）	验收情况
PC机	奔月2000　6/400 64M/4.3G/1.44M/CD	5	
笔记本计算机	东芝 8000L　XCDTP Ⅱ 233MHz/32MB/2.5M 显存 4.0G/12.1" TFT/24XCD—ROM	2	
激光打印机	HP—LJ5000	1	
打印机	Cannon　BJC—4650	4	
调制解调器	Optima　33.6	2	
不间断电源	山特500W 智能后备式，标准时	5	
工作台	330A 型	5	
复印机	Cannon　3050	1	

交货人：　　　　　　　　　　验收人：

＊供方凭此验收单与××省政府采购中心结算

_____市再就业办公室设备验收报告

验收单位：（章）　　　　　　　　　　　　　　　　　　　　　　验收时间：　年　月　日

名　　称	规格型号及配置	数量（台）	备　注
PC机	奔月2000　6/350 64M/4.3G/1.44M/CD	1	
打印机	Cannon　BJC—4650	1	
调制解调器	Optima　33.6	1	
不间断电源	山特500W 智能后备式，标准时	1	
传真机	松下 KX—868 自动切纸　无纸接收 数字录音	1	

附件 7　情况报告

关于 19980102 标验收情况的报告

主任：

根据 19980102 号标合同要求，我们聘请了××科贸发展有限公司和美国山特 UPS 电源××代理的三位专家，对社会保障处所购计算机等办公设备进行了两次验收，现将验收情况报告如下：

1. 按事先约定（因我中心开会，推迟验货期）于 1998 年 12 月 25 日在省劳动厅再就业办公室进行了第 1 次验货。除差 1 台笔记本未到货外（笔记本 29 日到货），其他全部到货。

2. 计算机按合同供货，符合要求。

3. 计算机桌，按合同应为卧式计算机桌，因计算机为立式，后经协商调为立式计算机桌，价格不变。

4. UPS 电源没按合同供货，合同规定为 500W 智能后备式，实供为 300W 标准电源。问题提出后，××公司立即表示：因不太懂电源，没全部按合同要求购货；为此，全部按合同规定换货，29 日运到。

29 日与专家再次验货，货物全部换为 500W 智能后备式，并且比原定档次高一些，价格不变。

5. 根据合同规定，迟交货物（笔记本和电脑）按货价的 3‰扣滞纳金 364.8 元（笔记本：$24000 \times 0.003 \times 4 = 288$ 元，电源：$400 \times 16 \times 0.003 \times 4 = 76.8$ 元）。

按以上情况计算，第一次支付 90%货款，计 321498 元。其余货款 35722 元待一年后支付。

另外，从履约保证金中扣除违约金 364.8 元，其余履约保证金退还。

采购部
1998 年 12 月 30 日

第九章　电子采购

导　论

一、电子采购的概念与基本流程

电子采购就是通过互联网络，借助计算机管理企业的采购业务。

电子采购从采购要求的提出、订单的产生、商品运输以及存货管理等方面都有了重大的改变。网络的介入使采购流程得到优化，并在降低成本、提高效率、增加采购透明度等方面都可使采购企业和供应商双方受益，实现"双赢"。

企业的电子采购一般是通过应用相关的软件来实现的，不同的软件提供了不同的解决方案。这些解决方案各有其特点，但基本都包括如下流程：

（1）填写订购单；

（2）审核订购单；

（3）联系供应商；

（4）选择供应商；

（5）采购结算。

在电子采购的整个流程中，人工参与因素越来越少，信息的传递基本依赖网络进行，从而保证了采购过程的公正、高效，对克服采购过程中的"黑箱操作"十分有效。

二、电子采购的模式

电子采购平台与其他企业应用软件相比有一个很大的不同点，其他应用软件如仓库管理软件、生产管理软件、财务管理软件等，它们的主要信息都是来源于企业内部，而电子采购所要进行的业务却关系供应商和采购方两个主体。特别是采购物料信息，均来源于企业外部，这给电子采购模式的建立提供了各种可能性。一般说来，企业的电子采购模式有以下3种：

1. 卖方模式（sell - side model）

卖方模式（见图9-1）是指供应商在互联网上发布其产品的在线目录，采购方则通过浏览来取得所需的商品信息，以做出采购决策，并下订单以及确定付款和交付选择。这就像一个购物者在一条商业大街上，进出各个商店不断地进行比较来购买商品。在这样一个模式里，供应商必须投入大量的人力、精力和财力来建立、维护和更新产品目录，所以成本较高、操作较为复杂。而对采购方恰恰相反，他们不用花费太多就能获得自己所需要的产品信息，既便宜又方便，但同时却不得不面临电子采购与后端的企业内部信息系统无法很好地集成的问题。因为采购方与供应商是通过供应商的系统进行交流的，双方所用的标准不同，供应商系统向采购方传递的电子文档不一定能为采购方的信息系统所识别、自动地加以处理并传送到相关责任人处。这些文档必须经过一定的转化，甚至需经手工处理，大大降低了电子采购的效率，延长了采购的时间。

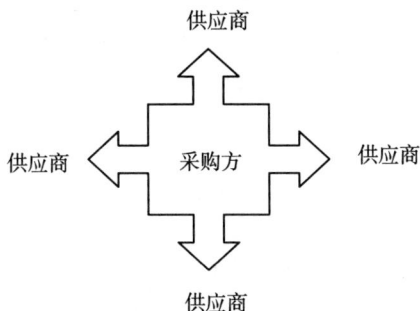

图9－1　卖方模式

2. 买方模式（buy－side model）

买方模式（见图9－2）是指采购方在互联网上发布所需采购产品的信息，供应商在采购方的网站上登录自己的产品信息，供采购方评估，并通过采购方网站双方进行进一步的信息沟通，完成采购业务的全过程。与卖方模式不同，买方模式中采购方承担了建立、维护和更新产品目录的工作。虽然这样花费较多，但采购方可以更紧密地控制整个采购流程，可以限定目录中所需产品的种类和规格，甚至可以给不同的员工在采购不同的产品时设定采购权限和数量限制。另外，员工只需通过一个界面就能了解到所有可能的供应商的产品信息，并能很方便地进行对比和分析。同时，由于供求双方是通过采购方的网站进行文档传递，因此采购网站与采购方信息系统之间的无缝链接将使这些文档流畅地被后台系统识别并处理。对于一个成功的买方模式来说，用成熟的信息技术来保证其安全运行是非常重要且关键的。

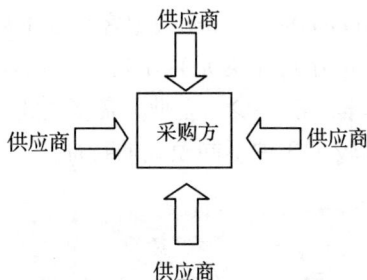

图9－2　买方模式

3. 市场模式（marketplace model）

市场模式（见图9-3）是指供应商和采购方通过第三方设立的网站进行采购业务的过程。在这个模式里，无论是供应商还是采购方都只需在第三方网站上发布并描述自己提供或需要的产品信息，第三方网站则负责产品信息的归纳和整理，以便于用户使用。虽然这样省去了建立网站的花费，但由于这一市场是独立的第三方网站，它与采购方的后台系统集成比较难。为了弥补这一缺陷，现今一些网上交易市场特别是由电子采购方案提供商建立的e-market，纷纷采用了基于XML开放型构架，这种构架已逐渐成为构建e-market的主流模式。因为在这种构架下，不论企业自身的系统是什么"语言"，都可通过XML顺利地进行"沟通"。同时它们还为客户提供后台集成的服务，使企业能顺利地通过电子市场进行采购。

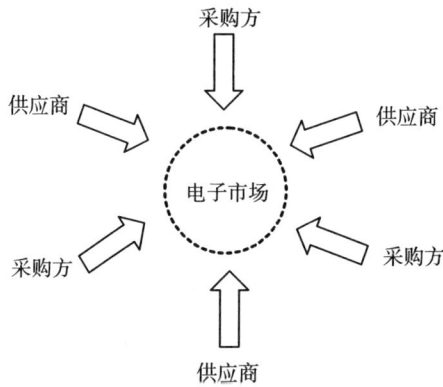

图 9-3　市场模式

基于互联网的电子采购，根据模式的不同，资本的投入量有明显的差异。买方模式无疑需要投入较多，这不仅是因为技术复杂，而且与后台系统的集成也要求大量的投入。虽然花费了高额成本，但成效也相当明显，根据Deloitte Consulting对200家国际大公司的调查发现。电子采购平均实施成本为200万~400万美元，而在最初实施的2年内每年平均可以节省9%的采购费用，投资回报率平均达到300%。使用市场模式的企业需要支付给第三方网站一定的费用，如CommercOne.net根据客户要求后台集成性的高低确定不同的费用，金额大致是几万元至十几万元（美元）不等，但这比企业自己拥有采购网站要便宜许多。卖方模式所花费的成本一般很少，企业只需支付上网费等少量费用，花费一般不超过万元（美元）。表9-1比较了3种不同模式的特征。

表 9 - 1   三种电子采购模式的比较

采购模式	卖方模式	市场模式	买方模式
产品目录工作的难易度	简单	中等	复杂
与后台系统的集成性	差	中等	好
使用的方便性	不方便	中等	方便
资本投入额	较低	中等	很高

三、电子采购的实施步骤

要实施电子采购，可以按照以下步骤来进行：

第一步，要进行采购分析与策划，对现有采购流程进行优化，制订出适宜网上交易的标准采购流程。

第二步，建立网站。这是进行电子商务采购的基础平台，要按照采购标准流程来组织页面。可以通过虚拟主机、主机托管、自建主机等方式来建立网站，特别是加入一些有实力的采购网站，通过它们的专业服务，可以享受到非常丰富的供求信息，起到事半功倍的作用。

第三步，采购单位通过互联网发布招标采购信息（即发布招标书或招标公告），详细说明对物料的要求，包括质量、数量、时间、地点等，对供应商的资质要求等。也可以通过搜索引擎寻找供应商，主动向他们发送电子邮件，对所购物料进行询价，广泛收集报价信息。

第四步，供应商登录采购单位网站，进行网上资料填写和报价。

第五步，对供应商进行初步筛选，收集投标书或进行贸易洽谈。

第六步，网上评标，由程序按设定的标准进行自动选择或由评标小组进行分析评比选择。

第七步，在网上公布中标单位和价格，如有必要，对供应商进行实地考察后签订采购合同。

第八步，采购实施。中标单位按采购订单通过运输交付货物，采购单位支付货款，处理有关善后事宜。按照供应链管理思想，供需双方需要进行战略合作，实现信息的共享。采购单位可以通过网络了解供应单位的物料质量及供应情况，供应单位可以随时掌握所供物料在采购单位中的库存情况及采购单位的生产变化需求，以便及时补货，实现准时化生产和采购。

电子采购是一种非常有前途的采购模式，我国目前已经有不少企业以及政府采用了电子采购的方式，对降低采购成本，提高采购效率，杜绝采购腐败起到了十分积极的作用，因此应该大力提倡这一新的采购方式。

【案例9-1】TCL 的电子采购

【案例概要】

国内众多知名家电企业在连年的"价格战"驱动下，已另辟蹊径，把眼光放在了加强采购供应链的管理上，2005 年 TCL 移动通信有限公司导入电子采购招标系统，至 2006 年年底就节约采购成本 300 万元，由此可见推行采购信息化，实施电子采购对企业而言成效是巨大的，效果是明显的。

【教学目的】

1. 了解电子采购的概念和定义；
2. 掌握电子采购的本质；
3. 了解家电制造企业电子采购平台的基本组成；
4. 了解电子采购对提升供应链管理的作用。

引　言

TCL 集团股份有限公司（简称 TCL）创办于 1981 年，是中国国内最大的消费类电子集团之一，旗下拥有三家上市公司，分别是：TCL 集团（SZ. 000100）、TCL 多媒体科技（HK. 1070）和 TCL 通信科技（HK. 2618）。

总部位于中国南部惠州市的 TCL，从 20 世纪 90 年代以来，连续多年保持高速增长，2005 年全球营业收入达 516 亿元人民币，63000 多名雇员遍布全球 145 个国家和地区。2004 年，通过兼并重组汤姆逊彩电业务成立 TTE 公司，一跃成为全球最大彩电企业。2005 年，彩电销售近 2300 万台，居全球首位。TCL 旗下手机业务，通过兼并阿尔卡特手机业务，从国内第一品牌迅速拓展成覆盖欧洲、南美、东南亚和中国的全球性手机供应商。目前，TCL 已形成以多媒体电子、移动通信和数码电子为支柱，包括家电、核心部品（模组、芯片、显示器件、能源等）、照明和文化等产业在内的产业集群。

自 2004 年兼并重组汤姆逊彩电业务和阿尔卡特手机业务以来，TCL 快速建立起覆盖全球市场的业务架构，集团下属产业在世界范围内拥有 4 个研发总部、18 个研发中心、近 20 个制造基地和代加工厂，并在全球 45 个国家和地区设有销售组织，销售其旗下 TCL、Thomson、RCA 等品牌彩电及 TCL、Alcatel 品牌手机。2005 年，TCL 集团海外营业收入已超过中国本土市场营业收入，成为真正意义上的跨国公司。

TCL 的组织结构

TCL 的组织结构如图 9-4 所示。

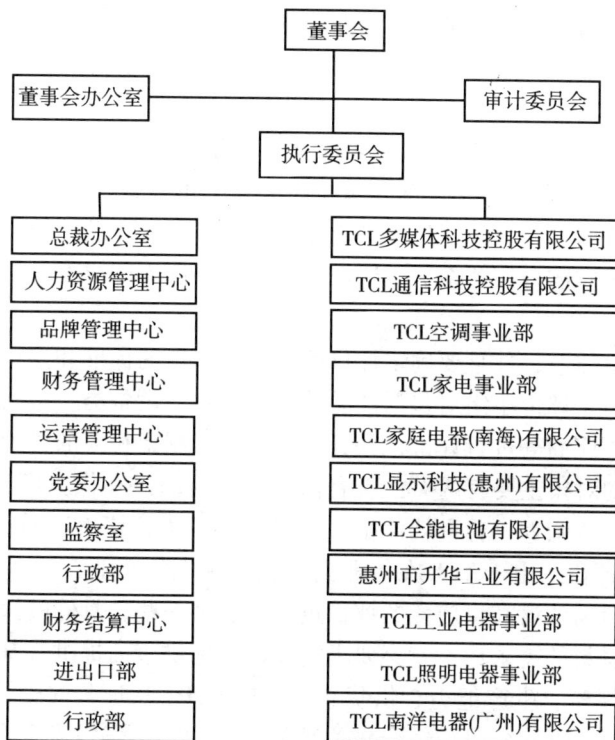

图9－4 TCL的组织结构

2005年，TCL主要产品经审计的销售收入占总销售收入的比例分别为彩电65.04%、移动电话11.43%、个人电脑9.46%。公司主要产品2005年12月和2006年12月的销量数据（未经审计）如表9－2所示。

表9－2　　　　　　　　2005/2006年12月TCL主要产品的销售数据　　　　　　　单位：台

	2006年12月	2005年12月
彩电	1972676	2426610
移动电话	1007597	1405980
个人电脑	66505	66789

作为中国最具价值的品牌之一，2006年经名牌机构评估，TCL的品牌价值为362亿元人民币。在未来，TCL的发展目标是成为世界领先品牌的消费电子供应商，创建具有全球竞争力的企业。

企业愿景：成为受人尊敬和最具创新能力的全球领先企业。

企业使命：为顾客创造价值、为员工创造机会、为股东创造效益和为社会承担责任。

企业精神：敬业、诚信、团队、创新。

企业价值观：诚信尽责、公平公正、变革创新、知行合一和整体至上。

经营策略：研制最好产品、提供最好服务和创建最好品牌。

TCL 的供应商评价

在 TCL 的供应链关系中，供应商选择和评价处于重要地位。目前，TCL 已经建立起了一整套供应商评价体系，它的评价原则也逐渐成为企业文化的一部分。供应商评价工作在企业实施稳定的供应链合作关系、保证产品质量、降低生产成本、提高经济效益等方面发挥着巨大的作用。

首先是建立评价体系，并且要确定评价的项目、评价的标准和要达到的目标。其次是成立相应的评价小组。评价小组对包括产品采购类、生产设备类、检测设备类、后勤设备类、动力设备类的供应商等进行评价，并针对每一类都制定相应的管理办法。

TCL 进行评价的对象主要有两类：现有供应商和新的潜在供应商。对于现有供应商，TCL 每个月都要做一个调查，着重就价格、交货期、进货合格率、质量等进行正常评价，1~2 年做一次现场评价。由于 TCL 在行业内是较为领先的企业，因而其供应商在行业内也是较为优秀的。对新的潜在供应商的评价过程要复杂一些，具体的操作过程是在公司产品开发提出了对新材料的需求后，就会要求潜在的目标供应商提供其基本的情况，内容包括公司概况、生产规模、生产能力、供货企业、ISO9000 认证、安全认证、样品分析等，然后进行报价。同时，在实施供应链合作关系的过程中，市场需求和供应都在不断变化，TCL 在保持供应商相对稳定的条件下，会根据实际情况及时修改供应商评价标准，或重新开始新的供应商评价。

目前，TCL 的供应商基本能做到 100% 的产品合格率，因此，价格就成了评价的主要因素。TCL 会要求新的供应商提供一个成本分析表，内容包括生产某一元器件的原材料组成和费用构成等。通过这些资料，分析里面的价格空间还有多少，如果认为有不合理的因素在里面，就会要求供应商进行调整。TCL 有一个基本思路，即合格的供应商队伍不应该是静态的，而应该是处于动态变化的，这样才能引入竞争机制。TCL 的供应商基本上是行业内出类拔萃的，也几乎都是主动找上门来，希望能成为 TCL 的供应商，这也体现了市场经济的特点。TCL 坚持这样的一个理念：不管处在怎样的环境下，都希望与供应商一起共同发展。

TCL 的电子采购

TCL 近年来也极为重视供应链的管理改善和提升，以优化企业采购管理流程，降低采购成本和缩短采购周期。建立科学的采购流程及商务模式已成为 TCL 提升利润的有效手段。为此，TCL 做出了建设采购信息化项目的重要决定。经过评估与考察，最终 TCL 决定采用北京必联信息技术有限公司的电子采购系统作为其优化采购管理的工具。北京必联信息技术有限公司的电子采购系统是基于 J2EE 架构的。这个系统拥有强大的工作流引擎的电子采购解决方案，并且以最贴近客户需求和专业化的招标采购设计等赢得 TCL 的青睐。通过与北京必联信息技术有限公司合作，TCL 全面提升了其电子采购系统，建立了采购招标管理平台，规范了采购业务流程和采购人员行为，杜绝了采购"黑箱"操作和采购腐败。从采购管理系统升级完善企业供应链，已成为 TCL 供应链管理的主导思想。

通过电子采购平台，TCL 进行供应链管理。TCL 电子采购管理操作平台（系统）由以下七部分组成：

1. 采购计划与预算子系统

采购预算是采购部门为配合公司年度销售预测或生产计划（包括产品品种、数量），对所需求的原料、物料、零件等数量及成本所做的翔实估计，以利整个企业目标的实现。采购计划与预算是企业年度预算的重要组成部分，它的建立要以年度生产计划、物料清单和存量管制卡为依据，设定物料标准成本的指标体系和监控价格的涨跌变化规律，针对现实状况进行必要的调整，实行动态滚动管理方法。这样，采购计划与预算子系统在实际过程中的准确性、实用性和可操作性都得到了提高。

2. 供应商开发管理子系统

正确考查、评估、认证和选择适当的供应商是物流采购工作成功的关键。

供应商的确立必须成立评选小组，确定科学、合理和系统的评审项目，一般要对包括经营状况、企业资信、制造能力、技术水平、品质性能、管理绩效等指标进行评审，把合格厂商按 A（最好）、B（良好）、C（较好）分级建立档案，每半年重新评估一次。利用供应商开发管理子系统，能够根据《供应商评估制度》从品质、成本、价格、服务水平、交货周期、履行合约的承诺与能力等方面的得分高低重新划分调整，进行动态管理。TCL 的供应商没有终身制，它把供应商开发与管理有机结合起来，实现采购环境的最佳选择。

3. 采购物流子系统

管理从卖方（供应商）到买方场所（公司）进行的商品转移活动，包括包装、装卸、运输、存储、配送和信息等方面。采购物流子系统由包装运输物流、暂存检验物流和物料入库物流三部分组成。采购物流子系统是由位移载体、存放载体、位移路径构成。设计一个有效的采购物流子系统并且使之运作富有成效，是现代企业迫切需要解决的战略问题之一。优化采购物流子系统必须把握好以下几个要点：送货计划性强、批量规模采购合理、协作配送效率高、物流路径最优、信息电子网络化管理，最终建立企业的采购供应链模式，从而使之快捷高效地运作。

4. 采购绩效评估子系统

采购绩效评估子系统包括采购部门目标绩效考评制度、采购人员绩效考评制度、供应商绩效考评制度。在建立采购绩效评估子系统时，正确、有重点地设定与选择最能反映和代表采购绩效的指标体系，明确绩效考评的目的、原则、程序与方法，合理选定考评人员和设置考评机构，正确及时地反馈考评结果和认真搞好考评工作总结，以保证考评内容重点化、考评指标定量化、考评手段科学化、考评结果客观化。一般来说，采购组织绩效指标体系包括采购（计划完成及时率）、物料质量（来料合格率）、采购成本（价格差额比率）、采购周期、供应（供应准确率）、库存（库存周转率）、服务满意度等，与供应商绩效指标体系和采购人员绩效指标体系有所不同。企业若能建立部门绩效子系统并持续进行评估，就能及时有效地发现工作中存在的问题，制订改善的措施和解决的方案，确保采购目标的实现和绩效的提升。

5. 采购信息子系统

采购信息子系统由资料数据库存、业务操作系统、业务管理系统、决策支持系统、电子商务系统五个部分组成。为了迎接全球电子化的挑战，企业界导入或引用电子商务已是大势所趋，这更是提升公司竞争力的有效手段。采购信息子系统的全面导入不仅能提升采购效能，更为重要的是能给采购部门及整个组织管理带来明显的收益。现在企业经常使用的是ERP（企业资源计划系统），这能使公司获得更多、更新、更全面、更精确、更及时的信息，利用这些信息可以拓展采购的视野，帮助公司与供应商谈判时掌握主动权，提高工作效率和改善作业流程，从而有更多的时间可放在采购策略和绩效提升等重要工作上去。

6. 采购管理制度、工作标准、动作程序与作用流程子系统

为了全面、准时、有效地完成物流采购工作，实现生产计划、物料需求计划和物料采购三者之间的同步运作与均衡制造，达成整个组织的目标，就必须以完善的管理制度、明确的工作标准、适用的运作程序和合理的作业流程为前提。采购管理组织分成四个层次：一是管理制度，主要是制订解决采购组织部门的方向性、关键与重大的管理问题；二是工作标准，是按工作岗位拟订、衡量工作做得好坏的基准，用作检验和考评工作人员是否称职的依据；三是运作程序，规定物流采购工作层面各接口环节的运作程序；四是作业流程，更为详细地制订出各项具体业务的作业流程图，明确指导采购人员按作业流程正确执行工作指令，及时完成本职工作和任务。这些都是物流采购系统规范化管理的基础，有利于采购管理工作全面、快速地走上正轨。

7. 采购策略规划子系统

采购策略规划子系统包括采购政策（大政方针）策略规划、成本价格策略规划、采购品质策略规划、支持供应策略规划、环境变动策略规划和存储策略规划等。全球经济竞争日趋白热化，促使企业经营的策略规划与管理也越来越受到重视。如何制订企业未来发展的最佳策略并付诸实施，无疑是企业决策者必须面对的重大问题。正因如此，实施采购策略规划之目的是通过策略性的规划管理，从企业长期经营目标出发，结合外部采购环境的变动，并分析企业所处的内外环境优劣因素，以求利用自己的长处和抓住外部的机遇，克服自身的弱点和规避外部的风险，采取积极的对策迎接挑战，使企业采购活动由被动变主动，化劣势为优势，从而实现企业在未来的发展中获得良好的采购收益。

【案例分析指南】

早在TCL之前，科龙对原有的采购组织系统进行变革调整，建立采购竞标管理平台，

成立采购管理工作组，所有供应商凡是在品质、交货期、资信等方面得到科龙认证通过后，都可以参与科龙的采购竞标活动，采购工作组通知合格供应商到科龙集中上网竞标，即每家供应商的代表进入科龙事先设定好的小房间用电脑上传资料报价竞标，所有供应商均不与采购人员见面，采购人员通过网上报价确认供应商，仅此一项就在头一年，降低采购成本几千万元。TCL 实施电子采购之意也不外乎于此，读者可从采购价格、成本控制、重组采购流程、供应链绩效等角度展开对电子采购的讨论。

思 考 题

1. 请结合案例内容，试分析 TCL 集团实施电子采购的主要原因。
2. 根据相关理论，你认为 TCL 集团实施电子采购是否仍存在改进的地方？为什么？
3. 结合案例，从家电制造企业角度出发，为其设计合理的电子采购平台。
4. 结合附件 1 中的案例，为秦电公司设计合理的电子采购平台。
5. 结合附件 2 中的案例，请运用本书案例分析方法论为本案例撰写一份案例分析报告。

附件 1

参考案例——秦电摘电子采购丰硕成果

秦皇岛发电有限责任公司（以下简称秦电公司）自 2000 年以来开始应用晨砦采购网开展电子采购，是电力行业电子采购应用的先行者，成为国内企业实施电子采购的典范。经过多年坚持不懈、不断深入的应用，获得了明显的投资收益，称得上"物超所值"。五年来，秦电公司实现了 95% 以上的物资通过网络采购，累计交易额 2.6 亿元，70% 左右的采购物品获得不同程度的降价，综合比较节约采购资金 2430 万元，采购周期平均缩短了 40%。晨砦采购网使用后，不仅降低了秦电公司的采购总成本，更重要的是促进了公司内部业务流程的改进与优化，为秦电公司能够在新一轮的竞争中持续获胜奠定了坚实的基础。

秦电公司电子采购从探索到深化

秦电公司在 2000 年有了电子采购的想法，主要考虑能否通过信息技术手段规范采购流程，解决企业采购中存在的问题。对秦电公司而言，每年对外采购品项多达 5000 多种，而且通过大量人工操作、文书来处理，本质上监督管理就相当不易，容易造成采购流程的"黑箱"作业。

秦电公司于是针对物资采购这个环节，利用大批量物资采购优势，建立以买方为主体的电子采购平台，利用网络平台以期达到采购信息透明化、提高采购效率、降低采购成本的目的。

2000 年 9 月，秦电公司使用简单面向企业内部的拨号接入式物资竞价网络开始电子采购应用探索。供应商通过电话拨号方式访问安装在秦电公司局域网上的电子采购交易系统，完成信息查询和投标报价工作。

为了适应多用户、开放性的要求，同时实现供应商资源与其他企业共享和采购方式多样化，秦电公司 2001 年 4 月开发了基于互联网的"晨奢采购网"电子采购平台。在充分吸取原电子采购系统的优点后，建立了比较完善的物资在线采购平台，实现了权限管理、供应商共享、多种交易模式以及黑名单管理等。

因在大范围推广应用中遇到功能单一、数据安全等技术挑战，2002 年 5 月这套系统升级改版为世界领先的 Oracle Exchange Platform 交易平台软件，引入国际先进的采购管理理念应用于企业，帮助企业提升采购管理水平。该平台能够实现处理采购业务、与供应商协作、采购过程监控、原始业务追溯、采购流程管理、系统集成等。与此同时，秦电公司也于 1999 年开始使用 EAM 产品 MAXIMO（计算机化资产管理和维护系统），以资产、设备台账为基础，以工作单的提交、审批、执行为主线，按照缺陷处理、计划检修、预防性维修、预测性维修几种可能模式，以提高维修效率、降低总体维护成本为目标，将采购管理、库存管理、人力资源管理集成在一个数据充分共享的信息系统中。该系统经过多次升级，于 2004 年 10 月与晨奢采购网交易平台无缝集成，减少工作量，实现了企业资产管理与采购一体化，使企业内部信息规范化管理更上一层楼。

2004 年 9 月秦电公司为进一步加强物资采购的规范化管理，建立有效的物资采购运行机制，对物资采购进行统一管理，将采购部门进行整合，把原实业公司、检修公司、总经理工作部的采购纳入设备部物资室进行统一网络采购，现有采购部门 8 家。

2004 年秦电公司网上采购总额 6020 万元，降低采购成本约 800 万元，发布招标 4090 笔，供应商 416 家，重要供应商客户 250 家；95% 以上的物资通过网络采购，50% 左右的采购物资获得了不同程度的降价，采购周期平均缩短了 40% 左右，节省了业务处理流程及管理流程工时；累计交易额 2.6 亿元，涉及产品 5000 多种，采购种类包括锅炉、汽机、燃料、电气等设备备件、计算机耗材、劳保办公用品、工具、阀门、标准件、钢材、化工产品、仪器仪表、水暖件等类别。秦电公司现阶段电子采购平台使用情况良好，能够按照采购管理规定标准地执行网上采购流程，独家报价情况较少，货物验收严格，采购人员付款及时。

经过 5 年的实践，历经电话拨号电子采购交易系统、互联网电子采购平台、与内部系统无缝链接等阶段，到最后应用基于国际领先电子采购技术的晨奢采购网，秦电公司的电子采购之路在不断摸索，其发展轨迹在国内电力企业电子采购应用中具有较强的代表性。

五年应用收益

（1）招标信息发布迅捷、公开、通畅，能够有效扩大竞价范围，确保采购产品质量合格，价格适中。

（2）透明化的采购过程，对采购过程中的关键环节全部实现标准化和电子化，有效提高采购效率。

（3）建立共享的供应商伙伴体系，全面保障公司物品的供给。

（4）增进公司内外部供应链的相互协作，提高整个公司的协作效率。

（5）全面增值采购信息。利用采购平台提供的智能分析功能，能够根据市场行情、公司内部的物品需求状况，作出正确的采购决定，实现战略性采购。

（6）Exchange 交易平台与计算机化资产管理和维护系统无缝链接，提高企业内部信息规范化管理。

电子采购应用的持续优化

企业信息化只有开始，没有结束。在变化的环境中，电子采购的应用不会高枕无忧，而需要持续的优化。秦电也同样认识到这一点，经过对前阶段工作的综合评估确定了下阶段的工作重点：对企业物资采购管理规定进行修改；加强对供应商管理，尤其是对供应商退货黑名单的管理；通过对采购操作人员的培训，提高员工对系统操作的熟练程度。秦电公司在电子采购应用实践中悟到了不可能在短时间内完成所有的转变，应该需要一个可持续协调的战略方针保障电子采购健康稳定地发展。

附件 2

参考案例——加强供应链管理：TCL 从电子采购开始

今天的市场所面临的不再是一个简单的供求市场，而是一个新技术不断涌现、市场迅速变化的竞争性环境，供求双方之间的关系也变得越来越重要。一个良好的供应链管理流程能有效地缩短产品交付时间、减低总体采购成本。供应链的管理已成为制约企业生存与发展的核心要素，日益凸显，其中，如何有效地运用企业的采购供应链及其资源是国内企业面临的重大难题之一，并且在企业经营战略中占有极其重要的地位，是全面改善和大力提升企业整体管理水平的重要环节。正因如此，加强供应链的管理就成为 TCL 集团经营管理的重中之重，受到广泛重视。

TCL 集团为加强其供应链管理体系，与国内领先的采购与供应链管理解决方案提供商北京必联信息技术有限公司合作，全面提升其电子采购系统，建立采购招标管理平台，规范采购业务流程和采购人员行为，杜绝采购"黑箱"操作和采购腐败。

众所周知：国内众多知名家电企业在连年的"价格战"驱动下，企业跨入微利时代，为另辟蹊径，把眼光放在了加强采购供应链的管理上，并且收到较好的成效。例如作为国内家电巨头，河南新飞集团每年约有几十亿元的生产性材料、备件采购及几亿元的非生产性材料采购。以往的采购由采购部、招标办、审价办几个部门合作完成，采购的原配件、原材料是在采购部门做出计划后通过书面形式传达给招标办和其他相关部门，然后实施采购。为了提高效率，提升竞争力，新飞采用 IT 技术解决传统采购的问题，实现采购信息化。新飞集团负责人说："打造电子采购平台，提高效率，降低成本，减少违规操作，实现采购信息化，是我们当前的迫切需求。"2003 年，在经过反复论证后，新飞开始了采购信息化的大胆尝试。新飞的采购信息化平台涵盖了产品目录管理、供应商管理、组织结构管理、采购过程管理（包括招标、竞价等采购方式）、采购数据分析、ERP 数据交互、信息发布、移动短信、邮件服务等多个功能模块，是一套相对完备的网上交易解决方案。同时，系统灵活的再建功能、开放的平台设计、方便通用的网关配置，保证了该系统的外延性和可扩展性。经过必联公司 3 个月的搭建后，新的采购平台于 2004 年年初投入使用。新飞集团对公司 2004 年全部生产用原材料、配件等进行了采购。短短 10 天内，即完成了80% 的生产用原材料的采购，节约采购成本近千万元。

我国家电行业前三强的 TCL 集团，近年来也极为重视供应链的管理改善和提升，优化企业采购管理流程，降低采购成本和缩短采购周期。建立科学的采购流程及商务模式已成为 TCL 提升利润的有效手段。为此，TCL 集团股份有限公司做出了建设采购信息化项目的重要决定，经过评估与考察，最终 TCL 集团股份有限公司决定采用必联公司的电子采购系统作为其优化采购管理的工具。必联公司的电子采购系统是基于 J2EE 架构，拥有强大的工作流引擎的电子采购解决方案，以最贴切客户需求和专业化的招标采购设计等赢得 TCL 集团股份有限公司的青睐。从采购管理系统升级开始完善企业供应链，已成为 TCL 供应链管理的主导思想。

北京必联信息技术有限公司通过主营中国国际招标网，积累了采购招标及供应链管理领域内的广泛行业经验和资源，为企业、政府、招标代理机构提供招标、竞价、谈判、询价等多采购方式，以及供应商目录管理、产品目录管理、采购计划管理、合同执行管理、采购效果分析、决策支持等多模块的专业采购与供应链管理系统和解决方案。目前除 TCL 集团、新飞电器、上海日立等家电行业的企业外，还有包括上海大众、德国巴斯夫、济南柴油机厂、天津泰达、上海达能、华电集团、彩虹集团等不同行业的企业也都采用了必联的电子采购系统，获得了良好的效益。

【案例 9－2】IBM 的电子化采购战略

【案例概要】

早在 20 世纪，IBM 公司就已开始了由传统采购方式向电子化采购方式的转变。电子化采购使 IBM 的运营成本不断降低，自 1995 年以来，平均每年节约采购成本约 20 亿美元。电子化采购战略已成为 IBM 企业战略一个必不可少的重要组成部分。

【教学目的】

1. 了解电子化采购战略的意义；
2. 了解实施电子化采购应遵循的原则；
3. 了解电子化采购与供应链的关系。

引　言

网上采购能够带来效益，然而成功实施这一战略需要协调多方面的工作。在实施网上采购的每一步，IBM 都遵从这样的目标：更好地协作、整合供应商、降低成本。如今，通过互联网同 IBM 做生意的供应商数目达 2.7 万；公司全年采购的 460 亿美元商品和服务中，逾九成通过网上进行。

当电子化采购（e - procurement）还只是一个与供应链相关的概念时，IBM 公司已经在认真考虑这件事。20 世纪 90 年代中期，这家年营业额达 884 亿美元的公司开始了其无纸化采购的进程。该公司制订了详细的规划，包括重新定义和重新设计采购流程，到 1998 年年底推出雄心勃勃的电子化采购计划，旨在使所有的供应商都能在网上开展业务。

IBM 采购战略和流程改革副总裁 Pat Knight 说："这是一个价值取向的战略：我们承担不起仍然通过纸面来做生意。"为此，IBM 立即行动与供应商达成网上交易的共识；通过集成 IT 和其他流程以统一的姿态与供应商开展业务；重组业务流程，实施集中采购战略；与供应商协作，通过互联网增加供应链的可见度。

收效是明显的，对于 IBM 来说，电子组件和其他硬件的采购额占 IBM 销售商品总成本的 76%。如今，在该公司每年采购的 460 亿美元商品和服务中，逾九成通过网上系统进行。

快速行动

IBM 的管理人员并不讳言当时遇到的困难。然而取得的进展却是迅速且显而易见的。该公司采购战略和流程改革副总裁 Pat Knight 说："实施起来非常不容易。1998 年第四季度刚开始的时候，通过互联网同我们做生意的供应商数目为零，而现在这一数目是 2.7 万。"

然而面临的挑战是，如何使供应商相信电子化采购所具有的优势。许多公司对基于网络的业务渠道持谨慎态度。有些厂商不愿意在网上进行价格谈判，还有的对网络安全性不放心。

Knight 说："这是一个价值取向的战略。在 1998 年决定通过电子化方式来做生意时，供应商就必须选择要么按照这种方式，要么去找其他的用户。"

Knight 认为快速行动非常关键。她说："行动得越早，推广起来就越快。对于供应商来说，如果有 100 个人要求他们这样做，他们就会被弄糊涂了。在那时候，我们同供应商一起做了很多工作。"

随着 IBM 下一阶段计划的推出，合作伙伴是否准备好仍然是一个问题。Knight 称，在网上发出一份采购订单并不困难，困难的是把复杂得多的各种流程放到网上去做。这些流程包括协作设计、技术方案制订、采购批量计划和预测、库存管理，以及当涉及外包制造服务时的供应问题等。

对供应商保持统一

观察家称，IBM 煞费苦心推行其流程，在电子化采购方面已走在了业界的前列。Aberdeen 集团的分析师 Tim Minahan 说："IBM 最先认识到供应商关系及其对自身总体表现的重要性，很长一段时间以来，其在采购方面的表现出类拔萃。"通过电子化采购战略，IBM 公司的采购成本大幅下降（见表 9－3）。

表 9－3 IBM 的采购效率显著提高

	20 世纪 90 年代初	1999 年
采购订单处理时间	30 天	1 天
合同周期	6～12 个月	30 天
合同长度	100 页	6 页
通过互联网交易的供应商	0	27000
成本节约	0	42 亿美元

IBM 的战略是，通过集成 IT 和其他流程以统一的姿态出现在供应商面前。基于这种考虑，IBM 公司连接至供应门户的专用交易平台诞生了。

Knight 说："在 IBM 的网站上我们有一个供应入口，这是所有联系的统一入口。我们把它看做是拥有 2.7 万个供应商的最大的专用交易平台，其业务可以是简单的开发票或下订单，也可以是复杂的产品推介功能。"

IBM 的应用工具包内容包括：基于互联网的报价工具、物料补给、便于外包制造商处理 IBM 物料订单的过程、图形交换使公司可以分享技术设计信息、流程更改及停产通知的管理。

起初，公司自己开发出电子化采购软件，向元器件及其他供应商提供培训和现场技术支持。IBM 现在同 i2 技术公司和 Ariba 合作，将来准备更多地转向其他软件供应商。

有些供应商仍然使用 EDI 来处理一部分交易，包括采购订单、发票、发运通知等。Knight 说："我们将某些传统的业务继续留给 EDI 处理，同时扩展互联网渠道。"

并非所有的供应商都在网上处理业务。AMD 公司的一位发言人称，他们公司就没有这样做，尽管他们同 IBM 就电子化采购的问题进行过讨论。另一家供应商则称，同 IBM 在网上进行交易的复杂性因情况的不同而不同，通常取决于从该供应商处采购金额的大小。

IBM 同其他公司于 2000 年 6 月共同创建了 E2open，但仅使用该交易平台出售过量库存。Knight 称，IBM 的采购部门只是以"内部方式"使用该公共平台，如跟 E2open 伙伴合作，推动 RosettaNet 等标准的应用。

为了实现其电子化采购战略，IBM 公司具体分为三个阶段来实现（见表 9－4）。

表 9-4   **IBM 实现电子化采购的三个阶段**

第一阶段：流程和结构	第二阶段：电子化采购的应用	第三阶段：电子商务战略
* 战略制定	* 流程重组	* 电子化采购战略
* 组织设置	* 交易自动化	* 涉及交易全过程/网上支付
* 速度控制	* 与相关供应链对接	* 涉及全部供应商
* 物料标准化和供应商编码	* 供应商参与	* 绝对的竞争优势/成本控制
* 企业全景	* 通用系统	* 企业间的协同和集成
* 全球化的队伍建设	* 全球化应用	* 无纸化采购
* 技能的提高	* 管理的变革	* 自动化采购
* 资源由行政向采购的转移	* 竞争力的提高	* 标准的应用
* 通用流程、工具和管理系统	* 客户调查和反馈	* 致力于端对端的价值链
* 供应商的调查和反馈	* 集中采购/供应商积分卡	* 以价值创造和速度作为买卖双
* 提高竞争力和节约成本		方的成功

集中采购，重构业务流程

分析师及业界管理人员称，企业要成功实施网上采购，必须使其采购部门运作良好。IBM 就是这样做的，他们所做的每一步都遵从这样的目标：更好地协作、整合供应商、降低成本。达到这些目标的关键是把注意力放在集中采购上。

IBM 全球服务部门的采购副总裁 William Schaefer 说："以前，我们的采购职能严重分散，每个工厂和每个业务单元都有自己的采购部门，以不同的方式工作。那时候，最高管理层并没认识到采购部门的重要性，不愿意把最出色的员工放在那里。"

20 世纪 90 年代中期以前 IBM 有 100 多个采购部门，常常与同一个供应商签有多份采购合同。Knight 说："我记得有一次，在美国我们曾与一个供应商签了 85 份合同。你可以想象获利的是哪一方。"大部分工作是通过手工进行的。公司管理人员称，当时 IBM 的采购工作局限于手工进行，人手解放不出来。

到 20 世纪 90 年代中期情况发生了变化，公司意识到成本和效率可以做到集中控制。IBM 的第一阶段改革计划包括：将资源由行政转到采购；建立公共的流程、工具和管理系统；启动提升竞争力和成本降低计划。

在第二阶段，IBM 制订了计划，实施流程重组、供应商更大限度地参与以及在同行业中衡量竞争力。这些举措使 IBM 能够实施电子化采购中的关键部分：用网络覆盖所有流程、交易和采购，覆盖全部供应商，采购实现无纸化。

付出的努力已经有了回报。1993 年 IBM 采购订单的处理周期是 30 天，1999 年只要 1 天。1995 年该公司的合约周期是半年到一年，1999 年只有 30 天。即使是仍需要纸面处理的领域，他们也取得了巨大进步，一般合同的长度从 100 多页减少到只有 6 页。

通过降低管理成本、缩短订单周期、更好地进行业务控制，以及实施电子化采购带来其他方面效率的提高，1998 年 IBM 节省了 3.77 亿美元。此外，IBM 的竞争优势也得到了提高，Knight 估计每年该数目在 30 亿~40 亿美元之间，与业界其他同行相比较，这一数字可以反映出该公司的成本降低水平。

她举例说，如果 DRAM 的价格下降了 10%，而竞争对手能够以低于 10% 的价格买到该组件，那么 IBM 只有以比下降 10% 更低的价格才能取得竞争优势。

Schaefer 说："自动化采购带来的最基本价值在于：我们可以从耗费大量时间的事务性工作中脱身。以前，采购人员每天花 5 个小时在电话里回答别人的问题：他们的订单在哪里，为什么还没有发货。而如今采购不再是一个服务性的部门。"

Knight 说："我们把它当做是很有影响力的部门。采购在公司里的角色正在改变，这不是指某人已达成一笔最好的交易。采购角色具有第一位的影响，可通过新产品推介来利用供应商的技术。这些转变可使公司受益，也可使供应商受益。"

强调供应链上的协作

复杂的电子化采购战略如何面对严峻的市场现实，目前情况还不明朗。特别是 1999 年的库存严重积压，反映出当前工业滑坡的现状。

IBM 全球服务部门的 B2B 和供应战略师 Craig Jett 说："许多公司认为他们的预测是准确的。但在很多情况下，这些预测是错误的。"

IBM 采用了 i2 的预测工具组合，在做采购决定之前同主要用户协作来协调手工预测。该公司一直坚持的目标是：在预测方面进行协作，通过互联网在供应链中增加可见度，同合作伙伴分享价格、可用性和产品地点。

此外，随着 OEM 越来越多地依赖 EMS 公司来进行产品制造，协作变得越来越重要。Schaefer 说："随着合同制造商越来越多，IBM 更多地依赖于外部提供者。这给采购部门带来更多的压力：他们需要充当供应商和供应链各环节之间的桥梁。我认为这是一件有益的事情。"

合作伙伴之间的协调是顺利做出采购决定的一个重要方面。内部协作也非常重要，特别是在产品设计的早期阶段能够实现采购成本的节约。Aberdeen 集团最近的一份研究结果显示，多达 80% 的总成本是在产品设计阶段决定的。在大多数企业，产品和服务的采购是最大的支出，占企业总收入的一半。

然而，对于产品的成本、质量、结构或装配，最有效的决策往往是在最初的采购阶段，工程和采购人员的协作至关重要。Schaefer 说："如果你只有采购员而没有工程师，计划就不可能实现，因为采购员只是做了采购工作中的业务部分。他们不能参与关于技术的讨论，不能讨论在设计的最后关头使用什么零件，以及哪些产品是非工业标准零件。所有这些难题都将贯穿后续的库存补给及物料供应问题。"

外购也改变了成本等式。Schaefer 说："在产品成本中，每 1 美元中有 70~75 美分是花在外部采购上，比例常常超过一半。"

Knight 指出，不管是涉及单个交易的执行，还是在网上执行复杂的流程，采购必须快速地为投资带来高回报。他说："对我们来说最核心的问题是，当涉及流程时，如何寻找潜在的股东价值。采购能直接为公司创造利润和价值。"

Knight 说："这是一个你能快速取得成功的领域，并可能获得机会。IBM 的改革计划就是采用网络技术和整合资源，提供业务价值。"

【案例分析指南】

据美国全国采购管理协会称，使用电子化采购系统可以节省大量成本：采用传统方式每生成一份订单所需要的平均费用为 150 美元，使用电子化采购可以将这一费用降低到 30 美元。早在 20 世纪 90 年代，IBM 公司就已开始了由传统采购方式向电子化采购方式的转变。读者可从电子采购的作用，尤其是降低采购成本、提高采购效率、优化采购管理、保证采购质量、加强供求双方之间的业务联系等角度展开对案例的讨论。

思 考 题

1. 请结合案例内容，试分析 IBM 将电子化采购纳入战略范畴的主要因素。

2. 根据相关电子采购理论，你认为采购流程与实施电子化采购之间存在何种关系？是否仍存在改进的地方？为什么？

3. 结合附件中的取自 IBM 网站上的资料，请运用本书案例分析方法论为本案例撰写一份案例分析报告。

附件

参考案例——IBM 业务咨询服务中的电子采购服务

随着经济全球化和 WTO 的临近，21 世纪的中国制造业正面临着全新的机遇和挑战。产品的生命周期缩短，利润下降；市场竞争加剧，不断出现企业间的联合和购并以提高竞争力；企业全球化后的新的管理问题等。企业必须以科技为武器，通过实现高标准的管理手段来实现世界一流的管理体制和企业战略，建立能够在商海中自由驰骋的现代企业巨舰。在经济压力不断增长的情况下，如何降低成本、创造利润，将成为企业不得不面对的最重要的问题。

创造利润的最佳途径：降低采购成本

制造业中采购成本的比重大，采购支出通常占了企业营业额的 30% ~ 50%，因此控制采购成本可以获得最佳的效果 。如表 9 – 5 所示，在某企业的营业额中，采购支出占50%，利润占 5%，其他支出占 45%，如果要提高利润至 7.5%，企业有两种选择，要么提高销售 50%，要么降低原有采购成本的 5%。因此抓住采购这个核心问题，企业就能够用最少的资源办最大的事情。

表 9－5   提高利润的有效方案

	原　　来	现　　在
利润	5%	7.5%
采购支出	50%	47.5%
其他支出	45%	45%

今日采购

企业已经日益认识到采购的重要性，同时在世界环境变化如不断增加的供货，不断增加的客户需求和全球性竞争等因素的影响下，今日的采购和传统的采购已经发生一些重大的改变。

（1）采购在企业运营中的地位越来越重要，已经逐渐从行政部门中独立出来，与生产、销售、市场、财务和客户关系管理等部门呈同等地位，变成了考虑企业战略必不可少的重要因素。

（2）采购的目的更关注于价格，而不是仅仅完成采购。

（3）企业采购人员实现从战术性角色向战略性角色的转变，他们大部分时间和精力将放在策略规划、未来供应预测、策略性成本控制、开发并培养有竞争力的供应伙伴等方面。

（4）采购手段的多样化，包括招标采购、寻价采购、单一来源采购和竞争谈判采购等。

企业中采购部门角色和定位的变化，使传统的采购模式有很多不便之处。在很多企业中，采购主管正在被下面这些问题所困扰：

（1）高成本。根据统计，要完成一份采购单的全过程通常需要花费 75～175 美元，而其中 80%订单的采购花费的总量只是总采购花费的 20%。

（2）采购时间过长。复杂的流程包括信息查询发布，招标、投标、评标，洽谈签约结算，物流配送交割等全部手工作业，消耗了极大的时间成本和人力成本，同时对市场的反应速度不能满足需要。

（3）库存过多，资本利用率低。企业没有能力进行全面细致的数据分析和采购管理能力，为确保生产不中断，必须保证过量的安全库存。

（4）和供应商关系紧张。企业面对多变的市场，尽管付出很大努力，但是仍旧与供应商之间摩擦不断；难以发展新的合格供应商；供应商转换成本高。

电子采购

如何解决这些问题？随着互联网技术的突飞猛进，电子采购将成为一种有效的采购方式，能够将采购功能转变成交易场上一个强有力的竞争武器。电子采购（e–Procurement）是一种基于 Web 体系和工作流管理的企业采购解决方案。通过这种先进的解决方案，可以将企业的采购过程进行系统化、流程化管理，从而根本上实现提高工作效率、降低采购成本、减小采购环节等目的。电子采购同时帮助企业实现集中采购，提高交易的议价能力，改善客户服务质量。一项对全球 200 家大企业的调查显示，30% 的企业已实施了电子采购初始方案，61% 的企业已开始筹划或考虑电子采购方案。IBM 的 e–Procurement service 提供了为企业量身订做的电子采购解决方案，可以帮助企业充分利用电子采购的优势。

电子采购解决方案的优势

详见表 9 – 6。

表 9 – 6　　　　　　　　　电子采购与传统采购的比较

	实施前的传统采购	实施了电子采购后
支　出	高	低
流程处理	手工	自动
处理费用	中	低
采购单周期	几天	几小时
错误率	中	高
订单状况	不可知	在线可得
数　据	冗余	清晰可查

电子采购包括的领域

IBM 的电子采购解决方案将最新的信息技术和国际先进的采购管理经验融入了企业采购管理涉及的全部流程之中，从内部的需求分析、资金筹划，到采购中的战略分析、采购单处理和供应商管理中的筛选、签约、管理和跟踪等部分。

以战略开始，用技术解决

IBM 提供的电子采购服务，通过清晰的步骤，完整地帮助客户实现量身订制的电子采购，简单地说就是"从战略开始，用技术解决"。

IBM 已经实施过上百个电子采购咨询和实施项目，全球资深采购顾问、IT 专家、商务专家已经从中吸取了丰富的经验。他们将分部分地进行全方位的电子采购的咨询和实施。

效益评估

在开始实施电子采购计划之前，企业首先要做的是在合作伙伴的帮助下，从战略的高度对整个电子采购项目可能对企业带来的损益进行广泛而深入的分析和评估。IBM 能够在支出分析、流程分析、组织分析等方面与企业一起分享自己的经验。

采购策略

IBM 的专家将与企业在采购的整个流程中协同工作，提供国际先进的采购策略，包括购买策略、选择供应商策略、采购单合同策略、供应商关系管理策略等来帮助企业降低采购支出。IBM 的服务涉及的采购物料的各个范围，从传统的直接采购物料、MRO 采购到新兴的广告采购和风险投资的选择，IBM 都有非常丰富的资源和智慧与中国的企业一同分享，包括：

（1）电子采购策略和流程咨询；

（2）集中采购获得快速投资回报（ROI）；

（3）正确的方案需要正确的实施；

（4）降低投资的好选择：电子商务运维服务。

成功案例——IBM

我们以 IBM 为例，来看看电子采购市场在企业中所扮演的角色。早在多年前，IBM 就开始由传统采购方式向电子采购进行转变。1999 年 IBM 电子采购额高达 130 亿美元。电子采购为 IBM 提供了最高效的购货服务手段，它有效地将供货商、用户和业务伙伴联系在一起，为向客户提供优质高效的服务创造了良好的条件。通过电子采购，IBM 的成本不断降低，自 1995 年以来，电子采购市场已经为 IBM 节约了大约 90 亿美元。仅 2000 年第一季度，IBM 通过网络完成的货物和服务订单就有 47 亿美元，仅第一季度，电子采购就为 IBM 节约成本 5600 万美元。

IBM 率先完成中国台湾地区信息业电子化的 A 计划，共为参与 A 计划的 20 家厂商节省了新台币 7 亿多元（新台币：人民币约为 4 : 1）的费用。1997 年率先取得 A 计划核准的台湾 IBM 公司，是第一个完成 A 计划的 IT 业者，台湾地区同时也是 IBM 在美国本土以外，第一个导入整合性电子化采购的市场，并至少领先了其他国家及地区半年以上的时间。

【案例9-3】惠普供应商协同解决方案，电子化采购——KeyChain

【案例概要】

惠普公司一直非常重视成本结构优化，在残酷的市场竞争中一直屹立不倒，控制成本是其屡试不爽的绝招之一。在这之中，采购管理的作用更是举足轻重。惠普曾算过一笔账，如果一个企业能够将采购支出节省5%，获利将平均提高30%。在惠普，成本的降低不仅仅体现在劳动力成本上，而且贯穿了产品价值链的全过程。而在所有的运作中，有一个最大的功臣，就是惠普针对协作建立的KeyChain解决方案。采用这一方案的意图很明显，就是要加强供应链管理和流动资金的核心竞争力，通过业界领先的流程和自动化系统，产生数亿美元的价值。

【教学目的】

1. 了解电子化采购在供应链管理运作中的作用；
2. 了解惠普KeyChain解决方案的构成；
3. 了解惠普KeyChain解决方案中的订单处理和协同。

本案例以下内容来自惠普资源事业部的叶明在2003年第二届中国企业采购国际论坛所做的发言。

让我们先看看新的惠普，大家也知道，前一段时间惠普和康柏合并，现在惠普的情况是500强排第9名，每年的营业额接近800亿美元，每个季度有多于10亿美元的现金流，研发费用大概有40亿美元。惠普现在可以说是真正的国际化公司，就是说有60%的营业额是来自于海外，就是来自于美国之外，它的文化也是多样性的，员工是来自各个不同的国家和团队，所有集中的市场都是处于前三位，全球最有价值品牌第15名。这么大一个公司有很大的采购量，它需要在全球不同的地方去综合各种采购能力、采购优势和各种技术优势来形成自己的优势。所以惠普在各个方面的采购量都非常大，比如说半导体的采购量是处于第一名，像内存方面采购量也是非常大的，微处理器使用第一名，磁盘使用第一名，在中国，惠普的采购量也很大，我记得2001年的时候惠普在中国的采购量已经达到30亿美元，惠普在中国赚的钱还没有在中国买东西的钱多。所以，作为这样一个大型的跨国公司，有这么大采购容量的公司，它是怎样来处理采购问题和采购战略的，我这个报告主要是介绍惠普这方面的情况。

我们看看在2000年或者是2001年早期惠普是什么样的情况。很多企业随着不断的发展、不断的壮大，和惠普同样的情况也会出现。惠普有很多产品部门、很多业务部门，他们的采购、他们的物流，甚至他们的供应链都是各自为政，不同的业务部门有不同的供应链在走。所以，不同的部门有不同的供应采购计划、采购策略在走。怎样来整合就成了一个问题，在供应链中，在制造业，在高科技制造业中很多企业面临着同样的问题，如何在正确的地方、正确的时间拿到所需要的正确的产品，而且以最优惠的价格，这是惠普当时面临的问题。

从惠普来说有很多的层次，总部、亚太、中国，然后有很多的区域，比如说香港区、大陆区、台北区，而且生产有很多方面是通过外包，通过合同，通过制造商，通过 OEM、ODM 这些方面来达成的。惠普的供应商从全球来看也是非常大的集群，怎么整合这么大的集群，从惠普来说就碰到这么一个问题。这些要求实际上就被惠普当时的领导层认识到，当时卡尼也是没来多久，他觉得维护世界级的这么一个成本结构，才是新惠普在将来取得成功的一个关键因素。所以，基于这么一个出发点、这么一个情况，惠普领导层高层就决定要创新采购流程、创新采购策略、创新采购系统，这就是我们当时提出来的电子化采购。

关于电子化采购战略，我们当时制订了很多战略的目的和手段，包括我们基本的原则，目的是我们要形成一流的采购流程和采购工具的创新，这是一个目标。然后是要形成我们供应链的竞争优势和成本竞争优势，这是目的。我们的愿景是两方面，一方面是全球公司、跨国公司，我们在采购供应链方面，要有全球的可见性，我可以从总部的物流部门看到每个地区采购链上、供应链上的情况，可以做一些合并、做一些建议，来达到规模经济，降低成本的效益。另一方面，也不能丧失惠普作为每个业务系统所具有的灵活性和要发展各个业务部门的声誉、维护各个部门能力的分散的权利。所以是两个方面，一方面是指导性，另一方面是在每个部门不能丧失其可知性、决策性。目标很简单，首先是降低库存成本、降低采购成本，其次是提高效率。

我今天解说的是集中采购这一块。采购和物流有很大的关系，当然在惠普内部有很大的供应链的计划和物流的计划，那么采购和供应链也是挂钩的。

为什么我们花了 2~3 张胶片来介绍战略？作为惠普这样的大公司，又是一个有很多层次、很多地区、很多业务部门的公司，要推动这么一个计划其实不容易。大家做过大企业，或者在大企业待过的人都知道，这里面责权利怎么去分。所以开始我们采取的方法就是先制定出统一的愿景，然后制订出原则，这个战略要达到的目的，还要制订出各个部门和战略投资的关系，最后还要保证这个东西有一个很清晰的表述。我现在要做什么、将来要做什么，这都是公司的战略部分，我们在兼顾每个职能部门的业务和利益的同时，来进行推广。

这是我们方案的战略，先是与技术方面的联系，这里面有惠普自主的知识产权的东西，也有一些合作伙伴的技术成果和一些标准方面的成果我们也吸收过来。专注于几个优先要取得的地方，也就是先在几个有限的大的点、重要的点来进行实施，然后推广开，这是当时实施的策略，之后任何策略都考虑投资、成本、回报。这些项目从惠普的角度来看，要做客户管理系统、做客户服务系统，要做供应链。

其实企业最容易见效的地方在哪里？在物料采购成本、库存成本这一块。很明显，这部分成本的降低能够直接反映到企业的利润率上面去，所以这个计划从一开始就要求在每年是正的投资回报。换句话说，我当年投资就要当年见效。所以，在惠普有句话叫做"当年投进去，当年就要收回来"，这个项目当时是这么一个投资回报的要求。

在这些情况、这些战略的指导下，我们就开始设计这个系统，这个系统由下面四个主要的方面组成，当然这四个方面是从高层的层面来看的，其实里面都有很多复杂的内容：第一个是订单和预测协同，从惠普电子化采购这方面就开始强调预测和协同，利用 Internet 的功能，来做网上的订单处理和预测。第二个是库存协同，原来的词叫 e-smi，这个大家都很熟悉，就是供应商管理的库存，这也是 JIT 制造，尽量把原厂商自己的库存弄得最小，理论上是可以越来越小，这是可以做的，通过基于库存的协同。你要做到这一点，一定要做到库存的协同，你要知道供应商有多少库存在需要的时候能够满足你，无论在质量上、数量上还是价钱上，这就需要我们平时有一个系统来做交互。第三个是拍卖，就是用电子采购、电子拍卖、电子买、电子卖，这是惠普自有的电子化交易市场。在这一块，惠普决定做自由化、电子化交易经历了一个过程。大家知道 2000 年、2001 年的时候，强调的是公共、公有，惠普后来经过各种技术评估和投资回报甚至一些标准的评估，决定自己建立自有的电子化买卖系统，其实更通俗地说，翻译成中文就是拍卖系统，买和卖。第四个是物料资源的寻找、获取、选择、决定的系统，这里面主要是一些基于供应链的智能的分析，这个供应链是多层的，惠普供应链下面不仅要看到第一层的供应商，还要看到第二层、第三层的，原则上是要看到整个的供应链，然后找到最优化的资源配置，我们把它归纳成 buypower，它关系到怎样形成企业自己的竞争力。这四个部分组成了惠普的解决方案。

再就是订单处理和协同，它不仅仅是跨越惠普内部各部门，虽然惠普内部各部门之间也有采购关系，但是内部和自己一级供应商、二级供应商的协同、预测协同和订单处理协同才是主要的目的。另外，在 2000 年的时候，虽然惠普每个业务部门、每个地区可能都有自己的订单处理系统和工具，但是这些工具不统一，没有标准，大家用的各种系统平台也不太一样，效率也不太一样，有的甚至还用传真方式、电话方式、纸的方式，这种效率很低，所以要把手工的流程变成电子化的流程，并且在有问题的情况下，可以和供应商实时磋商。比较重要的一点是当有变化的时候，只有通过电子化的手段才能达到更快的实时磋商，才能更快地应对变化。比如说下一个订单，由于种种原因供应商不能满足，那么很快就要反映，如果用手工可能要几天，用电子化的方式就会很快，可能是一天或者是几个小时、几分钟就能反映出来。

这是比较有优势的，就是手动管理和电子化管理的相对比较，我就不一一讲了，中间有几个比较重要的部分，第一个是信息化。电子化能够收集更多的信息，能够实时地应对市场、采购流程上的各种变化，当需要人干预的时候，会有人参与进来，工作人员平时不会花很多精力在一些日常的工作、日常的处理上面，主要是出了意外事件才去干预，没有意外事件系统就会自己去匹配。

这个我就不细介绍了，它跟我开始介绍的惠普实施战略的时候情况类似，很清楚的原则、很清楚的战略、很清楚的实施步骤，每一个功能模块我们都有，第一期做什么、第二期做什么、第三期做什么。

这是一个协同采购流程，采购流程和系统是供应链中间的一环，也与物流有很大的关系，所以它是后台系统，也是 ERP 系统，有很多的流程。

一般惠普参与系统采购流程的是业务部门，比如说打印机部门或者生产部门，首先从业务部门的业务计划生成一个采购计划和采购的一个 PO（计划订单），然后将 PO 送到协同中心。在这里，这个协同中心实际上是一个逻辑概念，其中有惠普的采购系统在里面，也有其他企业的采购系统在里面。协同中心再把它发给我们的贸易伙伴，贸易伙伴有几种方式来处理，一种利用电子邮件就可以来交互，另外一种是用反馈的方式，反馈会送到协同中心，协同中心收到反馈，中间也需要一些调整和修改，最后送到业务部门，业务部门来确认调整和修改是不是可以接受，可以接受之后再反馈回来，同时更新 ERP 系统。更新 ERP 系统的目的也是为了调整生产计划，把最终的 PO 再送给贸易伙伴，就是我们的供应商。这是举一个例子，说明在惠普采购和生产流程怎么在协同中心来交互的。

第二个比较重要的部分是库存协同。库存协同主要是利用一套电子化的供应链解决方案、服务工具和服务流程来得到几个供应链的性能，减少库存的成本，包括采购成本、应用成本，完成和供应商的协同。比如说在系统实施之后，在惠普的任何业务部门，任何时候都能够看到供应链上针对某些供应商或者某些需求的实际库存和目标库存，你的需求和实际情况是不是中间有差异要去做处理？这就用到了我们刚刚讲的第四个方面，有个智能化的匹配处理工具去做一些分析，这就是协同。

能力路径图的最终目标是总体视图，对整个供应链甚至对整个价值链要知道在哪个地方我能拿到我要的东西，而且最重要的是在适合的时候拿到我要的东西，以最好的价格、最好的质量，其中惠普要强调的是自动补货系统。如果有完全库存、目标库存和设计库存，你什么时候去补货，根据什么策略去补货，很多企业采用了不同的方式，但是对于惠普来说，会利用这个系统形成一个自动的补货策略，这是第三个比较重要的部分。

关于库存方面简单的流程，就是在业务单位生成一个最高层、最简单的物料需求，到达协同中心；协同中心把这个预测送到我们的贸易伙伴，贸易伙伴包括物流协同商、零部件制造商等，中间有很多，然后返回到协同中心；协同中心经过优化处理之后，再反馈到贸易伙伴、物流伙伴，同时贸易伙伴、物流伙伴把一些部件的更新或者是实时的情况反馈到协同中心；下面是保证确认、协同，然后达到在物料方面的掌控，这是库存方面的一个例子。中间有很多交互，包括协作制造商、物流伙伴，包括发货、运货，这都是通过库存协同中心来得到。

第四个比较重要的部分是电子化物质获取及处置。在不同的物料中心要采取不同的政策，对不同的供应商要采取不同的交互策略。在新产品的引用期主要是发现供应商，我现在要设计生产一种产品，需要这么一个部件，这个部件有没有供应商能够提供？这是解决产品的导入期发现、选择、价格优化的问题，最重要的是选择供应商。在产品快速成长期，主要和供应商进行更深层次的交互，为什么？因为这个时候往往到了成熟期，竞争更白热化，这种情况下价格可能是很大的一个压力，成本优化也是一个大的策略。所以，这时候就要跟供应商协同，考虑怎样让供应商和你一块成长，使他的成本结构方面能够适应市场对惠普的成长成本的要求，这是一点。另外一点是成本紧逼，我们希望供应商是第一层、第二层，供应商的供应商能够利用这套系统提高自己的竞争力，降低库存水平，这一方面可以使他和我们共同发展，另一方面也能实现优胜劣汰。在真正的成熟期，是机会主义的路线，针对这个产品的采购部分，哪里还可以省多少？能省就要省。在产品的末期，有一些末期问题要处理，比如说某些产品可能需要降价等，怎么处理这些东西，有的企业可能比较关注这方面，有的企业可能不太关注，只注重导入期、推广期。其实在产品退出期因为处理不善可能也会出现很多问题，惠普在这方面也有很多处理方法。

回到功能层面主要有以下几个方面。第一个是电子化 IFI，就像我们传统的供应商，我们经过调查向合格的供应商发出信息，"我要什么东西你有没有"。第二个是 IFP 电子化，你有这个东西，你给我建立一个方案，你是什么价格、什么策略，这和投标很像，电子化索取方案建议书。这些都过去了，就到后面一步，电子化报价 IFQ。这些内容都是基于 Internet 电子化的方式来达到的，是电子化的获取功能。

另外一个重要的部分就是刚才介绍的处置剩余的库存问题，前面提到惠普为什么要设计一个自有的电子化拍卖市场，部分原因就是为了处理这个，我们叫做前项拍卖，或者叫做向上拍卖，谁的价最低谁就中。先出底价，再往上加，加到都可以承受的一个相对比较高的价格。这种拍卖的对象可以是我们自己的一些供应商，甚至是我们的一些分销商，他们有办法去处理这些东西。我们是公开的，在所有的方面都放开，这样大家有兴趣。有一段时间，库存就降得很快。有的厂家比较精明就先吃进来，之后，这些东西好像是退出市场了，但以前很多老产品还在市场上用，需要维修、需要换件。有远见的企业，看准了这个时机，先接收了很多剩余的库存，然后去支持以后的维护，将来的性价比比较好。

前面介绍了惠普电子化采购的系统计划，当时为什么要建立这个系统，制订什么策略，实施什么战略，接着又介绍了它的细节，包括订单协同、库存协同、购买力协同等内容。这个系统从立项实施到现在，其实已经初具规模，这里跟大家汇报一下产生的效益。在 2002 年当年，就节省了采购和物料成本大概是 1 亿多美元，怎么能节省这些钱呢？主要是来自于这几个方面：第一是物料的获取方面，平均节省 10%，最多能到 40%。第二是剩余库存的收回方面，我前面提到，剩余库存对协作很重要，如果没有这个系统，大家随便处理，每个部门都有不同的处理办法，有了这个系统，大家可以统一地处理。第三是非标准化，在运营效率方面增加了 30% ~ 40%，物料采购周期减少了一半，这个时间就是金钱，节省了 5 天；库存的周转，从原来每年平均周转 11 次增加到 24 次。总体利益除了直接采购成本、库存成本降低之外，还让周转效率更好，也得到了利润；甚至在营销方面也有利润，有一个数据，当年我们营销取得了一亿多美元的销售额，为什么？因为你反应快，丢单的可能性就小，客户跟你签单的可能性就大。当时我们制订的项目策略就是当年投资、当年回收。

在 2002 年我们就取得了这样的效益。当时预测的回报是 8300 万美元，最后实际的结果是1亿美元。所以，对2003年和2004年两个预测数据惠普也是很有信心的，通过这个系统一定能达到预期。

这是我们的一些想法，说是经验也可以，列在这儿主要是希望能够对国内一些企业有一定借鉴价值，宏观上有几条。首先要设定这个事情。要设定价格机会，什么是价格机会，当高层过来看的时候，你在采购这方面有什么机会？举个例子，我可以加强内部系统的集成和外部供应商的集成，从而提高整个供应链的效率，这就是一个价值机会，多时我们有很细的很多的当时的办法，我们有兴趣可以以后来探讨，怎么来识别我做电子化采购的价值机会，这是一定要做的一点。

其次一定要有优先级。这个系统是一个过程，不是一蹴而就的项目，第一年做什么，第二年做什么，第三年做什么，一定要设计出来，什么时候做什么，一定要根据业务优先来决定。

再次通过这个系统为供应链更好地协同建立广泛的基础。这里不仅仅是供应链可以进行协同，跟你研发的PDM系统也可以进行协同，这是我们建立的一个协同基础。

最后是投资回报。因为这个项目能够长期具有生命力，从2000年开始设想，2001年进行，2002年有回报。为什么它具有生命力，因为每年都是正的回报，这种项目在企业中一定要做到这一点，每个业务部门才会长期支持。

今天有机会来跟大家分享惠普电子化采购的战略、功能、一些想法和取得的一些成果，主要也是希望在以后我们惠普有机会能够和在座各企业，和中国物流行业做一些交流，做一些分享，让我们也有机会为中国的物流采购做一些贡献。

因为我自己是惠普资源事业部的，参与了内部和外部信息化的建设，所以在这一块后面大家有兴趣也可以继续与我保持联系。

【案例分析指南】

KeyChain并没有让惠普失望，通过这一方案而进行的电子采购和电子供应链管理及制造外包，使得采购成本下降了17%，库存周转率提高了60%，客户订单运作的周期缩短了一半。随着电子采购系统的进一步完善，2004年之后有效地实现了采购金额的控制。读者可从电子采购的作用与优势等角度展开对案例的讨论，并将惠普KeyChain与IBM的e – procurement进行比较。

思 考 题

1. 请结合案例内容，试分析惠普实施KeyChain的主要因素。

2. 结合【案例9 – 1】，试比较惠普实施KeyChain与TCL电子采购平台的异同，为什么会存在这些异同？

3. 结合【案例9 – 2】，试从企业战略角度出发，比较IBM与惠普在电子采购上的异同。

4. 结合附件中的案例，请运用本书案例分析方法论为本案例撰写一份案例分析报告。

附件

参考案例——惠普的电子采购之道

位于美国加利福尼亚的帕罗阿尔托·惠普公司历来都是商务史上的革新者。他们有一种离经叛道的典型做法，就是成立许多完全独立的子公司，并让它们任意做自己想做的事情（只要其针对总公司的主导产品设计出来的附属产品能够在市场上卖得出去并赚到钱就行了）。这种做法使得惠普公司迅速地发展，几十年来一直在所处的领域内独领风骚，将其他的竞争对手远远抛在后面。

不过近几年来，惠普的发展速度有所减缓，似乎开始在向人们暗示：廉颇老矣。惠普公司"分而治之"的经营战略的确有其隐含的不利因素，其中较明显的一点就是由于各部门分头采购，他们买进来的办公设备、文具用品以及各项服务都是惊人的昂贵，公司每年在这些项目上的开销都是一个天文数字。到 1999 年年底，惠普花在这些项目上的总金额就高达 20 亿美元。

惠普对这个问题早有察觉，并于 1998 年进行过调查。调查发现，公司的集团购买行为过于分散，过于随便，缺乏统一的规划与控制。"许多雇员自己跑到附近的电脑与办公用品商店去随意采购东西拿回来报销，而不是到与我们有供应协议的供货商那里去采购，这样做的结果当然是要多花很多冤枉钱。"公司前采购主任说。

因此惠普公司立即着手探讨建立一个基于网络的采购系统，旨在促使惠普的总数为 8.4 万多的员工全都从指定的供应商那里取得诸如铅笔、台历和电脑这样的办公用品，铲除"阔少爷买东西"陋习，全面实现采购决策与实施过程无纸化。作为这个过程的一个副产品，惠普得以对他们庞大的供应商数据库中的 10 万个供货商进行筛选，只留下最可靠、最高效的能够进行网上交易的少数大型供应商。

在各种各样的软件选择方案中，公司的电子采购组最终选定了 Ariba 采购系统，并于 1999 年 9 月正式启动。在 4 个多月的试运行时间里，这套系统先后接待了 100 多个用户。运行的结果使惠普管理者确信：Ariba 网上采购方案将能够让公司每年在 MRO（维护、修理与运行）项目上的支出减少 6000 万美元到 1 亿美元。

事实上，效果比原先估计的更好。

在惠普实行采购电子化的过程中，发生了一件很有意思的事情。尽管公司对试运行的结果十分满意，但他们实际上并不想亲自驾驭这只庞然大物。按照公司的惯常做法，进入 2000 年的 2 月，电子采购组便从总公司剥离出来，成立了一个完全独立的赢利性的商业服务公司。商业服务领域正好方兴未艾，而专业化的电子采购又是这个领域中填补空白的一种服务项目。电子商务的业内分析家对此都极为关注，认为它将在未来几年内得到无比迅速的发展。

最早关于电子采购的想法是由买主来管理其采购网站，吸引供应商到自己的站点上来。但真正实行起来却往往很难，因为许多供应商没有自己的网上产品目录，或者根本就不想参加买主的站点。因此，一个独立的公开对外服务的专业采购网站就更有可能把卖主与买主拉到一起。

现在惠普的员工需要买什么东西都上 Alliente 的网站去订购，而不是在公司的内部网寻找采购部。网站对所有的交易都有详细的记录，以方便日后的维修与保养。总资产达470 亿美元的惠普公司从此能够与其 100 个供应商进行更加快捷的交易与联系。

过去需要两个星期的采购过程，现在只需要不到两天就可以完成了。对于供应商来说，过去所有的开票、调货和信用卡问题需要占用 70% 的工作时间，而现在这些时间仅仅占 30% 左右。将来有一天，惠普的员工都不必为购买纸张或打印墨盒而操心，因为系统能够自动算出某台打印机需要换墨盒的时间并及时提醒他们。

【案例 9－4】齐鲁制药实现电子化采购

【案例概要】

医药企业如何在严酷的市场竞争中保持竞争优势？如何提高自身的竞争能力？如何获取长远的发展？靠传统的管理方法与手段已无法解决这些问题。信息化建设无疑是提升企业管理水平与手段、提高企业竞争能力的一剂良方。

【教学目的】

1. 了解电子采购与信息化建设之间的关系；
2. 理解客户电子化采购需求的意义；
3. 了解电子采购的实施过程。

引　言

齐鲁制药有限公司原是为山东省畜牧业提供疫苗的一个小厂，1958 年建厂后的 20 多年中一直处在产品单一的小规模经营状态。1981 以来，该公司依靠自我积累，不断改革创新，加快了发展的步伐。目前，齐鲁制药有限公司已拥有多个分厂、中外合资企业，生产抗感染药、抗癌药、心脑血管系统用药、呼吸系统用药、兽药、生物农药 6 大系列几百个品种，销售收入从 1981 年的 248 万元增长到 2001 年的 12.2 亿元，2001 年实现利润1.8 亿元。从 1992 年起该厂还连续四年被评为全国 500 家最佳经济效益企业之一，跻身全国科技百强企业、中国医药工业 50 强，现有员工 3000 人，拥有 7 个生产性子公司、4个销售公司，2005 年制药工业销售利润排名第 38 位。

齐鲁制药有限公司从 2004 年 12 月起开始利用晨砉采购网进行网络化电子采购。该公司领导班子非常重视此项工作，由主管采购的副总经理亲自主抓网络电子化采购的实施工作。在晨砉采购网咨询顾问的帮助下，制订了周密的、切实可行的实施方案，将采购物资分批分类，对于最能形成竞价的那部分物资先上网采购，然后再逐渐实现全部物资的网络采购。从2004年12月起，该公司进行了化学试剂、机电产品的上网采购，极大地提高了工作效率。2005年1月又实现了五金百货的上网采购，以后逐步实现其他物资直至生产性原材料的上网采购。

行业环境——激烈竞争催生医药企业电子采购交易

医药行业被称为永远的"朝阳行业"。在人口众多、经济高速发展的中国，医药行业更是前景一片光明。但是，中国医药企业的前景也存在不容乐观的一面。与国际大的医药集团相比，中国医药企业普遍规模较小。同时医药企业还面临着GMP、GSP认证的政策要求。可以说医药企业面临着强大的市场压力。

在当今企业采购行为发生了巨大的变革。与采购管理有关的各种概念、技术纷纷涌现，诸如供应链管理、采购外包、竞价、反拍卖技术、电子采购、网上采购等，不一而足。采购从传统的后勤支持角色逐步脱胎换骨，走到了令人注目的前台，较之从前地位有了极大的提升。在许多领域，采购节省的成本几近与销售创造的利润同日而语，成为为企业赢利的第二驾马车。

互联网的迅猛发展在极大程度上推动着电子商务的发展，企业之间的B2B电子商务就是利用互联网、软件及数据库技术，整合企业采购、生产与销售。而电子商务的核心是电子化采购，即利用Internet及专业软件系统实现信息化的采购业务操作。企业最明智的选择就是快速应用新技术，充分发掘市场供应商资源，以贴近真实市场行情的价格及时采购、保证供应；通过对成本（价格、费用）、质量、库存、资金占用等的控制，实现低成本运营，在采购环节创造企业价值，形成企业的采购竞争优势。

客户需求——通过网络电子化采购提高企业竞争力

1. 传统采购状况

齐鲁制药有限公司采购量比较大，而且种类繁多。实行电子采购之前，从生产计划衍生的采购需求比较分散，手工书写，经过核库后形成的采购计划有些仍然是手写的格式。计划到达采购部门后，采购员将这种计划采购单直接传真给供应商，由于手写的笔误或传真不清楚，非常容易造成采购错误。

该公司的采购部下设2个科。采购计划同时分到这2个采购科，由采购员通过自己的供应商分别询价，最后形成询价结果。这个过程中重复劳动较多，效率不高。

齐鲁制药有限公司领导逐渐意识到以上采购管理中存在的弊端，并想通过加强采购信息化建设解决以上问题。

2. 电子化采购需求

（1）降低采购作业流程中的通信及办公费用；

（2）改变手工操作及传真方式，以提高采购效率；

（3）加强采购交易信息管理；

（4）加强比价管理。

晨砻采购网为齐鲁制药提供的基本功能模块如下：

（1）权限管理模块

Exchange Platform 系统提供 117 种基本任务，可以进行不同权限组合，用户可根据内部不同的岗位设置不同的操作权限（采购员、采购经理、公司领导等），实现采购业务分权管理。

（2）信息管理

通过统一的平台管理整合供应商的基本信息、产品信息，实现全平台的供应商资源共享；对于独立的采购企业，所有的采购订单、采购结果均可同步共享，且可对实现过程实时监控。

（3）在线交易

包括基于供应商产品目录的订单交易，基于洽谈方式的招标、询价。

①目录采购模块（即非洽谈式采购）

Exchange Platform 系统提供全面的目录管理解决方案，供应商通过自助式目录管理，将自己的产品及价格（可提前协议）上传到电子采购平台；采购方通过目录自导搜索技术，搜索到一个统一的目录，从而快速查找和对比产品或服务，认可供应商价格后直接创建目录订单，供应商接到订单后送货。如果对产品价格不满意，可转至洽谈，进行招标采购。

②招标采购模块

此模块既可进行简单产品的招标，也可进行复杂项目的招标。采购方根据不同采购需求，创建不同招标业务，可进行 2000 多种招标业务组合。采购部门录入技术及商务要素、设置招标需求说明，通过电子采购平台提交给供应商，供应商直接登录平台回应报价。系统自行监控投标活动，并分析统计投标优先次序，报价结束后，通过采购方决标选择中标供应商。

③通过询价采购

询价流程基本和招标一样，招标更正规。

（4）智能报表分析

Exchange Platform 智能系统可以自动实现按照不同物资种类、不同供应商、不同交易时间、不同交易方式的采购数据的汇总和节省资金的分析，使企业在整个平台交易中跟踪主要的采购活动。企业可以得到最新的目录采购和招标采购活动的全面视角，包括整个业务流程的追溯，从而帮助企业制订出更为合理的商业决策。

实施过程

（1）采购流程调查

晨砻采购网实施顾问就齐鲁制药的采购流程、采购组织状况等与副总经理张家祥进行了交流。生产计划经核实库存后形成采购计划，由计划员一式两份给供销一科和供销二科，2个科通过自己的供应商同时询价。

（2）采购流程整合

确认网络采购方式，对于能形成竞价的化工产品、机电产品、办公劳保等采用招标方式采购，生产性原料采用目录采购方式。目录采购方式待招标采购应用成熟后予以启动。

（3）采购方培训

完成对采购员、采购经理、公司管理员及供应商的操作培训。

（4）平台配置

进行齐鲁制药采购平台配置。

（5）供应商集中注册

将齐鲁制药提供的70家供应商批量上传、注册开通、远程培训。

（6）真实业务上线

采购计划每月分别由2个采购科室轮流在晨砻采购网发布，同时邀请所有供应商报价。

应用效益

通过在晨砻采购网开展电子采购业务，齐鲁制药有限公司在管理理念、管理手段、管理效率等方面都实现了飞跃，体现在以下方面：

第一，采购信息发布迅捷、公开、通畅，能够有效扩大竞价范围，确保采购物品质量合格，价位适中。

第二，透明化采购过程，对采购过程中的关键环节全部实现标准化和电子化，有效提高采购效率，采购周期平均缩短了40%。

第三，建立高效的供应商伙伴体系，全面保障公司物品的供给。

第四，全面增值采购信息。利用电子交易采购平台提供的智能分析功能，齐鲁制药公司能够根据市场行情、公司内部的物品需求状况，作出正确的采购决定，真正实现战略性采购。

【案例分析指南】

齐鲁制药管理信息化的总体目标是建立集中、统一、安全、规范、实时的管理信息系统，同时能够适应财务管理模式和企业集团管理架构的变化。其实现电子化采购是企业管理信息化的一个重要组成部分。读者可从电子化采购与企业信息化角度对案例展开讨论。

思 考 题

1. 请结合案例内容，试分析齐鲁制药实施电子化采购的主要原因。
2. 结合案例，从中国国有企业的信息化角度出发，分析电子化采购的必要性。
3. 请运用本书案例分析方法论为本案例撰写一份案例分析报告。

【案例9-5】彩虹集团实施电子采购三部曲

【案例概要】

随着企业的快速发展和市场竞争加剧，信息化系统的改造升级是市场的需要，是公司内部管理的需要，也是提升市场反馈能力的有效方式。

【教学目的】

1. 了解采购管理在供应链管理运作中的作用；
2. 理解采购计划的制订及执行采购活动应遵循的原则；
3. 了解影响采购计划调整的因素及采购计划调整的相关方法。

引　言

提起彩虹集团，很多人可能会感觉比较陌生。作为电视机中最关键、最核心的技术部件——彩色显像管的制造商，彩虹集团更多地扮演着幕后英雄的角色。根据权威统计资料显示，国内每五台电视机，就有一台安装的是彩虹集团的显像管。彩虹集团是中国彩色显像管行业当之无愧的龙头企业，其产品和我们日常生活是如此息息相关。彩虹集团成立于1995年，被国家经贸委列为"小巨人"企业扶持对象，是一家专业从事绿色环保、节能新材料、半导体照明等领域投资的民营高科技企业集团，核心业务主要集中于高新技术产业、商业地产产业等项目的投资。依据2006年企业营业收入排序，联想控股有限公司以年营业收入1389亿元位列首位，海尔集团公司营业收入1080亿元列第二位，华为技术有限公司659亿元位居第三，彩虹集团公司以50亿元销售收入位列第44名。

近年来，随着彩电行业的快速升级换代和企业之间竞争加剧，集团领导希望借助信息化手段，达到规范采购管理、降低采购成本的目的，从而为提高企业效益提供有力的支持。经过广泛的市场调研，彩虹集团最终选择北京网达信联科技发展有限公司的电子采购解决方案。目前，该系统已经在彩虹集团投入大规模使用，在降低采购成本和提高采购工作效率方面，取得了巨大的成功。

选择合适方案

早在2002年，彩虹集团就开始尝试电子采购系统，堪称传统企业的先行者。受当时技术条件和社会背景的影响，这次尝试效果并不理想，电子采购系统成了"烂尾楼"，项目被搁置起来。

2005年年初，公司决定重新启动电子采购项目。在长达8个月的项目评估中，彩虹集团电子采购项目小组认真研究了多家供应商的产品，最终选定北京网达信联科技发展有限公司为项目合作伙伴。彩虹集团项目负责人表示，"我们必须非常慎重，由于有上一次的教训，公司领导对我们的要求是只许成功，没有任何其他选择。"

彩虹集团实施的电子采购系统包括竞价采购和询比价采购两种模式。竞价采购，又称反拍卖采购，是传统拍卖业务的反向功能，供应商依照采购方制订的规则，背靠背多次报价，最终采购方获得最优报价。询比价采购是基于互联网的比质比价系统，侧重于询价，可以有效征集市场潜在供应商。两种采购模式相辅相成，同时包括供应商管理、统计分析等模块，为采购部门提供新式武器，统称为"Wonder – Rat"系统。

小试牛刀

北京网达信联公司的项目经理在项目实施初期，为企业灌输这样一个理念，"电子采购系统的首要目标是规范采购业务过程、提高工作效率，其次才是降低采购成本"，基于这一理念，项目小组的初期目标是尽早导入电子采购系统，让业务人员熟悉系统功能，乐于使用系统；让供应商了解电子采购的大势所趋，积极配合彩虹集团的工作。

电子采购系统首次应用，项目小组成员在采购物料和投标单位上进行了认真的论证。当时，有五家投标单位参与项目竞标，其中一家客户从日本东京登录电子采购系统，发来了自己的产品报价。通过这次应用，业务人员初步掌握系统功能操作，对系统操作有了一个直观的认识。采购部的张经理说："电子采购没啥神秘的，就像传真机一样，只是为买卖双方增加一个有效沟通的工具。"

接下来的日子里，项目小组组织了多次网上采购。随着对系统使用越来越熟练，采购部门的业务人员发现：软件里提供了大量的配置开关，针对不同的采购物资和市场情况，采购部门需要做的就是讨论公司的采购策略，然后在系统中设置相应的参数就可以了。例如，对于某些需要供应商保证售后服务的物资，就可以设定评标竞价模式，综合服务质量与供应商报价来确定中标单位。

在实验阶段结束时，公司领导发现该系统确实为公司节约了成本，它能以比原来低5%～15%的价格采购物料，与供应商的交流更加迅速有效。公司决定扩大竞标工具的应用范围，最大限度地消除与单个供应商协商、签订非竞标合同和长期合同的成本。

大规模应用

项目小组首先对集团公司内部更多采购人员进行系统培训。每个采购业务部门都指定一个关键用户（Key User），其他人员通过试用 Wonder – Rat 系统学习如何通过电子的方式进行以前的手工工作，碰到问题关键用户会及时进行解答。业务人员操作变得更加熟练，操作速度不断提高。由于该软件基于浏览器，学习起来并不困难。培训之后，采购人员能够进行简单的竞价采购，在10～20分钟内确定中标单位名单。

对供应商的培训相对复杂一些。最初，供应商都有很强的抵触情绪，认为这样可能会吞噬他们的全部利润。但他们很快认识到，该流程比纸上流程简单得多，而且还能快速收到对其竞标的反馈。"技术是先进的，手段是文明的，竞争是残酷的"，某供应商形象地总结。

当一个采购人员启动一项业务时，他使用 Wonder – Rat 工具发布招标书，邀请供应商对一个项目进行投标，每个人都能在同一时间获得信息。招标书包括招标细则和期限等信息，在招标过程中没有人能获得特权。

彩虹集团制定了相应的规章制度，要求采购人员必须掌握 Wonder – Rat 系统的功能，使掌握这一系统成为采购人员的必备素质。对于符合竞价要求的物资，公司领导要求必须通过 Wonder – Rat 系统确定最终中标单位和中标价格，否则财务部有权拒绝支付货款。

【案例分析指南】

在彩虹集团，建立了严格的成本考核制度。对于生产单位的每个班组都有成本指标，每个人都有降低成本的责任。除此之外，降低成本的源头就是采购的全部原材料。彩虹集团成立了经济法律处，对进厂的原材料进行公开招标。每年实行两次大宗原料公开竞标大会，坚持货比三家、物美价廉原则。进行信息化改造能实现成本降低的目标。目前由网达信联这一专业电子采购与服务供应商开发的系统已经在网上测试运行，网址为：http：// caigou. irico. com. cn/rat/。读者可从电子化采购与企业信息化的关系、电子采购与成本控制等角度展开对案例的讨论。

思 考 题

1. 请结合案例内容，试分析彩虹集团实施电子化采购的主要因素。
2. 结合案例，试分析应如何选择电子采购系统。
3. 登录 http：//caigou. irico. com. cn/rat/，试使用测试系统并对其功能、流程作一详细分析。
4. 结合附件中的案例及使用测试系统的体会，运用本书案例分析方法论为本案例撰写一份案例分析报告。

附件

参考案例——Wonder – Rat 系统介绍

竞价采购是招标方式和拍卖技术以及现代互联网信息技术的有机结合，是类似于拍卖竞购的一种逆向行为，即用逐步降低销售价格的方式赢得标的物的过程，也称拍购。竞价时，由采购商发布竞价标书，事先约定拍购条件，并主持整个竞价过程。经过采购商资格预审合格的供应商，都是在匿名条件下与对手竞争，可以在规定的竞拍过程中充分进行竞争性报价，争取自己获得有利的排位，符合预设中标条件的供应商最终中标。

相比传统的招投标方式，竞价采购将投标的静态报价转换为动态报价，允许供应商在公平竞争的环境中多次报价，从而能够快速达到采购产品的平均市场成本线。

相比传统的竞争报价方式，网上竞价采购在保证实时竞争现场的同时又能保证各参与供应商间的背对背，从而有条件创造出一个充分竞争的环境，保证采购企业的利益。

　　架构于先进互联网信息技术的网上竞价采购，以其竞争气氛激烈、降价效果明显、业务流程简便易操作、业务周期短等特点被越来越多的企业所接受。网上竞价采购系统在充分保证竞价采购特点的基础上，总结大量项目实施经验做出了诸多优化，如允许用户设置大量业务开关参数，从而能够组合出不同的采购策略；引入评标机制，弥补竞价以价格为唯一决定因素的不足等。

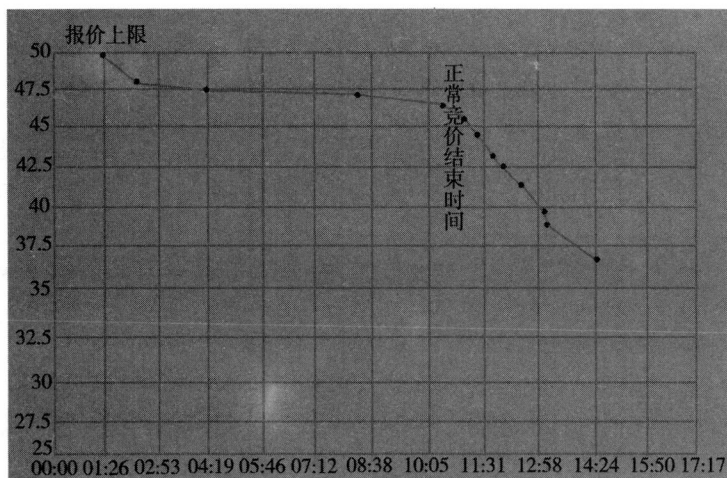

图 9 - 5　网上竞价的效果示意图

　　图 9 - 5 是一次网上竞价采购的效果图，随着各家投标单位的多次报价，形成一条价格向下的变化曲线。实践证明，企业采用竞价采购系统可以降低采购成本 7% ~ 20% ；在降低采购成本的同时，采用竞价采购还可以有效缩短采购周期。

参考文献

［1］Robert Monczka，Robert Trent，Robert Handfield. 采购与供应链管理（英文版）［M］. 北京：清华大学出版社，2007.

［2］艾伦·R. 雷德斯. 采购供应管理流程［M］. 北京：电子工业出版社，2005.

［3］艾伦·R. 雷德斯等. 采购供应管理学习指南［M］. 北京：电子工业出版社，2005.

［4］安娜·弗林，萨姆·法尼. 采购供应管理领导过程［M］. 北京：电子工业出版社，2005.

［5］莉萨·M. 埃尔拉姆，托马斯·Y. 乔伊. 采购供应管理价值增值［M］. 北京：电子工业出版社，2005.

［6］罗伯特·M. 蒙兹卡等. 采购与供应链管理（第2版）［M］. 北京：中信出版社，2004.

［7］斯坦利·E. 福西特. 采购供应管理环境［M］. 北京：电子工业出版社，2005.

［8］安德鲁·考克斯等. 商业关系赢得竞争优势：采购管理、供应商联盟与失调［M］. 北京：经济管理出版社，2005.

［9］彼得·贝利等. 采购原理与管理［M］. 北京：电子工业出版社，2006.

［10］肯尼斯·莱桑斯，迈克尔·吉林厄姆. 采购与供应链管理［M］. 北京：电子工业出版社，2004.

［11］莱桑斯，法林顿. 鞠磊，吴立生，张晶译. 采购与供应链管理（第7版）［M］. 北京：电子工业出版社，2007.

［12］白继洲. 采购管理实务［M］. 广州：广东经济出版社，2003.

［13］曹慧明. 采购比价审计［M］. 大连：东北财经大学出版社，2002.

［14］甘华鸣，解新艳. 采购［M］. 北京：中国国际广播出版社，2003.

［15］高林玉，郑一群. 采购实战精要［M］. 北京：中国经济出版社，2005.

［16］谷辽海. 中国政府采购案例评析（第二卷）［M］. 北京：群众出版社，2006.

［17］胡军. 采购与供应概论［M］. 北京：中国物资出版社，2008.

［18］霍红，华蕊. 采购与供应链管理［M］. 北京：中国物资出版社，2005.

［19］蒋长兵. 现代物流管理案例集［M］. 北京：中国物资出版社，2005.

［20］巨家仁. 政府采购案例精选［M］. 北京：经济科学出版社，2004.

［21］李田保. 采购实战精要［M］. 广州：广东经济出版社，2002.

［22］刘斌．采购与供应管理［M］．北京：高等教育出版社，2005.

［23］罗德．谈判不言败［M］．杭州：浙江大学出版社，2003.

［24］牛鱼龙．经营物流：采购与销售［M］．北京：海天出版社，2004.

［25］濮小金，司志刚．电子商务案例分析［M］．北京：中国水利水电出版社，2006.

［26］沈小静，谭广魁，唐长虹．采购管理［M］．北京：中国物资出版社，2003.

［27］孙明贵．采购物流实务［M］．北京：机械工业出版社，2004.

［28］滕宝红．采购经理作业流程管理与实用工具［M］．北京：电子工业出版社，2006.

［29］王为人．采购案例精选［M］．北京：电子工业出版社，2007.

［30］王忠宗．采购管理手册［M］．广州：广东经济出版社，2001.

［31］魏国辰．采购实际操作技巧（第二版）［M］．北京：中国物资出版社，2007.

［32］吴振兴．采购经理工作手册［M］．哈尔滨：哈尔滨出版社，2006.

［33］徐杰，田源．采购与仓储管理［M］．北京：清华大学出版社，2004.

［34］徐杰．采购管理［M］．北京：机械工业出版社，2005.

［35］徐昭国．采购员工作一日通［M］．广州：广东经济出版社，2004.

［36］徐哲一，武一川．采购管理10堂课［M］．广州：广东经济出版社，2004.

［37］张新颖．采购实务［M］．北京：中国财政经济出版社，2003.

［38］中国交通运输协会．物流案例与实践应试指南［M］．北京：电子工业出版社，2007.

［39］周德科．物流案例与实践［M］．北京：高等教育出版社，2005.

［40］http：//bbs. purchasingbbs. com

［41］http：//www. bnq. com. cn

［42］http：//www. caigou2003. com

［43］http：//www. chinamacro. cn

［44］http：//www. ccgp. gov. cn

［45］http：//www. ch. com. cn

［46］http：//www. drugnet. com. cn

［47］http：//www. emkt. com. cn

［48］http：//www. enet. com. cn

［49］http：//www. galanz. com. cn

［50］http：//www. glr. cn

［51］http：//www. haier. cn

［52］http：//www. hdb. com. cn

［53］http：//www. hp. com

［54］http：//www. ibm. com. cn

［55］http：//www. irico. com. cn

［56］http：//www. kodak. com. cn

［57］http：//www. lenovo. com. cn

［58］http：//www. littleswan. com

［59］http：//www. masterkong. com. cn

［60］http：//www. meixin. com

［61］http：//www. nec. com. cn

［62］http：//www. qilu－pharma. com

［63］http：//www. siemens. com. cn

［64］http：//www. swirepacific. com

［65］http：//www. tcl. com

［66］http：//www. wal－martchina. com

后　记

　　从知识来源看，案例教学不仅要求学生注重向教师学习，还强调通过案例讨论与交流向同学学习及自我学习；从学习内容看，案例教学实现了从注重陈述性知识到注重程序性知识的转变；从学习效果看，案例教学有助于学生决策模式从非程序化决策到程序化决策的转变。理论上，有效的案例教学具有以下作用：有助于学生理论知识的理解、实践情境的模拟亲历、开放式思维的形成以及系统思维的拓展和深化。

　　本案例集自 2007 年下半年开始编写，从最初的素材收集，到后来的资料整理，至今完稿历时一载有余，原以为编写案例集乃自娱自乐之念不复存在。

　　当前，有关采购与供应管理方面的案例犹如浩瀚之汪洋，虽偶有上乘之作，但其中可攻玉者可谓少之又少。

　　每每品阅到精品案例，能融会理论，总想叫好，无奈自身学识疏浅无法洞悉个中奥秘；一朝接触业界前沿，又想作一添砖之举，怎奈难为巧妇！

　　深感吾师刘南教授对优秀案例教学素材难觅之感慨！

　　亦深感我辈之任重道远！

　　付梓在即，不知轻重而狂言。

陈达强

2008 年 12 月于浙江工商大学